故宫南薰殿旧藏宋仁宗坐像

清初彩绘版《帝鉴图说》之《改容听讲》。该图讲述宋仁宗初即位时,勤御经筵、虚心听讲、尊师重教的故事。(法国国家图书馆藏)

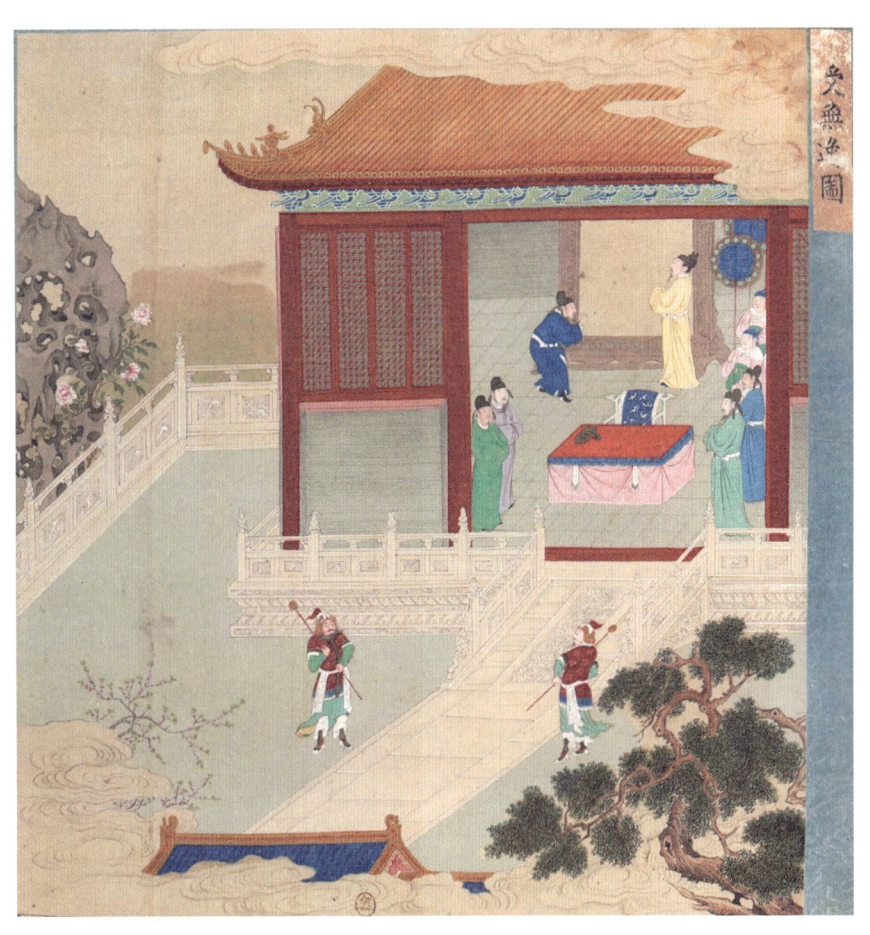

清初彩绘版《帝鉴图说》之《受无逸图》。该图讲述宋仁宗将老师孙奭绘的画作《尚书·无逸图》挂于讲读阁,并命蔡襄书写《尚书·无逸篇》于屏风之上,提醒自己不可贪图安逸。(法国国家图书馆藏)

清初彩绘版《帝鉴图说》之《不喜珠饰》。该图讲述宋仁宗生活俭朴,不喜奢华,一日张贵妃因"首饰皆珠",仁宗即责斥她"满头白纷纷的,没些忌讳"。(法国国家图书馆藏)

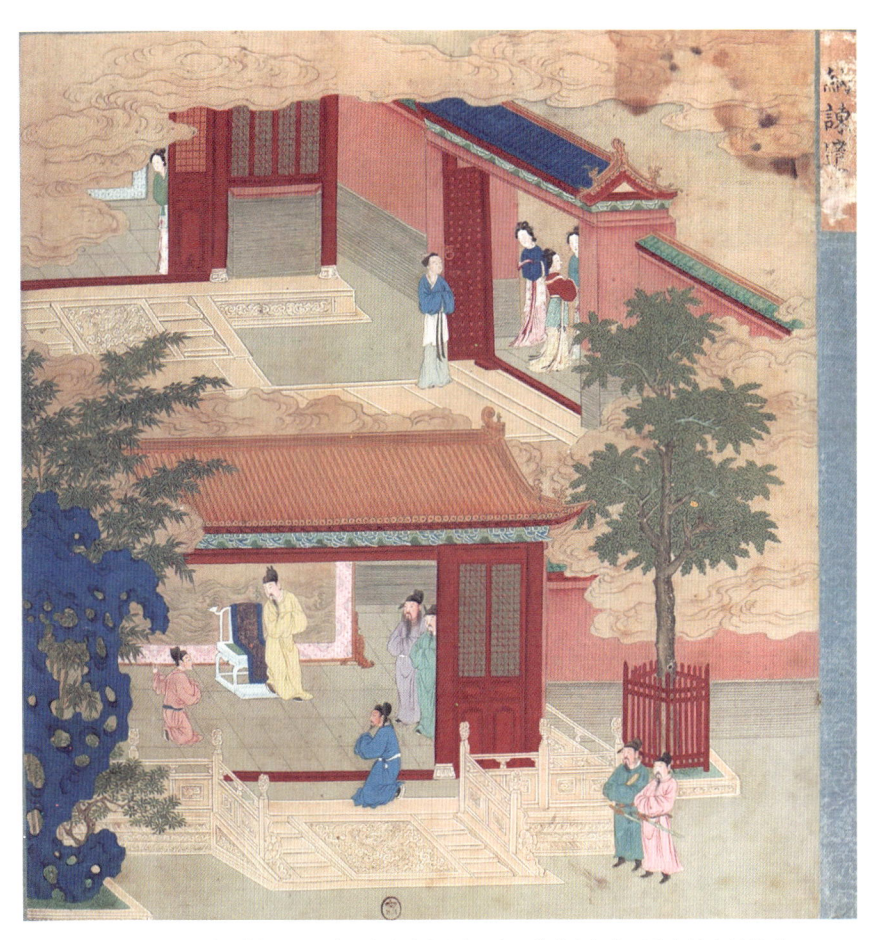

清初彩绘版《帝鉴图说》之《纳谏遣女》。该图讲述宋仁宗听从台谏官的规劝，忍痛割爱，将臣下进纳的漂亮宫女遣送出宫。（法国国家图书馆藏）

清初彩绘版《帝鉴图说》之《天章召见》。该图讲述宋仁宗在皇家图书馆天章阁召见大臣，咨询时政阙失，请众臣畅所欲言。（法国国家图书馆藏）

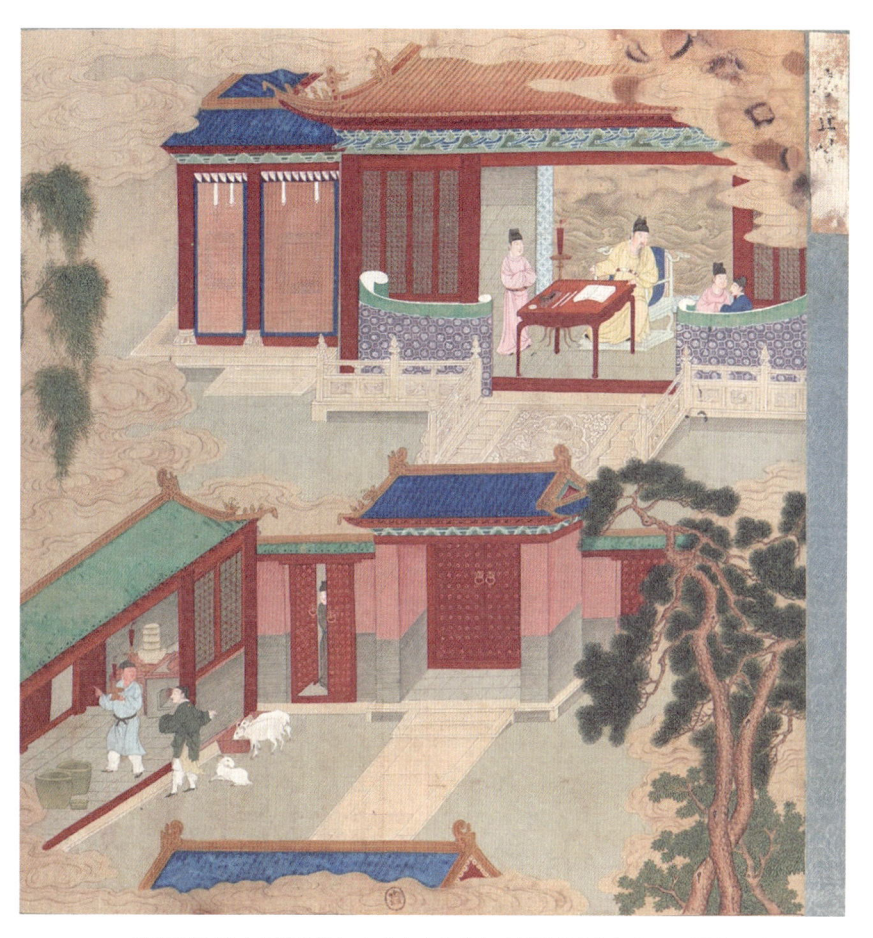

清初彩绘版《帝鉴图说》之《夜止烧羊》。该图讲述宋仁宗一日深夜因"不寐而饥",想吃烤羊肉,却"不忍一夕之饥而启无穷之杀",宁可忍饥失眠。(法国国家图书馆藏)

清初彩绘版《帝鉴图说》之《后苑观麦》。该图讲述宋仁宗在后苑辟出一块田园，不种花卉，只种麦子，以观"稼穑之不易"。（法国国家图书馆藏）

吴钧说宋

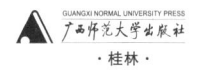

宋仁宗
共治时代

吴钧 著

广西师范大学出版社
·桂林·

宋仁宗：共治时代
SONGRENZONG：GONGZHI SHIDAI

图书在版编目（CIP）数据

宋仁宗：共治时代 / 吴钩著. --桂林：广西师范大学出版社，2020.4（2025.3 重印）
（吴钩说宋）
ISBN 978-7-5598-2672-5

Ⅰ.①宋… Ⅱ.①吴… Ⅲ.①宋仁宗（1010-1063）－传记 Ⅳ.①K827=441

中国版本图书馆 CIP 数据核字（2020）第 036383 号

广西师范大学出版社出版发行
（广西桂林市五里店路 9 号　邮政编码：541004）
　网址：http://www.bbtpress.com
出版人：黄轩庄
全国新华书店经销
深圳市精彩印联合印务有限公司印刷
（深圳市光明区马田街道新庄社区同富工业区 B 栋 103　邮政编码：518107）
开本：880mm×1 240 mm　1/32
印张：18.25　插页：4　　字数：412 千
2020 年 4 月第 1 版　2025 年 3 月第 11 次印刷
定价：108.00 元

如发现印装质量问题，影响阅读，请与出版社发行部门联系调换。

目 录

楔 子

第一章 "狸猫换太子"

第一节 小皇子出生　　　　　　　003

第二节 赵祯的三位母亲　　　　　009

第三节 "狸猫换太子"传说　　　　013

第四节 天禧四年的政争　　　　　022

第五节 皇太子的童年　　　　　　033

第二章 乾兴风雨

第一节 真宗上仙　　　　　　　　041

第二节 丁谓弄权　　　　　　　　047

第三节 权臣倒台　　　　　　　　054

第四节 别了，真宗皇帝　　　　　061

第三章 垂帘听政

第一节 太后用人　　　　　　　　069

第二节　曹利用之死　　　　　　　　080
　　第三节　太后的野心与理性　　　　086
　　第四节　少年天子　　　　　　　　092

第四章　仁宗亲政
　　第一节　太后宾天　　　　　　　　103
　　第二节　仁宗认母　　　　　　　　112
　　第三节　反刘太后之政　　　　　　117
　　第四节　废黜郭皇后　　　　　　　125

第五章　皇帝的烦恼
　　第一节　仁宗病了　　　　　　　　135
　　第二节　亲政的挫折　　　　　　　141
　　第三节　景祐议乐　　　　　　　　149
　　第四节　朋党之议　　　　　　　　157
　　第五节　吕夷简罢相　　　　　　　168

第六章　边境风云（上）
　　第一节　元昊叛宋　　　　　　　　177
　　第二节　战前动员　　　　　　　　184
　　第三节　首场大战　　　　　　　　188
　　第四节　攻与守　　　　　　　　　195
　　第五节　胜与负　　　　　　　　　203

第七章　边境风云（下）

- 第一节　辽国来使　　　　　　　　215
- 第二节　富弼使辽　　　　　　　　224
- 第三节　连环离间计　　　　　　　232
- 第四节　宋夏议和（一）　　　　　238
- 第五节　宋夏议和（二）　　　　　247

第八章　庆历新政（上）

- 第一节　吕夷简致仕　　　　　　　257
- 第二节　开天章阁　　　　　　　　264
- 第三节　公用钱案　　　　　　　　272
- 第四节　争水洛城事　　　　　　　280

第九章　庆历新政（下）

- 第一节　新鲜的"朋党论"　　　　289
- 第二节　进奏院案　　　　　　　　296
- 第三节　众贤离朝　　　　　　　　305
- 第四节　阿张嫁资案　　　　　　　312

第十章　流年不利

- 第一节　皇帝的娱乐　　　　　　　323
- 第二节　贝州兵变　　　　　　　　331

第三节	宫门惊变	339
第四节	重开天章阁	345
第五节	黄河决口	352

第十一章　欲采蘋花不自由
第一节	册立贵妃	359
第二节	台谏的抗议（一）	365
第三节	台谏的抗议（二）	372
第四节	礼官的抗议	379
第五节	温成之殇	386

第十二章　又是多事之秋
第一节	广南有变	397
第二节	狄青平广南	401
第三节	宰相被弹劾	409
第四节	仁宗不豫	417
第五节	六塔河决口	423

第十三章　嘉祐之治（上）
第一节	初议立嗣	433
第二节	嘉祐二年贡举	442
第三节	嘉祐六年制举	449

第四节　众贤在朝　　　　　　　　　457

第十四章　嘉祐之治（下）
　　第一节　嘉祐嘉政　　　　　　　　　469
　　第二节　东南茶通商　　　　　　　　478
　　第三节　解盐通商　　　　　　　　　487
　　第四节　垂拱而治　　　　　　　　　495

第十五章　最后的岁月
　　第一节　伤心的父亲　　　　　　　　509
　　第二节　再议立嗣　　　　　　　　　515
　　第三节　仁宗上仙　　　　　　　　　522
　　第四节　英宗继位之初　　　　　　　528

尾　声

附　录　主要参考文献

楔　子

一

中国历朝帝王之中，宋朝第四任君主——宋仁宗赵祯，可谓是一位在位时间很长、存在感却极低的皇帝。

今天的中国人游长城，必会想起秦始皇；游大运河，必会想起隋炀帝；读到"明犯强汉者，虽远必诛"的豪言，会想起汉武帝；论及"郑和下西洋"的盛况，会想起明成祖永乐帝。说起古代的治世，人们脑海中出现的也是汉文帝、汉景帝的"文景之治"，唐太宗的"贞观之治"，唐明皇的"开元盛世"，清前期的"康雍乾盛世"，很少有人会联想到宋仁宗以及他的时代。

而当人们提及皇帝中的艺术家、艺术家中的皇帝时，想说的也必定是宋徽宗赵佶，而不太可能是宋仁宗赵祯。宋徽宗确实是位天才艺术家，琴棋书画无不精通，宋人著《画继》，评徽宗画艺："笔墨天成，妙体众形，兼备六法。独于翎毛，尤

宋仁宗

为注意。多以生漆点睛，隐然豆许，高出纸素，几欲活动，众史莫能也。"明人编《书史会要》，评徽宗书法："行草正书，笔势劲逸，初学薛稷（初唐四大书法家之一），变其法度，自号瘦金书。"连金国皇帝金章宗都是宋徽宗书画艺术的狂热追随者，据说金章宗"嗜好书札，悉效宣和（徽宗年号），字画尤为逼真"[1]。即使在今天，仍有大量文艺青年将宋徽宗奉为艺术上的偶像。

但许多人未必知道，宋仁宗赵祯也是一位颇有才情的艺术家。他从小就喜欢绘画，"在春宫，闲时画马为戏"；其书法造诣更是不输宋徽宗："万几之暇，惟亲翰墨，而飞白尤神妙（飞白体，指中国书法的一种笔法）。凡飞白以点画象物，而点最难工。"[2] 他还通晓音乐："洞晓音律，每禁中度曲，以赐教坊，或命教坊使撰进，凡五十四曲，朝廷多用之。"[3]

然而，不管在彼时的文艺圈内，还是在长时段的艺术史上，宋仁宗的存在感都非常低，以至宋人认为"仁宗皇帝百事不会，只会做官家"[4]。"官家"是宋人对君主的称呼，宋人习惯在不那么正式的场合称皇帝为"官家"。与宋仁宗形成强烈对比的是宋徽宗，修史者评"徽宗多能，惟一事不能"，"独不能为君耳"[5]。

甚至民间文人编造故事，也不喜欢拿宋仁宗当主角。宋太

---

1 周密：《癸辛杂识》续集下。
2 丁传靖辑：《宋人轶事汇编》卷一。
3 脱脱等：《宋史·乐志》。
4 施德操：《北窗炙輠录》卷上。
5 胡粹中：《元史续编》卷十三。

祖有"千里送京娘"的传说，宋徽宗有"私会李师师"的演义，明朝正德皇帝有"游龙戏凤"的风流韵事，宋仁宗却连一个可供坊间文人津津乐道的传奇也没有。虽然宋仁宗与张贵妃也有过一段刻骨铭心的爱情故事，但知名度远不如唐明皇与杨贵妃的"长恨歌"，不见有诗人写诗吟咏，也不见民间文人编排成动人的戏剧；即使在广为传播的"狸猫换太子"戏文中，那个可怜的太子就是宋仁宗，但他扮演的却是"打酱油"的角色，真正的主角是包拯，戏文成就的也是"包青天"的美名。

实际上，自元明以降，以仁宗时代为历史背景的民间文艺作品倒是挺多的，比如包公故事、杨家将故事、呼家将故事、狄青故事。就连讲述徽宗朝故事的《水浒传》，也是从仁宗朝写起："话说大宋仁宗天子在位，嘉祐三年三月三日五更三点，天子驾坐紫宸殿，受百官朝贺。"[1] 但在这些故事演义中，宋仁宗总是充当"背景板"，出演"路人甲"，从未唱主角。

二

宋仁宗在民间文艺作品中的存在感低，是可以理解的。他没有秦皇汉武的丰功伟业，没有唐宗宋祖的雄才大略，也缺乏正德皇帝那样的鲜明个性、乾隆下江南那样的戏剧性经历。他是一个庸常的君主，居于深宫，生活平淡如水，当然没有一个民间文人愿意将他平庸的人生演绎成人间传奇。

---

[1] 施耐庵：《水浒传》第一回。

然而，正是这位庸常的君主在位期间，中国涌现了非常之多的杰出人物：

文学界，明朝人评选"唐宋八大家"，其中有六位为北宋人（欧阳修、苏洵、苏轼、苏辙、王安石、曾巩），他们全都在仁宗朝登上历史舞台。唐诗宋词为中国古典诗歌中并峙之两大高峰，后人习惯将宋词分为豪放词、婉约词两大流派，执豪放词之牛耳者，苏轼苏大学士也，执婉约词之牛耳者，为柳永柳七官人："柳郎中词，只好十七八女孩儿，执红牙拍板，唱'杨柳岸，晓风残月'。学士词，须关西大汉，执铁板，唱'大江东去'。"[1] 不管是苏学士，还是柳郎中，都是仁宗时代的一流诗人。

学术界，宋代可谓百家争鸣，形成关学、濂学、朔学、洛学、蜀学、新学、象数学诸流派，而这些学派的创始人或代表人物，都生活在仁宗朝。著名的"宋初三先生"（石介、孙复、胡瑗）与"北宋五子"（周敦颐、邵雍、张载、程颢、程颐），全是活跃于仁宗时代的大学者。

政治界，不但主持"庆历新政"的范仲淹、富弼、韩琦、杜衍诸人是仁宗朝的中坚，而且，领导"熙丰变法"的王安石、章惇、吕惠卿、邓绾等新党中人，主导"元祐更化"的司马光、吕公著、范纯仁、苏辙等旧党中人，也是在仁宗时代的政坛中崭露头角的。

科学界，中国古代"四大发明"中，有三项均出现在仁宗时代（用来制作热兵器的火药配方首见于仁宗朝的《武经总

---

[1] 俞文豹：《吹剑录全编·吹剑续录》。

要》,指南针与活字印刷技术,首见于沈括《梦溪笔谈》);宋代最聪明的两位科学家——苏颂与沈括(苏颂发明了世界最早的自动天文钟"水运仪象台",沈括则是天文、地理、物理、化学无不涉猎的天才),都成长于仁宗时代。

有宋史研究者列出了一份更长的仁宗朝杰出人才名单:"政治上被称为名臣的就有吕夷简、范仲淹、鲁宗道、薛奎、蔡齐、陈尧佐、韩亿、杜衍、庞籍、吴育、王尧臣、包拯、范祥、孔道辅、余靖、胡宿、田况、王素、韩琦、富弼、文彦博、种世衡、狄青、王德用等;活跃在神宗、哲宗乃至徽宗朝前期的赵㮣、吴奎、张方平、唐介、赵抃、吕诲、范镇、曾公亮、王安石、司马光、吕公著、吕公弼、吕大防、吕惠卿、曾布、章惇、韩绛、韩维、韩忠彦、傅尧俞、彭汝砺、范纯仁、范纯礼、刘挚、王岩叟等一大批人才,实际上也都是仁宗一朝养育而成的。文学艺术上有张先、柳永、晏殊、宋庠、宋祁、尹洙、梅尧臣、苏舜钦、苏洵、欧阳修(以上文学,苏轼、黄庭坚兼擅书法)、蔡襄(书法)、燕文贵、武宗元、许道宁、赵昌、易元吉、文同、郭熙、王诜(以上绘画)等。思想学术上有孙奭、刘敞(以上经学)、胡瑗、孙复、石介、李觏(以上哲学)、张载、邵雍、周敦颐、程颢、程颐、吕大临(以上理学)、宋敏求、范祖禹、刘恕、刘攽(以上史学)等。科学技术上有王惟一、钱乙、燕肃、毕昇、沈括、贾宪、苏颂等。"[1] 全都是名动一时、青史留名的一流人物。

仁宗朝人才之盛,历史上几乎没有一个时代可以比肩。难

---

[1] 虞云国:《细说宋朝》第三十一章。

怪苏轼说:"仁宗皇帝在位四十二年,搜揽天下豪杰,不可胜数。既自以为股肱心膂,敬用其言,以致太平,而其任重道远者,又留以为三世子孙百年之用,至于今赖之。"[1] 明代李贽也感叹说,仁宗一朝,"钜公辈出,尤千载一时也"[2]。众多民间演义故事取材于宋仁宗朝,大概也是因为那个时代人才济济。

一个庸常君主御宇的时代,为什么会涌现出如此之多的杰出人物?

三

北宋嘉祐八年(1063)三月廿九日,五十四岁的赵祯走完了他庸碌的一生,逝世于东京(今河南开封)大内福宁殿。北宋著名的大学者邵伯温当时才七岁,与父亲邵雍居在西京洛阳。多年之后,邵伯温仍记得清清楚楚:当仁宗皇帝龙驭上宾的消息传到洛阳时,"城内军民以至妇人孺子,朝夕东向号泣,纸烟蔽空,天日无光",大家都悲从中来,沉痛悼念先帝。

邵伯温的舅父王元修自京师过洛阳,告诉邵雍:"京师罢市巷哭,数日不绝,虽乞丐者与小儿皆焚纸钱,哭于大内之前。"邵氏的友人周长孺赴四川剑州普安县就任,行走于乱山之间,但见"汲水妇人亦戴白纸行哭"。[3] 大宋的臣民发自内心地缅怀一位君主,为他的离世感到悲伤。王安石说仁宗皇帝"升遐之日,

---

1 苏轼:《苏轼文集》卷十四《张文定公墓志铭》。
2 虞云国:《细说宋朝》第三十一章。
3 邵伯温:《邵氏闻见录》卷第二。

天下号恸，如丧考妣"[1]，并非夸大之词。

当宋朝派出的使臣前往辽国告哀之时，发现辽国人也在哀悼宋朝的皇帝，"燕境之人无远近皆聚哭"。辽国皇帝辽道宗耶律洪基得悉仁宗驾崩，抓着宋朝使者的手号恸："四十二年不识兵革矣。"[2]

宋人笔记说，耶律洪基尚为契丹皇太子时，曾随出使宋朝的使者，在东京见过宋仁宗，"仁宗召入禁中，俾见皇后，待以厚礼。临归，抚之曰：'吾与汝一家也，异日惟盟好是念，唯生灵是爱。'"[3]因此，耶律洪基对宋仁宗非常感念。耶律洪基还下诏，将宋仁宗昔日赏赐的御衣下葬，造了一座衣冠冢，"严事之，如其祖宗陵墓云"[4]。

许多年之后，元祐年间，距仁宗逝世已有三十年，耶律洪基对这位宋朝君主"追慕犹不忘"，对使辽的宋朝大臣说："寡人年少时，事大国之礼或未至，蒙仁宗加意优容，念无以为报。自仁宗升遐，本朝奉其御容如祖宗。"说着，又动容哭泣。宋人感叹地说："呜呼，帝上宾既久，都人与虏主追慕犹不忘，此前代所无也。"[5]

那个时代的人为什么会如此深情地悼念、纪念、怀念一位庸常的君主？

---

1 王安石：《临川先生文集》卷第四十一《本朝百年无事札子》。
2 邵博：《邵氏闻见后录》卷第一。
3 邵伯温：《邵氏闻见录》卷第二。
4 邵博：《邵氏闻见后录》卷第一。
5 邵伯温：《邵氏闻见录》卷第二。

四

宋仁宗安葬于河南巩县（今河南巩义）永昭陵。南宋初，金人曾立刘豫为傀儡皇帝，管辖中原，刘豫却干起盗墓的勾当，"置河南淘沙官，发掘诸陵。上代陵寝，民间冢墓，无得免者"[1]，位于巩县的北宋诸皇陵悉被盗掘、毁坏，"惟昭陵如故"[2]，盗墓贼居然没对仁宗的陵墓下手。

不知何时，也不知是哪一位宋人，经过永昭陵，看着眼前物是人非，触景生情，在壁间题下一首深切怀念仁宗时代的绝句。此诗有数个版本，差异只是个别用词，或云："农桑安业岁丰登，将帅无功吏不能。四十二年归梦想，春风和泪过昭陵。"或云："农桑不扰岁常登，边将无功吏不能。四十二年如梦觉，东风吹泪过昭陵。"[3]或云："农桑不扰岁常登，边将无功吏不能。四十二年如梦过，春风吹泪洒昭陵。"[4]表达的意思是一样的：当宋人回忆起仁宗时代，就感觉那是梦一样的美好而易醒。

诗中，"农桑不扰岁常登"讲仁宗朝风调雨顺；"边将无功吏不能"讲其时四海升平，以致将士、官吏没有立功逞能的机会。严格来说，这是一种被时间与情感修饰过的集体记忆，不是百分之百的历史真实面貌，因为仁宗时代发生过严重的涝灾，西北、广南均爆发过战争，不过就总体而言，在多数宋人的印象中，仁宗朝确实算得上"民安俗阜，天下称治"，"四十二

---

1 丁传靖辑：《宋人轶事汇编》卷二十。
2 韩淲：《涧泉日记》卷上。
3 陆游：《家世旧闻》卷下。
4 瞿佑：《归田诗话》上卷。

年如梦觉"是宋人回忆起仁宗时代的真实感受。

著名的婉约派词人柳永写过许多首描绘仁宗朝如梦繁华的词作,其中有一首《望海潮》,对宋时杭州之"承平气象,形容曲尽":

> 东南形胜,三吴都会,钱塘自古繁华。烟柳画桥,风帘翠幕,参差十万人家。云树绕堤沙,怒涛卷霜雪,天堑无涯。市列珠玑,户盈罗绮,竞豪奢。
> 重湖叠巘清嘉。有三秋桂子,十里荷花。羌管弄晴,菱歌泛夜,嬉嬉钓叟莲娃。千骑拥高牙,乘醉听箫鼓,吟赏烟霞。异日图将好景,归去凤池夸。[1]

相传此词流播至后来的金国,金主完颜亮"闻歌,欣然有慕于'三秋桂子,十里荷花',遂起投鞭渡江之志"[2]。

而后仁宗时代的宋人听柳永歌词,则有一种梦回仁宗盛世、追忆如梦繁华的感觉。仁宗朝史官、谏官范镇回忆说:"仁庙四十二年太平,吾身为史官二十年,不能赞述,而耆卿(柳永,字耆卿)能尽形容之。"[3]

仁宗嘉祐年间尚是少年的黄裳也有类似的记忆:"予观柳氏乐章,喜其能道熙(嘉)祐中太平气象,如观杜甫诗,典雅文华,无所不有。是时予方为儿,犹想见其风俗,欢声和气,

---

1 陈振孙:《直斋书录解题》卷二十一。
2 罗大经:《鹤林玉露》丙编卷之一。
3 丁传靖辑:《宋人轶事汇编》卷十。

洋溢道路之间，动植咸若。令人歌柳词，闻其声，听其词，如丁斯时，使人慨然有感。呜呼！"[1]

一个庸常的君主为什么能够给后人留下"四十二年如梦"的集体回忆？

五

有意思的是，赵祯在位之时，士大夫对于仁宗之政其实谈不上十分满意，比如嘉祐三年（1058），王安石即作《上仁宗皇帝言事书》，表达了他对时局的深切忧虑："顾内则不能无以社稷为忧，外则不能无惧于夷狄，天下之财力日以困穷，而风俗日以衰坏，四方有志之士，諰諰然常恐天下之久不安。"[2]

赵祯本人也没少受士大夫批评，如嘉祐六年（1061），苏辙参加制举考试，在回答御试策问时，便毫不客气地对皇帝提出措辞强烈的批评："窃闻之道路，陛下自近岁以来，宫中贵姬至以千数，歌舞饮酒，欢乐失节，坐朝不闻咨谟，便殿无所顾问。"[3]

毫无疑问，没有一名仁宗朝的士大夫会认为赵祯是一位完美的君主。然而，在赵祯逝世之后，宋朝士大夫却将宋仁宗塑造成君主的典范，推崇有加：北宋末陈师锡认为，"宋兴一百五十余载矣，号称太平，飨国长久，遗民至今思之者，莫

---

1 黄裳：《演山集》卷三十五《书乐章集后》。
2 王安石：《临川先生文集》卷第三十九《上仁宗皇帝言事书》。
3 苏辙：《苏辙集》之《栾城应诏集》卷十二《御试制策》。

如仁宗皇帝"[1]。南宋吕中《宋大事记讲义》也引范祖禹奏议说："仁宗在位最久，德泽最深，宜专法仁宗。盖汉唐而下，言家法者，莫如我朝；我朝家法之粹者，莫如仁宗。"[2]

赵祯时代也被誉为"盛治"，是治世的楷模："视周之成康，汉之文景，无所不及，有过之者，此所以为有宋之盛欤"[3]。这话是邵伯温对赵祯时代的评价，却几乎是宋代士大夫的共识。北宋苏轼说："宋兴七十余年，民不知兵，富而教之，至天圣、景祐极矣。"[4] 陈师锡说："庆历、嘉祐之治为本朝甚盛之时，远过汉唐，几有三代之风。"[5] 南宋卫泾说："……故嘉祐之治，振古无及，社稷长远，终必赖之由此道也。"[6] 宋孝宗也说："庆历、嘉祐之治，上参唐虞，下轶商周，何其盛哉！"[7] 天圣、景祐、庆历、嘉祐均为赵祯年号。

一个显然并不完美的君主及其时代，为什么得到了宋代士大夫众口一词的称赞？

六

赵祯庙号"仁宗"，这是中国历史上第一个庙号为"仁宗"的君主，所以宋朝名臣王珪撰写仁宗挽词，特别说"庙号独称

---

1 陈师锡：《上徽宗论任贤去邪在于果断》，收于赵汝愚编《宋朝诸臣奏议》卷十七。
2 吕中：《宋大事记讲义》卷十九。
3 邵伯温：《邵氏闻见录》卷第二。
4 苏轼：《苏轼文集》卷十《六一居士集叙》。
5 陈师锡：《上徽宗论任贤去邪在于果断》。
6 卫泾：《后乐集》卷九《集英殿问对》。
7 佚名：《宋史全文》卷二十六。

宋仁宗

仁"[1]。朱熹的老师刘子翚认为："仁宗之仁也，三代而下，一人而已。笑言承恩，咳唾为泽，薰酣沉浸四十余年，所以维民者尽矣。"[2] 元人修《宋史·仁宗本纪》，给出一段评赞："《传》曰：'为人君，止于仁。'帝诚无愧焉！"一个"仁"字，是史家对赵祯的盖棺定论，也是儒家对一位君主的最高评价。

明代士大夫邹智在给皇帝的奏疏中评价宋仁宗："宋之英主，无出仁宗。"[3] 另一位明朝士大夫朱国祯纵论千古帝王，说："三代以下，称贤主者，汉文帝、宋仁宗与我明之孝宗皇帝。"[4] 在他心目中，千百年间，帝王无数，只有汉文帝、宋仁宗与明孝宗才配得上"贤主"之誉，至于秦皇汉武、唐宗宋祖，俱不足道。

明代最出色的内阁首辅张居正给年幼的万历皇帝编撰《帝鉴图说》，择上自三代圣王、下迄两宋君主"善为可法"者，集成"圣哲芳规"八十一则，其中来自汉文帝、唐太宗、宋仁宗的"善为可法"事迹最多，也就是说，在张居正看来，汉文帝、唐太宗、宋仁宗无疑是最值得后世君主效仿的圣君。

明末大学者王夫之对宋王朝的整体评价并不高，但他却不能不承认："仁宗之称盛治，至于今而闻者羡之。帝躬慈俭之德，而宰执、台谏、侍从之臣，皆所谓君子人也，宜其治之盛也。"[5]

一名存在感很低的宋朝君主，为什么在改朝换代之后仍然

1　王珪：《仁宗皇帝挽词五首》，收于北京大学古文献研究所编《全宋诗》卷四九二。
2　李幼武：《宋名臣言行录外集》卷十一。
3　邹智：《钦崇天道疏》，收于陈子龙等辑《明经世文编》卷八十三。
4　谈迁：《国榷》卷四十五。
5　王夫之：《宋论》卷四。

一再获得后人的赞颂？

历史上的宋仁宗赵祯，究竟是一个怎样的人，一位怎样的君主？

这些问题，让我对这位既庸常又仁圣的宋朝君主产生了强烈的兴趣，吸引着我去接近他，尝试探访他的精神世界与历史世界。

七

给宋仁宗赵祯写一部传记，我筹划已久。

赵祯既是人子、人父、人夫，同时又是一国之君主。我想讲述作为人子、人父、人夫的赵祯，希望能够写出他的性格与命运，他的尊贵身份与无趣生活，他的少年老成与暮年孤单，他的善良与懦弱，他的仁慈与宽厚，他的爱与哀愁，他的进取与退缩，他的坚持与妥协，他的任性与克制，他面对宿命的无可奈何。

但要做到这一点很不容易，因为赵祯并不是一个个性张扬、经历丰富的人，他的一生太平淡了，生于宫禁之内，成长于宫禁之内，老死于宫禁之内，如果不是出于礼仪所需，他甚至不能踏出宫城。任何一位书写仁宗传记的作者，恐怕都无法如同给同一朝代的宋太祖、宋太宗与宋徽宗、宋高宗立传时那样津津有味地描述皇帝的个人经历。宋人的笔记中倒是收录了不少仁宗轶事，可以一窥赵祯的性情，遗憾的是，笔记的记录多有讹误。

我更想讲述作为一国之君的宋仁宗。从本质上讲，君主是一种制度，所以，我用了比较多的篇幅记述发生在仁宗朝、能反映制度运行的事件。仁宗未必是这些事件的主角，但这些事件构成了作为君主的宋仁宗必须面对的制度环境。

正因为君主是一种制度，仁宗往往被当成这一制度中的一个符号、一种象征——至少对宋朝的士大夫来说，他们显然更希望君主成为制度的符号，因而，君主不应该表现出过于明显的个性，不应该流露出个人的爱憎。换言之，作为君主的仁宗与作为个人的赵祯，这两种角色有时候是互相冲突的。我们发现，当发生角色冲突时，仁宗常常选择克制自己的个人情感与偏好。仁宗之所以为后世士大夫所称道，这是很重要的一个原因。

本书完稿时，临近2020年——公元2020年，恰逢仁宗诞辰1010周年。谨以此书，作为宋仁宗诞生1010周年的纪念。

第一章 『狸猫換太子』

大中祥符三年至天禧五年（1010—1021）

第一节　小皇子出生

北宋大中祥符三年（1010），一个寻常的年份，国家承平日久，没发生什么大事。

由于宋王朝与老对手辽国已于景德元年（1004）订立了"澶渊之盟"，约为兄弟之国，宋辽边境多年不闻兵革之声。倒是这年十一月，辽主耶律隆绪率领大军，渡过鸭绿江，亲征高丽。按照惯例，出兵之前，辽国遣使知会了宋朝，宋真宗与宰相王旦商议后，定下中立的方针，诏谕登州（今山东蓬莱）守臣："如高丽有使来乞师，即语以累年贡奉不入，不敢以达于朝廷；如有归投者，第存抚之，不须以闻。"[1] 虽说邻邦发生了战事，但毕竟战火没有烧到大宋境内。

此时西北边境也算宁静。西夏国主李德明曾召西北蕃族属户饮酒，欲诱其背叛宋王朝，赴宴的蕃族归来后，报告了宋朝

---

[1] 李焘：《续资治通鉴长编》卷七十四。

宋仁宗

环州（今甘肃环县）政府。环州守臣赶紧驰告朝廷，朝中大臣提出，"和戎之利，不若克定之武也"[1]，建议出兵西夏。但宰相王旦认为，"止戈为武。佳兵者，不祥之器。祖宗平一宇内，每谓兴师动众，皆非获已"。真宗深以为然。因而，尽管西夏对宋王朝可能有不臣之心，但宋夏之间暂时还是相安无事。

这年，西南的交趾国发生了一场政变：国主黎至忠病逝，其弟争立王位，大校李公蕴率兵杀了黎氏兄弟，自立为"安南静海军权留后"，并上表宋朝，请求册封。真宗虽反感李公蕴篡位，但又"以其蛮俗不足责"[2]，赐封公蕴为交趾郡王，并没有干预交趾的政变。

宋朝境内，陕西在春正月出现饥荒，饥民为糊口，"有鬻子者"，朝廷诏地方政府出钱，将这些孩子赎回来，"还其家"；夏四月，陕西又发生民疫，朝廷"遣使赍药赐之"；五月，京师下了一场大暴雨，"平地数尺，坏军垒民舍，民有压死者"，宋政府"赐以金帛"，以示体恤。[3]

这些局部性的天灾，几乎每一个年份都会发生，不算特别严重，影响范围有限。对宋朝人来说，大中祥符三年大致可以说是天下太平、政通人和。

皇帝最忧心的事，是子嗣凋零。不过，这一年的四月十四日，四十三岁的宋真宗迎来了一件大喜事：后宫李氏为他顺利诞下一名男婴。这是真宗皇帝的第六子，初名赵受益。

这些年来，真宗一直期待他的嫔妃能够为冷清的宫廷增添

---

1 李焘：《续资治通鉴长编》卷七十三。下同。
2 脱脱等：《宋史·交趾传》。
3 李焘：《续资治通鉴长编》卷七十三。

一名男丁。李氏刚有身孕时,一日陪真宗登临砌台,不小心将发髻上的玉钗坠落于台下。真宗以为是坏兆头,心中惶恐不安,暗自祈祷:若玉钗无损,当生男子。侍从拾回玉钗,真宗一看,玉钗完好无缺,非常高兴。不久,李氏果然诞下男婴。

在赵受益出生之前,宋真宗有过五个儿子,但长子、三子、四子均早亡,次子赵祐为皇后郭氏所生,从小"孝恪敏悟,帝所钟爱",本是皇储的当然人选,但咸平六年(1003)夏四月,赵祐染病,司天监的官员说,是"月犯前星"的缘故,真宗十分担忧,"屡设斋醮祈禳",可惜皇子还是不幸夭亡了,年方九岁。[1]

赵祐病逝半个月后,真宗第五子出生,但只养了两个月又夭折。之后,后宫再无动静。在君主制时代,皇帝子嗣凋零,不仅是人生的不幸,而且给皇位的继承带来了不确定性,埋藏着政治危机。为免储位空悬、国本不稳,真宗将四弟赵元份之子赵允让"以绿车旄节迎养于禁中"[2],作为自己的嗣子——尽管没有明说。

真宗虽然收养了赵允让,但内心仍期盼能有一个亲生儿子。野史载,真宗曾延请方士作法,祈求上苍赐子。方士告诉皇帝:已经施法将皇上祈子的拜章送至昊天上帝之所,时有赤脚大仙微笑,昊天上帝即派遣大仙下凡为嗣,大仙推辞,昊天上帝说:"当遣几个好人去相助。"[3] 真宗崇信方士,听后即信以为真。不久,皇子赵受益出生。后世的民间艺人便捕风捉影,将赵受益

---

[1] 毕沅:《续资治通鉴》卷二十三。
[2] 脱脱等:《宋史·宗室传》。
[3] 丁传靖辑:《宋人轶事汇编》卷一。

宋仁宗

说成是赤脚大仙转世,如金圣叹评点版本的《水浒传》写道:

> 这仁宗皇帝乃是上界赤脚大仙,降生之时,昼夜啼哭不止。朝廷出给黄榜,召人医治,感动天庭,差遣太白金星下界,化作一老叟,前来揭了黄榜,自言能止太子啼哭。看榜官员引至殿下,朝见真宗。天子圣旨,教进内苑看视太子。那老叟直至官中,抱着太子,耳边低低说了八个字,太子便不啼哭。那老叟不言姓名,只见化阵清风而去。耳边道八个甚字?道是:"文有文曲,武有武曲。"端的是玉帝差遣紫微宫中两座星辰下来辅佐这朝天子。文曲星乃是南衙开封府主龙图阁大学士包拯,武曲星乃是征西夏国大元帅狄青。[1]

不管怎么说,赵受益降生的啼哭声,不但给后宫带来了生气,也让真宗看到了自己血脉与皇位后继有人的希望。所以,我们不难想象皇帝心里有多欣喜。皇子出生当天,知开封府周起在后殿奏事,真宗兴冲冲告诉他:"知朕有喜乎?"周起说:"臣不知也。"真宗说:"朕始生子。"让周起稍候,自己转身入禁中,怀中装了金钱再出来,见了周起,掏出一把金钱塞给他。[2]

宫廷内外因为皇子的降生而喜气洋溢。如果要说有一个感到失落的人,这个人可能就是赵允让。在皇子赵受益出生后,

---

1 施耐庵著,金圣叹评:《贯华堂第五才子书水浒传》楔子。
2 杨仲良:《皇宋通鉴长编纪事本末》卷第二十八。

他便被真宗皇帝"用箫韶部乐送还邸"。我们不知道赵允让离开皇宫的年龄,如果他已是大孩子,也许会明白:此番出宫,即意味着他与皇位再无缘分。不过,假如赵允让心中有一些不快,应该也不会表露出来,因为史载赵允让"天资浑厚,外庄内宽,喜愠不见于色"。[1]

不管赵允让的内心是不是感到失落,真宗皇帝的亲生骨肉都已经来到人间,而且,蒙上苍与祖宗庇佑,赵受益没有像他的兄长那样染上让当时的太医束手无策的疾病(在没有抗生素的古代,一次小小的细菌感染都可能要了婴幼儿的命),身子骨相当健壮,"四时衣夹,冬不御炉,夏不挥扇"。这位幸运的小皇子还有一个奇特的习惯:喜欢赤足行走,"在禁内未尝着鞋袜,惟坐殿尚鞋袜,下殿即去之"[2]。这让后人更相信他是赤脚大仙托生。

作为真宗皇帝的独子,赵受益是当然的皇位继承人。五岁时,赵受益封庆国公;六岁,封寿春郡王;八岁,兼中书令;九岁,加太保,封昇王。这些给予皇子的封爵与荣衔,是将赵受益扶上皇储之位的铺垫。天禧二年(1018)八月初八,群臣开始请立皇太子,真宗先是谦虚地表示不允,大臣再三上表,方应允。于是在八月十五这一天,皇帝下诏,立九岁的昇王赵受益为皇太子。

当时有一位名叫柳三变(后改名柳永)的词人,写了一首颂圣词《玉楼春》:"星闱上笏金章贵。重委外台疏近侍。百常

---

[1] 脱脱等:《宋史·宗室传》。若按李焘《续资治通鉴长编》卷一百十七记载,赵允让还是赵受益的伴读,"旦暮诵读共学",受益出阁后,允让才归王邸。
[2] 丁传靖辑:《宋人轶事汇编》卷一。

宋仁宗

天阁旧通班,九岁国储新上计。太仓日富中邦最。宣室夜思前席对。归心怡悦酒肠宽,不泛千钟应不醉。"[1]祝贺赵受益受册为皇太子。

不过真宗对这位柳三变的文才似乎并不欣赏。大中祥符二年(1009)春,柳三变在京城参加科考,结果落第,因为是年正月,真宗下诏:"读非圣之书及属辞浮靡者,皆严谴之。"[2]而柳三变"为举子时,多游狭邪"[3],"好为淫冶讴歌之曲,传播四方"[4],落榜亦不奇怪。之后,柳三变又于大中祥符八年(1015)、天禧二年参加礼部试,均名落孙山。[5]

按宋朝惯例,自太宗朝后,皇太子之名均用单字,不联辈分,以区别于其他宗室子,所以宋朝立皇储常有赐名的步骤,真宗既立赵受益为皇太子,便赐名"祯"——以后我们对小皇子的称呼,也不再是赵受益,而改称赵祯。

千年之后的今天,我们回望大中祥符三年,会发现,对赵宋王朝来说,这一年最重要的事件,就是赵祯的出生。如果赵祯没有出生,宋朝的第四任君主大概率是赵允让,历史的走势便会有所不同。

---

1 柳永:《乐章集校注》卷上。
2 脱脱等:《宋史·真宗本纪》。
3 叶梦得:《避暑录话》卷下。
4 吴曾:《能改斋漫录》卷十六。
5 参见刘天文:《柳永年谱稿》(上),《成都大学学报(社会科学版)》1992年第1期。

第二节 赵祯的三位母亲

在赵祯时代来临之前,我们还要先讲讲生他养他的母亲们,从而让大家对少年赵祯身处的宫廷与政治环境有一个大略的印象。

小赵祯有三位母亲。

生母李氏只是一名普通宫女,"初入宫,为章献太后(刘妃)侍儿,庄重寡言,真宗以为司寝"[1]。司寝就是侍候帝王、后妃就寝的宫女。据宋人笔记,真宗一日过刘妃居处,欲盥手,二十二岁的宫女李氏"捧洗而前",真宗看着李氏一双青葱似的小手,"肤色玉耀",心生怜惜,便对她嘘寒问暖。李氏趁机说:"昨夕忽梦一羽衣之士跣足从空下云:'来为汝子。'"真宗当时无子嗣,听了很是高兴,说道:"当为汝成之。"[2]当晚,便召幸李氏。果有娠。仁宗出生后,李氏晋封为"崇阳县君"。

县君是宋代御侍宫女的封号。按宋朝后宫制度,能够获得天子宠幸、为天子侍寝的后宫女性,可以分为两个序列,一是御侍宫女,一是妃嫔。御侍宫女得到县君、郡君的封号,便有望进入妃嫔序列。妃嫔有六个等级:一、妃,分贵妃、淑妃、德妃、贤妃,正一品;二、嫔,细分为太仪、贵仪、淑仪、淑容、顺仪、顺容、婉仪、婉容、昭仪、昭容、昭媛、修仪、修容、修媛、充仪、充容、充媛,正二品;三、婕妤,正三品;四、美人,正四品;五、才人,正五品;六、贵人,无视品。李氏

---

[1] 脱脱等:《宋史·后妃传》。
[2] 丁传靖辑:《宋人轶事汇编》卷一。

诞下皇子赵祯之后，又为真宗生了一个女儿（早夭），才晋封为五品才人，真宗去世前才升为二品婉仪，天圣十年（1032）二月，进位为宸妃，但当日便病逝了，得年四十六岁。

终其一生，李氏与赵祯都未能母子相认。赵祯在亲政之前，从不知道自己的生母为李氏，因为他刚出生便被刘妃抱养，不但名义上是刘氏之子，而且从小就与刘氏一起生活。赵祯从晓事起，一直以为他的生身母亲就是刘氏。

刘氏，在民间时叫作刘娥。《宋史》称刘娥为将门之后，祖籍太原，祖父刘延庆为后晋、后汉的右骁卫大将军，父亲刘通为宋朝虎捷都指挥使、嘉州（今四川乐山）刺史。刘娥尚在襁褓时，父亲卒于从征太原途中，之后刘家举家搬至四川，定居于益州（今四川成都）。但《宋史》的这段记述，当为刘娥显赫后伪造出来的身世，不足为信。[1]

真实的情况当是，刘娥出身寒微，父亲早逝，由外祖父家抚养成人。《宋史·后妃传》载，刘娥从小"善播鼗"，即拨摇小鼓唱曲儿，暗示刘娥年轻时曾以卖唱为生。其后，"蜀人龚美者，以锻银为业，携之入京师"，一个叫作龚美的四川银匠带着她来到京师讨生活，估计也是走江湖卖艺。

刘娥为什么要跟着银匠龚美从益州来到京师？《宋史·后妃传》语焉不详。我们看李焘《续资治通鉴长编》的记述，便清楚了："刘氏始嫁蜀人龚美，美携以入京，既而家贫，欲更嫁之。"[2] 原来龚美是刘娥的前夫，他到京城讨生活，当然带着

---

[1] 参见王瑞来：《"狸猫换太子"传说的虚与实——后真宗时代：宋代士大夫政治下的权力博弈》，《文史哲》2016年第2期。
[2] 李焘：《续资治通鉴长编》卷五十六。下同。

妻子，只是因为贫穷，养不活妻子，便欲让刘娥改嫁。《宋史》为尊者讳，隐去了"刘氏始嫁龚美"一节。

恰好当时的襄王赵元侃听说蜀中盛产美女，很想认识一名蜀中女子，跟左右说："蜀妇人多材慧，吾欲求之。"王府属官张旻不知从哪里得知蜀人龚美欲嫁其妻，便将龚妻介绍给了襄王。于是，刘娥"得召入，遂有宠"，成了赵元侃宠爱的侍妾。

不过，襄王的乳母秦国夫人生性严整，看不惯赵元侃沉溺于美色，将他进纳江湖女子一事告诉了襄王的父亲，即宋太宗。宋太宗觉得儿子的做法很不像话，下令将刘娥逐走。襄王不得已，只好将刘娥送入张旻家里。张旻避嫌，不敢接纳，襄王又"以银五百两与旻，使别筑馆居之"，替他金屋藏娇。

至道元年（995），赵元侃被太宗立为皇太子，赐名赵恒。两年后，至道三年（997），太宗驾崩，赵恒继位，是为宋真宗。真宗这才将刘娥迎入宫，封为美人，大中祥符年间，又晋封修仪、德妃。显贵之后，刘娥并没有与前夫龚美相忘于江湖，而是结为兄妹，龚美因而改姓刘，成为皇亲国戚。

大中祥符五年（1012），即刘德妃抱养了李氏之子赵祯的第三年，宋真宗决定册立新皇后。自皇子赵祐不幸夭亡，真宗皇后郭氏一直郁郁寡欢，以致抑郁成疾，景德四年（1007）便因病去世了，年方三十二岁，谥"庄穆"。从郭皇后病逝到大中祥符五年，这五年间，后宫皇后之位空置。

真宗欲立德妃刘氏为后，但"大臣多以为不可"[1]，后来成为太子宾客的李迪"屡上疏谏，以章献（刘氏）起于寒微，不

---

1 脱脱等：《宋史·后妃传》。

可母天下"[1]；参知政事赵安仁也说："刘德妃家世寒微，不如沈才人出于相门。"[2]提议立故相沈义伦的孙女沈才人为皇后。但真宗都没有听从，"卒立之"[3]，决意将刘氏立为皇后。册立之时，真宗希望由久负文名的翰林学士杨亿起草制书，便让参知政事丁谓去跟杨亿说说。杨亿婉拒了，丁谓开导他："大年（杨亿，字大年）勉为此，不忧不富贵。"但杨亿说："如此富贵，亦非所愿也。"宋真宗只好换其他学士草制。[4]

刘娥能得真宗宠爱，不是因为她年轻貌美——须知刘娥此时已经四十三岁了——而是因为她聪慧，史书载刘后"性警悟，晓书史，闻朝廷事，能记其本末"，深得真宗赞赏，"真宗退朝，阅天下封奏，多至中夜，后皆预闻。宫闱事有问，辄傅引故实以对"。[5]

刘德妃的侍女李氏为真宗生育了皇子，也是她得以母仪天下的重要原因。赵祯虽非刘氏亲生，但刘氏视如己出，"太子动息，后必躬亲调护"[6]，"抚视甚至"[7]。当然，刘氏的志趣不在相夫教子、含饴弄孙，而在临朝称制、治国理政，因此，日常照料孩子的人，实际是她的好姐妹杨淑妃。

杨淑妃"性慈仁，谦谨寡过"[8]，又"通敏有智思，奉顺章献

---

1 脱脱等：《宋史·李迪传》。
2 佚名：《宋史全文》卷六。
3 脱脱等：《宋史·后妃传》。
4 李焘：《续资治通鉴长编》卷八十。
5 脱脱等：《宋史·后妃传》。
6 李焘：《续资治通鉴长编》卷九十八。
7 脱脱等：《宋史·后妃传》。
8 李焘：《续资治通鉴长编》卷一百十九。

无所忤"，所以刘氏对她甚是信任，亲如姐妹，抱养小赵祯后，便由她贴身护视。淑妃心慈，有母性，对乳褓中的小皇子很是疼爱，"凡起居饮食必与之俱，所以拥佑扶持，恩意勤备"。[1]

小皇子赵祯一天天长大，慢慢地，他知道自己有两位母亲，一位是大娘娘刘氏，一位是小娘娘杨氏。大娘娘对他如严父，"动以礼法禁约之，未尝假以颜色"；小娘娘更像慈母，对他颇为溺爱。有一回，小赵祯得了"风痰"（大概是支气管炎），太医交代注意饮食，大娘娘刘氏即禁止赵祯吃"虾蟹海物"；小娘娘杨氏却悄悄藏了一些海鲜，带给小赵祯吃，说："何苦虐吾儿至此！"[2] 因此，小赵祯对大娘娘敬而远之，对小娘娘则很亲近。

小赵祯不知道自己还有一位母亲，那就是生他的李氏。没有人敢告诉他真实身世，"人畏太后（指刘氏），亦无敢言者。终太后世，仁宗不自知为妃（指宸妃李氏）所出也"[3]。

第三节 "狸猫换太子"传说

赵祯幼年不太寻常的经历，经过民间艺人长时的演绎，最后演变成了家喻户晓的"狸猫换太子"故事。清代长篇公案小说《三侠五义》第一回"设阴谋临产换太子 奋侠义替死换皇娘"

---

1 脱脱等：《宋史·后妃传》。
2 丁传靖辑：《宋人轶事汇编》卷一。
3 脱脱等：《宋史·后妃传》。

宋仁宗

讲的,便是"狸猫换太子"的传奇故事:

话说宋真宗在位年间,玉宸宫李妃、金华宫刘妃俱各有娠。某年中秋,真宗赐二妃各一枚金丸,说:"二妃如有生皇子者,立为正宫。"刘妃久怀嫉妒之心,一闻此言,唯恐李妃生下皇子立了正宫,便与总管都堂郭槐暗暗铺谋定计,要害李妃。

这日,李妃一时腹痛难禁。天子着惊,知是要分娩了,急召刘妃带喜婆前来守喜。郭槐早已买通喜婆尤氏,定下陷害李妃的计谋:将狸猫剥去皮毛,趁李妃刚分娩一时血晕、人事不省之机,用这狸猫换了刚刚出生的皇子。刘妃即唤心腹宫女寇珠,用藤篮暗藏皇子,带到销金亭用裙绦勒死,丢在金水桥下。

寇珠虽是刘妃心腹,却为人正直,素怀忠义,不敢对皇子下毒手,偷偷把皇子送给了内侍陈琳。陈琳用妆盒装着,以给南清宫八千岁送果品祝寿为名,混出宫门,入了南清宫,将小皇子托付给八千岁及王妃狄娘娘抚养。

刘妃已将李妃生产妖孽一事奏明圣上。天子大怒,立将李妃贬入冷宫,加封刘妃为金华宫贵妃。刘妃满心欢喜,暗暗重赏了郭槐与尤氏。到了十月满足,她也产下一个皇子。天子大喜,将刘妃立为正宫。

谁想乐极生悲,过了六年,刘后所生之子不幸染病夭折。圣上大痛,自叹半世乏嗣,遂将八千岁的三世子立为东宫太子。这三世子正是当年寇珠、陈琳救下的皇子。

一日，太子路过冷宫，见了李妃，不由得泪流满面，跑来向刘后求情。刘后当即生疑，心想："何至见了李妃之后，就在哀家跟前求情？事有可疑，莫非六年前叫寇珠抱出宫去，并未勒死，不曾丢在金水桥下？"愈想愈觉可疑，即将寇珠唤来，细细拷问。结果寇珠宁死不招，触槛自尽。

李妃自见太子之后，每日伤感，每夜烧香，祈保太子平安。此举被刘后知悉，便在天子跟前启奏："李妃心下怨恨，每夜降香诅咒，心怀不善，情实难宥。"天子盛怒，即赐白绫七尺，立时赐死。幸亏有小宦官忠心耿耿，替李妃一死，李妃则被暗中护送出宫，送至陈州（今河南淮阳）居住。

且说朝廷国政，自从真宗皇帝驾崩，仁宗皇帝登了大宝，就封刘后为太后。之后，钦差大臣包拯出巡各地，途经陈州。身居破窑、双目失明的李妃闻讯，前来申冤，将已往之事，滔滔不绝，述说一番。包公闻听，吓得惊疑不止，连忙立起身来，问道："言虽如此，不知有何证据？"李妃从里衣内掏出金丸一粒，上刻着"玉宸宫"字样并娘娘名号。

包公知道此事非同小可，不敢草率行事，悄悄将李妃接回开封府，送入南清宫与狄娘娘见面，又设法让仁宗皇帝与李妃母子相认，取得仁宗御笔圣旨，拿下郭槐，审得供词。刘太后见奸计败露，惊惧而亡。从此黎民、内外臣宰方知太后姓李，却不

宋仁宗

姓刘。包公因为立下奇功,被仁宗封为首相。[1]

显然,这个故事完全是民间艺人编造出来的,与宋朝史实毫无关系,只不过借用了刘妃、李妃与宋仁宗的身份,敷演出来而已。真实的历史不会有那么强的戏剧性,宋王朝的内廷也没有那么血淋淋的宫斗,什么"金丸之约""狸猫换太子""寇珠救主""陈琳送妆盒""包公审郭槐""仁宗认母"等戏文津津乐道的情节,都来自民间文人的想象。

我们前面已经讲过,李氏怀有身孕之时,并不是妃嫔,而是一名小宫女,根本不可能与得宠的刘妃争夺皇后之位;刘妃抱养侍女所生皇子,其实是合乎当时宗法的,并不需要动用诡计。刘氏也从未迫害过李氏,"打入冷宫""白绫赐死"云云,不过是小说家的捏造;赵祯在生母在世之时,不知道自己身世,因而并无认母之举;当他得悉生身母亲为李氏时,已是明道二年(1033),当时包拯还在家乡侍奉双亲,不可能参与调查这起宫廷迷案,包拯也从未当过首相;至于八千岁、狄娘娘、宦官郭槐与陈琳、宫女寇珠,则是虚构出来的文学人物,史无其人。

那么整个"狸猫换太子"的传奇故事是如何产生的呢?故事的源头,可以追溯到元朝无名氏编撰的杂剧《金水桥陈琳抱妆盒》(下简称《抱妆盒》),剧本梗概如下:

宋真宗时,李美人生下太子,刘皇后心生嫉恨,

---

1 据清代作家石玉昆的《三侠五义》第一回至第十九回缩写。

密遣宫女寇承御将太子刺死,丢于金水桥下。寇承御因见红光紫气罩在太子身上,不敢下手。适撞见内侍陈琳往后花园去,两个人商量,要同救太子。陈琳便将太子藏在黄封妆盒之中,带出宫来,交给楚王赵德芳抚养。十年后,楚王领太子入宫见宋真宗,刘皇后见那孩子声音举止与李美人好生相似,问他年纪,又是十岁,于是怀着一肚子疑心,回宫拷问寇承御,致寇触阶自尽。真宗病重,以楚王第十二子(即陈琳救出的太子)入承皇嗣,是为宋仁宗。仁宗自幼便听叔父说,他是妆盒儿盛着,送到楚王府收养的。继位后,遂细问陈琳,这才得知自己生母为李美人。不过,他不忍追究刘太后,只是奉李美人为纯圣皇太后,每日问安视膳。

可以看出来,"狸猫换太子"的故事框架与人物设定,在元杂剧《抱妆盒》中已经成型,只不过"剥皮狸猫"的具体情节还未出现,也没有包拯什么事。剧本的核心情节是寇承御与陈琳拯救小太子,灵魂人物也是寇承御。

《抱妆盒》虽以宋朝为历史背景,却不是取材于宋史,而是仿写自另一部元朝杂剧——纪君祥创作的《赵氏孤儿》。不管是拯救婴儿的基本情节,还是将婴儿藏于妆盒的细节,《抱妆盒》与《赵氏孤儿》都是高度相似的。更有意思的是,《赵氏孤儿》的主题是"存赵",《抱妆盒》的主题是"救宋",合起来即"存赵救宋"。元朝无名氏编撰出一部《抱妆盒》,也许是在隐讳地表达宋朝遗民的"存赵救宋"梦想。

经由元杂剧《抱妆盒》的演绎,宋仁宗与刘太后的故事开始在民间流传，慢慢成为戏曲艺人最喜爱的题材之一。元末明初，散曲家汪元亨创作《仁宗认母》剧本，大概就是据《抱妆盒》敷演而成；明成化年间，又有传奇剧本《金丸记》传世，基本情节跟《抱妆盒》差不多，显然也是从《抱妆盒》改编而来。

近人发现，《金丸记》情节"与明代纪太后事相类"[1]。纪太后为成化年间宫女、明孝宗生母，且来看《明史·后妃传》的记载：

> 孝穆纪太后，孝宗生母也，贺县人，本蛮土官女。成化中征蛮，俘入掖庭，授女史，警敏通文字，命守内藏。时万贵妃专宠而妒，后宫有娠者皆治使堕。柏贤妃生悼恭太子，亦为所害。帝（明宪宗）偶行内藏，应对称旨，悦，幸之，遂有身。万贵妃知而恚甚，令婢钩治之。婢谬报曰病痞。乃谪居安乐堂。久之，生孝宗，使门监张敏溺焉。敏惊曰："上未有子，奈何弃之。"稍哺粉饵饴蜜，藏之他室，贵妃日伺无所得。至五六岁，未敢剪胎发。……帝不知也。
>
> 帝自悼恭太子薨后，久无嗣，中外皆以为忧。成化十一年，帝召张敏栉发，照镜叹曰："老将至而无子。"敏伏地曰："死罪，万岁已有子也。"帝愕然，问安在。对曰："奴言即死，万岁当为皇子主。"于是太监怀恩顿首曰："敏言是。皇子潜养西内，今已六岁矣，匿不敢闻。"帝大喜，即日幸西内，遣使往

---

1 董康编著：《曲海总目提要》卷三十九。

迎皇子。……群臣皆大喜。明日，入贺，颁诏天下。移妃（纪氏）居永寿宫，数召见。万贵妃日夜怨泣曰："群小给我。"其年六月，妃（纪氏）暴薨。或曰贵妃致之死，或曰自缢也。……敏惧，亦吞金死。[1]

发生在明成化年间的这桩宫廷秘事，与《金丸记》故事高度相似：万贵妃就如剧中刘妃，纪妃就如剧中李妃，明孝宗就如剧中宋仁宗，而剧中的宫女寇承御和内侍陈琳，在宋史上找不到原型，却与救过明孝宗小命的宫婢与张敏如出一辙。因此，后世有戏曲研究者认为，《金丸记》或"借宋事以寓意耳"[2]。

但《金丸记》源自元杂剧《抱妆盒》，元人不可能预知明朝事。不排除这样的情况：《抱妆盒》由于暗合成化朝的宫闱秘闻，因此在明代中后期流布更广，并被文人改编成更多版本。明代学者祁彪佳便认为，《金丸记》"出在成化年，曾感动宫闱，内有佳处，可观"[3]。

成化年间，还有弹词《新刊全相说唱足本仁宗认母传》流传。在这一版本中，包公的角色开始出现了。故事中讲述包公到陈州粜米，一名贫婆前来告状，状告当今皇上不认生母。包公审得贫婆竟然是宋仁宗生母李妃——当年，李妃生下仁宗，却被刘妃调包，又受其陷害而流落陈州。最后，包公查明真相，使李妃与仁宗母子相认。"狸猫换太子"传奇后半部分的故事框架，至此已由明朝弹词奠定，之后，包拯便成了"狸猫换太子"故

---

[1] 张廷玉等：《明史·后妃传》。
[2] 董康编著：《曲海总目提要》卷三十九。
[3] 祁彪佳：《远山堂曲品》，收于中国戏曲研究所编《中国古典戏曲论著集成》第六册。

事的主角，寇珠与陈琳沦为配角，宋仁宗本人更是变成"打酱油"的角色。明代公案小说《龙图公案》《百家公案》均采用了这样的人物设定。

入清之后，"狸猫换太子"的故事改编进入全盛时期。清传奇《正昭阳》由明传奇《金丸记》与包公案小说扩展而成，故事情节更加复杂，加入了宋真宗出征滇南、刘妃勾结太监郭槐骗走太子、摔死公主并反诬李妃、包公回朝审案、刘太后服毒自尽的情节。

至于"狸猫换太子"这一具体的情节设计，最早出现在清代小说《万花楼演义》（大约成书于嘉庆年间）。活跃于嘉庆—道光年间的说书艺人石玉昆以明代公案小说《龙图公案》为蓝本说书，沿用了"狸猫换太子"的情节设定，改编成说唱本《龙图耳录》。

其后，以《龙图耳录》为底本敷演而成的长篇公案小说《三侠五义》问世，于光绪五年（1879）刊刻出版。光绪十五年（1889），学者俞樾认为，《三侠五义》第一回"叙述狸猫换太子事，殊涉不经。白家老妪之谈，未足入黄车使者之录。余因为别撰第一回，援据史传，订正俗说，改头换面，耳目一新"[1]。俞樾改写了《三侠五义》第一回，却未能阻止"狸猫换太子"故事的流传，因为民间艺人与一般市民显然不认为"狸猫换太子"之事荒诞不经，反而津津乐道，乐此不疲。

"狸猫换太子"故事不但随着《三侠五义》等小说在市民读者中流传，而且被民间艺人改编成多种曲艺底本、剧本，以

---

1 俞樾：《重编〈七侠五义传〉序》。

各种曲艺形式流布于天下，如子弟书（清代由八旗子弟首创并流行的讲唱文学）有《盘盒》《救主》《拷御》；宝卷有《李宸妃冷宫受苦宝卷》《阴审郭淮宝卷》《狸猫宝卷》；鼓词有《狸猫换太子初集》《拷打寇承玉》；京剧有《打龙袍》《狸猫换太子》等。湘剧、汉剧、滇剧、徽剧、川剧、豫剧、绍剧、秦腔、昆曲、梆子戏甚至地方傩戏中，"狸猫换太子"也是长盛不衰的剧目。[1]

而在流传的过程中，"狸猫换太子"的故事也离宋朝的史实、元人隐讳的"存赵救宋"主题越来越远。

我们之所以要对"狸猫换太子"故事的源流作一点考证，是想指出一点：经由民间文艺作品的演绎，历史会变得面目全非。元明清时期，民间诞生了大量以宋代为历史背景的"讲史"类通俗文艺，如评书、小说、弹词、戏曲，这些民间文艺作品在很大程度上误导了大众对宋朝的认识。大众习惯通过民间文艺而非史书了解历史，比如绝大多数人对三国历史的理解，就是基于小说《三国演义》与"三国戏"，而不是《三国志》。编撰宋朝故事的元明清民间文人，基本上都没读过几本史书，他们只能根据自己狭小的眼界与生活经验想象宋代的历史情景，后人想从元明清民间文艺作品了解宋代的宫廷生活、朝政与司法制度，无异于缘木求鱼。

在此后的叙述中，我还会有针对性地提醒诸位注意这一点。

---

[1] 参见王林飞：《狸猫换太子故事的演变及文化意蕴》，《天中学刊》2015年第1期。

第四节　天禧四年的政争

尽管"狸猫换太子"的故事情节全然为文人虚构,刘妃与李妃争位的宫斗完全不合宋朝史实,不过,宋真宗晚年的宫廷与朝堂确实不太平静,权力争斗的暗流涌动,只是权争爆发的时间点并非风平浪静的大中祥符三年,而是在刘娥被册封为皇后、小赵祯被立为太子之后,更准确地说,是在天禧四年(1020);政争的重点也不是后宫的妃嫔争位,而是政府中的寇准一派与丁谓一派争权,卷入这场政争的,还有皇帝、皇后、内侍,甚至连年幼的皇太子赵祯也被牵扯进来。

宋王朝将政府分为两个系统:以中书门下(元丰改制为三省)辖民政,首长为宰相(含首相与次相),副职为参知政事;以枢密院辖军政,首长为枢密使或知枢密院,副职为枢密副使或同知枢密院事,他们的地位相当于副宰相。中书门下、枢密院并称"两府"。天禧四年的宰执团队分裂为两个派系,一方以次相寇准为首,支持者有参知政事李迪、枢密副使周起、签书枢密院事曹玮、翰林学士杨亿等人,首相向敏中也是寇准的同盟,但他在这一年三月去世了。另一方以枢密使丁谓为首,支持者有另一名枢密使曹利用、枢密副使任中正、翰林学士钱惟演等人。

寇准与丁谓、曹利用都有私怨。天禧元年,寇准再次拜相,丁谓为参知政事,对寇准很是恭敬,但寇准看不惯丁谓的逢迎。天禧三年的一日,执政团队会餐,寇准的胡子不小心沾了汤羹,丁谓站起来,帮首长擦去汤羹,寇准居然不领情,反而讥笑他:

"参政，国之大臣，乃为官长拂须耶？"[1]搞得丁谓万分尴尬。

大中祥符年间，寇准担任枢密使，曹利用为枢密副使，二人议事，意见多不合，寇准素来瞧不起曹利用，时常取笑他不学无术："君一（武）夫尔，岂解此国家大体耶？"[2]因此，丁、曹二人都对寇准怀恨在心，欲联手倒寇。

但寇准也不是省油的灯，也在寻找机会驱逐丁谓、曹利用。

宋真宗兼用一贯不和的寇准与丁谓为宰辅大臣，也许是出于权力平衡的用心。许多年之后，一位神宗朝的大臣说："真宗用寇准，人或问真宗。真宗曰：'且要异论相搅，即各不敢为非。'"[3]廷臣"异论相搅"，君主以超然的身份作出调和、取舍，防止权臣独大、权力滥用，这是一种相当高明的治术。如果宋真宗能够正常视朝理政，应该可以驾驭"异论相搅"的政局。然而，天禧年间，真宗经常生病，时而清醒，时而神志不清、胡言乱语，严重时甚至昏迷不醒，连话都说不出来，显然已无法如常听政，朝政便出现了危机。

这种君主无法正常理政而导致的政治危机，在北宋初期君主深度介入政治决策的政制下显得更为严重。日本的汉学家曾提出一个著名的论断，即"唐宋变革论"，认为唐宋之际，中国的政治、经济、社会制度都发生了深刻的变革，以政制为例：唐朝政制还保留着"贵族共和"的特点，宋朝则形成了"君主独裁"的制度。

需要说明的是，日本学者所指的"君主独裁"，并不是说

---

1 李焘：《续资治通鉴长编》卷九十三。
2 李焘：《续资治通鉴长编》卷九十五。
3 杨仲良：《皇宋通鉴长编纪事本末》卷第六十九。

宋仁宗

君主"能够在政治上恣意而为"。宫崎市定对所谓的宋代"君主独裁"制作出过解释:"从官制上来说,这种体制指的是尽可能多地将国家机构置于君主的直接指挥之下,方方面面的国家运作,均由君主一个人来统辖。……而当天子发生意外无法听政时,则由太后或者皇太子临时摄政,掌握实权,而不像中世纪那样将国政委托给外戚或大臣。"[1]但宫崎市定的解释也未必符合宋代的政制,因为在宋代,统辖国家机关的权力中枢一直都是"两府"(中书门下、枢密院),君主并不直接指挥有司(政府部门)。不过,赵宋立国之初,确实出现了君权实体化的趋势,主要表现为君主从幕后走上前台,积极参与日常政治决策,并控制了决策终端。宋朝的所谓"君主独裁",应该从这个角度来理解。

宋人回忆说,"旧制,宰相早朝上殿,命坐,有军国大事则议之,常从容赐茶而退。自余号令除拜,刑赏废置,事无巨细,并熟状拟定进入。上于禁中亲览,批纸尾用御宝,可其奏,谓之印画,降出奉行而已"[2]。这里的"旧制",指唐朝政制,宰相总揽政治决策,君主只是对宰相的决议(熟状)表示同意,君权通常表现为"同意权"。入宋之后,宋太祖任用后周旧臣范质、王溥、魏仁浦为相,范质等人"惮太祖英睿,具札子面取进止,朝退各疏其事,所得圣旨,臣等同署字以志之",将决策权交还君主。

宋人又回忆说:"唐之政令虽出于中书门下,然宰相治事

---

1 [日]宫崎市定著,张学峰等译:《东洋的近世》之《中国近世的政治》。
2 王曾:《王文正公笔录》,收于朱易安、傅璇琮等主编《全宋笔记》第一编第三册。下同。

之地别号曰'政事堂',犹今之都堂也。故号令四方,其所下书曰'堂帖。'"唐朝的宰相可直接以"堂帖"的形式号令四方。入宋后,宋太祖因为宰相赵普"权任颇专","堂帖势力重于敕命",遂下诏禁止宰相以堂帖处分公事。但宰相作为权力中枢,必须有政务指挥权,堂帖既禁用,慢慢地,便开始用"札子"出令。至道年间,宋太宗又收回宰相便宜处分公事的权力,要求"自今但干近上公事,须降敕处分;其合用札子,亦当奏裁,方可行遣"[1],宰相可出札子,但须先经君主批准。

宋太宗还确立了每日御殿听政的日朝制度,而按唐制,君主通常是单日坐殿听政,双日不视朝,节假日放假。淳化年间,有朝臣提议:"臣欲望陛下依前代旧规,只日视朝,双日不坐。其只日遇大寒、盛暑、阴霾、泥泞,亦放百官起居。"[2]希望太宗恢复唐朝单日坐朝的旧制,但太宗并没有听从,坚持每日视朝。

按太祖、太宗朝形成的这套制度,君主不但要每日视朝听政(节日、假日、伏日通常会休务放假),还要裁决宰相的上行文书(相当于唐朝熟状的札子),审核宰相的下行文书(相当于唐朝堂帖的札子)。如此一来,君主固然掌握了更大的决策权,却也要为处理政务付出更多的精力。偏偏宋真宗晚年体弱多病,有时候连正常的听政都做不到,原本由他掌握的那部分实质性君权,势必会发生转移。

那么,这部分君权将转移到谁的手里呢?

在这个背景下,刘皇后登场了。刘娥虽出身江湖,却在政

---

[1] 徐度:《却扫编》卷上。
[2] 李焘:《续资治通鉴长编》卷三十二。

宋仁宗

治上有着过人的天分，宋真宗身体康健情况尚可时，刘皇后已预闻政事，在皇帝"久疾居宫中"的天禧年间，政事更是"多决于后"。[1]

对于刘皇后的预政，朝中两大派系的立场正好针锋相对。宰相寇准、参知政事李迪、翰林学士杨亿都不希望后妃代行皇权，他们与刘皇后的私人关系也比较糟糕，真宗议立皇后时，他们都曾反对册立刘氏，而且，在正统士大夫看来，女主掌权也不是正常现象，何况武则天擅权的唐鉴不远。而枢密使丁谓、曹利用、翰林学士钱惟演则依附刘皇后，其中钱惟演与刘皇后、丁谓还是姻亲，他们当然希望由刘皇后掌控朝政。这两个派系都在后宫培植了支持者，寇准的支持者是内侍周怀政，丁谓的支持者是另一名内侍雷允恭。

面对真宗皇帝病情每况愈下、刘皇后权势日益强大的局面，寇准一方准备先下手为强，策动真宗皇帝同意太子监国。

太子监国即由太子赵祯代行君权，从而釜底抽薪，架空刘皇后，而赵祯年幼，离不开宰相与东宫官辅弼，权力实际上掌控在宰相寇准与参知政事兼太子宾客李迪手里。这当然是丁谓一方不愿意看到的。当寇准、李迪首议太子总军国事时，丁谓立即表示反对："即日上体平，朝廷何以处此？"[2] 皇上龙体很快就会康复，何需太子监国？由于丁谓的阻挠，太子监国之议便搁置下来。

这个时候，拥护寇准的内侍周怀政也鼓动宋真宗让太子赵

---

1 脱脱等：《宋史·后妃传》。
2 杨仲良：《皇宋通鉴长编纪事本末》卷第二十八。

祯监国。周怀政时为入内副都知,"日侍内廷,权任尤盛,于是附会者颇众"[1],寇准与他的关系也很密切。有一次,一病不起的真宗枕着周怀政的大腿,"与之谋,欲命太子监国"[2]。周怀政将消息悄悄告诉了寇准,于是寇准寻了一个机会,单独面见真宗,说:"皇太子人望所属,愿陛下思宗庙之重,传以神器,以固万世基本。丁谓佞人也,不可以辅少主。愿择方正大臣为羽翼。"[3]真宗也觉得有道理。

有些宋人笔记认为真宗还对刘皇后的擅权心生不满。"天禧末,真宗寝疾,章献明肃太后渐预朝政,真宗意不能平";寇准想趁机鼓动皇帝废刘皇后,传位皇太子,诛杀丁谓:"寇莱公探知此意,遂欲废章献,立仁宗,策真宗为太上皇,而诛丁谓、曹利用等。"[4]但此说不可信,疑与后面周怀政的政变混为一谈。寇准的用意是扶太子监国,驱逐丁谓出朝,还不至于狂妄到废皇后、诛大臣的地步。真宗对刘皇后深为依赖,不大可能废后。

在得到真宗皇帝的允诺之后,寇准马上找到翰林学士杨亿,让他赶紧起草制书,"请太子监国"[5]。杨亿知道事关重大,不敢走漏风声,"夜屏左右为之辞,至自起剪烛跋,中外无知者"。但事情却坏在寇准身上,原来寇准好酒,酒后自己说漏了嘴,让丁谓得悉太子监国的消息,丁谓即抢在真宗下制书之前,面

第一章 "狸猫换太子"

---

1 脱脱等:《宋史·周怀政传》。
2 杨仲良:《皇宋通鉴长编纪事本末》卷第二十四。
3 杨仲良:《皇宋通鉴长编纪事本末》卷第二十三。
4 魏泰:《东轩笔录》卷之三。
5 杨仲良:《皇宋通鉴长编纪事本末》卷第二十三。下同。

见皇帝，称寇准欲矫诏，要求罢免寇准。

此时，真宗已不记得与寇准"初有成言"（也许是有苦难言），在丁谓的胁迫下，不得不下诏罢免寇准的相位，时为天禧四年六月。随后，真宗又拜枢密使丁谓为平章事，兼昭文馆大学士；参知政事李迪为同平章事，兼集贤殿大学士；兵部尚书冯拯为枢密使；翰林学士钱惟演为枢密副使；枢密副使任中正、礼部侍郎王曾为参知政事。按北宋前期官制，以平章事、同平章事为宰相，首相例兼昭文馆大学士，称昭文相，次相例兼集贤殿大学士，称集贤相。也就是说，如今丁谓已是首相，李迪则擢升次相。

至于寇准，虽然已经罢相，但真宗对他仍然优礼有加，封他为太子太傅、莱国公。丁谓、钱惟演的目标是将寇准逐出朝廷，所以加紧游说真宗贬谪寇准："准自罢相，转更交结中外，再求用。晓天文卜筮者皆遍召，以至管军臣僚、陛下亲信内侍，无不着意。恐小人朋党诳惑圣听，不如早令出外。"不过真宗不为所动，待寇准如故。

没想到，这年七月，内廷发生了一起未遂的政变：原来，内侍周怀政见寇准失败，"忧惧不自安，阴谋杀谓等，复相准，奉帝为太上皇，传位太子而废皇后"[1]。为此，他与其弟周怀信"潜召客省使杨崇勋、内殿承制杨怀吉、阁门祗候杨怀玉议其事"，密谋发动宫廷政变。谁知杨崇勋、杨怀吉转头就向丁谓告密，丁谓连夜找曹利用商议对策。次日天明，曹利用赶紧入大内报告刘皇后，周怀政遂被擒，押往城西普安寺斩首。

---

1 杨仲良：《皇宋通鉴长编纪事本末》卷第二十四。下同。

周怀政曾兼管勾左右春坊事,照料皇太子生活起居,与小赵祯关系亲密,赵祯亲切地叫他"周家哥哥"[1]。童年时的赵祯喜欢画画,"闲时画马为戏",也写得一手好字。一次,老师张士逊向他求画,赵祯说:"师傅岂可与马耶?"遂郑重其事大书"寅亮天地,弼予一人"八字相赠。周怀政闻知,也向太子求字,小赵祯却给他题了一句话:"周家哥哥斩斩。"这本是孩童无心的戏言,却不想一语成谶。

因为被指控"与周怀政交通"[2],宋真宗也庇护不了寇准了,只能将寇准外放,"降授太常卿、知相州"。相州(今河南安阳)是内郡,离京师不远,丁谓担心寇准有机会还朝,又要求将他迁至边远小地方。真宗没办法,只好跟宰辅说:"与小州。"[3]但丁谓发出的指挥札子却称:"奉圣旨,除远小处知州。"李迪与他相争,说:"向者圣旨无'远'字。"丁谓咄咄逼人反问他:"君面奉德音,欲擅改圣旨,以庇准耶?"李迪孤掌难鸣,争他不过,于是寇准移知边远小郡安州(今湖北安陆),未久又贬为道州(今湖南道县)司马,属于闲职。

将寇准远谪,应该不是真宗的本意,而是刘皇后—丁谓一党施加压力,甚至矫诏的结果。丁谓对寇准怀恨在心,自不必说;刘皇后与寇准也有仇隙,因为寇准不但曾经反对立刘娥为皇后,而且,当寇准得悉刘皇后的族人"横于蜀,夺民盐井"[4]时,要求宋真宗严惩刘氏族人,又得罪了皇后。因此,贬谪寇准的

---

1 丁传靖辑:《宋人轶事汇编》卷一。下同。
2 杨仲良:《皇宋通鉴长编纪事本末》卷第二十四。下同。
3 杨仲良:《皇宋通鉴长编纪事本末》卷第二十三。下同。
4 杨仲良:《皇宋通鉴长编纪事本末》卷第三十四。

诏书虽然是以皇帝的名义颁发的,但其实很可能出自丁谓与刘皇后的授意。寇准离朝一年多之后,宋真宗突然想起了这位他曾深为器重的前宰相,问左右:"吾目中久不见寇准,何也?"[1]左右都不敢回答。

逐走了寇准,丁谓一党还不放心,又清算了朝中亲寇准的势力。朝士凡与寇准亲善者,皆被"指为准党","俱罢黜",只有杨亿得以保全。当初寇准事败罢相,丁谓曾召杨亿至中书,杨亿恐惧,"便液俱下,面无人色"。不过,丁谓平素颇赏识杨亿文才,无意加害,只是请杨亿替他撰写拜相的制词:"谓当改官,烦公为一好词耳。"杨亿这才稍安心。

由于周怀政图谋政变的目的是奉真宗为太上皇、传位于皇太子,小赵祯也受到牵连。有人趁机离间皇帝与太子的关系,真宗受其蛊惑,欲并责太子,幸亏李迪从容说了一句:"陛下有几子,乃为此计。"[2]真宗这才醒悟过来,"由是东宫得不动摇"。

李迪暂时也没事。真宗在寇准罢相后,欲拜李迪为次相,接替寇准。但李迪坚决推辞,真宗请他万勿推辞。这时,懂事的皇太子赵祯站出来拜谢真宗:"蒙恩用宾客为相,敢以谢。"真宗看着李迪说:"尚复何辞耶?"李迪这才接下次相一职。

宋真宗坚持用李迪,也许还是出于"异论相搅"的考虑,希望李迪可以牵制首相丁谓。然而,由于寇准及其追随者皆"坐与周怀政交通"而遭斥逐,权力中枢的天平已明显倾向丁谓。当时宰辅团队中,枢密使曹利用、副使钱惟演、参知政事任中

---

1 杨仲良:《皇宋通鉴长编纪事本末》卷第二十三。下同。
2 李焘:《续资治通鉴长编》卷九十六。下同。

正都是丁谓的人，另一位枢密使冯拯，参知政事王曾，此时立场尚不明朗。冯拯拜枢密使，为钱惟演所推荐，在丁谓、李迪发生争执时，冯拯与曹利用都替丁谓说了好话，所以李迪认为，"曹利用、冯拯亦相朋党"[1]；而王曾则"谄事谓甚至。既登政府，每因闲暇与谓款，必涕泣作可怜之色"[2]，丁、李相争之时，王曾也作了有利于丁谓的发言，称丁谓没有错，错在李迪。换言之，李迪是受到孤立的，独木难支，不可能制衡丁谓。

失去制约的丁谓开始擅权，完全不将李迪放在眼里，任命官员都不让李迪知道。李迪愤懑，慨然跟同僚说："迪起布衣，十余年位宰相，有以报国，死且不恨，安能附权臣为自安计乎！"[3] 有一次，丁谓意欲提拔工部尚书林特为枢密院副使，李迪坚决反对。一言不合，李迪"引手板欲击谓"，想对丁谓动武，随后两人又在真宗面前争吵起来。宋真宗一怒之下，干脆下诏将丁、李同时罢相。

丁谓是厚颜无耻之人，得知罢相的消息，马上入对，直接要求真宗恢复他的相位："非臣敢争，乃迪忿詈臣尔。臣不当与之俱罢，愿复留。"并公然假传圣旨："有旨复平章事。"大摇大摆赴中书，"依旧视事"。当时，真宗已命翰林学士刘筠起草制书，拜枢密使冯拯为首相，只是制书尚未发出。丁谓既复相，便召刘筠起草复相制书。刘筠很有骨气，坚决不奉诏，丁谓只好换另一位翰林学士晏殊草制。刘筠从学士院出来时，正好碰

---

1 杨仲良：《皇宋通鉴长编纪事本末》卷第二十三。
2 王铚：《默记》卷上。
3 李焘：《续资治通鉴长编》卷九十六。下同。

见晏殊进来，晏殊"侧面而过，不敢揖，盖内有所愧也"。

丁谓、李迪同时罢相，结果却是丁谓复相，李迪卷铺盖走人，于天禧四年十一月离开朝廷，出知郓州（今山东郓城）；次相之位则由冯拯顶替。

李迪被逐，恐怕也是刘皇后的意思。因为刘娥与李迪有旧恨新仇，早年真宗议立刘氏为皇后，李迪再三上疏反对；真宗不豫之后，间或语言错乱，一日盛怒告诉辅臣："昨夜皇后以下皆之刘氏，独留朕于宫中。"这本是皇帝神志不清时的胡话，众人"皆不敢应"，唯独李迪说："果如是，何不以法治之？"提议治刘皇后之罪。过了良久，真宗清醒过来，又说："无是事也。"但躲于屏后的刘皇后已听到李迪的言论，从此对李迪极为厌恶。著《续资治通鉴长编》的李焘相信，"迪所以不得留，非但谓等媒孽，亦宫中意尔"。

寇准、李迪先后被逐，宣告在天禧四年的政争中，丁谓是大获全胜的赢家。这年十一月，宋真宗又拜平章事丁谓兼太子少师，枢密使、平章事冯拯兼太子少傅，枢密使曹利用兼太子少保。少师、少傅、少保均为东宫官，一般只用作宰执大臣致仕之后的荣衔，现任宰执加授"三少"，这在宋朝是没有先例的，意味着现任宰执不但是执政大臣，而且是皇太子的老师，未来太子继位，他们便是师臣，地位非常尊贵。

十二月，真宗抱病在承明殿（后殿、便殿）召见丁谓等辅臣，发下手诏："今皇太子虽至性天赋，而年未及壮，须委文武大臣尽忠翊赞。自今要切时政，可召入内都知会议闻奏，内廷有皇后辅化宣行，庶无忧也。"以手诏的形式确认了皇后预政的合法性。

由于丁谓的权位已经巩固，刘皇后的权威也无人挑战，因此，从天禧四年年底到天禧五年（1021），朝堂也恢复了平静，暂时没有发生激烈的政争。

第五节　　皇太子的童年

爹爹多病，大娘娘喜欢问政，寇相公来了又走，李老师与丁谓大打出手，"周家哥哥"不知何故被砍了头，这便是少年赵祯看到的政治世界。以他幼小的年龄，显然尚理解不了成人政治的复杂性。即使他被卷入了政争，也是完全被动，懵懵懂懂。

所幸，宫廷与朝堂尽管波谲云诡，但多数大臣都愿意尽心护他周全，哪怕是野心勃勃的刘皇后，也视他如己出，因为他是真宗皇帝的唯一合法继承人，国本所系，不可动摇。只要不出意外，皇位迟早会传给他。

现在，皇太子赵祯需要做的最重要的事情，是学习如何治理一个超大规模的国家[1]。

首先他要接受经史的熏陶，古人相信，经史中蕴藏着治国的智慧。早在大中祥符九年（1016）二月，赵祯七岁，真宗便下诏筑堂，"为王子就学之所，赐名曰'资善'"，并面诫小皇子："不得于堂中戏笑及陈玩弄之具，庶事由礼。"[2]

---

[1] 宋王朝虽然未能收复燕云地区，国土面积少于汉唐明清，但与同时期的欧洲王国相比，却也称得上国家规模超大。
[2] 杨仲良：《皇宋通鉴长编纪事本末》卷第二十八。本节引文，除另有注释外，均出自该卷。

在此之前的一个月，真宗已经让宰相团队"择耆德方正有学术者"为小皇子的老师，饱学正直、淡泊名利的张士逊与崔遵度被遴选为寿春郡王友，担任赵祯的启蒙老师，教授《孝经》《诗经》。天禧二年八月赵祯被立为皇太子后，张士逊晋升为右谏议大夫兼太子右庶子，崔遵度为直史馆兼左谕德（两年后崔遵度去世，补冯元为左正言兼右谕德），右正言鲁宗道兼右谕德，翰林学士、左正言晏殊兼太子舍人，参知政事李迪兼太子宾客。真宗要求皇太子"礼宾客如师傅"。多年之后，已是仁宗皇帝的赵祯回忆说："朕昔在东宫，崔遵度、张士逊、冯元为师友，此三人皆老成人，至于遵度，尤良师也。"[1]

天禧三年（1019）九月，宋真宗"赐皇太子《元良述》、《六艺箴》、《承华要略》十卷、《授时要略》十二卷，又以国史、两朝实录、太宗文集并御集、御览群书赐皇太子"，这些读物包括真宗皇帝对儒家经典的阐述、本朝国史、时政实录等。

皇太子读书也很勤勉。天禧五年，赵祯十二岁，开始读《春秋》，辅臣告诉真宗："臣等时入资善堂，陪侍讲席。太子天姿英迈，好学不倦，亲写大小字示臣等，天然有笔法。"真宗喜道："赖卿等辅导也。"

其次，皇太子还要接受处理政务的训练。虽然寇准、李迪关于太子监国的倡议被否决，但在真宗经常不豫的情况下，皇帝不可能如常视朝，天禧四年十月，根据礼仪院的建议，真宗将每日视朝改为单日视事，双日不坐朝："只日御承明殿常朝，

---

[1] 李焘：《续资治通鉴长编》卷一百六十。

依假日例，便服视事，不鸣鞭。"[1]但即便是单日视朝，真宗也是力不从心，所以到了十一月，真宗主动对宰辅大臣说："朕迩来寝膳颇渐康复，然军国之事，未免劳心。今太子年德渐成，皇后素贤明，临事平允，深可付托。欲令太子莅政以外，皇后居中详处。卿等可议之。"主动提出由太子与皇后共同代行君权，太子在前台听政，皇后在幕后裁断。

以丁谓为首的宰辅大臣商议后，同意让太子参与议决常程事务，于是皇帝下诏："自今中书、枢密院、诸司该取旨公事仍旧进呈外，其常程事务，委皇太子与宰臣、枢密使已下就资善堂会议，施行讫奏。"根据这份诏书，皇太子赵祯可以在资善堂处理日常事务，军国大事则进呈取旨。由于真宗抱病在床，裁决进呈取旨大事的人，其实就是刘皇后。

皇太子参议政务的方式，叫"资善堂会议"。严格来说，"资善堂会议"并不等于"太子监国"，只是代替真宗单日视朝而已，其具体形式是："自今遇只日，承明殿不视朝，则入内都知传宣中书、枢密院诣太子资善堂议事，应时政及后殿军头司公事素有定制者，施行讫奏。系迁改升降者，送中书、枢密院进呈取旨。如无公事，则宰臣、枢密使已下遇参辞谢皇太子，许三二人以上为一班，诣堂延见。"议事之时，"皇太子秉笏南面而立"，"事毕，接见辅臣如常礼"，辅臣至资善堂，向皇太子行礼时，皇太子须答拜。

也就是说，皇太子既无监国的名分，参议的政务也是"素有定制"的常程事务，涉及"迁改升降"的重大人事任免，需

1　李焘：《续资治通鉴长编》卷九十六。

要进呈取旨，由皇帝（实则是皇后）裁决。当时，大家都知道，"太子虽听事资善堂，然事皆决于后"。

值得欣慰的是，尽管小赵祯还没有能力与机会议决军国大事，但他已表现出成为一名明君的潜质。

他"天性仁孝宽裕"[1]，自父亲不豫以来，"出则监莅军国，入则省视医药"[2]，真宗由衷觉得，"太子纯孝之德，亦由天赋，非常情所及焉"，寇准也称赞"皇太子天赋仁德"，都认为小赵祯的仁孝出自天性。

他虽然年幼，却少年老成，"喜愠不形于色"[3]，这一点很像他的堂兄赵允让。在资善堂听政时，"必秉笏南面而立"，静静听大臣议论，从不多言，只对辅臣说："但尽公道则善矣。"[4] 表现得十分老成持重。他的老师、时任参知政事兼太子宾客的李迪有一次参加东宫宴会，看到宴席上"皇太子举动由礼，言不轻发，视伶官杂戏，未尝妄笑，左右瞻仰，无不恭肃"，很是欣喜，报告了真宗，真宗也说："常日居内庭，亦未尝妄言也。"在宋朝君臣心目中，为人君者，就应该是这个样子，敦厚、庄重。

他从小就懂得谦抑、克制，虽贵为皇太子，"每见宾客，必先拜，迎送常降阶及门"[5]；辅臣至资善堂参见皇太子，行礼时，他也从不敢"坐受"，坚持"跪受"[6]，对老师非常恭敬，张士逊曾提议让太子"坐受参见"，但真宗没有同意。太常礼院进《大

---

1 脱脱等：《宋史·仁宗本纪》。
2 杨仲良：《皇宋通鉴长编纪事本末》卷第二十八。下同。
3 脱脱等：《宋史·仁宗本纪》。
4 罗从彦：《豫章文集》卷五。
5 马端临：《文献通考·职官考》。
6 李焘：《续资治通鉴长编》卷九十二。

礼称庆合班图》,将皇太子的序位排在宰相之上,小赵祯也是一再恳让,当时的宰辅大臣寇准等人说:"储副之重,不可谦抑,望遵仪制。"皇太子谦让再三,才答应立于宰相上首。他参加正阳门礼仪演习,站立在御座西侧,左右侍从见天气暄煦、暖阳当空,便为他捧伞障日,但他说不必。左右复用扇子遮日,他"又以手却之",当时"文武在列,无不瞻睹"。

士大夫们相信,"持谦秉礼"的皇太子未来一定是一位贤明仁圣的君主。

第二章　乾兴风雨

天禧五年至乾兴元年（1021—1022）

第一节　真宗上仙

公元 1022 年，按中国历法，为壬戌年。宋王朝启用新的年号：乾兴。

宋真宗这次改元，也许是为了祈求上苍保佑他龙体安康、国运兴旺。乾兴之乾，出自《易经》，一般指代天、君、父，历代注解《易经》者，多有"乾为君"之论；乾兴之兴，意为兴盛，《诗经》有云："天保定尔，以莫不兴。"便是祝福君王的诗句。总之，改元"乾兴"，表达了当时宋朝君臣的一种美好愿望。

前一年，即天禧五年年初，宋真宗的身体开始出现康复的迹象，宰相丁谓进言："伏承圣躬已遂康复，臣等不胜大庆，然中外无事，望宽宵旰之忧。"[1] 真宗欣然接受。

由于身体状况改善，天禧五年，真宗也多次参加了朝廷的

---

[1] 李焘：《续资治通鉴长编》卷九十七。下同。

宋仁宗

礼仪活动：

正月，在锡庆院设宴招待契丹的贺正旦使（依"澶渊之盟"订立后的惯例，每逢元旦等重大节庆日，宋辽双方都要互派使节前往祝福）；又在承明殿宴请近臣，庆祝皇家图书馆天章阁的兴建；又出宫拜谒了启圣院太宗皇帝的神御殿，"都人瞻望舆辇，鼓舞相庆"。

二月，真宗召辅臣至皇家图书馆龙图阁观书；又至天章阁观上梁，宴请从臣，赐物有差；因为久旱得雨，丁谓等辅臣上表称贺。真宗也很高兴，决定于次月"赐酺"，与民共乐。所谓"赐酺"，指国家赐宴，邀请国民同饮。

三月的"赐酺"，许京师臣民畅饮五日，西京洛阳畅饮三日，其他州郡畅饮一日。真宗皇帝还登上宣德门楼"观酺"，北宋京城的宣德门楼下，是国家举行大型庆典的广场。真宗站在宣德门楼，向宣德门广场上参加宴饮的父老（市民代表）致意、敬酒。

四月，真宗又召近臣、馆阁、三司、京府官，至天章阁观御书、御集，并赐宴群玉殿。

五月，真宗御崇政殿，亲录京城监狱关禁的囚犯，这叫"录囚"，是中国古代一项旨在恤刑的司法机制：皇帝亲自讯察囚犯，决定是否给予原宥。这次录囚，朝廷决定对死罪以下犯人各减刑一等，但十恶罪以及官典犯赃、伪造符印、放火劫盗罪除外。

十月，辅臣上表请真宗"五日一御便殿"，自天禧四年年底以来，真宗已久未御朝，日常听政由"资善堂会议"代替。现在龙体初愈，辅臣便建议皇帝每五天坐殿听政一次。真宗采纳了这一建议。

十二月，真宗亲笔写了一首诗送给皇太子赵祯，"奖其书翰日进也"。

很快就到了新年正月初一,宋真宗下改元诏书,用华丽的辞藻昭告天下:"属岁律之肇新,庆春祺之纷委。式改纪年之号,并伸及物之恩。宜自正月一日改天禧六年为乾兴元年(1022)。"[1]并宣布将本应于去岁冬至日举行的南郊恩泽赏赐礼仪移至二月初一,届时,他将亲自到正阳门(即皇城宣德门)庆贺改元。

乾兴元年正月初一,正是农历元旦(即今天的春节),一元更始,万象更新。真宗请道士在大内天安殿建道场打醮,辅臣斋宿焚香,祈祝皇上的病慢慢好起来。

元旦之后,又有一个传统大节——正月十五元宵节,这是宋朝最为热闹、盛大的节日,宫廷、官府、民间都要张挂花灯,从正月十四日至正月十八日,连续五夜放灯。宋人孟元老的《东京梦华录》记录了北宋京师元宵放灯期间的盛况:皇城外的御街,万灯齐亮,"金碧相射,锦绣交辉";宣德门楼的两个朵楼,"各挂灯球一枚,约方圆丈余,内燃椽烛";"诸坊巷、马行,诸香药铺席、茶坊酒肆,灯烛各出新奇",灯品之多,让人目不暇接。[2]正月十七之夜,宋真宗也驾临皇城东华门,观赏花灯,与民同乐。

二月初一,按照计划,真宗登上宣德门楼,庆贺改元,按南郊例赏赐百官,大赦天下,蠲免百姓拖欠的租税。

人们以为皇帝的身体会渐渐康复。谁知,宋真宗的健康情况却在二月突然恶化。二月十五日,真宗又生病了,且越来越严重,卧病不起,快要走到人生的尽头。弥留之际,真宗最牵

---

1 李攸:《宋朝事实》卷二。
2 孟元老:《东京梦华录》卷之六。

挂的人，就是皇太子赵祯，他才虚龄十三岁，幼小的肩膀能否挑得起偌大一个国家？真宗无法放心。他在寝殿病床上召见宰辅大臣，宰相问他："圣体未和，过于忧轸，无乃以皇太子春秋尚富否？"[1]此时真宗已说不出话，只是再四点头。宰相又宽慰他："皇太子聪明睿智，天命已定，臣等竭力奉之，况皇后裁制于内，万务平允，四方向化。敢有异议，乃是谋危宗社，臣等罪当万死。"真宗这才感到宽心。

尽管皇太子赵祯是皇帝的独子，当然的嗣君，真宗生前也作出了太子莅政于外、皇后裁制于内的安排，但毕竟嗣君年幼，主少国疑，谁敢保证不会发生政治危机？按宋人笔记《夔州直笔》的记述，宋真宗似乎想过让他的弟弟"八大王"赵元俨继承皇位。他的父亲宋太宗，便是按"兄终弟及"的原则从兄长太祖那里继承到帝位的。

赵元俨，宋太宗第八子，素有"贤王""八大王"之称，"狸猫换太子"等民间文艺作品中的"八贤王"，原型便是赵元俨。相传真宗大渐之时，大臣叩榻问候，真宗"以指点胸，又展五指，再出三指，以示丁谓等"，好像示意由八大王继位。刘皇后看在眼里，急在心里，等大臣退出，让内侍追上去告诉丁谓等人："适来官家展五指，又出三指，只说三五日来疾势稍退，别无他意。"

而按另一份宋人笔记《邵氏闻见录》所载，赵元俨也有窥觎帝位之心，真宗"大渐之夕"，他"以问疾留禁中，累日不肯出"，似乎别有用心，"执政患之，无以为计"。幸亏宰相李迪急中生

---

[1] 李焘：《续资治通鉴长编》卷九十八。下同。

智,趁着翰林司给赵元俨送"熟水"(一种流行于宋代的饮料)之机,用墨笔在熟水里一搅,水全部变黑了,然后叫内侍送过去。赵元俨见送来一碗黑水,以为有毒,大惊,立即上马离开。

但宋人笔记的这一记载荒诞不经,不足为信。李焘在《续资治通鉴长编》里考证,乾兴元年,李迪已经贬出朝廷,怎么可能宿于内殿?而且,真宗驾崩之时,赵元俨也"以疾在告",即称病不出,得到中使告谕后,才"扶疾至内庭,号泣见太后",可见他未曾"留禁中,累日不肯出"。

不过,虽然笔记的记载不可靠,但流言蜚语的产生与流传,至少可以说明,乾兴年间由于皇帝大渐,太子年幼,人心已暗生波澜。

二月十九日,宋真宗崩于延庆殿,享年五十五岁。他留下一纸遗诏:

> 门下:朕嗣守丕基,君临万寓,惧德弗类,侧身靡宁,业业兢兢,倏逾二纪。幸赖天地之祐,祖宗之灵,符瑞荐臻,边鄙不耸,臻乎至治,无让古先。而寒暑外侵,忧劳内积,遘兹疾疢,屡易炎凉。虽博访良医,遍走群望,逮诸禳禬之法,徒竭精格之诚,弗获瘳兴,至于大渐。皇太子某,予之元子,国之储君,仁孝自天,岐嶷成质,爱自正名上嗣,毓德春闱,延企隽髦,尊礼师傅,动遵四术之教,诞扬三善之称,矧穹昊眷怀,寰区系望,付之神器,式协至公,可于柩前即皇帝位。然念方在冲年,适临庶务,保兹皇绪,属于母仪。宜尊皇后为皇太后,淑妃为皇太妃,军国事权兼取皇太后处分,必能祗荷庆灵,奉若成宪,

宋仁宗

抚重熙之运，副率土之心。更赖佑佐宗工，文武列辟，辅其不逮，惟怀永图。诸军赏给，并取嗣君处分。丧服以日易月。山陵制度，务从俭约。在外群臣止于本处举哀，不得擅离治所。於戏！修短之数，岂物理之能逃？付托之宜，谅舆情之增慰。咨尔中外，体朕至怀。主者施行。[1]

遗诏措辞雅训，语气从容而哀婉，当然不可能出自宋真宗之口，因为真宗弥留之际，昏迷不醒，不可能清醒地口述遗诏。实际上，遗诏为刘皇后转述，宰辅大臣执笔而成。真宗去世当日，刘皇后召宰辅大臣入禁中，众臣"一时号泣"，倒是刘皇后表现得非常冷静，说："有日哭在，且听处分。"[2]这里的"处分"，就是指商议起草真宗的遗诏。

秉笔草制的人是参知政事王曾，当王曾写到"军国事权兼取皇太后处分"这一句时，丁谓提出要将"权"字删掉，王曾坚决不同意，说道："政出房闼，斯已国家否运，称权尚足示后，且言犹在耳，何可改也？"[3]丁谓这才不再坚持己见。权，暂且之意。是否带一个"权"字，政治意义大不相同。带"权"字，即表示皇太后原本没有处分国事的权责，只是因为新君年幼，暂且从权，由太后暂时代行君权；不带"权"字，则表示认同皇太后具有处分国事的正式权力。

王曾本来也不想将"淑妃为皇太妃"写入遗诏，说："尊

---

1 《宋大诏令集》卷第七。
2 江休复：《杂志》，转引自李焘《续资治通鉴长编》卷九十八。
3 李焘：《续资治通鉴长编》卷九十八。下同。

礼淑妃太遽,须他日议之,不必载遗制中。"但丁谓反对,问王曾:"参政顾欲擅改制书耶?"王曾与他辩论,同僚却无一人支持,只得作罢。最终,朝廷以真宗遗诏的形式布告天下:皇太子赵祯"于枢前即皇帝位"(以后我们对赵祯的称呼,也将按古人著史的习惯,称为"宋仁宗");"尊皇后为皇太后,淑妃为皇太妃,军国事权兼取皇太后处分"(我们对刘娥的称呼,也不再是"刘皇后",而改为"刘太后")。

乾兴元年皇位交替之时,朝堂人心浮动,中外汹汹,参知政事王曾表现出过人的定力,"正色独立",隐然发挥了中流砥柱的作用,因此,"朝廷赖以为重"。

丁谓的对手来了。

第二节 丁谓弄权

虽然先帝的遗诏明白无误地赋予了刘太后权处分军国事的权力,但太后平日深居宫中,应该以何种形式处分政务,需要有一套可行的机制与程序。在这个问题上,宰辅团队出现了意见分歧。

参知政事王曾提议,"援东汉故事,请五日一御承明殿,皇帝在左,太后坐右,垂帘听政"[1]。按王曾方案,刘太后与皇帝每五日在承明殿垂帘听政,议决军国事。汉唐均有女主临朝的

---

[1] 李焘:《续资治通鉴长编》卷九十八。

先例，汉朝太后临朝并不垂帘："后临前殿，朝群臣。后东面，少帝西面。群臣奏事上书，皆为两通，一诣太后，一诣少帝。"[1] 垂帘听政始于唐朝高宗皇后武则天："上（指唐高宗李治）每视朝，天后（指武则天）垂帘于御座后，政事大小皆预闻之。"[2] 但王曾绝口不提唐朝先例，而是"援东汉故事"，自然有其深意：武后垂帘的结果是女帝登基，这是不可仿效的历史教训，王曾当然不敢提武则天的先例。

首相丁谓则提了另一个方案，"皇帝朔望见群臣，大事则太后与帝召对辅臣决之，非大事悉令雷允恭传奏，禁中画可以下"[3]。按丁谓方案，政务分为"大事"与"非大事"两大类，非大事由宰相作出初步的处理意见，然后由内侍雷允恭送入禁中，由太后与皇帝"画可"颁下；大事则太后与皇帝召集辅臣议决。太后决事不临朝，皇帝每月初一与十五日坐殿听政。王曾不同意这一方案，说："两宫异处而柄归宦者，祸端兆矣。"但丁谓不听。

两人争执不下，以致"仪法久未决"[4]。直至数天后的二月廿四日，刘太后从禁中发出一份手书，确立了权处分军国事的方式：

> 中书门下牒枢密院。今月二十四日准皇太后手书，赐丁谓以下。近以衅罚所钟，攀号罔极，上赖

---

1 蔡邕：《独断》卷下。
2 刘昫等：《旧唐书·高宗本纪》。
3 李焘：《续资治通鉴长编》卷九十八。下同。
4 富弼：《王文正公曾行状》，收于杜大珪编《名臣碑传琬琰之集》中卷四十四。

> 邦家积德，皇帝嗣徽，中外一心，永隆基构。先皇帝以母子之爱，有异常伦，所以遗制之中，权令处分军国事。勉遵遗命，不敢固辞。然事体之间，宜从允当，自今已后，中书、枢密院军国政事进呈皇帝后，并只令依常式进入文书印画，在内庭亦不妨与皇帝子细看览商议。或事有未便，即当与皇帝宣召中书、枢密院详议。如中书、枢密院有事关机要，须至奏覆，即许请对，当与皇帝非时召对，即不必预定奏事日限。盖念先朝理命，务合至公，其于文武大臣、内外百辟，推诚委任，断在不疑。缅料忠贤，各怀恩义，必能尽节，以佐昌朝。顾予菲躬，得守常典，兴言及此，五内伤摧。故兹示谕，咸使知悉。[1]

根据太后手书，太后对政务的处分可以分为一般程序与特别程序：一般情况下，军国政事由宰辅大臣作出处理意见，然后按常式送入宫禁，由太后与皇帝看览，印画行下；若太后有异议，可宣召宰相详议；特殊情况下，即宰相有机要事必须复奏时，则非时请对，面见太后与皇帝。可以看出来，太后手书采用的其实就是丁谓的方案。

为什么刘太后最终采纳了丁谓的方案呢？这与内侍雷允恭的游说有关。雷允恭是丁谓的亲信，按丁谓的吩咐，说服太后采纳丁谓的建议。这才有了二月廿四日的太后手书。太后手书虽名为"手书"，却并非太后所亲书，而是由翰林学士起草。

---

[1] 《宋大诏令集》卷第十四。

学士草词后,雷允恭先送给丁谓过目,然后才进呈禁中,请太后印画发下。

丁谓之所以执意要推行自己的方案,当然是为了占有处分军国政事的主导权。按他的方案,太后并不临朝听政,与宰相的信息沟通一般只通过文书往来,事关机要,宰相才会请对面奏。但"何为常程,何为机要?如何处理?报与不报?这些基本可以由宰相,严格说是丁谓一人控制"[1]。

何况,丁谓在内廷还有一个得力帮手雷允恭。通过雷允恭这个连接内廷与朝堂的管道,丁谓不但能够预先获得内廷的情报,而且可以巧妙地向太后施加影响。每有文书进呈,丁谓总先与雷允恭通气,才入内请旨,然后自称"得旨禁中"[2],同僚都"莫辨虚实"。

因此,乾兴元年上半年,丁谓的权力达至巅峰状态:"与雷允恭协比专恣,内挟太后,同列无如之何。"

中国古人习惯将"权力"解释为"赏罚二柄",丁谓弄权,也表现为对赏罚二柄的专擅。二月廿七日,朝廷给整个宰相团队加官晋爵:"宰臣丁谓加司徒、冯拯加司空,枢密使曹利用加左仆射,并兼侍中。参知政事任中正加兵部尚书、王曾加礼部尚书,枢密副使钱惟演加兵部尚书、张士逊(张士逊于天禧五年拜枢密副使)加户部侍郎。"

宋朝的司徒、司空,位列"三公",是莫大的荣衔,从不轻易授人;侍中,也是位高望重的官职,宋代极少除授。现在

---

1 周佳:《北宋中央日常政务运行研究》第二章。
2 李焘:《续资治通鉴长编》卷九十八。下同。

朝廷将现任宰相拜为"三公",枢密使拜为侍中,可见对执政大臣是多么器重。但其实,为丁谓等人加官的敕命虽以君主之名义布告天下,操作者却是丁谓自己,是丁谓给自己与同僚加了官爵。对丁谓此举,王曾曾有异议,他跟丁谓说:"今主幼,母后临朝,君执魁柄,而以数十年旷位之官一旦除授,得无公议乎?"但公议什么的,丁谓是不会在乎的。

二月廿九日,丁谓又将他的老对手道州司马寇准贬为雷州(今广东雷州)司户参军,将知郓州李迪贬为衡州(今湖南衡阳)团练副使。北宋时,湖南一带尚且属于烟瘴之地,雷州更是在遥远的天涯海角。寇准本已远贬烟瘴之地,丁谓还要将他赶到天涯海角,显然是存心不让寇准活着回朝。王曾认为对寇准的处分太重,丁谓盯着他,悠悠说了一句话:"居停主人恐亦未免耳。"暗示王曾自己可能也会受寇准牵连。原来寇准离京前,王曾曾将宅第借给寇准居住,这个"居停主人"便是指王曾。王曾听了,"踧然惧,遂不复争"。

贬谪寇准的责词由知制诰宋绶起草,丁谓嫌他写得太温和,讥笑说:"舍人都不解作文字耶?"笔杆子都不会写文章吗?吓得宋绶赶紧"逊谢,乞加笔削",请丁相公斧正。丁谓自然不客气,亲笔修改了责词,特别补了一句:"当丑徒干纪之际,属先皇违豫之初,罹此震惊,遂致沉剧。"将宋真宗病重不治的责任推到寇准身上。

丁谓甚至想将寇准与李迪置之死地,只是在宋代,诛杀大臣实在过于惊世骇俗,没有一个君主与权臣敢冒天下之大不韪。丁谓不敢直接矫诏赐死寇准、李迪,便想出了一个阴毒的计谋:迫寇、李自尽。

他秘密交代前往道州、郓州送责词敕书的中使,"以锦囊贮剑揭于马前，示将有所诛戮状"。中使到了道州，寇准正在宴请客人。客人多为道州官员，出来迎接中使，"中使避不见"；问所来何事，中使也"不答"，故意将气氛弄得紧张兮兮，以致众人"惶恐不知所为"。倒是寇准神色自若，说道："朝廷若赐准死，愿见敕书。"中使不得已，将敕书掏出来。寇准一看，并没有赐死嘛，只是远贬雷州。

李迪则没有寇准的这份豪气。当中使到达郓州时，李迪已听说钦差"以锦囊贮剑揭于马前"，以为中使这一次来郓州，肯定是送来朝廷赐死的敕命，"即自裁"，果然要自杀，幸亏家人发现及时，给救了过来。李迪的门客邓余去见中使，恶狠狠地警告他："竖子欲杀我公以媚丁谓耶？邓余不畏死，汝杀吾公，我必杀汝！"其实中使这次来，也不是要杀李迪，而是送达远贬李迪的敕书。尽管如此，邓余还是担心李迪受谋害，跟着李迪从郓州至衡州，一路"不离左右"。郓州通判范讽敬重李迪，不理中使催迫，挽留李迪数日，又为其"治装祖行"。在丁谓擅权之时，范讽这么做，是要冒政治风险的。

有人问丁谓："迪若贬死，公如士论何？"丁谓满不在乎地说："异日好事书生弄笔墨，记事为轻重，不过曰'天下惜之'而已。"李迪、寇准被远贬的消息从朝堂传至民间，京城坊间不知是谁编了一首歌谣："欲得天下宁，当拔眼中'丁'；欲得天下好，莫如召寇老。"[1] 一时传遍大街小巷。但丁谓对民间如何评价他，也是毫不在乎的。

踌躇满志的丁谓开始连刘太后也不太放在眼里，"尝议月

---

[1] 李焘：《续资治通鉴长编》卷九十九。下同。

进钱充宫掖之用",提出要限制宫廷开支,"太后滋不悦"。

还有一件事也让丁谓"稍失太后意",这件事得从宋朝的视朝制度说起。我们在第一章讲过,宋太宗确立了皇帝每日御前殿听政的日朝制度;宋真宗晚年,由于身体多病,经常不豫,遂改"日朝"为"只日朝",逢单日临朝听政,双日则在禁中休息,坐朝的地点也从前殿改为后殿;宋仁宗继位后,延续了真宗晚年的单日视朝做法,视朝地点则为前殿。皇帝未成年,视朝只不过是形式而已,但这个形式也让仁宗苦不堪言,因为早朝的时间很早,天未大亮就得坐殿,而仁宗年幼,常常难以早起。一日,刘太后给中书门下发了一道手书,称"官家年小起晚,恐稽留百官班次"[1],不如将早朝的地点改在太后与皇帝起居的后殿。

刘太后这么提议,也许确实是不忍心看小皇帝早起,但隐秘的用意,恐怕是想将君臣议政的场所从前殿搬到后殿,方便她单独接受群臣朝拜。宰执大臣不是傻瓜,当然也看得出太后的用心,但他们不敢作出裁断。当时丁谓请了病假,未在中书上班,次相冯拯便把皮球踢给丁谓,回复太后:"乞候丁谓出厅商议。"

几天后,丁谓回中书上班,听了同僚的汇报,马上回奏太后:"臣等止闻今上皇帝传宝受遗,若移大政于他处,则社稷之理不顺,难敢遵禀。"毫不客气地将刘太后的提议反驳回去。丁谓还责备冯拯等人:"此一事,诸君即时自当中覆,何必须候某出厅,足见顾藉自厚也。"冯拯背后却跟同僚说:"渠必独

---

1 文莹:《续湘山野录》。下同。

作周公，令吾辈为（王）莽、（董）卓，乃真宰存心也。"

平心而论，这件事丁谓倒做对了，反而是冯拯等人耍了滑头，将烫手的山芋扔给丁谓。不过，丁谓反对刘太后"移大政于他处"，也不是出于公心，而是为了方便自己把持朝政。显然，操控未成年的宋仁宗要比操控精明的刘太后容易得多。但他自恃位高权重，忤逆了刘太后，与太后的同盟关系难免出现了裂痕。

第三节　权臣倒台

转眼到了乾兴元年夏，朝廷发生了一件大事：管勾山陵事务的内侍雷允恭被揭发擅移大行皇帝山陵皇堂（墓室）。朝野震动。

自周怀政被诛后，雷允恭便是禁中最有权势的内侍。三月，他被刘太后委任为管勾山陵事，负责监修宋真宗的寝陵。判司天监邢中和告诉他："今山陵上百步，法宜子孙，类汝州秦王坟。"[1]意思是说，山陵墓室上百步的地方才是吉穴，就如汝州的秦王坟（相传秦王赵廷美的陵墓为大益子孙的风水宝地），先人安葬在那里，子孙会大旺。雷允恭一听，立即说："如此，何不用？"邢中和说："恐下有石若水耳。"雷允恭说："先帝独有上，无他子，若如秦王坟，当即用之。"邢中和说："山陵事重，按行覆验，时日淹久，恐不及七月之期。"雷允恭说："第

1　李焘：《续资治通鉴长编》卷九十八。下同。

移就上穴，我走马入见太后言之，安有不从。"让人马上将真宗皇堂移至百步外的风水宝地。

雷允恭由于与丁谓交情极好，得以倚仗丁谓的权势，"日益骄恣无所惮"。他交代移动真宗皇堂，众人不敢反对，马上开掘新墓室。雷允恭自己则快马赶回京城，禀告刘太后。太后说："此大事，何轻易如此？"雷允恭说："使先帝宜子孙，何为不可？"太后又说："出与山陵使议可否。"让他找山陵使丁谓商议。按宋朝惯例，皇帝驾崩，例由宰相兼任山陵使，统筹先帝寝陵的建造工程。

丁谓当然不似雷允恭不学无术，知道擅移山陵非同小可，但他又想迎合雷允恭，态度便"无所可否，唯唯而已"。雷允恭却回去告诉太后："山陵使亦无异议矣。"太后遂默许移动真宗的皇堂位置。

谁知，开挖新墓室时，才发现地下都是石头，掘出石头，又有地下水涌出，以致"工役甚艰，众议藉藉"。此时已是五月，距七月竣工的预定日期只有两个月，皇堂还未能掘成，修奉山陵部署夏守恩"恐不能成功，中作而罢，奏以待命"。但丁谓欲庇护雷允恭，并没有将夏守恩的报告转达给刘太后。未久，入内供奉官毛昌达自山陵回京，向太后详细禀报，雷允恭"擅移皇堂于绝地"一事这才暴露出来。

刘太后暴怒，派人将雷允恭抓起来，在山陵所在的巩县（今河南巩义）设立一个临时法庭，由内侍罗崇勋负责调查、审讯此案。这一查，又查出雷允恭"盗库金三千一百一十两、银四千六百三十两、锦帛一千八百匹、珠四万三千六百颗、玉五十六两"。罪上加罪。六月廿二日，雷允恭被"杖死于巩县，籍其家"。

雷允恭擅自开挖的皇堂新穴既然已证实是绝地，当然不能用来安葬先帝，前往巩县覆视皇堂的参知政事王曾、权知开封府吕夷简、龙图阁直学士兼侍讲鲁宗道等人，都建议"复用旧穴"，真宗山陵这才"复役如初"。

丁谓身为山陵使，对雷允恭案负有不可推卸的责任。不过此时丁谓并没有被牵扯进来，依然做着首相。

另按宋人笔记魏泰《东轩笔录》的记述，负责调查雷允恭案的是权知开封府吕夷简。吕是一位很有谋略的官员，他深知雷允恭案必牵涉丁谓，但他"推鞫此狱，……凡行移、推劾文字，及追证左右之人，一切止罪允恭，略无及丁之语"[1]。丁谓看过卷宗，非常放心，便让吕夷简奏对。等吕夷简见到太后，才曝出丁谓与雷允恭相勾结、擅移先帝皇堂于绝地的内情，给了丁谓致命一击。

不过，李焘所著的《续资治通鉴长编》认为魏泰的记录有误，因为据档案材料，雷允恭案在巩县受审，并未移送开封府；主审者是内侍罗崇勋，而非吕夷简。那个给了丁谓致命一击的人，是王曾。

还记得王曾刚参政时对丁谓的态度吗？宋人笔记用"谄事谓甚至"五个字来形容，李迪也以为王曾是丁谓的亲信。但实际上，王曾并不是。甚至可以说，王曾其实是寇准、李迪的同情者与同盟者，他的良苦用心，就是在权争的刀光剑影中尽力维护皇太子周全。

但他比寇准、李迪更讲谋略。当时寇准、李迪都与刘皇后

---

1 魏泰：《东轩笔录》卷之三。

不睦，想甩开她、扶太子监国，王曾则意识到太子年幼，非母后扶持不可，他告诉钱惟演："太子幼，非中宫不立，中宫非倚皇储之重，则人心亦不附。后厚于太子，则太子安，太子安，乃所以安刘氏也。"[1] 他知道钱惟演与刘皇后亲善，必会将这番话报告皇后。刘皇后是聪明人，一听就明白王曾所言极是。所以，尽管天禧—乾兴之际，朝堂云诡波谲，内廷中皇后与太子却无猜忌。

王曾也不打算在时机尚未成熟的情况下与丁谓硬碰硬。他对丁谓的依附，是审时度势之后的忍辱负重，是一时的权宜之计，他在等待反戈一击的时机。

雷允恭的落马，让王曾看到时机终于来了。他的手里早已掌握了丁谓勾结雷允恭的黑材料，只是找不到合适的机会面奏刘太后。为了得到与刘太后单独见面的机会，王曾在丁谓面前演足了戏，常常唉声叹气。丁谓问他怎么了，问了好几回，王曾才说："曾有一私家不幸事，耻对人言。曾少孤，惟老姊同居，一外生（即外甥）不肖，为卒，想见受艰辛杖责多矣。老姊在青州乡里，每以为言。"[2] 丁谓说："何不入文字，乞除军籍？"王曾说："曾既污辅臣之列，而外生如此，岂不辱朝廷？自亦惭言于上也。"丁谓安慰他："此亦人家常事，不足为愧，惟早言于上，庶脱其为卒之苦尔。"此后，丁谓便多次鼓动王曾：你奏事时顺便跟刘太后说说，请她颁下恩典，脱除你外甥的军籍。王曾却说，这种家事如何向太后开口？"终自羞赧尔"。丁谓说，你赶紧说，"门户事乃尔缓"？王曾遂留身请对，丁

---

[1] 李焘：《续资治通鉴长编》卷九十六。
[2] 王铚：《默记》卷上。下同。

谓半点都没起疑心。

等见到刘太后，王曾绝口不提他外甥之事，而是"尽言谓之盗权奸私"，称丁谓包藏祸心，故意让雷允恭擅自移动皇堂于绝地。王曾还说："丁谓阴谋诡谲多智数，变乱在顷刻。太后陛下若不亟行，不惟臣身齑粉，恐社稷危矣！"刘太后本来对丁谓的擅权已有不满，听了王曾的报告，更是怒不可遏。

丁谓见王曾留身奏对逾时，"至将进膳犹不退"，隐隐预感到不对劲，赶紧请对，"力自辩于帘前"[1]。说了大半天，忽见内侍卷帘说："相公谁与语？驾起久矣。"原来太后与皇帝早已离开，丢下他一人对着空气自辩。丁谓这才"皇恐不知所为，以笏叩头而出"。

六月廿五日，雷允恭伏诛第四天，太后召宰辅大臣至承明殿议事，作为首相的丁谓却不在名单内，丁谓自知已得罪太后，哀请同僚美言几句，与他交好的钱惟演拍着胸脯说："当致力，无大忧也。"冯拯却盯着钱惟演看，直看得他踧踖不安。

到了承明殿，刘太后跟大臣直接说："谓身为宰相，乃与允恭交通。"并出示了丁谓与雷允恭相互勾结、以权谋私的证据（这些证据很可能来自王曾）。这时冯拯给丁谓补了一刀："自先帝登遐，政事皆谓与允恭同议，称得旨禁中，臣等莫辨虚实。"刘太后很生气，认为丁谓让雷允恭移皇堂于绝地，罪同谋逆，可诛。不过冯拯并不希望看到朝廷诛杀大臣，说："谓固有罪，然帝新即位，亟诛大臣，骇天下耳目。且谓岂有逆谋哉？第失

---

[1] 李焘：《续资治通鉴长编》卷九十八。下同。

奏山陵事耳。"太后这才怒气稍消。

钱惟演见丁谓大势已去，不敢为他辩解半句，倒是参知政事任中正站出来替丁谓说话："谓被先帝顾托，虽有罪，请如律议功。"请求对丁谓有罪议罪，有功议功，不要完全否定。但王曾说："谓以不忠，得罪宗庙，尚何议耶？"

于是，这一日，丁谓被罢相，外放西京洛阳。七月廿三，丁谓因为被查出其他罪行，又贬为崖州（今海南三亚）司户参军。人们清楚地记得，当年二月，不可一世的丁首相将寇准贬到雷州，不想未及半年，丁首相也遭远贬，"人皆以为报复之速，天道安可诬也"[1]。寇准被贬之日，丁谓对冯拯说："欲与窜崖，又再涉鲸波如何？"冯拯唯唯诺诺，丁谓遂将寇准贬至雷州。如今贬丁谓，冯拯说："鹤相（丁谓好言仙鹤，人称"鹤相"）始欲贬寇于崖，尝有鲸波之叹，今暂出周公涉鲸波一巡。"[2]干脆将丁谓放逐到崖州。

崖州、雷州隔海相望，从中原往崖州，须经过雷州，在雷州登舟。丁谓途经雷州时，寇准托人送了一头蒸羊给丁谓。丁谓想见寇准，但寇准避而不见。他的家仆听说丁谓正在雷州，想去杀了丁谓报仇，寇准将大门锁起来，不让家人出去，直到丁谓登舟远去才开门。

丁谓在崖州待了三年，想到了一条离开崖州的计策：他给洛阳的家人写信，在信中"自克责，叙国厚恩，戒家人毋辄怨

---

1 李焘：《续资治通鉴长编》卷九十九。
2 文莹：《续湘山野录》。

望"[1]，然后，派遣亲信将这封家书带给知河南府（今河南洛阳）兼西京留守刘烨，托他交付给家人。丁谓交代送信人，务必在刘烨会见同僚时送达。众目睽睽之下，刘烨接到丁谓的书信，当然不敢私自处理，只能上交朝廷。心软的宋仁宗看了丁谓家书，很是感动，将丁谓从崖州司户参军迁为雷州司户参军，宰相反对："谓天下不容其罪而窜之，今不缘赦宥，未可以内徙。"仁宗说："谓斥海上已数年，欲令生还岭表耳。"

又过了几年，每遇南郊肆赦之年，总是传出丁谓将获恩赦还朝的流言。而每有流言传出，台谏官就上书告诫宋仁宗："奸邪弄国，罪当死，无可怜者。且大臣窜逐，本与天下弃之，今复还，是违天下意。"所以，丁谓至死都未能回朝。卒时，王曾闻知，松了一口气，对友人说："斯人智数不可测，在海外，犹用诈得还。若不死，数年未必不复用。斯人复用，则天下之不幸，可胜道哉？吾非幸其死也！"

丁谓被逐后，首相一职由冯拯顶替；参知政事王曾则拜相，成为次相，另一名参知政事任中正"坐营救丁谓"而被罢职，出知郓州，亦即当初李迪被外放之地；吕夷简与鲁宗道一同被提拔为参知政事。枢密使仍然是曹利用，枢密副使授予翰林侍读学士张知白；钱惟演则从枢密副使晋升为枢密使，但他只在枢密使的位置上坐了四个月，便被免职。

钱惟演是趋炎附势之人，之前见刘娥受真宗器重，便将妹妹嫁给刘娥之兄刘美（即刘娥前夫龚美）；见丁谓权盛，又与丁家结为姻亲；及见丁谓失败，又"虑并得罪，遂挤谓以自解"，

---

1 杨仲良：《皇宋通鉴长编纪事本末》卷第二十三。下同。

当上了枢密使。首相冯拯很看不惯钱惟演的为人（当初冯拯拜相，还是钱惟演所举荐），上书说："惟演以妹妻刘美，实太后姻家，不可预政，请出之。"[1] 在冯拯的坚持下，刘太后尽管亲赖钱惟演，却不得不罢去其枢密使之职，让他出知河阳（今河南孟州）。

除了钱惟演、任中正外放，丁谓的几名得力亲信也被新一届执政团队逐出朝廷。丁谓把持朝政多年，朝中臣僚多依附过丁谓，御史方谨言奉命查抄丁谓家，从丁家搜出一堆书信，都是朝中臣僚奉承丁相爷、请丁相爷多加关照的信函。现在丁谓落马，新政府清算丁谓党羽，人心未免惶惶。这个时候，刘太后又一次展现出高明的政治智慧，命人将从丁家搜得的书信"悉焚之，不以闻"[2]，人心方安。

第四节　别了，真宗皇帝

丁谓既已倒台，他之前拟定的太后处分军国事方案也就作废不用，刘太后重新采纳了王曾之议，"每五日一次与皇帝同御便殿，许中书、枢密院奏事"[3]。

根据王曾设计的垂帘听政方案，垂帘的地点在承明殿，太后与小皇帝并坐于帘内，大臣在帘外奏事。听政的频次为五日

1　李焘：《续资治通鉴长编》卷九十九。
2　杨仲良：《皇宋通鉴长编纪事本末》卷第二十三。
3　徐松辑：《宋会要辑稿·后妃一》。下同。

一次,但如遇有军机急速要事,"即不限五日,并许非时请对";非垂帘、召对之日,宰相每日赴中书处理政务,政务分两类:常程事务由宰相裁决,但须送入禁中,候皇帝印画,方可付外施行;军国机宜及臣僚恩泽等大事,则由中书、枢密院进呈取旨,即裁断的权力掌握在刘太后手里;不过,宰辅大臣拥有复议权,若认为太后的裁断"有未可行者",可以"于御前纳下,再候指挥";太后下制,自称"予",在便殿听政时,自称"吾",寻常手书亦自称"吾"。

八月初八,刘太后"初御承明殿",垂帘听政。宰相冯拯率百官拜表称贺,太后哀恸良久,又令内侍宣谕:"予不欲行垂帘御殿之仪,卿等累请,辞不获已,候皇帝春秋长,即当还政。"申明垂帘听政是皇帝尚未成年之特殊情况下的权宜安排,等皇帝成年,即归政于皇帝,绝不贪权。

冯拯等人说:"太后临朝,盖先帝顾命之托也。"[1]强调了皇太后垂帘听政的合法性。冯拯原本也想像丁谓那般擅权,却无丁谓的魄力,加上王曾向他"晓以祸福,且逆折之",所以冯拯"不敢肆",在程序与形式上,政事"一决于两宫(指小皇帝与皇太后)"。

值得注意的是,垂帘听政只是皇太后临朝的方式,并不表示少年仁宗不需要单独御殿视事。在刘太后临朝期间,朝廷其实存在两套并行的听政机制,一是皇太后的垂帘听政,一是宋仁宗的单日视朝。[2]

---

[1] 李焘:《续资治通鉴长编》卷九十九。下同。
[2] 参见周佳:《北宋中央日常政务运行研究》第二章。

乾兴元年二月,礼仪院拟定了仁宗皇帝的视朝仪制:"自禫除后(即守孝期结束后),不以双日、只日,百官依例常朝,及五日一赴前殿起居外,如遇只日皇帝视事,双日前后殿不坐。自余休务及假日并如旧例。其只日如值假故,只于崇政殿或承明殿(均为后殿)视事。"[1] 这里的"常朝"与"五日一起居",是沿用自唐朝、五代的旧制,皇帝通常并未在场,宰相往往也不押班,参加的都是一些不厘务的官员,徒具形式而已;真正具有听政功能的是"早朝"——前面我们讲过,宋太宗时期,君臣每日均要早朝(节假日除外),宋真宗晚年则改为只日视朝,并为宋仁宗所沿袭。

因此,少年仁宗除了五日一次陪同母后垂帘之外,原则上每逢单日,他还要坐前殿听政,如遇听政日为节假日,则于后殿视事。前殿视事与后殿视事有什么不同?一般来说,坐前殿是正式的听政,有一套严格、繁复的礼仪;坐后殿则属于非正式的听政,相对随意一点,礼仪没有那么严格。

而之所以说"原则上",是因为实际上,在刘太后垂帘听政期间,宋仁宗的单日视朝常常停辍,并不总能如期举行,如天圣五年(1027)七月十三日,仁宗便以"大暑"为由,辍朝终月;即便是视朝之日,臣僚也多"请假不赴"[2],告假多者,"月有至五六次"——为何会如此?因为在太后临朝时期,五日一次的垂帘才是最重要的听政机制,仁宗皇帝的单日视朝活动,形式大于内容,与其说是朝廷的听政制度,不如说是少年皇帝

---

[1] 徐松辑:《宋会要辑稿·仪制一》。
[2] 徐松辑:《宋会要辑稿·仪制二》。下同。

的训政制度。

乾兴元年是一个风调雨顺的年份，除了年初江南一些州县春雨稍多、积水为灾之外，全年几乎没有发生大的灾害。但乾兴元年又是一个不平静的年头，短短半年内，朝廷发生了那么多的大变故：真宗皇帝驾崩，太子赵祯冲龄继位，内侍雷允恭擅移山陵皇堂，首相丁谓突然倒台，皇太后刘娥垂帘听政。朝堂就如一艘行驶在惊涛骇浪中的帆船，出现了令人心惊肉跳的颠簸。幸好，随着刘太后临朝听政，风浪终于渐渐平息下来。

九月廿四日，真宗灵驾出殡。皇帝的葬礼自然非常隆重，有着繁复的礼仪、庞大的送葬队伍，因此，出殡之前，有司申请将灵驾所经道路的城门、庐舍拆掉，以便灵驾的车舆经过。侍御史知杂事谢涛表达了谨慎的反对："先帝东封西祀，仪物大备，犹不闻有所毁撤。且遗诏务从俭薄，今有司治明器侈大，以劳州县，非先帝意，愿下少府裁损之。"[1]刘太后不同意。这时，与太后共同坐殿听政的宋仁宗说了一句话："城门卑者当毁之，民居不当毁也。"要求不可拆毁民居。皇帝虽年少，已晓得仁政爱民的道理。刘太后听了，也不能不承认小皇帝说的有道理，同意灵驾经过之处，不拆民居。

十月十三日，真宗灵柩安葬于巩县永定陵。跟随皇帝一起下葬的，还有宋真宗朝弄出来的全部"天书"。真宗生前做过两件大事：一是与辽国议和，订立"澶渊之盟"；一是大搞"天书封祀"，怂恿朝臣炮制了大量"天书"。"澶渊之盟"缔造了大宋与大辽一百余年的和平，功莫大焉；"天书封祀"则浪费

---

[1] 李焘：《续资治通鉴长编》卷九十九。下同。

了无数公帑民脂，明眼人都知道那是装神弄鬼的荒诞剧。现在刘太后听从王曾、吕夷简的建议，给辅臣发了手书："前后所降天书，皆先帝尊道奉天，……专属先帝，不可留于人间，当从葬永定陵，以符先旨。"将这些所谓的"天书"埋掉，宣告从前的荒诞剧落下了帷幕。

别了，真宗皇帝。

别了，真宗时代。

十一月初九，朝廷宣布"以皇太后生日为长宁节"，礼仪一如宋仁宗生日的乾元节，不过刘太后谦逊地对上寿的礼仪作出了一些"裁损"。

礼仪院又制定了太后出警入跸的礼仪规格："太后所乘舆，名之曰'大安辇'"；"出入鸣鞭、仪卫，凡御龙直总五十四人，骨朵直总八十四人，弓箭直、弩直各五十四人，殿前指挥使左右班各五十六人，禁卫皇城司二百人，宽衣天武二百人，仪卫供御辇官六十二人，宽衣天武百人"；"其侍卫诸司应奉，悉如乘舆"，规格相当于帝王。

按照惯例，新帝继位之后，将于次年改元。改元，意味着一个旧的时代已经结束，一个新的年代即将来临。

第三章 垂帘听政

天圣元年至天圣十年（1023—1032）

第一节　太后用人

乾兴的年号只使用了一年。次年正月初一，刘太后以仁宗皇帝的名义下诏，改乾兴二年为天圣元年（1023）。小仁宗读诏，号泣良久，对左右说："朕不忍遽更先帝之号也。"[1] 但新君继位，例当改元，仁宗即便心有不忍，也必须遵循惯例，启用新年号。

天圣，是宋仁宗朝的第一个年号。宋人龚鼎臣引东晋殷仲堪《天圣论》，解释"天圣"的涵义："天者，万物之根本，冥然而不言。圣者，承天之照，用天之业。此恐是真宗为天，仁宗为圣也。"[2] 但包括欧阳修在内的更多宋朝学者却认为，"天圣"实为"二人圣"，暗示刘太后与宋仁宗并政："仁宗即位，改元'天圣'，时章献明肃太后（刘太后）临朝称制，议者谓撰号者

---

[1] 李焘：《续资治通鉴长编》卷一百。
[2] 龚鼎臣：《东原录》。

取'天'字，于文为'二人'，以为'二人圣'者，悦太后尔。"[1]

不管"天圣"二字涵义为何，宋仁宗天圣年间，确实可以说是宋朝历史的刘太后时刻。因此，本章我们将重点考察作为天圣年间实际主宰者的刘太后如何治国理政，刘太后临朝期间形成的政治制度与政治惯例，未来将是宋仁宗需要继承的政治遗产，它们也构成了宋仁宗朝制度构建的一部分。

宋人相信，人主的职责是遴选出执政的好宰相以及监察政府的好台谏，用大理学家朱熹的话来说："只消用一个好人作相，自然推排出来。有一好台谏，知他不好人，自然住不得。"[2] 宋仁宗也说："帝王之明在择人，辨邪正，则天下无不治矣。"[3] 那么，我们现在就来看看刘太后垂帘听政期间所任用的宰执大臣。

首相冯拯已经六十六岁了，自天圣元年正月起，便抱病在身。他上章请求病退，但仁宗皇帝舍不得他走，极力挽留，直到九月，才同意冯拯辞去宰相之职；同日，拜六十二岁的刑部尚书、知江宁府王钦若为首相。

王钦若，宋真宗时曾任参知政事、同平章事，因与寇准不睦而下野。史家对他有盖棺定论："钦若状貌短小，项有附疣，时人目为'瘿相'。然智数过人，每朝廷有所兴造，委曲迁就，以中帝意。又性倾巧，敢为矫诞。"他执政期间陷害过多名同僚，与丁谓同列真宗朝"五鬼"之榜。宋仁宗成年后，与辅臣说："钦若久在政府，观其所为，真奸邪也。"[4] 天圣元年王钦若还朝拜相，

1　欧阳修：《归田录》卷一。
2　黎靖德编：《朱子语类》卷第一百八。
3　李焘：《续资治通鉴长编》卷一百二十四。
4　脱脱等：《宋史·王钦若传》。

当然不是仁宗皇帝的意思，而是出自刘太后之意："太后有复相王钦若意。……口宣召之，辅臣皆不与闻。"[1]

不过平心而论，王钦若在第二次担任宰相的任期内，还是做了一些善事的，比如说服刘太后蠲免了京东路、京西路治河物料的征发；建议仁宗皇帝宽容官员"趋衙谢弗及，或坠笏失仪"之类的"私罪"；[2] 又告诫仁宗要重视地方的司法："狱事至重，诸路使者职在按察，其稽违者自当劾奏。"[3]

但由于王钦若之前的行径为人所不齿，虽然现在受太后青睐，再度拜相，同僚却仍然瞧他不起，他"亦不复能大用事如真宗时矣"，提出的意见每每受到同列驳议，弄得自己狼狈不堪，忍不住发牢骚："王子明（指真宗朝贤相王旦）在政府日，不尔也！"参知政事鲁宗道毫不客气地反驳他："王文正（王旦）先朝重德，固非他人可企。公既执政平允，宗道安敢不服？"言外之意，是说你王钦若执政不公，有什么资格与王旦相提并论？监察御史鞠咏也看不惯王钦若"阿倚"，"数睥睨其短"，多次揭他的短处。[4]

王钦若当了两年首相，死于任上。从某个角度来讲，王钦若可以说是被鲁宗道气死的。事情还得从一个叫吴植的小官说起。早年吴植在新繁县（今四川成都西北）当县尉，获王钦若赏识，提拔为邵武军（今福建邵武）知军，但因吴植生病，未能赴任，便派人给殿中丞余谔送了二十两黄金，托他找个机会

---

1 李焘：《续资治通鉴长编》卷一百一。
2 李焘：《续资治通鉴长编》卷一百二。
3 李焘：《续资治通鉴长编》卷一百三。
4 李焘：《续资治通鉴长编》卷一百一。

送给王钦若，请其重新安排个美差。余谔尚未将黄金送出，吴植不放心，又遣家仆到王钦若府第问讯。谁知那家仆是个蠢货，在首相府大声喧哗，询问余谔是否将二十两黄金送来了。

王钦若自知事不可掩，干脆将那家仆"捕送开封府，既又请付御史台"[1]，吴植行贿遂东窗事发。结果，吴植被除名，余谔被停职。王钦若受其牵连，本应追究"缪举之罪"，不过刘太后不想处分她选中的首相，反而下诏安慰。

王钦若虽然得到太后同情，在同僚面前，却已颜面扫地。次日早朝，百官在待漏院（待漏院为百官晨集，准备早朝之所）集候时，鲁宗道狠狠盯着王钦若，一言不发，满脸都是鄙夷之色。及至天明，王钦若欲上马入朝，忽然窜出一只老鼠，鲁宗道指着老鼠，大喝一声："汝犹敢出头！"指桑骂槐，王钦若焉听不出来？心里又怒又羞。时为天圣三年（1025）七月。

自此之后，王钦若一蹶不振，悒悒不乐，十一月便病逝了，身后倒是极尽哀荣，"皇太后临奠出涕。赠太师、中书令，谥文穆，遣官护葬事"。宋人说，"国朝以来，宰相恤恩，未有钦若比者"。但从更长的时段看，王钦若留在历史上的却是千古骂名。

王钦若去世后次月，即天圣三年十二月，刘太后又拜淮南节度使张耆为枢密使。张耆原名叫张旻，就是早年在真宗藩邸撮合赵元侃与刘娥婚事的那位"大媒人"，刘太后提拔他，大概出于感恩吧。但张耆并无才干，枢密副使晏殊（他于天圣三年十月拜枢密副使）极力反对一名庸夫当枢密院的长官，上书说："枢密与中书两府，同任天下大事，就令乏贤，亦宜使中

---

[1] 李焘：《续资治通鉴长编》卷一百三。下同。

材处之。耆无它勋劳，徒以恩幸，遂极宠荣，天下已有私徇非材之议，奈何复用为枢密使也？"[1]搞得刘太后很不高兴。

过了一年多，天圣五年正月，晏殊陪同仁宗驾临玉清昭应宫，因仆从持笏迟到，晏殊发怒，用朝笏打落仆从的牙齿，受到监察御史弹劾。刘太后便以此为由，罢去晏殊的枢密副使之职，改知应天府（今河南商丘）。这次外放，于晏殊本人的仕途而言，可能是损失；于宋王朝而言，却有意外的收获，因为晏殊在应天府大兴教育，拉开了宋朝兴学的序幕。史书评价说："自五代以来，天下学废，兴自殊始。"晏殊还延请了一位寓居应天守母孝的杰出才俊出来主持府学，"以教诸生"；次年，又保举他入朝，担任秘阁校理。这位才俊姓范，名仲淹。

天圣八年（1030），刘太后擢刑部侍郎赵稹为枢密副使。赵稹是老实人，"为人诚质宽厚，少好学"[2]，不过他这次获任枢密副使，却是走了刘太后娘家的后门：当时"刘美家婢出入禁中，大招权利"，"赵稹厚结之"。枢密副使的任命状尚未下，宫中已有人驰告赵稹，赵稹问："东头，西头？"[3]宋时，中书门下称"东府"，枢密院称"西府"。众人一听，才知道赵稹意在中书，遂传为笑料。

刘太后用王钦若、张耆、赵稹，不能不说是出于个人情感。但我们要是以为她是任人唯亲的昏庸之辈，那就错了。刘太后"智聪过人"，深知任人唯亲之弊。她垂帘听政之初，一日哭泣着对执政大臣说："国家多难，向非宰执同心协力，何以至此。

---

[1] 李焘：《续资治通鉴长编》卷一百五。下同。
[2] 脱脱等：《宋史·赵稹传》。
[3] 李焘：《续资治通鉴长编》卷一百九。

今山陵了毕，……卿等可尽具子孙内外亲族姓名来，当例外一一尽数推恩。"众辅臣听了，以为是太后眷顾执政大臣之子弟，很是高兴，"尽具三族亲戚姓名"进呈。刘太后叫人将这份名单绘制成图表，粘于寝壁，以后，大臣每有进拟的人选，太后必与寝壁图表核对，发现不是中书、枢密院二府的亲戚，才同意任命。[1]

刘太后本人也不敢一味任用贵戚。她自显贵以来，最遗憾的事就是自己出身寒微，所以一直想认个名门大族为亲戚。天圣三年，她单独召见开封府长官刘烨，询问："知卿名族，欲一见卿家谱，恐与吾同宗也。"刘烨口称："不敢。"迟迟不交出家谱。刘太后又追问了几次，刘烨无奈，便以"风眩"为由，[2] 请求回老家河南府任职，宁愿逃之夭夭，也不愿意与刘太后认亲。宋真宗还在世时，大中祥符五年，刚刚当上皇后的刘娥曾想攀另一名开封府长官刘综做亲戚，让真宗找刘综谈话："卿与后宫近属，已拟卿差遣，当知否？"[3] 刘综一听，变了面色，用陇西口音说："臣本是河中府人，出于孤寒，不曾有亲戚在宫内。"也是不愿意认刘皇后为亲戚。

这个时候，世家出身、身为吴越王钱俶之子的钱惟演却不嫌弃刘娥的家世，将妹妹许配给刘娥兄长刘美（实为刘娥前夫）为妻，让刘氏与世族攀上了关系。所以，刘太后对钱惟演应该是心存感激的。钱惟演有一个拜相的人生梦想，常常叹息："使

---

1 王铚：《默记》卷上。
2 李焘：《续资治通鉴长编》卷一百三。
3 丁传靖辑：《宋人轶事汇编》卷一。下同。

我得于黄纸尽处押一个字，足矣。"[1] 黄纸，指书写皇帝诏书的黄麻纸，按宋制，凡诏书需宰相副署方得生效，宰相副署，一般用押字。刘太后也有心成全亲家的梦想，先将他提为枢密使，离拜相只有一步之遥，但这个枢密使钱惟演只当了四个月，便被冯拯赶走了。

天圣元年，钱惟演回京述职，逗留不走，试图游说刘太后让他当宰相。监察御史鞠咏闻知，立即上书："惟演憸险，尝与丁谓为婚姻，缘此大用。后揣知谓奸状已萌，惧牵连得祸，因出力攻谓。今若遂以为相，必大失天下望。"[2] 坚决反对拜钱惟演为相。刘太后派内侍将鞠咏的奏疏拿给钱惟演看，意思是说，老钱啊，拜相这事儿不好办啊，你看，御史意见强烈，要不，这事儿缓一缓，以后再说。但钱惟演还不死心，"犹顾望不行"。此时，鞠咏在朝堂上对谏官刘随说："若相惟演，当取白麻廷毁之。"白麻是书写大拜除制书的白麻纸，借来指代拜相的制书。鞠咏的意思很明显，钱惟演要是真的拜相，那我们就将他的拜相制书当堂给撕了。鞠咏这么一扬言，钱惟演才灰溜溜地走了。

又过了几年，大约天圣八年年底、九年年初，钱惟演又"托疾久留京师，既除陈州，迁延不赴，且图相位"[3]。此时，鞠咏已卧病不起，钱惟演以为这一回没人阻挠了，但他想错了，侍御史知杂事范讽——没错，就是那位担任郓州通判时，不怕得罪丁谓，礼待李迪的范讽——又站出来反对："惟演尝为枢密使，

---

1 魏泰：《东轩笔录》卷之二。
2 李焘：《续资治通鉴长编》卷一百一。下同。
3 李焘：《续资治通鉴长编》卷一百十。下同。

以皇太后姻属罢之，示天下以不私，今固不可复用"。钱惟演见拜相无望，只好说，他家先人葬于西京洛阳，愿为洛阳留守。钱惟演虽"阿附希进"，但也有优点："于书无所不读"[1]，"尤喜奖厉后进"，在洛阳，他提携了多位杰出才俊，其中一位时任留守推官，叫作欧阳修。

你看，刘太后虽有心要成全钱氏拜相的梦想，却因为台谏官的抗议，不敢一意孤行。总的来说，刘太后垂帘听政十一年，基本上是做到知人善任的，她所任命的执政大臣，多是才德兼备之人。有一年，一名漕臣自京西还京，对太后说：他在转运使任期内，积有剩粮千余斛，愿献给三司。意思是想通过献粮捞个美官。刘太后反问他："卿识王曾、张知白、吕夷简、鲁宗道乎？此四人岂因献羡余进哉！"[2]

王曾、张知白、吕夷简、鲁宗道，都是刘太后垂帘时器重的执政大臣，除鲁宗道只是参知政事之外，其他三人都在天圣年间拜相。

王钦若去世后，次相王曾升为首相，史称他"方严持重，每进见，言利害事，审而中理，多所荐拔，尤恶侥幸"，"太后左右姻家稍通请谒，（王）曾多所裁抑"；[3]与王曾晋升首相同一日，枢密副使张知白拜相，成为次相，天圣六年（1028）二月，卒于任上，史称他"在相位，慎名器，无毫发私。常以盛满为戒，虽显贵，其清约如寒士"[4]。

张知白既卒，朝廷商议接替次相的人选，首相王曾推荐吕

---

1 脱脱等：《宋史》列传第七十六。下同。
2 脱脱等：《宋史·后妃传》。
3 脱脱等：《宋史·王曾传》。
4 李焘：《续资治通鉴长编》卷一百六。下同。

夷简，枢密使曹利用推荐张士逊，刘太后认为张士逊的序位居吕夷简之上，想用士逊，王曾说："辅相当择才，不当问位。"坚持擢用吕夷简。这时，吕夷简站出来说："士逊事上于寿春府最旧，且有纯懿之德，请先用之。"刘太后嘉奖吕夷简"能让"，遂拜枢密副使张士逊为次相。次年，即天圣七年（1029），张士逊受曹利用案牵连而罢相，王曾又力荐吕夷简，刘太后不置可否。王曾说："太后不相夷简，以臣度圣意，不欲其班（位在）枢密使张耆上尔。耆一赤脚健儿，岂容妨贤至此！"[1] 刘太后辩解说："吾无此意，行用之矣。"于是，"卒相夷简，以代士逊"。

《宋史》对王曾、张知白评价非常高："论曰：李迪、王曾、张知白、杜衍，皆贤相也。四人风烈，往往相似。方仁宗初立，章献临朝，颇挟其才，将有专制之患。迪、曾正色危言，能使宦官近习，不敢窥觊；而仁宗君德日就，章献亦全令名，古人所谓社稷臣，于斯见之。知白、衍劲正清约，皆能靳惜名器，裁抑侥幸，凛然有大臣之概焉。宋之贤相，莫盛于真、仁之世。"[2]

鲁宗道有生之年没有拜相，自然未获"贤相"之誉，但他"为人刚正，疾恶少容，遇事敢言，不为小谨"，参政七年，"自贵戚用事者皆惮之，目为'鱼头参政'，因其姓，且言骨鲠如鱼头也"。[3]

吕夷简掌国柄最久，毁誉参半，亦未入仁宗朝"四大贤相"之列，但史笔仍得承认，"自仁宗初立，太后临朝十余年，天下晏然，夷简之力为多"，"其于天下事，屈伸舒卷，动有操术。

---

[1] 李焘：《续资治通鉴长编》卷一百七。下同。
[2] 脱脱等：《宋史》列传第六十九。
[3] 脱脱等：《宋史·鲁宗道传》。

后配食仁宗庙,为世名相"。[1]

刘太后擢用的执政名臣,还有天圣七年拜参知政事的薛奎、王曙。薛奎,直臣也,知开封府时,"为政严敏,击断无所贷,人相与畏惮",私下里送他一个"薛出油"的绰号;[2] 王曙,寇准女婿,史笔赞他"辨奸断狱,为时良吏,在位又多荐拔名臣,若请群臣立家庙以复古礼,皆知为政之本焉"[3]。

在刘太后垂帘期间,朝廷还涌现了多位敢于犯颜直言的台谏官,除了那位力阻钱惟演"图入相"的监察御史鞠咏,还有:右司谏刘随,因"临事明锐敢行",人称"水晶灯笼";殿中侍御史曹修古,"立朝慷慨有风节,当太后临朝,权幸用事,人人顾望畏忌,而修古遇事辄言,无所回挠";右谏议大夫孔道辅,"性鲠挺特达,遇事弹劾无所避,出入风采肃然,及再执宪,权贵益忌之"。[4]

宋朝的台谏官分属两个系统:谏院、御史台。与前朝相比,宋代台谏出现了两种显著的变化。其一,台谏职能合一。宋朝之前,台官的职权是纠绳百官,谏官的职责是规谏君主;入宋之后,台谏官均可规谏君主、监察政府。其二,台谏更具独立性。宋朝之前,台谏官隶属宰相,宋朝台谏则是与政府平行的独立系统,人事任免不受宰相干预。也因此,台谏官纠察执政官、行政官更无所避忌。

《宋史》为孔道辅等仁宗朝前期的台谏官立传,评论说:"当

---

1 脱脱等:《宋史·吕夷简传》。
2 李焘:《续资治通鉴长编》卷一百。
3 脱脱等:《宋史》列传第四十五。
4 脱脱等:《宋史》列传第五十六。下同。

天圣、明道间,天子富于春秋,母后称制,而内外肃然,纪纲具举,朝政亡大阙失,奸人不得以自肆者,繇言路得人故也。是时,孔道辅、鞫咏、刘随、曹修古迭为谏官、御史,……皆侃侃正色,遇事辄言,虽被斥逐,不更其守。"我们换一个角度看,这其实也体现了刘太后的用人之明。

也是在刘太后听政之初,中国的益州诞生了世界第一张纸币——官交子。

益州使用交子由来已久,但最早的交子,严格来说还不是纸币,只是民间交子铺发行的票据,类似于存单或者兑换券。市民在交子铺存入现钱,即可换成交子,交子的面额是临时手写的;而持有交子的商民,既可随时往交子铺兑换成现钱(交子铺会收取 3% 的手续费),也可直接将交子用于交易支付。这就是私交子。

私交子发行十多年,便爆发了信用危机,因为交子铺收了商民存款,"收买蓄积,广置邸店、屋宇、园田、宝货"[1],当商民持交子兑换现钱时,交子铺因现金流不足,"关闭门户不出",商民兑换不到现钱,遂"聚众争闹"。

益州官方不得不介入调解。那么,交子当存还是当废?官方出现了两种意见:有人主张,不如干脆禁止交子流通,关闭交子铺;另有人认为,"自来交子之法久为民便",如今问题不在交子本身,而是出在交子铺上,若政府发行官交子,便可解决交子信用的问题。此时,刘太后刚刚垂帘听政,她采纳后者的建议,于天圣元年十一月"诏从其请,始

---

[1] 李攸:《宋朝事实》卷一五。下同。

置益州交子务"[1]，并于次年开始发行第一届官交子，共发行"一百二十五万六千三百四十贯"[2]。

官交子有印刷的固定面额，分别是一贯文至十贯文，形式上更接近货币；而且，官交子具有法偿地位，性质上也更接近法币。我们说，交子是世界上最早的纸币，指的乃是官交子，而非私交子。

第二节　曹利用之死

在刘太后垂帘听政的漫长岁月里，天圣七年是比较重要的一年，是乾兴元年之后又一个不太平静的年份。

这一年六月，京师大雷雨，宋真宗生前倾力兴建的玉清昭应宫遭受雷击，引发火灾，"宫凡三千六百一十楹"[3]，烧得只有"一二小殿存尔"；同月，河北发生大水，"坏澶州浮桥"；十一月初一，出现日食；冬十月，京师地震。参知政事鲁宗道在这一年二月去世，次相张士逊与首相王曾先后罢相，枢密使曹利用更是突然落马。

曹利用是两朝元老，当初宋王朝与辽朝议和时，前往辽营谈判的特使便是曹利用，"澶渊之盟"的签订，有曹利用的一份功劳。自天禧二年六月知枢密院事，至天圣七年正月罢职，

---

[1] 李焘：《续资治通鉴长编》卷一百一。
[2] 佚名：《楮币谱》，《巴蜀丛书》第一辑。
[3] 李焘：《续资治通鉴长编》卷一百八。下同。

第三章 垂帘听政

曹利用在枢密院供职达十年之久。真、仁之交的执政大臣，从寇准、李迪到丁谓、钱惟演，来来去去，只有曹利用稳坐枢密院。可以说，丁谓倒台后，曹利用便是朝中最有权势的元老，序位在次相之上，敢与首相争班位，连刘太后对他都颇为忌惮，平日敬称他"侍中"[1]，而不直呼其名。

随着权位日隆，曹利用也变得飞扬跋扈。内侍罗崇勋犯有过错，太后让曹利用前往训诫，你道曹利用怎么训诫？他脱去罗崇勋的冠帻，"诟斥良久"，污言秽语羞辱了大半天，罗崇勋因此记恨在心。

宰执大臣陪宋仁宗在御花园钓鱼。按惯例，皇上未钓到鱼，侍臣的鱼竿即使有鱼儿咬钩，也不敢先起竿。等皇上钓上鱼，左右用红丝网承之，侍臣才能起竿，这是一种尊君的礼节。曹利用很想自己在众臣中第一个钓到鱼，所以，等仁宗皇帝钓到鱼后，有欲起竿者，他的随从就上前制止："侍中未得鱼，学士竿未可举也。"曹利用钓到鱼后，同列才可以起竿。目睹这一切的一位馆阁校勘悄悄跟人说："曹公权位如此，不以逼近自嫌而安于僭礼，其能久乎！"

曹利用甚至对垂帘听政的刘太后也有僭礼之举。某日，他在帘前奏事时，有时"以指爪击带鞓"，即用手指敲打自己的腰带，这是不尊重太后的表现。左右指给太后看，说："利用在先帝时，何敢尔耶！"太后看了，默默记在心里。

刘太后临朝称制，难免会市恩亲戚与亲信，所以时常会发出"内降"，给予某某贵戚、家人恩泽，赏个官爵什么的。曹

---

[1] 李焘：《续资治通鉴长编》卷一百七。下同。

利用呢，常常将太后的"内降"打回。应该说，曹利用倒没有做错，因为按宋人观念与宋朝制度，"'官不及私昵，惟其贤；爵罔及恶德，惟其能。'盖官爵者，天下之公器"[1]，并非皇室一家之私恩，皇帝与太后要推恩某人，原则上需要宰执团队同意，由二府出敕。对绕过正常程序的"内降"，宰执有责任也有权力不予执行。

但问题是，曹利用驳回"内降"，并非出于公心，而是为谋私。凡先向曹家请托之人获得的"内降"，曹利用就不缴奏。有人将这个秘密告诉刘太后："蒙恩得内降，虽屡却于枢密院，今利用之家媪阴诺臣请，其必可得矣。"[2]一试，果然如此。太后开始怀疑曹利用以权谋私，心里很是愤怒。

如果曹利用自身清白，刘太后恐怕还不敢动他。不过，太后已在默默布局，她擢亲信张耆为枢密使，让枢密院同时有两个枢密使，也许就是想分曹利用之权。曹利用自己也意识到这一点："闻召张旻于河阳为枢密使，疑代己，始悔惧焉。"[3]偏偏在关键时刻，曹利用的侄子曹汭———一个不成器的花花太岁——给他闯了一个弥天大祸。

曹汭，时任赵州都监，宠嬖一名婢女，以致家室不睦。无奈，曹汭只好将那婢女遣送出去，嫁为民妻。那户娶了曹家婢女的人家，恰好住在公署附近，且"坏垣不葺"[4]，曹汭便经常翻越围墙，进去与婢女私会。大约是天圣六年年底，那名婢女与

1　楼钥：《攻愧集》卷五十。
2　李焘：《续资治通鉴长编》卷一百七。
3　李焘：《续资治通鉴长编》卷一百三。
4　王陶：《谈渊》，转引自李焘《续资治通鉴长编》卷一百七。

夫家喧争，曹汭跑去当"护花使者"，民家不敢得罪曹汭，便买来酒食，好生招待。曹汭喝得酩酊大醉，乘着酒意，穿着黄衣，"令军民王旻、王元亨等八人呼万岁"[1]。在帝制时代，这无疑是大逆不道的行为。很快便有人将此事报告朝廷。

刘太后震怒，内侍罗崇勋岂肯放过这个报复曹利用的机会，主动请缨，自请按治曹汭一案。太后于是下诏，派龙图阁待制王博文、监察御史崔暨与罗崇勋在真定府设狱，推鞫曹汭案。同时，罢去曹利用枢密使之职，出判邓州（今河南邓州）。

罗崇勋必欲置曹利用于死地，"穷探其狱"，诱逼曹汭供认：他"被酒衣黄衣"，令人"呼万岁"，实是曹利用所教唆。这份结案报告送到朝廷，立即"物论甚喧，汹汹数日"[2]。

天圣七年正月廿五，刘太后垂帘临朝，留辅臣以询其事，众人都很慌张，不敢作声。次相张士逊犹豫了一番，才说："此独不肖子为之，利用大臣，宜不知状。"[3] 太后大怒。王曾也站出来替曹利用辩解，太后问他："卿尝言利用横肆，今何解也？"王曾说："利用恃恩素骄，臣每以理折之。今加以大恶，则非臣所知也。"刘太后气才稍消。

枢密副使夏竦越次而奏："利用悖逆，只乞问士逊，十年同在宥密，以利用举而大拜。"[4] 张士逊"无一言辩，但雨泣而已"。翌日，刘太后再贬曹利用，改知随州（今湖北随州）。又诏杖杀曹汭，王旻杖脊、配沙门岛（今山东蓬莱西北方的海中），

---

1 李焘：《续资治通鉴长编》卷一百七。下同。
2 王陶：《谈渊》，转引自李焘《续资治通鉴长编》卷一百七。
3 杨仲良：《皇宋通鉴长编纪事本末》卷第三十六。下同。
4 王陶：《谈渊》，转引自李焘《续资治通鉴长编》卷一百七。下同。

王元亨编管旁州，余悉配广南（今云南文山）、荆湖牢城。

次月，张士逊也被罢相，出知江宁府（今江苏南京）。张士逊性情温和，与曹利用在枢密院共事多年，对曹氏"凭宠自恣"[1]的行为从未有过"是非之言"，人称"和鼓"；又得曹利用举荐而担任次相，受曹案牵连而被贬谪，也是意料中事。宋仁宗与他虽有师生之谊，却也不便徇私求情，只是"加秩而遣之"，辞别之日，又解下通犀带送给老师。三年后才召老师回京，复拜为次相。

而曹利用的厄运还未到头。二月，他又被查出挪用皇家宫观——景灵宫的公使钱，一直未还。刘太后一气之下，再贬曹利用为崇信节度副使，押往房州（今湖北房县）安置，押护之人为内侍杨怀敏。当时内廷宦官多仇视曹利用，杨怀敏也是恨不得曹利用死掉，所以一路羞辱曹利用，行至襄阳驿时，杨怀敏不肯往前走，又出言相激。曹利用性子刚烈，"遂自经死"。

曹家还被籍没家产。抄家之时，抄出非常精美的水晶杯盘十副，商贾无法估值，一名老贾人说："嘻！此物官有旧价矣，又何估焉。"官吏问究竟是怎么回事。老贾人说："此丁侍中故物也。侍中败官，籍其家赀，吾盖尝估之。"原来这套水晶杯盘曾是丁谓的财物，丁谓被抄家时，老贾人曾前往估价，知道其价值。没官之财，本应收入官库，却被曹利用据为己有。这又是曹利用其身不正的罪证。

不过，史家对曹利用之死，还是比较同情的："利用性悍梗少通，力裁侥幸，而其亲旧或有因缘以进者，故及于祸。然

---

1 李焘：《续资治通鉴长编》卷一百七。下同。

在朝廷忠荩有守，始终不为屈，死非其罪，天下冤之。"[1]

在审查曹利用案的过程中，"有司欲尽劾交结利用者"[2]，有奸险之徒甩出一份"曹党"名单，列出文武官员四十余人，等着他们被深治。宋仁宗得知后，急出手诏："其文武臣僚内，有先曾与曹利用交涉往还、曾被荐举及尝亲昵之人，并不得节外根问。其中虽有涉沕之事者，恐或诖误，亦不得深行锻炼。"及时制止了一场枝蔓其狱的政治运动。其时，仁宗年方二十，令史家由衷赞叹："其仁恤至此！"

从曹利用的倒台，我们也可以看出刘太后的谋略之深、出手之准。她尚未垂帘听政，便能不动声色地收拾了权倾朝野的丁谓；垂帘七年后，又不动声色地收拾了飞扬跋扈的曹利用。这般手段，远胜她的夫君宋真宗。

六月，因玉清昭应宫大火，首相王曾"以使领不严，累表待罪"[3]，引咎辞职。此前王曾数度阻止刘太后的逾礼之举，多次驳回刘太后近臣、亲信、姻家的请托，太后不悦，却也无可奈何。现在王曾既然请辞，刘太后也乐得顺水推舟，同意了王曾的辞呈，让他出知兖州（今山东兖州），未久，改知青州（今山东潍坊）。次相吕夷简则加昭文馆大学士，成为首相。

王曾离朝，曹利用自尽，朝中再无元老级别的执政大臣，刘太后的威势如日中天，还有人敢挑战吗？

1　脱脱等：《宋史·曹利用传》。
2　李焘：《续资治通鉴长编》卷一百七。下同。
3　李焘：《续资治通鉴长编》卷一百八。

第三节 太后的野心与理性

刘太后"权处分军国事"的权力是以宋真宗遗诏的形式确立的，并以"垂帘听政"的制度加以保障，其合法性不必质疑。即便是之前强烈反对太后预政的前宰相李迪，随着时间的流转，也慢慢改变了看法。天圣七年，被贬谪的李迪徙知河南府，回京师谢恩。刘太后问他："卿昔者不欲吾预国事，殆过矣。今日吾保养天子至此，卿以为何如？"李迪说："臣受先帝厚恩，今日见天子圣明，诚不知太后圣德乃至此。"[1]太后听了甚喜。彼此心中的芥蒂，似已释然。

不过，尽管太后垂帘听政的权威已得到承认，但这并不意味着她代行的君权不受节制。且不说她市恩贵戚、亲信的恩赏屡屡被宰相王曾及枢密使曹利用缴奏，只说有一次，刘太后又发出"内降"，要将一名娘家亲戚补为军吏（泛指军中的将帅官佐），但步军副都指挥使王德用拒不执行，说："补吏，军政也，敢挟此以干军政，不可与。"[2]刘太后坚持要授予亲戚军吏之职，王德用则坚决不奉诏，迫使太后收回成命。

刘太后娘家有门姻亲姓王，原是商贾之家，因攀上了太后娘家，才成了官户。王家之子王齐雄是个泼皮无赖，倚势欺人。一次，王齐雄指使家奴捶死一名老卒，事情闹上开封府。权知开封府程琳要治王齐雄之罪，刘太后亲自找程琳说情："齐雄

---

1 李焘：《续资治通鉴长编》卷一百八。
2 李焘：《续资治通鉴长编》卷一百十二。

非杀人者，乃其奴尝捶之耳。"[1] 程琳不买账："奴无自专理，且使令与己犯同。"太后听后默然，"遂论如法"，开封府依法惩罚了王齐雄。

还有一件事：天圣六年，刘太后拨了一大笔内帑，建造景德寺，由内侍罗崇勋主营寺事，寺建成，罗崇勋请翰林学士蔡齐写一篇《修景德寺》："善为记，当得参知政事。"[2] 意思是说，这篇文章你好好写，太后会让你当参知政事的。但蔡齐没有答应。罗崇勋又派人催促了几次，蔡齐就是不写。罗崇勋便跑到刘太后跟前告蔡齐的黑状。

这位蔡学士此前已多次忤逆刘太后。乾兴元年，太后姻亲钱惟演离开枢密院，赴河阳就任，奏请朝廷拨一笔"镇兵特支钱"给他，以赏赐亲兵。刘太后一口答应下来，但时任侍御史知杂事的蔡齐站出来反对："赏罚者，上之所操，非臣下所当请。且天子新即位，惟演连姻后家，乃私请偏赏以自为恩，必摇众心，不可许。"[3] 并弹劾钱惟演。太后知道蔡齐的脾气，惹不起，不得不撤回拨钱给钱惟演的命令。

现在太后建个景德寺，请你蔡齐写篇修寺记，你也推三阻四，一点面子都不给吗？刘太后心里很生气，却又不能拿他问罪，只好让他离开朝廷，出知河南府，眼不见为净。其时参知政事鲁宗道还在世，上书要求留下蔡齐，但刘太后没有答应。蔡齐自己提出：密州（今山东诸城）家中外祖年迈（蔡齐少年失怙，由外祖抚养长大），愿回家乡侍奉外祖。太后同意他改

---

1 李焘：《续资治通鉴长编》卷一百十。下同。
2 欧阳修：《欧阳修全集》卷三十八《尚书户部侍郎赠兵部尚书蔡公行状》。
3 李焘：《续资治通鉴长编》卷九十九。

知密州。

这些事情表明,临朝称制的刘太后虽说拥有至高无上的权威,但她并没有掌握说一不二的绝对权力——事实上,宋代的君权从来都不曾绝对化。虽然唐宋变革论者认为宋代形成了"君主独裁"制度,但这个"君主独裁"是与"贵族共和"相对的概念,指君主积极介入日常政治决策,并不是说宋朝君主可以独揽朝纲。在权力运行的过程中,宋代的君权仍然受到宰相、台谏的掣肘。

权力掣肘并不会对刘太后垂帘听政的权威构成挑战,这只是正常的权力运行机制。刘太后注定要面临的权力危机,来自另外的挑战。

天圣六年与蔡齐差不多同时离开朝廷的,还有谏官刘随。刘随身在谏职,"前后所论甚众",没少讽谏刘太后。这是谏官的职守所在,没什么。让刘太后头痛的事是,刘随公然提出:"帝(仁宗)既益习天下事,而太后犹未归政","请军国常务专禀帝旨"。[1]明摆着是要刘太后归政的意思。太后自然不悦。刘随大概也觉得待在朝廷没意思,自请外任。太后便让他出守济州(今山东菏泽)。

天圣七年冬至,宋仁宗率领文武百官在会庆殿为刘太后贺寿,然后在天安殿受朝。秘阁校理范仲淹立即上疏,反对这么做:"天子有事亲之道,无为臣之礼;有南面之位,无北面之仪。若奉亲于内,行家人礼可也;今顾与百官同列,亏君体,损主威,不可为后世法。"[2]但奏疏被刘太后扣留在内廷,没有发出来。

---

1 李焘:《续资治通鉴长编》卷一百六。
2 李焘:《续资治通鉴长编》卷一百八。下同。

推荐范仲淹入阁的晏殊,当时已为仁宗召回朝廷,任翰林侍读学士,听到门生犯颜上疏的消息,给吓了一大跳,急忙找来范仲淹,责备他"狂率邀名",将连累举荐之人。范仲淹正色告诉老师:"仲淹缪辱公举,每惧不称,为知己羞。不意今日反以忠直获罪门下。"晏殊"不能答",无言以对。范仲淹回家后,又给恩师写了一封信,"申理前奏,不少屈",说得晏殊很是惭愧。

范仲淹接着又上一疏,要求皇太后归政:"陛下拥扶圣躬,听断大政,日月持久。今上皇帝春秋已盛,睿哲明发,握乾纲而归坤纽,非黄裳之吉象也,岂若保庆寿于长乐,卷收大权,还上真主,以享天下之养?"[1]但奏疏仍被刘太后扣留。范仲淹见皇太后不纳谏言,便乞补外,不久,出为河中府(今山西永济)通判。

天圣九年(1031),翰林学士兼侍读学士宋绶上书:"唐先天中,睿宗为太上皇,五日一受朝,处分军国重务,除三品以上官,决重刑;明皇日听朝,除三品以下官,决徒刑。今宜约先天制度,令群臣对前殿,非军国大事及除拜,皆前殿取旨。"前殿,是仁宗听政的场所,宋绶提议在前殿议决军国大事、大除拜之外的政务,其实就是要求刘太后归还一部分君权,自然"忤太后意",也被逐出朝廷,知应天府。此时刘随已回朝,任侍御史知杂事,他提出:"(宋)绶有辞学,当留在朝,不宜处外。"但刘太后"不听"。[2]

刘太后显然非常不愿意听到"归政"二字以及含有"归政"

---

1 文莹:《续湘山野录》。
2 李焘:《续资治通鉴长编》卷一百十。

意思的谏言，但是，随着仁宗皇帝年岁渐长，太后何时还政于天子，不可避免地成了朝中士大夫十分关切的一个问题。

大约从天圣六年起（此时仁宗已近弱冠之年），几乎每一年都有臣僚要求刘太后还政，《宋史·列传》收录的事例便有：刘涣"谓天子年加长，上书请还政"[1]；石延年"上书章献太后，请还政天子"[2]；"章献太后春秋高，疾加剧，（孙）祖德请还政"[3]。

刘太后有一次召见驸马李遵勖（真宗妹婿），屏去左右，悄悄问道："人有何言？"李遵勖不答。太后再三追问，李遵勖才说："臣无他闻，但人言天子既冠，太后宜以时还政。"刘太后解释说："我非恋此，但帝少，内侍多，恐未能制之也。"[4] 但这是不是刘太后的心里话，恐怕难说得很。

臣僚一次又一次"请太后归政"的要求，才是刘太后需要面对的严峻挑战。

当初真宗的遗诏，是明明白白写着"军国事权兼取皇太后处分"的，一个"权"字，表明母后临朝称制，乃是不得已而为之，是一时之权宜，迟早得归政——彼时王曾坚决要在真宗遗诏中写下"权"字，是何等眼光！刘太后垂帘听政之初，自己也说过"候皇帝春秋长，即当还政"的漂亮话。天圣二年（1024），她又以手书赐辅臣，再次表达了尽快还政的心愿："吾受先帝顾托之深，皇帝富于春秋，助成正道，用乂斯民，期见

1　脱脱等：《宋史·刘涣传》。
2　脱脱等：《宋史·石延年传》。
3　脱脱等：《宋史·孙祖德传》。
4　脱脱等：《宋史·李遵勖传》。

抱孙之欢，永遂含饴之乐，此吾之志也。"[1]

但真要让刘娥退居二线，含饴弄孙，她无论如何是不甘心的。她是一位有着权力欲望与政治野心的女性，也不缺乏政治智慧。三百年前的盛唐，也有一位天纵英明的皇后，先是垂帘听政，而后干脆登基称帝，那就是武则天。宋朝的士大夫与刘太后本人，当然都知道武则天称帝的前朝旧事，对士大夫来说，那是不可不防的前车之鉴；而对刘太后来说，则是不能说破的诱惑。

刘太后在垂帘听政的岁月里，内心深处有没有冒出过效法武则天的念头呢？我认为是有的。她多次试图使用天子的仪制，试探臣僚的反应。一日，宋仁宗与皇太后同往慈孝寺，刘太后提出乘坐大安辇，行于仁宗皇帝之前。参知政事鲁宗道说，不可，"妇人有三从，在家从父，嫁从夫，夫殁从子"。[2] 要求太后在仁宗辇后乘舆。

又有一次，一个叫作方仲弓的臣子上书刘太后，请立太后娘家刘氏七庙。按《礼记·王制》，"天子七庙"，"诸侯五庙"，"大夫三庙"，"士一庙"，"庶人祭于寝"。立七庙，是天子祭祀的规格。武则天自称圣神皇帝后，即"立武氏七庙于神都"[3]，刘太后心里也想这样，但她不敢贸然行事，便询问辅臣：立刘氏七庙，是否可行？鲁宗道决然说："不可。"退朝后，他又与同列说："若立刘氏七庙，如嗣君何！"[4]

---

1 李焘：《续资治通鉴长编》卷一百二。
2 李焘：《续资治通鉴长编》卷一百七。
3 欧阳修等：《新唐书·后妃传》。
4 李焘：《续资治通鉴长编》卷一百七。

权知开封府程琳给刘太后献了一幅《武后临朝图》。武后，即唐朝武则天。程琳并不是趋炎附势之徒，犯不着巴结刘太后，他献图，不知是何用心。刘太后问鲁宗道："唐武后何如主？"鲁宗道毫不犹豫地说："唐之罪人也，几危社稷。"太后听了，默然不语。回到后宫，将《武后临朝图》掷在地下，说："吾不作此负祖宗事。"[1]

刘太后最终还是不敢效法武则天。不是她不想，而是情势使然。她是聪明人，看得清形势。平日发个"内降"，宰执大臣都要缴奏；给贵戚一个恩典，台谏官也要喋喋不休；皇帝年龄稍长，臣僚就一而再、再而三上书，要求归政。这帮士大夫怎么可能会容忍赵宋的皇太后重蹈武周的覆辙？理智告诉她，不要踏出那一步。不踏出去，她将是有功于赵宋的贤后；踏出去了，很可能就会万劫不复。

但是，若要还政于天子，她又真的舍不得，直到天圣十年，仁宗皇帝已经是二十三岁的成年人了，刘太后仍然没有撤帘还政的意思。对要求皇太后归政的奏疏，她要么留中不报，要么让上书的士大夫离开朝廷。

第四节　少年天子

我们的主人公宋仁宗赵祯，已经是一国之君了，但到目前为止，他在历史舞台上还是一名配角。主角是刘太后。

1　脱脱等:《宋史·后妃传》。

第三章 垂帘听政

虽然贵为君主，但不管在内廷，还是在朝堂，仁宗都做不了主。太后对他管教极严，从不假以辞色。在聘纳皇后之前，小仁宗的日常生活起居都在刘太后的眼皮底下，"居处不离章献卧内"[1]。

天圣二年，仁宗皇帝十五岁，刘太后替他聘皇后（古人结婚偏早，十五岁便到了适婚年龄）。当时不少官宦人家、平民之家都带着女儿，入京备选。仁宗皇帝自己相中了两个小娘子，一个是四川富商王蒙正之女王氏，长得姿容冠世，但刘太后认为她"妖艳太甚，恐不利于少主"[2]，硬是棒打鸳鸯，将王氏许配给她的侄儿——刘美之子刘从德。王氏的兄弟，就是前面我们讲过的花花太岁王齐雄。

仁宗相中的第二个小娘子，是骁骑卫上将军张美的曾孙女张氏，"将选为后"[3]，但刘太后还是不同意，理由是，张氏出身将门，如果选为皇后，恐怕日后会干预朝政，难以收场。最终，张氏只立为才人。天圣六年，晋升为美人，但五日后便病逝了，仁宗很是伤心。明道二年，亲政后的仁宗怀着愧疚之心，"追册美人张氏为皇后"[4]。

刘太后告诉辅臣："自古外戚之家，鲜能以富贵自保，故兹选于衰旧之门，庶免他日或挠圣政也。"[5] 要求从"衰旧之门"中遴选皇后。她自作主张，替仁宗选了故中书令郭崇的孙女郭

---

1 李焘：《续资治通鉴长编》卷四百三十六。
2 丁传靖辑：《宋人轶事汇编》卷一。
3 李焘：《续资治通鉴长编》卷一百四。
4 李焘：《续资治通鉴长编》卷一百十三。
5 李焘：《续资治通鉴长编》卷一百二。

氏为皇后。因为是强扭的瓜，仁宗对郭皇后始终不是很喜欢，"后既立，而颇见疏"[1]；另一方面，郭皇后自恃有太后撑腰，在宫中也颇骄横："挟庄献（刘太后）势，颇骄"[2]。这桩婚姻对仁宗而言，无非意味着后宫之中严厉管束他的女人，从一个人（刘太后）变成了两个人（刘太后与郭皇后）。

仁宗虽是天潢贵胄，但少年时受到的管束，却比大宋无数儿郎都要严格得多。宋朝平民议亲，尚有相亲之自由："男家择日备酒礼诣女家，或借园圃，或湖舫内，两亲相见，谓之'相亲'。男以酒四杯，女则添备双杯，此礼取男强女弱之意。如新人中意，即以金钗插于冠髻中，名曰'插钗'。若不如意，则送彩缎二匹，谓之'压惊'，则姻事不谐矣"。[3]而宋仁宗选皇后，却完全不由自己。

宋仁宗又少年丧父，小小的肩膀不得不挑起一个沉重的王朝，过着尊贵却又单调、乏味的帝王生活。这样的少年时代实在没多少快乐可言。

原则上，每遇单日，仁宗要御前殿视事；双日，则在崇政殿西庑参加经筵。因为皇太后临朝称制，议大政之地其实不是小皇帝坐朝视事的前殿，而是刘太后垂帘听政的后殿，因此，仁宗皇帝亲政之前的早朝制度，形式大于内容，训政功能重于议政功能。对小皇帝来说，他的首要任务也不是议决大政，而是赴经筵听讲，接受儒家教化。

经筵，说白了，就是给皇帝上课。汉唐时虽然也有御前讲

1　脱脱等：《宋史·后妃传》。
2　李焘：《续资治通鉴长编》卷一百十三。
3　吴自牧：《梦粱录》卷二十。

席，却是临时性的安排，尚未制度化。到了宋朝，皇室才将御前讲筵确立为一项日常制度："祖宗好学，世为家法。……自太平兴国开设经筵，而经筵之讲自太宗始；自咸平置侍讲学士，而经筵之官自真宗始；乾兴末，双日御经筵，休务亦不废，而日御经筵，自仁宗始。于是崇政殿始置说书，天章阁始制侍读，中丞始预讲席，宰相始预劝讲，旧相始入经筵以观讲，史官始入经筵以侍立，而经筵之上，文物宪度始大备矣。"[1] 给皇帝讲课的经筵官，为翰林侍读学士、翰林侍讲学士、侍读、侍讲、崇政殿说书等，都是饱学之士。

《宋史·后妃传》载，自仁宗即位，刘太后便谕辅臣："皇帝听断之暇，宜诏名儒讲习经史，以辅其德。"于是，"设幄崇政殿之西庑，而日命近臣侍讲读"。《宋史》这一记载不是十分准确，因为仁宗皇帝即位之初，并非每日都设经筵，而是隔日一次："双日虽不视事，亦当宣召近臣入侍讲读，冀不废学也。"[2]

乾兴元年十一月十五日，为单日，仁宗皇帝御崇政殿西庑，"召翰林侍讲学士孙奭、龙图阁直学士兼侍讲冯元讲《论语》"，自此，"虽只日亦召侍臣讲读"，这才改为不论单双日，均设经筵。[3]

天圣年间给小仁宗讲课的大儒，是孙奭、冯元等知名经学家。孙奭，饱学而正直，"以经术进，守道自处，即有所言，未尝阿附取悦"。大中祥符初，宋真宗欲率群臣奉迎"天书"，一代贤相王旦也不忍说破，讲了违心话："天贶符命，实盛德

---

1 吕中：《宋大事记讲义》卷八。
2 李焘：《续资治通鉴长编》卷九十八。
3 李焘：《续资治通鉴长编》卷九十九。

宋仁宗

之应。"唯有孙奭直言不讳："臣愚,所闻'天何言哉',岂有书也？"仁宗即位,召孙奭为翰林侍讲学士,给皇帝讲课。[1]

孙奭不苟言笑,上课时非常严肃,仁宗毕竟年少,坐不住,在课堂上"或左右瞻瞩,或足敲踏床",孙奭即"拱立不讲",等仁宗专心听讲时,才接着讲下去。[2] 后世张居正将宋仁宗"改容听讲"的典故收录入《帝鉴图说》："夫仁宗天资本是粹美,又有贤宰相辅导向学,当时讲官复尽心开发,一些不肯放过。仁宗能敬信而听从之,所以养成盛德,恭俭仁恕,始终如一,而为有宋一代之贤君也。"[3] 希望当时也是冲龄继位的明神宗好好学习宋仁宗。

汉唐、宋初的御前讲席,师生皆坐,但宋仁宗年幼,身子够不着课桌,只能"跋案而听之"[4],孙奭便改坐讲为立讲,站着讲课。不想这一站,居然站成了惯例,后来的经筵,讲官均立讲。

但在宋朝一部分士大夫看来,经筵讲官身份特殊,并非一般臣子,而是"道"的化身,道统高于皇权,"在朝廷则尊君,在经筵则尊道,亦各当其理耳"[5]。因此,他们要求在经筵上坐着讲课："今列侍之臣尚得环坐,执经而讲者顾使独立于前,则事体轻重,义为未安。臣等以为宜如天禧旧制,以彰陛下稽古重道之意。"宋神宗、高太皇太后都曾下诏让礼官审议经筵当立讲抑或坐讲,但一项做法形成惯例之后,便很难改变,礼官

1　脱脱等:《宋史·孙奭传》。
2　李焘:《续资治通鉴长编》卷九十九。
3　张居正:《帝鉴图说》上篇。
4　陈均:《九朝编年备要》。
5　吕中:《宋大事记讲义》卷十五。

坚持认为，"执经人主之前，本欲便于指陈，则立讲为宜"。[1]

这是题外话，我们再说回孙奭。孙奭在经筵上讲解的课程，主要是《论语》《尚书》《曲礼》等儒家经典。他又从《五经》中缀出五十篇"切治道者"[2]，辑为《经典徽言》，逐一给小皇帝解读，"讲至前世乱君亡国，必反复规讽，帝竦然听之"[3]。

宋仁宗与刘太后对孙奭都很尊重，每次见面，"未尝不加礼"。只是孙老先生年岁已高，老眼昏花，很难再为皇帝上课。天圣九年，年近七十的孙奭"三请致仕"，仁宗舍不得老师走，以"须宴而后行"为由，将老师挽留了数月，然后才"赐袭衣、金带、银鞍勒马"[4]，送老师荣归故里。

孙奭致仕后，他的弟子冯元继续担任仁宗的经筵讲官，主要讲解《论语》《老子》等课程。冯元是一位忠厚、淳朴的学者，"性简厚，不治声名，非庆吊未尝过谒二府"[5]。

此外，还有侍读学士宋绶讲《孝经》《帝范》《明皇朝臣僚所献圣典》《君臣正理论》等经史课。宋绶，"资性孝谨，清介寡言，经史百家莫不通贯，家藏书二万卷"[6]，连仁宗皇帝都得向他借书。

"君德成就责经筵"[7]。这些饱学而正直的老师希望仁宗皇帝通过经筵的教化，能做到敬天恤民、仁德宽厚。仁宗也没有让

---

1 杨仲良：《皇宋通鉴长编纪事本末》卷第五十三。
2 司马光：《涑水记闻》卷第四。
3 杨仲良：《皇宋通鉴长编纪事本末》卷第二十九。下同。
4 脱脱等：《宋史·孙奭传》。
5 脱脱等：《宋史·冯元传》。
6 王称：《东都事略》卷五十七。
7 李焘：《续资治通鉴长编》卷三百七十三。

老师失望,问政俱以仁民为本。天圣四年(1026)六月,福建的建州、南剑州、邵武军发大水,"坏官私庐舍七千九百余区,溺死者百五十余人",仁宗赶紧下诏:"赐被溺家米二斛,贫不能收敛者,官为瘗埋之。"[1]

同月,京师"大雨震电,平地水数尺,坏京城民舍,压溺死者数百人"。仁宗惶恐问辅臣:"霖雨为灾,岂朕之不德所致耶?"宰相王曾等执政大臣说:"臣等之责也。"退朝后各上章求罢,引咎辞职。仁宗没有同意,将"罪责"揽到自己身上。又"赐在京诸军班缗钱,放官房钱三日,遣使体量畿内田苗,诏被水之民权寓止于闾巷者,令新旧城里都巡检存视之",命有司"相度疏导积水","赐汴河禁卒缗钱"。

他观本朝国史,见到父亲真宗皇帝"东封西祀及修玉清昭应、景灵土木之役,极天下之巧,过为奢侈"[2]的记载,便对辅臣说:"此虽为太平盛事,然亦过度。当时执政大臣及修造者不得不任其责。"宰相吕夷简说:"府库一空,至今不充实者,职此之由。"仁宗说:"如此之事,朕当戒之。"

仁宗也确实做到了以"过为奢侈"为戒,他曾跟吕夷简说:"朕日膳不欲事珍美,衣服多以缣缯为之,至屡经澣濯,而宫人或以为笑。大官进膳,有虫在食器中,朕掩而不言,恐罪及有司也。"[3]吕夷简说:"陛下孝以奉先,俭以临下,虽古盛德,何以加此。"仁宗说:"此偶与卿等言之,非欲闻于外,嫌其近名尔。"

---

1 李焘:《续资治通鉴长编》卷一百四。下同。
2 罗从彦:《豫章文集》卷五。下同。
3 李焘:《续资治通鉴长编》卷一百十三。下同。

仁宗自小爱吃糟淮白鱼，只是糟淮白鱼为淮南特产，京师少见，仁宗又不能下令要求淮南进贡，所以一直未能一饱口福。一日，吕夷简的夫人入内觐见仁宗第二任皇后曹皇后，皇后问她："上好食糟淮白鱼，祖宗旧制，不得取食味于四方，无从可致。相公家寿州（今安徽淮南），当有之。"[1] 吕夫人回府，欲进献十窭糟淮白鱼给皇家，但吕夷简说："两窭可耳。"吕夫人惊讶地问："以备玉食，何惜也？"吕夷简怅然说："玉食所无之物，人臣之家安得有十窭也？"仁宗的口福，看来还不如宰相家。

吕夷简只以两筐糟淮白鱼进献内廷，是有智术的表现，但对仁宗未免有些以小人之心度君子之腹了。仁宗本性善良、仁厚，曾有一次，仁宗游后苑，一路上"屡回顾"[2]，左右都不知道他在寻找什么。及回宫，仁宗急匆匆吩咐嫔御："渴甚，可速进熟水。"嫔御问："大家何不外面取水，而致久渴耶？"仁宗说："吾屡顾不见镣子（供应饮料的宫人），苟问之，即有抵罪者，故忍渴而归。"这么一位富有同情心的君主，怎么可能会斤斤计较老家为淮南寿州的大臣府中该有多少糟淮白鱼？

又有一年，益州有一名落魄老秀才，给当地官府献了一首反诗："把断剑门烧栈阁，西川别是一乾坤。"[3] 这是劝益州当局割据独立的意思。益州号"天府之国"，物产富饶，且与外界有剑门相隔，是割据自立的好地方，五代时即有前蜀、后蜀割据，宋初复有王小波、李顺叛变，老秀才要让西川"别是一乾坤"，无疑触碰了宋王朝最敏感的神经。益州官府赶紧将老秀才抓起

---

1 邵伯温：《邵氏闻见录》卷第八。下同。
2 魏泰：《东轩笔录》卷之十一。下同。
3 丁传靖辑：《宋人轶事汇编》。下同。

来,并报告朝廷。仁宗说:"此老秀才急于仕宦而为之,不足治也。可授以司户参军,处于远小郡。"

这类讲述仁宗之仁的轶事散见于多部宋人笔记,记录这些轶事的宋人往往还忍不住感叹:"呜呼,仁矣哉。"[1]

自天禧至天圣,宫廷—朝堂之中政争迭出,仁宗皇帝从小就目睹寇准与丁谓、寇准与刘皇后、李迪与丁谓、李迪与刘皇后、丁谓与王曾、刘太后与曹利用之间的明争暗斗。值得庆幸的是,这些政治阴暗面似乎未曾给少年仁宗留下心理阴影,没有扭曲他的性格与价值观。这也许应归功于小皇帝身边的老师,基本上都是正直的士大夫。

---

1 施德操:《北窗炙輠录》卷下。

第四章 仁宗亲政

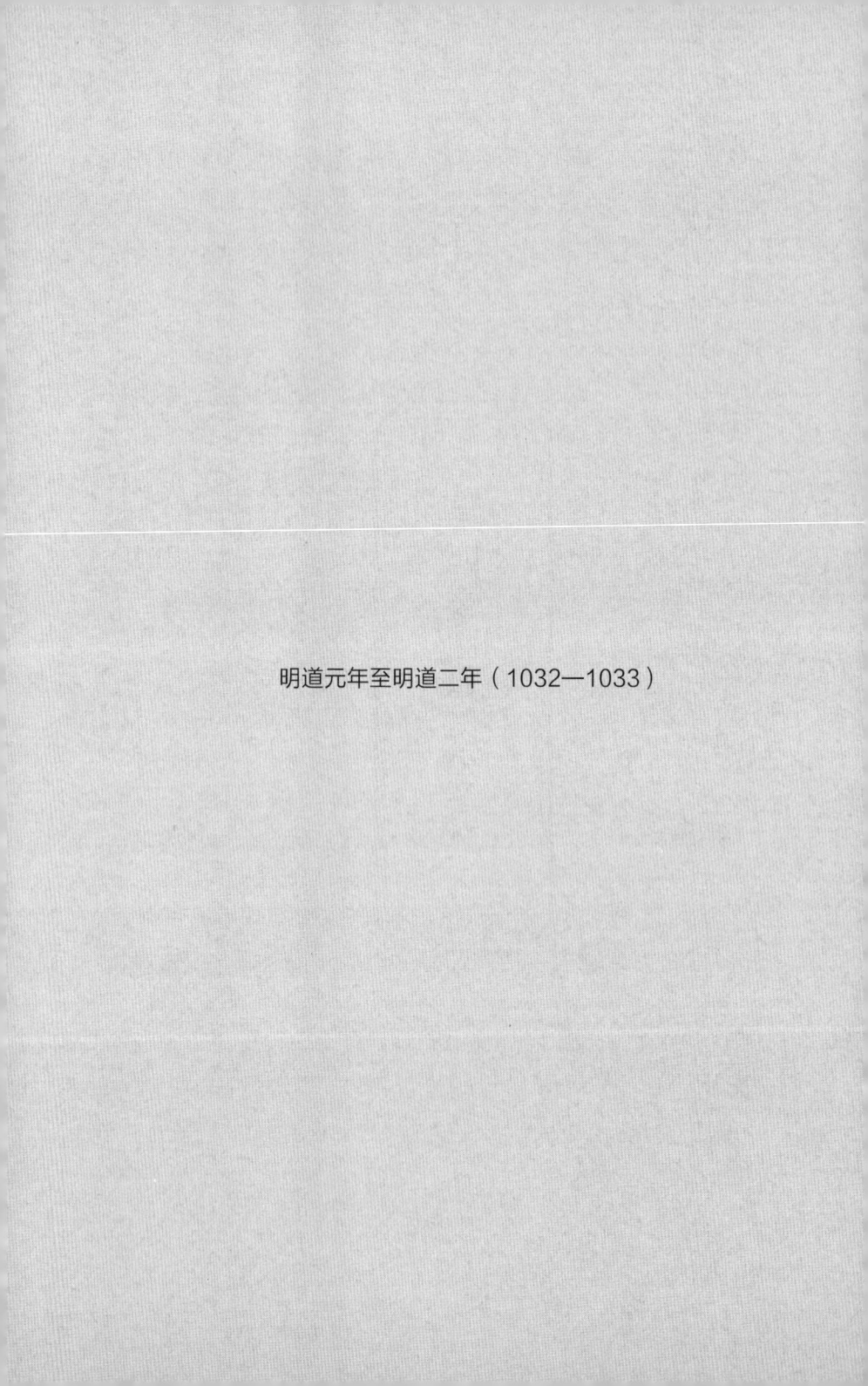

明道元年至明道二年（1032—1033）

第一节　太后宾天

公元1032年,本为天圣十年,但这年十一月,宋仁宗宣布,改天圣十年为明道元年。

之所以在天圣十年即将结束的时候匆匆改元,是因为当年八月廿三日夜里,大内发生了一场大火,崇德、长春、滋福、会庆、崇徽、天和、承明、延庆八殿均被烧毁,仁宗皇帝的受命册宝、皇太子册宝以及皇太后的尊号册宝,全为大火所焚,仁宗本人与刘太后都差点葬身于火海。

火起之时,小宦官王守规先发觉,急忙将寝殿至后苑大门的锁头敲掉,带着仁宗与太后跑到后苑的延福宫避火。大火整整烧了一夜,次日才熄灭。仁宗回到寝殿,发现昨夜所经过的宫殿,全都烧成了煨烬,心里非常后怕,事后他对前来请对的辅臣说:"非王守规引朕至此,几与卿等不相见。"[1]

---

[1] 李焘:《续资治通鉴长编》卷一百十一。

宋仁宗

北宋时，京师人口过百万，建筑物密集，频频发生火灾，最后逼得宋政府不得不正视现实，建成了世界最早的城市公共消防机构："每坊巷三百步许，有军巡铺屋一所，铺兵五人，夜间巡警，收领公事。又于高处砖砌望火楼，楼上有人卓望。下有官屋数间，屯驻军兵百余人，及有救火家事，谓如大小桶、洒子、麻搭、斧锯、梯子、火叉、大索、铁猫儿之类。每遇有遗火去处，则有马军奔报军厢主，马步军、殿前三衙、开封府，各领军级扑灭，不劳百姓。"[1] 此为后话，略过不表。

且说天圣十年这场大火，也烧得百官心头惶惶。早朝时，宫门不开，也不知道皇上是否安然，辅臣赶紧请对。仁宗传旨，赴拱宸门见面。到了拱宸门前，百官在楼下参拜，山呼万岁，唯独宰相吕夷简不拜。仁宗叫小内侍问他：相公为何不拜？吕夷简说："宫廷有变，群臣愿一望清光。"[2] 仁宗拨开拱宸门的帘子，吕夷简见得真切，正是仁宗本人，这才下拜。这个细节，显示了吕夷简沉稳审慎、处变不惊的性格。万一皇帝已身遭不测，帘后之人是刘太后或别的什么人，宰相这么一参拜，将如何收场？

宋人相信，灾异的发生，是因为人间君主失德，这才招惹来上天警告。因此，大内火灾过后，宋仁宗做的第一件事是下诏罪己、求言：

> 朕以眇躬，纂膺鸿绪。席祖宗之累善，遘方夏

---

1 孟元老：《东京梦华录》卷之三。
2 李焘：《续资治通鉴长编》卷一百十一。

之大宁，内奉慈颜，宣扬庶务；外询髦士，稽访远猷。纤介之善必旌，毫分之罚惟慎。既绝畋游游之好，亦无台榭之营。十载于兹，群伦所悉。不虞昕夕，遽有震惊。今月二十三日夜，宫掖之间，忽兴遗烬。盖掖庭之内，火禁非严；而永巷之中，警巡无及。殿堂密接，遂致延烧；钟漏未晨，难于救扑。尚赖苍旻垂佑，臣庶协忠，迨及迟明，已息炎燎。端门正寝，禁帑群司，幸免俱焚，实繄众力。至于武卫，各竭纯诚，肃奉宸居，实时安堵。缅思降徵，迺念前规，凡遇灾祥，必伸戒惧。或者朝章时政，犹爽至和；物态民心，非无壅阏。敢忘罪己，庶协饬躬。惟尔具僚，达于群品，有怀硕虑，罔吝昌言。[1]

范仲淹的好友、殿中丞滕宗谅应诏上疏认为，"国家以火德王天下，火失其性，由政失其本"[2]，而政失其本，是因为太后临朝，请太后撤帘，还政于天子。秘书丞刘越也上书请太后还政，"言尤鲠直"。但这两份奏疏皆被刘太后留中。

为重修大内，宋仁宗又下诏，皇太后与他"阁中金银器物量留供需外，尽付左藏库，易缗钱二十万，助修大内"。将内廷金银器物拿出来，跟国库换成缗钱二十万贯，用于修葺大内宫殿。十一月，修葺完工，宋仁宗恭谢天地于天安殿，拜谒太庙，大赦天下，宣布改元。新年号"明道"，明晓大道之意。但宋

---

[1] 徐松辑：《宋会要辑稿·帝系九》。
[2] 李焘：《续资治通鉴长编》卷一百十一。下同。

宋仁宗

人却认为,正如"天圣"可以拆为"二人圣"[1],明道的"明"字,亦指"日月并也",暗示宋仁宗与刘太后有如日月,同辉天下。

明道元年还发生了一件大事,不过刘太后希望将它当成小事处理。二月廿六日,仁宗皇帝的生母李宸妃因病去世。刘太后秘不发丧,打算以宫人的寻常丧礼安葬宸妃。吕夷简得知消息,在太后垂帘听政日,留身奏对:"闻禁中贵人暴薨,丧礼宜从厚。"[2] 太后瞿然道:"宰相亦预宫中事邪?"[3] 拉着宋仁宗回后宫。

过了一会儿,刘太后单独出来见吕夷简,质问他:"一宫人死,相公云云,何欤?"[4] 吕夷简说:"臣待罪宰相,事无内外,无不当预。"刘太后怒道:"相公欲离间吾母子耶!"吕夷简从容答道:"陛下不以刘氏为念,臣不敢言;尚念刘氏,则丧礼宜从厚。"刘太后一点就透,猛然醒悟过来,语气也缓和下来:"宫人,李宸妃也,且奈何?"吕夷简提请在皇仪殿为宸妃治丧,太后与仁宗皇帝于后苑举哀,百官奉灵车由西华门出,用一品礼暂葬李宸妃于皇家洪福寺。

刘太后心里还不大乐意,下诏凿宫城垣出丧。吕夷简赶忙请对。刘太后揣知其意,故意不见他,只遣内侍罗崇勋过来问他何事。吕夷简让罗崇勋回去转告太后:"凿垣非礼,丧宜自西华门出。"[5] 太后又让罗崇勋来传话:"岂意卿亦如此也!"想

---

1 欧阳修:《归田录》卷一。下同。
2 邵伯温:《邵氏闻见录》卷第八。
3 脱脱等:《宋史·晏殊传》。
4 脱脱等:《宋史·后妃传》。下同。
5 杨仲良:《皇宋通鉴长编纪事本末》卷第三十三。

不到你吕相公也是那样的人。吕夷简说:"臣位宰相,朝廷大事,理当廷争。太后不许,臣终不退。"罗崇勋往来传话,跑了三个来回,刘太后仍然不答应。吕夷简正色告诉罗崇勋:"宸妃诞育圣躬,而丧不成礼,异日必有受其罪者,莫谓夷简今日不言也。"罗崇勋心里也感到害怕,驰告太后,太后这才答应用高规格为李宸妃办丧礼。[1]

只有宋仁宗被蒙在鼓里,以为去世的只是父亲生前的一名寻常妃嫔而已。

李宸妃去世后一年,刘太后的生命也走到了尽头——明道二年三月廿九日,太后宾天。

去世前一个月,二月初九,刘太后完成了自己的一桩人生夙愿:身着天子衮冕,拜谒太庙。

太后谒太庙的动议,早在明道元年十二月便以仁宗下诏的方式提了出来,"诏以来年二月躬耕藉田,先请皇太后恭谢宗庙"[2]。由于皇太后谒太庙并无本朝先例可依,所以需要先制订出谒庙仪注。参知政事晏殊(晏殊于明道元年拜参知政事)建议太后着《周礼》记载的王后之服,但刘太后没有同意。有人悄悄鼓动太后:"陛下垂帘听大政,号两宫,尊称、山呼及舆御,皆王者制度,入太室岂当以后服见祖宗邪?"[3]这话说到刘太后的心窝里去了,她已自知称帝无望,但心底还是渴望有一个机会可以堂堂皇皇穿上皇帝的衮衣与冕旒——算是"过把瘾就死"的心态吧。

1　李焘:《续资治通鉴长编》卷一百十一。
2　杨仲良:《皇宋通鉴长编纪事本末》卷第二十九。
3　文莹:《续湘山野录》。下同。

宋仁宗

刘太后果真让仁宗下诏：太后拟服天子衮冕谒太庙。但这道诏书立即引发朝堂抗议："谏疏交上，复宰臣执议"。参知政事薛奎最为切直，操着陕西口音，在帘外问太后："陛下大谒之日，还作汉儿拜邪，女儿拜邪？"问得刘太后一时无言以对。最后，太后只好作了让步，所着衮服比皇帝"减二章"[1]。宋制，天子衮冕，衮衣有十二章纹，分别为日、月、星辰、山、龙、华虫、火、宗彝、藻、粉米、黼、黻；冠冕垂白珠十二旒。刘太后拜谒太庙的衮冕"减二章"，仪注规格略低于皇帝。

拜过太庙未久，刘太后便一病不起了，这让人忍不住联想：她身着天子衮冕谒太庙的逾礼之举，是不是引来了赵宋列祖列宗的不快？宋仁宗因皇太后不豫，大赦天下，为母后祈福，又"募天下善医，驰传赴京师"[2]。

但皇帝所做的这一切于事无补，刘太后最终还是带着对人世与权位的眷恋，舍他而去。死前，太后自知大限将至，给皇帝与朝臣留了一道遗诰，交代后事：

> 吾受遗先朝，保助今圣，绵历十载，忧勤一心，以南面之母仪，承天下之荣养。皇帝深于孝爱，济以睿明，吾得以罄竭所怀。翊怀庶务，凉暄所薄，媵理失和。皇帝药必亲尝，衣不解带。而吾大期之迫，积疾无瘳。以耆暮之年，见升平之运，获从先帝，宁魄九原，质于常情，夫复何恨？皇太妃与吾同事先帝，并佑圣躬，宜尊为皇太后。皇帝听断朝政，

---

1 李焘：《续资治通鉴长编》卷一百十一。
2 李焘：《续资治通鉴长编》卷一百十二。

第四章 仁宗亲政

一依祖宗旧规，如有军国大事，与皇太后内中裁制。内外诸军将士，并与特支。在京文武臣僚，并外处管事臣僚，并与支赐。皇帝宜念宗庙社稷之重，毋过哀伤。更赖股肱近臣，共为宽释。成服之后，三日内听政。服纪以日易月，在京文武官，十三日而除。诸司官长及近臣观察使以上临于宫庭，其余临于宫门外，诸道州府长吏以下三日释服，军民不用缟素，沿边不得举哀。释服之后，勿禁作乐，园陵制度，务遵俭省。勉从吾志，勿事烦劳。[1]

次日，仁宗在皇仪殿东楹号恸见辅臣，说了太后临终时的一个奇怪举动："太后疾不能言，而犹数引其衣，若有所属，何也？"[2] 薛奎说："其在衮冕也！然服之，何以见先帝乎？"原来刘太后临终之时，还记挂着要身着衮冕去见列祖列宗。仁宗听了薛奎之语，醒悟过来，诏以皇太后的服饰入殓。既而，又命百官赴皇城内东门，恭听宣读刘太后遗诰。

我们还记得天圣年间因得罪刘太后而离开朝廷的蔡齐与范仲淹吗？此时蔡齐已被宋仁宗召回，拜为御史中丞，即御史台的一把手。他看了刘太后遗诰，对遗诰中"如有军国大事，与皇太后内中裁制"这一句持有异议，马上去见执政大臣："上春秋长，习天下情伪，今始亲政，岂宜使女后相继称制乎？"吕夷简怎么也说服不了他。

---

1 《宋大诏令集》卷第十四。
2 李焘：《续资治通鉴长编》卷一百十二。下同。

宋仁宗

范仲淹闻知刘太后遗诰以杨太妃为皇太后，参决军国事，也发来奏疏，极力反对再立皇太后："太后，母号也，未闻因保育而代立者。今一太后崩，又立一太后，天下且疑陛下不可一日无母后之助矣！"陛下已经成年，难道你们还要将他当成"巨婴"吗？

朝中一位叫作庞籍的御史官更是不客气，"奏请下阁门，取垂帘仪制尽焚之"。庞籍，日后将拜相，并以太子太保的荣衔致仕。有趣的是，清代公案小说《三侠五义》中有一个著名的奸角、大坏蛋——庞吉庞太师："且说朝廷国政，自从真宗皇帝驾崩，仁宗皇帝登了大宝，就封刘后为太后，立庞氏为皇后，封郭槐为总管都堂，庞吉为国丈加封太师，这庞吉原是个谗佞之臣，倚了国丈之势，每每欺压臣僚。又有一班趋炎附势之人，结成党羽，明欺圣上年幼，暗有擅自专权之意。"[1]庞籍姓名恰好与庞吉谐音，所以许多人都误以为庞吉的人物原型是庞籍，让庞籍背了一个大黑锅。历史上的庞籍，非但不是贵戚，而且对贵戚不谄不媚，是一位很有骨气的士大夫。

由于士大夫集团强烈反对皇太后参决政务，明道二年四月初一，宋仁宗下诏，删去刘太后遗诰中"皇帝与太后裁处军国大事"的说法，但保留了杨太妃的皇太后之号。

四月廿八，朝廷赐谥刘太后，曰"庄献明肃"（后改谥"章献明肃"）。十月初五，附葬庄献明肃皇太后于宋真宗永定陵。

刘太后垂帘听政的时代终于结束了。

从乾兴元年八月，至明道二年三月，刘太后垂帘听政十一

---

[1] 石玉昆：《三侠五义》第四回。

个年头，其功过是非，众说纷纭。明末大学者王夫之认为，"仁宗立，刘后以小有才而垂帘听政，乃至服衮冕以庙见，乱男女之别，而辱宗庙。方其始，仁宗已十有四岁，迄刘后之殂，又十年矣。既非幼稚，抑匪暗昏，海内无虞，国有成宪，大臣充位，庶尹多才，恶用牝鸡始知晨暮哉？"[1]对刘太后的临朝称制颇不以为然，对宋仁宗的拱手让权也觉得不可理解。坦率地说，王夫之的这一评价，是有失公允的。

相比之下，宋人自己对刘太后的态度更为宽容一些。北宋大学者司马光说，仁宗皇帝嗣位之初，刘太后垂帘听政，"但以自奉之礼或尊崇太过，外亲鄙猥之人或忝污官职，左右谗谄之臣或窃弄权柄，此所以负谤于天下也"。[2]请注意，宋朝士大夫对刘太后虽有微词，却没有不问青红皂白一概反对太后临朝，他们更关心的问题是：太后临朝期间的具体施政是否合乎公道。而且，司马光也承认，"章献明肃皇太后保护圣躬，纲纪四方，进贤退奸，镇抚中外，于赵氏实有大功"。这才是公允之论。

巧的是，在刘太后垂帘听政之时，大宋的邻国大辽也出了一个参预国政的强势皇太后——萧耨斤。

萧耨斤本是辽圣宗朝的宫女，被圣宗临幸后生下耶律宗真，因皇后萧菩萨哥无子，耶律宗真从小就被萧皇后抱养，并立为皇太子，太平十一年（宋天圣九年），辽圣宗去世，耶律宗真继位，是为辽兴宗。辽兴宗的这段经历，与宋仁宗何其相似。不同的是，辽兴宗生母萧耨斤"自立为皇太后，摄政，以生辰

第四章　仁宗亲政

1　王夫之：《宋论》卷四。
2　李焘：《续资治通鉴长编》卷一百九十八。下同。

宋仁宗

为应圣节"[1]，摄政期间，"专制其国，多杀功臣"，逼萧菩萨哥自尽，又密谋废黜辽兴宗，立小儿子耶律重元为帝。辽重熙三年（宋景祐元年），辽兴宗先下手为强，派亲兵抓了萧耨斤，废为庶人，放逐到庆州（今内蒙古赤峰）"守圣宗冢"[2]。在同一历史时段，宋辽都出现了皇太后秉权预政之事，史家忍不住感叹"真可谓兄弟之国，内政相等"，然而，辽国"萧耨斤且敢弑主母，而宋尚不闻有此"，文明程度自是有别。[3]

第二节　仁宗认母

刘太后非皇帝亲生母亲的秘密，并不是无人知晓，内廷妃嫔、宗室要员与朝中大臣其实都知道这桩陈年旧事，只是刘太后在世之时，没有人敢向仁宗说破。

现在，刘太后已经宾天，这个秘密迟早会有人说出来。果然，"皇太后既崩，左右始有以宸妃事闻者"[4]。那么，究竟是谁第一个告诉了宋仁宗他的真实身世呢？宋人有不同记载。按王铚《默记》，是杨太后告诉仁宗的。时仁宗皇帝因刘太后去世，"号泣过度"，杨太后不忍心，便宽慰他："此非帝母，帝自有母。宸

1　脱脱等：《辽史·后妃传》。
2　李焘：《续资治通鉴长编》卷一百十五。
3　蔡东藩：《宋史演义》第二十八回。
4　李焘：《续资治通鉴长编》卷一百十二。

妃李氏已卒，在奉先寺（实为洪福寺）殡之。"[1]而据邵伯温《邵氏闻见录》，最早说出仁宗身世的人是皇叔赵元俨："章献上仙，燕王（赵元俨去世后追封燕王）谓仁宗言：'陛下李宸妃所生，妃死以非命。'"[2]

仁宗得悉这个瞒了自己二十多年的秘密，如遇晴天霹雳，"号恸累日不绝"，"不视朝累日，下哀痛之诏自责"，又追尊宸妃为皇太后，谥"庄懿"（后改谥"章懿"），易梓宫，与刘太后的梓宫一起，附葬永定陵。

对外间"或言太后（指李宸妃）死非正命，丧不成礼"的传闻，仁宗半信半疑。为庄懿太后易梓宫之日，他往洪福寺"亲哭视之"，见母亲"玉色如生，冠服如皇太后者，以有水银沃之，故不坏也"，不似中毒而亡的样子。仁宗这才释然，叹息说："人言其可信哉！"又在刘太后神御前焚香，泣告："自今大娘娘平生分明矣！"[3]

若依王铚《默记》的记载，宋仁宗为亡母易梓宫之日，"已遣兵围章献之第矣！既启棺，知非鸩死，乃罢遣之"[4]。如果这个细节属实，我们不能不佩服吕夷简的先见之明，若非他极力说服刘太后厚葬李宸妃，恐怕刘家将大祸临头。不过，以宋仁宗宅心仁厚的天性，我认为他不太可能做出遣兵包围刘家的强硬行动。救治庄懿太后不力的医官杨可久等人，也不过是被仁宗贬斥处罚而已。

---

1 王铚：《默记》卷上。
2 邵伯温：《邵氏闻见录》卷第八。
3 李焘：《续资治通鉴长编》卷一百十二；邵伯温：《邵氏闻见录》卷第八。
4 王铚：《默记》卷上。

事实上，得知自己非大娘娘亲生儿子之后，仁宗皇帝对刘太后仍然敬爱有加，毕竟二十年养育、陪护之情，他不能忘怀。明道二年九月廿日，刘太后灵驾发引，仁宗对辅臣说："朕欲亲行执绋之礼，以申孝心。"乃引绋行哭，出皇仪殿门。又至洪福寺祭奠，扶着太后梓宫攀号不已："劬劳之恩，终身何所报乎！"步送刘太后梓宫至洪福寺西南隅。[1]

刘太后既崩，仁宗身世既已公开，朝中便有臣僚见风使舵，"多追斥垂帘时事"。时任右司谏的范仲淹提醒仁宗："太后受遗先帝，保佑圣躬十余年矣，宜掩其小故以全大德。"仁宗深以为然，特别下了一道诏书："大行皇太后保佑冲人，十有二年，恩勤至矣。而言者罔识大体，务诋讦一时之事，非所以慰朕孝思也。其垂帘日诏命，中外毋辄以言。"[2]

而对于生他的母亲李宸妃，仁宗心怀愧疚，追念不已。在很长一段时间内，仁宗一想到未能在母亲生前与她相认，心中便充满痛悔之情。他请翰林学士孙抃撰写《升祔李太后赦文》，孙抃文笔感人："章懿太后丕拥庆羡，实生眇冲，顾复之恩深，保绥之念重。神驭既往，仙游斯邈。嗟乎！为天下之母，育天下之君，不逮乎九重之承颜，不及乎四海之致养，念言一至，追慕增结。"仁宗读后，"感泣弥月"。他问孙抃："卿何故能道朕心中事？"孙抃说："臣少以庶子不齿于兄弟，不及养母，以此知陛下圣心中事。"仁宗听了，"为之流涕"。[3]

另一位翰林学士晏殊以前曾为李宸妃撰写神道碑文，文中

---

1 李焘：《续资治通鉴长编》卷一百十三。
2 李焘：《续资治通鉴长编》卷一百十二。
3 邵伯温：《邵氏闻见录》卷第二。

"只言生女一人，早卒，无子"。仁宗知悉自己实为宸妃所出之后，对晏殊意见很大，将晏殊所撰碑文出示给宰辅大臣看："先后诞育朕躬，殊为侍从，安得不知？乃言生一公主，又不育，此何意也？"吕夷简开解说："殊固有罪，然宫省事秘，臣备位宰相，是时虽略知之而不得其详，殊之不审，理容有之。然方章献临御，若明言先后实生圣躬，事得安否？"[1]

但仁宗还是直接问晏殊："何不直言诞育朕躬，使天下知之？"[2] 晏殊回答说：碑文破题就写了"五岳峥嵘，昆山出玉；四溟浩渺，丽水生金"，已暗示庄懿太后"诞育圣躬"，只是陛下一直"以母事明肃"，臣难明说。仁宗说道："此等事卿宜置之，当更别改。"晏殊说："已焚草于神寝。"已在庄懿太后灵前焚烧修正后的碑文。但仁宗始终不悦。

怀着对母亲的愧疚之情，宋仁宗希望能够为母亲的娘家人做点什么，以补偿自己对母亲的亏欠。李氏当年始入掖庭，才十余岁，娘家只有一名弟弟，叫李用和，年方七岁。离家之际，李氏将自己亲手织的一只鞶囊送给弟弟，说道："汝虽沦落颠沛，不可弃此囊，异时我若遭遇，必访汝，以此为物色也。"后李用和受佣于京城凿纸家，姐姐送他的鞶囊一直贴身佩戴。一日，他得了痢疾，奄奄一息，被凿纸家弃之路旁，幸亏皇城司的一名"入内院子"（职役）看到了，很是可怜他，收留在家中，并治好了他的病。那名"入内院子"见李用和衣衫褴褛，胸口却佩戴着鞶囊，很奇怪，询问何故。李用和说，那是姐姐入宫

---

[1] 苏辙：《龙川别志》卷上。
[2] 丁传靖辑：《宋人轶事汇编》卷一。下同。

前所送的信物。"入内院子"想起，最近宫中不是正好有一名李姓妃嫔在托人查访弟弟的下落吗？便报告了宫内，姐弟这才得以相认。不过，李氏当时只是嫔妃，地位并不显赫，李用和也成不了显贵，只得了一个右班殿直的小武官。

仁宗认母后，李用和成了正牌国舅，历任礼宾使、同领皇城司、崇仪使、州刺史、团练使、防御使、观察使，后又拜宣徽北院使、彰信军节度使。仁宗对这位亲舅舅"宠赉甚渥"[1]，显然是为了弥补未能事母的遗憾。

李用和是本分之人，虽然位列将相，却"能小心静默，推远权势，阖门谢客"[2]。但李家既已显贵，自然不乏趋炎附势之辈前来攀附，其中就有刘太后的姻亲、判河南府钱惟演。

明道二年，钱惟演正好人在京师。他先是上书宋仁宗："母以子贵，庙以亲升，盖古今之通义也。庄懿皇太后辅佐先帝，诞育圣躬，德冠掖庭，功流宗社。陛下感深罔极，追荐尊名。既复寝园，将崇庙室。……今真宗一室止祔庄穆皇后（真宗郭皇后），典礼未称，请俟园陵毕，以庄献、庄懿皇太后并祔真宗之室。"[3] 钱惟演提此建议，"以希帝意"。仁宗让太常礼院详定钱惟演之议是否合乎礼法。礼官认为，"夏、商以来，父昭子穆，皆有配坐。每室一帝一后，礼之正仪"，"章穆皇后位崇中壸，已祔真宗庙室，自协一帝一后之文"[4]；建议为庄献明肃太后、庄懿太后"崇建新庙，同殿异室，岁时荐飨，一用太庙之

---

1 脱脱等：《宋史·后妃传》。
2 李焘：《续资治通鉴长编》卷一百六十八。
3 李焘：《续资治通鉴长编》卷一百十二。下同。
4 脱脱等：《宋史·后妃传》。下同。

仪，仍别立庙名，以崇世享"。仁宗诏，恭依礼官之议。换言之，钱惟演的建议被礼官否定了。

之后，钱惟演"又欲与庄懿太后族为婚"[1]。如此势利作风，难免为士大夫鄙夷。权御史中丞范讽（前御史中丞蔡齐转任权三司使事，范讽接替御史中丞）甚至对钱惟演提起弹劾：刘太后垂帘时，钱惟演"权宠太盛，与后家连姻"，如今以外戚身份擅议宗庙，越礼犯分，理当降黜。宋仁宗说："先后未葬，朕不忍遽责惟演。"范讽也是牛脾气之人，回家带了"告身"（任命状）入对："陛下不听臣言，……愿纳此，不敢复为御史中丞矣。"以辞职相要挟。仁宗不得已，只能答应降黜钱惟演。未久，钱惟演被夺去"同平章事"的使相职衔，勒令归本镇，不得在京逗留。

钱惟演这一次回京议宗庙，真可谓是"拍马屁拍到马蹄上"。

第三节　反刘太后之政

刘太后去世，宋仁宗为之伤心，甚至下诏禁止廷臣清算垂帘听政时期的旧账，但是，在仁宗的内心，他有没有生出摆脱刘太后给他之束缚、走出母后临朝之阴影的渴望呢？肯定是有的。毕竟，刘太后活着的时候，对仁宗的私生活管束严厉，朝中大事也由她决断，那些决策未必不会违背仁宗本人的意愿。

---

[1] 李焘：《续资治通鉴长编》卷一百十三。下同。

宋仁宗

母后仍在世时，仁宗没有说一个"不"字，现在皇太后去世了，还不能说"不"吗？明道二年四月，刘太后去世次月，仁宗将龙图阁直学士马季良贬为濠州防御使，逐离朝廷。马季良是何许人也？他是刘太后之兄刘美的女婿，茶商出身，凭着外戚身份入仕，刘太后一直想将马季良擢为文学侍从，但宰相王曾就是不同意。天圣六年，趁着王曾请病假，太后迅速将马季良提拔为龙图阁待制，其后，又从侍制升为直学士。

马季良不愧是茶商出身，对经济事务比较感兴趣，曾向朝廷提议："京师贾人常以贱价居茶盐交引，请官置务收市之。"[1] 宋王朝对茶盐等商品实行专卖制度，商人要贩卖茶盐，须先向官府购买茶盐交引，凭交引领取茶盐。简单地说，交引就是茶盐商品的提货单，可以提货，也可直接当成有价证券进行交易，出于种种原因，京师商人常常低价抛售交引，马季良便建议政府设立一个交易所，低价收购交引。其时，马季良"方用事，有司莫敢迕其意"，只有一个叫王㽦的盐铁副使司封员外郎反对："与民竞利，岂国体耶！"仁宗其实也不同意官与民争利，不过他没有公开否决马季良之议，只私下对王㽦说："官市交引，赖卿力言罢之，甚善。有司临事，当如是也。"并将王㽦擢为天章阁待制。

刘太后一死，仁宗便把这个马季良贬出朝廷。不久，御史中丞范讽提出，"季良侥幸得官，当行追夺"[2]。开封府也劾奏马季良"冒立券，庇占富民刘守谦免户役"，于是仁宗再贬马季良，

---

[1] 李焘：《续资治通鉴长编》卷一百十。下同。
[2] 李焘：《续资治通鉴长编》卷一百十三。下同。

贬至滁州（今安徽滁州）安置。

同月，参知政事薛奎说，内侍江德明、罗崇勋等人在刘太后垂帘之时"交通请谒，权宠颇盛"[1]，如不斥逐，"恐阶以为乱"，仁宗"不欲暴其罪状，止黜之于外"，只将他们逐出京城。未久，那个建议刘太后"如唐武后故事立刘氏七庙"的吉州（今江西吉安）知州方仲弓，也被贬为监丰国监，之后又降为汀州（今福建长汀）别驾。罗崇勋因赞同方仲弓之议，亦降为鄂州（今湖北鄂州）都监。

七月，三名管理皇室财产的监当官杨安节、张怀德、娄文恭被配隶广南、儋州（今海南儋州），原因是这三个人在刘太后临朝期间，以替太后写祷祠为由"规取金帛"。

宋仁宗甚至在一日之内罢掉七位宰执大臣：吕夷简罢相，出判澶州（今河南濮阳）；张耆罢枢密使，出判陈州；夏竦罢枢密副使，出知颍州（今安徽阜阳）；陈尧佐罢参知政事，出知永兴军（今陕西西安）；范雍罢枢密副使，出知扬州（今江苏扬州）；赵稹罢枢密副使，出知河中府；晏殊罢参知政事，出知亳州（今安徽亳州）。他们"皆太后所任用"，故而"悉罢之"。时为明道二年四月。

吕夷简的罢相，多少有些出人意料，连他自己也想不到，因为仁宗生母李宸妃得以厚葬，完全是吕夷简不屈不挠坚持的结果，仁宗对他是感恩的。仁宗刚亲政时，吕夷简又上疏陈八事："正朝纲、塞邪径、禁贿赂、辨佞壬、绝女谒、疏近习、罢力役、节冗费"，语气恳切，忠心耿耿，让皇帝很是感动，所以仁宗

---

[1] 李焘：《续资治通鉴长编》卷一百十二。下同。

与他商议：张耆、夏竦等执政大臣，"皆太后所任用，悉罢之"。

然而，仁宗回到后宫，跟皇后郭氏说起更换宰执一事，郭皇后说："夷简独不附太后耶？但多机巧，善应变耳。"仁宗一听，也觉得吕夷简这个人确实有些奸猾，所以将他一并罢免了。宣读罢相制书时，吕夷简一听就蒙了，"大骇，不知其故"。他与内侍阎文应交好，便派人悄悄问了阎文应，这才知道原来是郭皇后吹了枕边风。

执政团队之中，只有次相张士逊、枢密使杨崇勋、参知政事薛奎三人留任。张士逊是仁宗的老师，一直深得仁宗信任。杨崇勋就是当年揭发周怀政密谋发动政变的告密者，也是刘太后深为信任的武臣，不知何故仁宗没有罢免他。薛奎则是一位敢与刘太后抗争的直臣，仁宗本欲擢他为宰相，谁知他突然得了喘疾，再三上表请辞。十一月，仁宗只好批准他的辞呈，给他安排一个闲职。次年，即景祐元年（1034），薛奎便病逝了，他的两个女婿也是北宋名臣，一个是欧阳修，一个是王拱辰。

吕夷简罢相三日后，仁宗又拜次相张士逊为首相；迎回之前被刘太后逐出朝廷的前宰相李迪，拜为次相；擢任翰林侍读学士王随为参知政事，枢密直学士李谘为枢密副使，步军副都指挥使王德用为签书枢密院事。王德用以前曾拒绝执行刘太后的"内降"，仁宗认为他有胆有识，"可大用"，因而擢任枢密。王德用婉谢任命："臣武人，幸得以驰驱自效，赖陛下威灵，待罪行间足矣。且臣不学，不足以当大任。"仁宗没有同意，派人催促他入院就任。

但张士逊在首相的位置上只待了半年，便被罢相。士逊虽有学问，品行也不差，却缺乏政治才干，如果充任翰林学士，倒是很合适，当执政大臣就未免有些力不从心了。明道二年，不少地方都出现蝗灾,"士逊居首相,不能有所发明"[1],仁宗开始想起吕夷简的好处来。论品行,吕夷简不如张士逊,但论才干,则张士逊不如吕夷简。

恰好百官赴洪福寺为刘太后上谥册时,张士逊居然跑到杨崇勋的花园中饮酒,到了中午,还未至洪福寺,让同僚等了大半天。御史中丞范讽与李迪相善,与张士逊不合,抓到了张士逊把柄,立即发起弹劾,迫使仁宗于十月廿六日罢去张士逊的相位,让他出判河南府兼西京留守。杨崇勋也被免去枢密使之职,出判许州(今河南许昌)。

同一日,吕夷简复相,兼昭文馆大学士、监修国史,为首相。知河南府王曙拜枢密使,签书枢密院事王德用擢为枢密副使,翰林侍读学士宋绶进参知政事(刘太后去世后,宋绶便为仁宗召回,拟重用),权三司使事蔡齐为枢密副使,权御史中丞范讽则转任权三司使事。

空出来的御史中丞一职由谁接任呢?宋仁宗属意权知开封府的程琳。这个程琳,在刘太后垂帘听政时曾献《武后临朝图》,仁宗在后宫见过此图,对程琳很不满,跟近臣说:"琳心行不佳。"[2]

不过,程琳"敏厉深严,长于政事"[3],权知开封府任内,不畏权贵,依法惩罚了刘太后的亲戚王齐雄。又有一次,一位市民娶了外戚吴氏的女儿为妻,但婚后吴氏嫌弃女婿,强行将女儿带回娘家。这位市民便到开封府起诉,程琳传来吴氏问话。

---

1 李焘:《续资治通鉴长编》卷一百十三。
2 李焘:《续资治通鉴长编》卷一百八十二。
3 脱脱等:《宋史·程琳传》。下同。

宋仁宗

吴氏说，已经将女儿送入宫中，送给仁宗皇帝了。程琳敢向皇帝要人吗？敢。他直接找到宋仁宗，说道："臣恐天下人有窃议陛下夺人妻女者。"仁宗只好命人将吴氏女儿送出宫，交还给她的丈夫。

宋仁宗对程琳的才干与胆识还是挺赞赏的，所以才会任命他为御史中丞。但程琳力辞，不肯受拜御史中丞，仁宗只好任命他继续知开封府，次年，复拜为三司使。史家评论说："琳卒蒙大用，出入将相几二十年，议者谓上（仁宗）性宽厚，无宿怨云。"[1]

先前因忤逆太后、吁请还政而受斥逐的直臣，现在基本上都被仁宗皇帝召回朝廷，任命为台谏官，如孙祖德擢任知谏院，范仲淹擢任右司谏，刘涣与滕宗谅均擢任左正言，庞籍擢任殿中侍御史，孔道辅则拜为御史中丞，替代不肯就任的程琳。另一位请太后还政的官员刘越，仁宗本欲也擢为谏官，但他不幸去世了，便追赠右司谏，并赐其家"钱十万"[2]；还有我们前面提过的殿中侍御史曹修古，亦已去世，也追赠为右谏议大夫，赐其家"钱二十万"。

早年支持皇太子赵祯监国的前宰相寇准、前翰林学士杨亿，如今亦已故去，他们都受到追赠：寇准赠中书令，复太子太傅、莱国公，杨亿赠礼部尚书。那个企图发动政变让太子继位的内侍周怀政也获得平反，追赠为安国节度使。

宋仁宗始亲揽庶政，着手部署的第一项工作就是更换内阁，这么做当然是为了早日摆脱刘太后垂帘的影子，塑造君主亲政

---

1 徐自明：《宋宰辅编年录》卷之四。
2 李焘：《续资治通鉴长编》卷一百十三。下同。

的权威。在最初的几个月里，朝廷也确实出现了焕然一新的气象。

刘太后垂帘听政十一年，虽称得上"内外肃然，纪纲具举，朝政亡大阙失"[1]，但也留下一大弊政：频发"内降"给予亲人、亲信恩泽。后来的谏官韩琦回忆说："庄献明肃太后垂帘之日，遂有奔竞之辈，货赂公行，假托皇亲，因缘女谒，或于内中下表，或只口为奏求。是致侥幸日滋，赏罚倒置，法律不能惩有罪，爵禄无以劝立功。唐之斜封，今之内降，蠹坏纲纪，为害至深。陛下圣德日新，励精为治，惟此久敝沿而未除。"[2] 仁宗亲政伊始，即下诏"裁抑侥幸"："内外毋得进献以祈恩泽，及缘亲戚通章表。若传宣，有司实封覆奏；内降除官，辅臣审取处分。"[3]

仁宗又采纳时任同监左藏库的韩琦之议，申明内侍奉命向三司支取宫廷用物时，必须先至内侍省申领合同凭由，造册在案，再降至三司审核批准，"非降合同毋得支"[4]。太后垂帘时，内臣索取用品，"皆先以白札子传宣"，没有合同凭由，没有备案，无从审计。仁宗亲政，决定扭转这一财务混乱的局面。他拜不怕得罪人的程琳为三司使，掌管国家财政，程琳"尤谨出入，禁中有所取，辄覆奏罢之"[5]。讨不到钱物的内侍跑到仁宗跟前打小报告，称程琳专断、霸道，程琳对仁宗说："三司财赋，皆朝廷有也，臣为陛下惜耳，于臣何有？"仁宗深以为然。

第四章 仁宗亲政

1　脱脱等：《宋史》列传第五十六。
2　李焘：《续资治通鉴长编》卷一百二十三。
3　李焘：《续资治通鉴长编》卷一百十二。
4　李焘：《续资治通鉴长编》卷一百十三。下同。
5　李焘：《续资治通鉴长编》卷一百十四。下同。

宋仁宗

仁宗初亲政，左右之人欲取悦他，进献的宫廷用品十分精美，"颇盛于前日"[1]。殿中侍御史庞籍进谏："今蚕螟为灾，民忧转死，北有耶律，西有拓跋，陛下安得不以俭约为师，奢靡为戒，重惜国费，以循民之急！"仁宗深纳其言，乃下诏："先王不以浮靡示天下，今两川岁贡绫、绵、罗、绮、透背、花纱之属，皆女工蠹也，其以三之二易为绸绢供军需。"又诏："开封府界、京东西、河北、河东、陕西、江南、两浙、荆湖北路，贫民流移而遗弃幼老不能自存者，所在官司收养之，勿令失所。"

明道二年年底，仁宗还放出宫女两百名。宰相吕夷简说："此圣朝美事。然民间物贵，恐出宫或有失所者，亦宜念之。"仁宗解释说："曩者太后临朝，臣僚戚属多进女口入宫，今已悉还其家矣。"

仁宗又下诏复置诸路提点刑狱官："诸路刑狱既罢提点官，转运司不能一一躬往谳问，恐寖至冤滥。宜选贤明廉干不生事者委任之，则民受其赐矣。"提点刑狱官是宋朝中央政府设于各路的巡回法官，天圣八年（1030）被权罢，仁宗亲政即复置。

南宋一位士大夫对仁宗亲政的评价很高："天圣之初，此一时也；明道二年之后，此又一时也。天圣之初，政在东朝，天下犹未见人主之德；明道二年四月，亲政之后，抑内降，正朝纲，摈斥张耆、夏竦、陈尧佐之徒，而擢用范仲淹、孔道辅、庞籍辈，天下駸駸向治矣。呜呼！明道二年之亲政，积而为庆历、嘉祐之盛。"[2]

---

1 李焘：《续资治通鉴长编》卷一百十三。下同。
2 佚名：《宋史全文》卷七。

第四节　废黜郭皇后

然而，宋仁宗亲政之初与直臣之间的融洽关系，很快就因为一件事而出现裂痕。这件事就是发生在明道二年年底的"废郭皇后"事件。

我们知道，天圣二年，宋仁宗聘故中书令郭崇之孙女为皇后，实由刘太后擅作主张，仁宗本人是不乐意的。况且郭皇后生性泼辣，又自恃有刘太后撑腰，在内廷中颇是"骄妒"，"后宫莫得进"，仁宗想与其他妃嫔亲近，亦为刘太后与郭皇后阻止。因此，仁宗对郭皇后多少是有些看不惯的，只是刘太后在，不好发作，"不敢诘"。[1]

刘太后去世后，宋仁宗终于有机会"稍自纵"[2]，开始宠幸两名美人：尚氏、杨氏。郭皇后受了冷落，自然心里很不舒服，她又性子倔强，便"屡与（尚美人、杨美人）忿争"。尚美人、杨美人则给仁宗吹枕边风，搬弄是非，说郭皇后的坏话。

一日，尚氏在仁宗面前"出不逊语，侵后"，郭皇后"不胜忿"，起身要打尚氏耳光。仁宗见状，赶紧护花，结果郭皇后这一巴掌没有打到尚美人，却打中仁宗的颈部，大概打得比较用力，在皇帝的脖子上留了几道指痕。仁宗大怒，生出了废后之心。

内侍阁文应大概平日受郭皇后责骂，便趁机煽风点火，怂恿皇帝废了郭皇后，并提了一个建议："出爪痕示执政近臣与

1　司马光：《涑水记闻》卷第八。
2　杨仲良：《皇宋通鉴长编纪事本末》卷第三十三。下同。

谋之。"请宰相来看看皇上您脖子上的伤痕，让他们评评理，这个皇后当不当废。

宰相吕夷简对郭皇后也有旧怨。还记得吗？明道二年四月，因为郭皇后说了坏话，导致吕夷简被罢相，尽管半年后复相，但吕相心里却是记恨上了郭皇后。恰好权三司使事范讽想巴结吕夷简，便给他出了一个主意："后立九年无子，当废。"既然有了一个可以冠冕堂皇废黜皇后的理由，吕夷简便鼓动宋仁宗废后。仁宗迟疑不决，吕夷简又说："光武，汉之明主也，郭后止以怨怼坐废，况伤陛下颈乎？"[1]给仁宗找了一个废后的先例：东汉光武帝刘秀曾以"皇后怀执怨怼，数违教令，不能抚循它（他）子，训长异室"[2]为由，废黜了第一任皇后郭圣通。巧的是，汉光武帝皇后与宋仁宗皇后，均姓郭。

废黜皇后是大事，没有宰相的支持是不行的。另一位宰相李迪与参知政事宋绶也都赞同废后——他们显然更希望看到皇帝能够迅速告别刘太后的影子，树立君主的权威。

不过，仁宗是一名优柔寡断的君主，虽然不喜欢郭皇后，但真要他废后，却拿不定主意。此时，消息不知怎么传了出来，"外人籍籍，颇有闻者"[3]。右司谏范仲淹闻知，请对，力谏不可废皇后，又说："宜早息此议，不可使闻于外也。"

但废后之议并没有搁置。大约明道二年十二月中旬，台谏官听闻仁宗皇帝"非时召两府大臣，议皇后入道"，谋划让郭皇后以自愿入道修行的名义别馆安置。仁宗此时尚不敢明言废

---

1 脱脱等：《宋史·吕夷简传》。
2 范晔：《后汉书·皇后纪》。
3 杨仲良：《皇宋通鉴长编纪事本末》卷第三十三。下同。

后，但皇后入道，也是咄咄怪事，消息传出，"一日之内，都下喧然，以为母仪天下，固无入道之理"；翌日，又传言宰相列状乞请仁宗"降后为净妃"。于是台谏大哗，交章进谏，要求仁宗"速降明诏，复宫中位号，以安民心"，但老奸巨猾的吕夷简已经"先敕有司毋得受台谏章疏"，台谏官的章疏"果不得入"。

仁宗不受章疏，台谏官立即炸了锅。权御史中丞孔道辅与右司谏范仲淹率领知谏院孙祖德，侍御史蒋堂、郭劝、杨偕、马绛，殿中侍御史段少连，左正言宋郊，右正言刘涣等一众言官，跑到垂拱殿门口，"伏奏皇后不当废，愿对以尽其言"。内侍赶紧关了殿门，不让他们入内。孔道辅抓着大门铜环，大呼："皇后被废，奈何不听台谏入言。"

宋仁宗不得已，下诏让宰相"召台谏谕以皇后当废状"。于是台谏官浩浩荡荡杀到中书，质问宰执大臣为什么没有谏止皇帝废后？吕夷简争辩说，郭皇后"有妒忌之行"，又说，"废后自有故事"，废皇后是有先例可循的。孔道辅与范仲淹反驳说："公不过引汉光武劝上耳，是乃光武失德，何足法也！自余废后，皆前世昏君所为。上躬尧舜之资，而公顾劝之效昏君所为，可乎？"吕夷简不能答，拱立说："诸君更自见上力陈之。"将皮球踢给了宋仁宗。

孔道辅、范仲淹等台谏官退朝回家，计划明日"留百官（挥）宰相廷争"，与宰执团队在朝堂之上、君主面前展开公开的大辩论，看看谁是谁非。但吕夷简抢先一步报告宋仁宗："台谏伏阁请对，非太平美事"，应"议道辅等罪"。次日早朝，孔道辅等人刚至待漏院，即接到敕命：孔道辅出知泰州（今江苏泰州），范仲淹知睦州（今杭州淳安），孙祖德等各罚铜二十斤。

按惯例，罢御史中丞需要出诰词，走一系列程序。但这次斥逐孔道辅，居然直接以敕令形式发下，敕下之时，立即遣使押送孔道辅与范仲淹出城，不让他们在京逗留。又告诫台谏官："谏官御史，自今并须密具章疏，毋得相率请对，骇重中外。"

同时，仁宗对郭皇后入道一事作了辩解："中宫有过，掖庭具知，特示含容，未行废黜，置之别馆，俾自省循，供给之间，一切如故。"申明并不是废黜皇后，希望可以平息台谏官的怒气。

皇帝与宰相软硬兼施，但台谏官并没有退却，反而作出强烈反弹。御史马绛、杨偕都要求与孔道辅、范仲淹一起贬出朝廷，仁宗压下他们的奏疏。御史段少连接连上疏，再三陈论。我将他的观点归纳了一下，主要有四点：

其一，反对废黜皇后："陛下举事为万世法，苟因掖庭争宠而遂废后，何以史策示子孙？况祖宗以来，未尝有废后之事"，"且后妃有罪，出则告宗庙，废则为庶人，安有不示之于天下、不告之于祖宗，而阴行臣下之议乎？"

其二，抗议斥逐言官："陛下亲政以来，进用直臣，辟言路，天下无不欢欣。一旦以谏官御史伏阁，遽行黜责，中外皆以为非陛下意，盖执政大臣假天威以出道辅、仲淹，而绝来者之说也。"

其三，反驳仁宗的告诫："窃睹《戒谕》，自今有章，宜如故事密上，毋得群诣殿门请对。且伏阁上疏，岂非故事？今遽绝之，则国家复有大事，谁敢旅进而言者？"

其四，抨击奸臣蛊惑皇帝："臣窃恐奸佞之人，引汉武幽陈皇后故事，以陷惑陛下。且汉武骄奢淫纵之主，固不足踵其行事。而为人臣者，思致君如尧舜，岂致君如汉武哉？""汉武幽陈皇后故事"是指，汉武帝曾以"皇后失序，惑于巫祝，不可以承天命"[1]为由，废黜了陈皇后。

未来的大宋名臣富弼，彼时刚入仕途，因居父丧，没有赴阙，听闻郭皇后被废，孔道辅、范仲淹被逐，也向仁宗上疏，语气更为激切："郭皇后自居中宫，不闻有过，陛下忽然废斥，物议腾涌。自太祖、太宗、真宗三后抚国凡七十年，未尝有此。陛下为人子孙，不能守祖宗之训，而遂有废皇后之事，治家尚不以道，奈天下何！范仲淹为谏官，所极陈者，乃其职也。陛下何故罪之？假使所谏不当，犹须含忍以招谏诤，况仲淹所谏，大惬亿万人之心。陛下纵私忿，不顾亿万人之议，取笑四方，臣甚为陛下不取也。"[2]

富弼直言不讳地指出仁宗犯有两大过错：第一，不敬父母；第二，有负谏臣。我们来看看他的原话："今匹庶之家，或出妻，必告父母，父母许，然后敢出之。陛下贵为天子，庄献、庄懿山陵始毕，坟土未干，便以色欲之心，废黜后氏而不告宗庙，是不敬父母也"；"况仲淹以忠直不挠，庄献时论冬仗事，大正君臣之分，陛下以此自擢用之。既居谏列，或闻累曾宣谕，使小大之事必谏无隐。是陛下欲闻过失，虽古先哲王，亦无以过此。今仲淹闻过遂谏，上副宣谕之意，而反及于祸，是陛下诱而陷之"。

最后，富弼要求仁宗召回被逐的谏臣："废后已行，虽未能悔过，臣愿陛下急且追还仲淹，复其谏职，减二过之一，庶

第四章　仁宗亲政

---

[1]　班固：《汉书》卷九。
[2]　杨仲良：《皇宋通鉴长编纪事本末》卷第一百十三。下同。

乎谏路不绝，纪纲复振。……臣实不惜一仲淹，盖惜陛下所举错耳。"但他的奏疏亦被仁宗留中。

"废后之争"是宋仁宗时代台谏系统与政府系统的第一场正面交锋，也是宋代台谏官第一次以集体行动展示制衡君权与相权的力量。宋仁宗可能怎么也想不到，一桩废后的"家事"，竟然引发台谏官的集体抗议。此时，皇帝一定深切体会到刘太后垂帘听政时被言官交章极谏的烦恼滋味了，他会不会突然理解了刘太后当初将喋喋不休的言官逐出朝廷的做法呢？也许会吧。

由于台谏官咄咄逼人，不罢不休反对废后，皇帝的逆反心理也被激发出来。初议郭皇后事之时，仁宗并未明言废后，孔道辅"请不降诏命以示中外"[1]，范仲淹又上言"所降诏命，乞不宣示"，仁宗也听从了他们的建议，"以宫壸之事，不欲彰闻，寻即允从，更不宣布"，只让郭皇后以"入道修行"的名义别馆居住。谁知孔道辅、范仲淹又率领一众言官，集体在殿门大呼"中宫动摇"，要求请对。而且，他们还故意将札子的内容泄露出去，"直露事状"，以致"传布喧然，深骇物听"，分明是"翻覆事端"。既然如此，宋仁宗也不打算退让了，遂于明道二年十二月廿三日下诏：

> 皇后郭氏，省所奏为无子愿入道者，事具悉。皇后生忠义之门，禀柔和之德，凤表石符之庆，早升兰殿之尊，四教具宣，六宫是式。而乃秉心专静，抗志希微，慕丹台绛阙之游，餍金龊瑶阶之贵，陈

---

[1]《宋大诏令集》卷第一百九十二。下同。

请累至，敦谕再三，言必践而是期，意益坚而难夺。勉循高尚，以适素怀，宜特封净妃、玉京冲妙仙师。赐紫，法名清悟。[1]

诏书名曰"皇后郭氏封净妃、玉京冲妙仙师诏"，措辞非常含蓄，没有明言废后，还将郭皇后大赞一通。但皇后降为净妃，入道修行，其实就是废黜皇后之位。

不过仁宗终究是一个念旧的人，虽然狠心废黜了郭皇后，过了一段时间，却又生出不忍之心，"颇念之，遣使存问"[2]。一日，他游后苑，见到郭后以前用过的肩舆（小轿），很是伤心，便写了一首《庆金枝》小词，派人送给郭氏。郭氏和答了一首小词，"辞甚怆惋"。仁宗读了，更是悲伤，托人说，朕希望你回来。但郭氏也是倔强之人，说要我回宫可以，但"须百官立班受册方可"，要求重新册她为皇后。

其时宋仁宗已经册立了新皇后，因而没有答应郭氏。但皇帝想接回郭皇后的消息却在后宫传开了，立即吓坏了一个人——内侍阎文应，因为当初正是他极力怂恿仁宗废后，郭后要是回宫，他可怎么办？恰好此时，郭氏生了病，仁宗叫阎文应带着御医前往诊视，但几天后，景祐二年（1035）十一月初八，郭氏突然病逝。由于即将举行冬至祭天大典，仁宗正在宿斋中，左右不敢告诉他消息，数日后他才知郭氏去世，很是悲痛，"深悼之"，诏以皇后的丧礼安葬。景祐三年（1036）正月，

---

1 《宋大诏令集》卷第二十。下同。
2 脱脱等：《宋史·后妃传》。下同。

又追册郭氏为皇后。

郭皇后之死,朝廷内外怀疑是因为"阎文应进毒",然而"不得其实",找不到确凿证据。后来,阎文应被范仲淹弹劾,远贬岭南,死于道上。

明道二年年底,宋仁宗之所以决意废黜郭皇后,诱因是郭皇后打了他一巴掌,以及内侍阎文应的怂恿;加权因素是吕夷简、李迪等宰执大臣的赞同;隐秘的原因却是仁宗本人对刘太后强加于己的命运安排的反抗。过去,仁宗一直活在刘太后的阴影下,如今,他渴望摆脱那压抑的阴影,自己当家做主。

废后之后,明道二年十二月廿五,宋仁宗又宣布明年正月初一改元"景祐"。改元,是因为明道二年多个州郡都发生了比较严重的蝗灾、旱灾,执政团队认为,"宜有变更,以导迎和气"[1]。还有一个没有说破的原因:仁宗皇帝希望以新的年号,宣告"二人圣"的天圣与"日月并"的明道所象征的刘太后时代落幕了。

---

1 李焘:《续资治通鉴长编》卷一百十三。

第五章 皇帝的烦恼

景祐元年至景祐五年（1034—1038）

第一节　仁宗病了

"景祐"是一个吉祥词，含有祈请上天庇佑之意。但景祐元年八月，二十五岁的宋仁宗却大病一场，"累日不进食，中外忧惧"；"侍医数进药不效，人心忧恐"。[1] 仁宗的姑母魏国大长公主推荐翰林医学许希入内诊视，许希提了一个治疗方案："针心下包络之间，可亟愈。"但左右认为在心下扎针有风险，"争言不可"，最后一名小宦官愿意以身试针，一试，发现并没有生命危险，才同意给仁宗扎针，果然"疾愈"。又过了好几天，仁宗才完全康复，"复常膳"。

从八月十一日得病，至九月十一日痊愈，皇帝整整病了一个月。仁宗春秋正盛，为何会病得这么严重？与纵欲过度有关。

原来，自废黜郭皇后之后，后宫中再没有一个强势的女人来管束仁宗的私生活了，"尚、杨二美人益有宠，每夕侍上寝，

---

[1] 李焘：《续资治通鉴长编》卷一百十五。下同。

宋仁宗

上体为之弊",不但京城议论纷纷,连身在南京应天府的留守推官石介也听说:"(景祐元年)正月以来,闻既废郭皇后,宠幸尚美人,宫庭传言,道路流布。或说圣人好近女室,渐有失德。自七月、八月来,所闻又甚,或言倡优日戏上前,妇人朋淫宫内,饮酒无时节,钟鼓连昼夜,近有人说圣体因是尝有不豫。"

八月,外放的王曾被仁宗召回,拜为枢密使。石介给他写了一封书信,希望王曾劝劝仁宗:"伏闻驿骑走西洛,召相公入为枢密使,社稷幸甚。……相公昔作元台,今冠枢府,中外更践,华夏具瞻,社稷安系于相公,社稷危亦系于相公。相公久去近侍,方自外来,圣眷至深,君心所属,当此之时,即宜以此为谏。谏止则已,谏不止则相公请辞枢密之任,庶几有以开悟圣聪,感动上心也。若执管仲不害霸之言,以嗜欲间事不可极争,则遂启成乱阶,恐无及矣。伏惟相公留意焉。勿谓狂夫之言不足采听,斯乃国家计也。"

其实朝中已有大臣规谏。参知政事宋绶委婉提醒仁宗:"自古守成之君,皆兢兢抑畏,不忘顾省,何者?人心逸于久安,而害生于所忽。故立防于事之始,销变于未萌之前。若事至而应,不亦殆与!……至若朝务清暇,深居闲燕,声味以调六气,节宣以顺四时,爱养玉躬,使不至伤过,乃保和平无疆之福也。"

左司谏滕宗谅就说得很不客气了:"陛下日居深宫,流连荒宴,临朝则多羸形倦色,决事如不挂圣怀。"因为"语太切直",惹恼了皇帝,仁宗便以"言宫禁事不实"为由,让滕宗谅出知信州(今江西上饶)。

狐媚的尚美人不但累倒了宋仁宗,自己也恃宠而骄。景祐

第五章 皇帝的烦恼

元年四月某日,她居然派遣内侍到开封府,口称"教旨"[1],要求开封府"免工人市租",大概那工人与她沾亲带故吧。其时,殿中侍御史庞籍正好任开封府判官,凛然拒绝了尚美人的要求,并报告仁宗:"祖宗以来,未有美人称教旨下府者。"仁宗并不糊涂,杖责了传宣的内侍,又切责尚美人,并下诏:"有司自今宫中传命,毋得辄受。"[2]

尚美人还与宗室子孙赵从演、赵从溷有利益往来:"从演尝以婢遗尚美人,从溷受美人所寄金";还接受皇城使王怀节之弟妇的贿赂。虽然仁宗得知后,贬谪了赵从演、赵从溷、王怀节等人,并将他们送给尚美人的"金帛二十余万"拨给三司充作军费,但朝廷内外对尚美人的恃宠恣横,不能不忧心忡忡。

这个时候,人们才明白仁宗皇帝"即位十有三年(实为十一年),不好游畋,不近声色"[3],实有赖刘太后严加管束,也理解了刘太后临终之际为什么要在遗诰中交代尊杨太妃为皇太后,让杨太后参决军国大事,而宰相吕夷简又为什么赞成刘太后的安排。记得当时,蔡齐力争削去遗诰中"太后参决军国大事"之语,吕夷简叹息说:"蔡中丞不知,吾岂乐为此哉!上方年少,恐禁中事莫有主张者尔。"现在仁宗沉溺于美色,宫人争宠恣肆,无疑需要杨太后出面排遣。

杨太后看着这一切,也是急在心里,再四劝仁宗割爱,放二美人出宫。内侍阎文应也天天在仁宗跟前絮絮叨叨,要皇上遣走二美人,病中的仁宗不胜其烦,点了点头。阎文应马上叫

---

[1] 李焘:《续资治通鉴长编》卷一百十四。下同。
[2] 杨仲良:《皇宋通鉴长编纪事本末》卷第三十三。下同。
[3] 李焘:《续资治通鉴长编》卷一百十五。下同。

宋仁宗

来车子，载二美人出宫，尚美人"泣涕，词说云云，不肯行"，阎文应赏了她一记耳光："宫婢尚何言！"驱赶她们赶快登车离开。

次日，八月十五中秋节，仁宗才令参知政事宋绶出诏："美人尚氏，昨由下陈，列于近侍，素非令淑，但肆骄矜，宜特贷刑章，令于洞真宫披戴，永不得入内；美人杨氏，自居左右，靡蹈箴规，宜令出内，于别宅安置。"[1] 同时，仁宗还将刘太后垂帘时期大臣勋戚进献入宫的宫女一并放出，表示自己"常思恬素，动守端庄，在于声色之间，绝无溺惑之意；况每观古籍，备鉴前修，上或恣于耽荒，下必争于宠幸，亏德败度，莫甚于兹"。

这份放遣宫人的诏书还提到聘立皇后："长秋之重，阴教是宣。顾厥位以难虚，必惟贤而是择，当求德阀，以称坤仪。属于勋旧之家，兼咨甲冠之族，将行聘纳，式助烝尝。"[2]

聘后，当然出自吕夷简等宰执大臣之意。尚、杨二美人"争宠恣横"[3] 一事，让宰执大臣意识到：这后宫之内，真不可缺少一位皇后，以约束君主私生活，维持宫廷秩序。早在仁宗不豫之前，吕夷简等人已上表请立皇后。仁宗的病刚痊愈，朝廷便张罗着为皇帝选后。

十年前，仁宗聘郭皇后，是刘太后的主意；十年后另立皇后，皇帝可以自作主张了吧？

宋仁宗也以为自己可以做主。左右引寿州茶商陈子城的女儿入宫，他一眼就看中了，想立她为后。杨太后也很喜欢陈氏女，

---

1 《宋大诏令集》卷第二十。下同。
2 徐松辑：《宋会要辑稿·后妃四》。
3 李焘：《续资治通鉴长编》卷一百十五。下同。

"尝许以为后"。

然而,台谏官极力反对,反复上疏,要求皇上放出陈氏女,理由是陈氏出身卑贱,不可母仪天下。而且,这一回,整个执政团队都站在台谏官一边,参知政事宋绶质问仁宗:"陛下乃欲以贱者正位宫中,不亦与前日诏语相戾乎?""前日诏语"指的是,之前遣送尚、杨二美人出宫的诏书分明说"当求德阀,以称坤仪","属于勋旧之家,兼咨甲冠之族",而陈氏女出身商贾之家,哪是"德阀""勋旧之家""甲冠之族"?

过了数日,枢密使王曾入对,又奏"引纳陈氏为不可"。仁宗说:"宋绶亦如此言。"宰相吕夷简、副枢密蔡齐也"相继论谏"。内侍阎士良(阎文应之子)说得更绝,他问仁宗:"臣闻陛下欲纳陈氏女为后,信否?"仁宗说:"然。"阎士良又问:"陛下知子城使何官?"仁宗说:"不知也。"阎士良说:"子城使,大臣家奴仆官名也。陛下若纳奴仆之女为后,岂不愧公卿大夫耶?"这是拿茶商陈子城的名字做文章。因执政、台谏俱反对这桩婚姻,宋仁宗只好将陈氏女遣送走。

九月十八日,宋仁宗选聘开国大将曹彬的孙女为皇后。次日,命宰相李迪为册礼使,宋绶撰册文,并书册宝,有司奏请于冬至日举行册立皇后大礼。监察御史里行孙沔说,"丧未祥禫而行嘉礼,非制也"[1],"庄献三年之丧未除,请终制而后行"[2]。提议在刘太后孝期结束后才行册后礼。

宰相吕夷简不同意,坚持早日完成册后大礼。后来,哲宗

---

[1] 脱脱等:《宋史·孙沔传》。
[2] 杨仲良:《皇宋通鉴长编纪事本末》卷第三十三。

宋仁宗

朝时,高太皇太后(曹皇后儿媳、宋英宗皇后、宋哲宗祖母)对此大惑不解,问宰相吕公著(吕夷简之子)等人:仁祖在章献明肃太后孝期内纳后,"大臣怎肯?神宗曾问,不知何故如此,便臣庶家也不肯"[1]。吕公著答不出来。台谏官王岩叟说:"臣尝闻韩琦说此事。"据说当时范仲淹曾责怪吕夷简:"吕相又劝上做一件不是当底事也。"但吕夷简告诉他:"固知非礼,司谏却不知里面事。上春秋盛,妃嫔已杂进,不早立后,无以制,非所以爱上。"说得范仲淹无言以对,只好向好友韩琦吐槽:"吕相幸自不是,被他有说后,没可奈何。"

景祐元年十一月初三,冬至,朝廷举行册后礼,正式册立曹氏为宋仁宗皇后。

宋仁宗对曹皇后虽然不是十分中意,不过曹氏生性慈俭,贤良淑德,无可挑剔。操办册后礼的曹家人,是皇后的叔父荣州刺史曹琮。册后礼过后,仁宗欲提拔曹琮为卫州团练使,曹皇后说:"陛下方以至公厉天下,臣既被后族,不宜冒恩泽,乱朝廷法。族人敢因缘请托,愿置于理。"[2]时论都称赞皇后之贤。

有意思的是,曹皇后与她的婆婆刘娥一样,入宫前都有过婚史。刘娥先嫁蜀中银匠龚美(后以兄妹相称),后嫁宋真宗。曹皇后先嫁京兆人李植,已过门,但新婚之夜,李植竟"逾垣而走"[3],曹氏只好回到娘家,未久选入宫,立为仁宗皇后。她的前夫李植呢?"自放田野,往来关中、洛阳、汝州,人以为有道之士也"[4],不少官员还慕名拜会他。

---

1 王岩叟:《元祐系年录》,转引自李焘《续资治通鉴长编》卷一百十五。下同。
2 杨仲良:《皇宋通鉴长编纪事本末》卷第三十三。
3 王巩:《甲申杂记》。
4 王铚:《默记》卷中。下同。

今人多以为，宋代女性受程朱理学束缚，"一女不事二夫"云云，嫁人之后只能从一而终，如果改嫁，则为主流社会所不容。事实却非如此。宋朝士女改适者，所在多有，范仲淹的母亲、儿媳、曾孙女都改嫁过，连有过婚史的刘娥、曹氏都可以受册为皇后，说明以宋人的观念，女性并不会因为改嫁而受歧视。对此，清代的士人觉得不可理解："宋世士大夫最讲礼法，然有不可解者二：仕宦卒葬，终身不归其乡，一也；阀阅名家，不以再嫁为耻……尤不可解也。"[1] 从宋至清，时代观念已大变。

第二节　亲政的挫折

从明道二年到景祐元年，宋仁宗品尝到的亲政滋味，并不那么好受。如果他一度以为没有了刘太后的严厉管束，自己在皇帝的位子上可以过得自由自在，那他现在应该知道想错了。

约束皇帝之"自由意志"的机制，首先来自台谏系统。宋仁宗朝是台谏官最为意气风发的历史时期，宋人自言："台谏之职在国初则轻，在仁宗之时则重，在国初则为具员，在仁宗之时则为振职"[2]；台谏官"言及乘舆，则天子改容，事关廊庙，则宰相待罪，故仁宗之世，议者讥宰相但奉行台谏风旨而已"[3]。

台谏为什么能够成为振职？一个重要的原因是，宋朝的台

---

[1] 王士禛：《香祖笔记》卷十一。
[2] 吕中：《宋大事记讲义》卷九。
[3] 苏轼：《苏轼文集》卷二十五《上神宗皇帝书》。

谏官具有高度的独立性，台谏与政府是平行的两个系统。宋人说，"人主之职论一相，一相之职论百官"[1]，"百官除授，自执政以下皆付大臣进拟"[2]，即宰相由皇帝亲除拜，而参知政事以下百官，则由宰相提名，但这里的"百官"并不包括台谏官，台谏官之进退，宰相不可干预："祖宗故事，凡进退言事官，虽执政不得与闻，盖以杜绝台谏私于宰执也。"[3]

明道二年，宰相李迪提名、任命张沔和韩渎为御史，这一人事任命立即受到言官的抗议，认为"台官必由中旨，乃祖宗法也"，宰相怎么可以任命台谏官？仁宗皇帝表示同意，对李迪等人说："祖宗法不可坏也。宰相自用台官，则宰相过失，无敢言者矣。"[4]张沔遂出知信州、韩渎出知岳州（今湖南岳阳）。

那么台谏官为天子亲擢，是不是意味着他们在君主面前将丧失独立性呢？当然不是。因为按宋朝士大夫的主流观念，台谏官乃是"公议"的代言人。宋人是这么说的："国家开广言路，任用台谏官，以求天下公议"[5]；"台谏，公论之所系也"[6]；"公议所发，常自台谏"[7]。

让我举两个例子。治平年间，宋英宗欲罢免三司使蔡襄，却找不到合理的理由，便示意知谏院傅尧俞："卿何不言蔡襄？"傅尧俞说："若襄有罪，何不自正典刑，安用臣言？"英宗说："欲

1　陈傅良：《八面锋》卷十二。
2　吕中：《宋大事记讲义》卷九。
3　李焘：《续资治通鉴长编》卷四百九十一。
4　李焘：《续资治通鉴长编》卷一百十三。
5　李焘：《续资治通鉴长编》卷一百九十四。
6　魏了翁：《鹤山集》卷二十一。
7　李焘：《续资治通鉴长编》卷三百七十二。

使台谏言，以公议出之。"傅尧俞说："若付之公议，臣但见襄办山陵事有功，不见其罪。臣身为谏官，使臣受旨言事，臣不敢。"[1] 拒绝按皇帝的旨意弹劾蔡襄。

南宋时，孝宗皇帝与经筵讲官张子韶有过一段对话，孝宗说："台谏不可承宰相风旨。"张子韶说："以臣观之，非特不可承宰相风旨，亦不可承人主风旨。"[2]

宋仁宗联合执政大臣，欲废黜郭皇后，而奋力阻止者，正是台谏官。虽然仁宗最终得偿所愿，成功废后，但那是因为执政大臣站在他一边。宋人说起仁宗废后之事，甚至认为"非仁祖之本心也，而夷简实赞之"[3]。此说有替仁宗开脱之嫌，但宰执大臣在废后事件中发挥了关键作用，却是实情。如果执政大臣强烈反对，皇帝就很难一意孤行，比如景祐元年仁宗欲立陈氏女为新皇后，便无法如愿以偿。

我想说的是，宰相也是约束皇帝之"自由意志"的机制。按唐宋政制，皇帝发布的任何正式诏令，包括任免宰相的制书，都需要宰相副署，才具法律效力。北宋初，乾德二年（964），范质、王溥、魏仁浦等宰相集体上表求退，获宋太祖批准。此后数日，大宋的行政中枢出现形式上的权力真空，"内殿起居无宰相"[4]。三日之后，太祖才拜赵普为相，但在颁发任命制书的时候，才发现一个大问题：找不到在任宰相来副署任命制书了。

宋太祖军旅出身，绝不是拘泥于礼法之人，对赵普说："朕

---

1 脱脱等：《宋史·傅尧俞传》。
2 谢采伯：《密斋笔记》卷一。
3 吕中：《宋大事记讲义》卷九。
4 李焘：《续资治通鉴长编》卷五。

宋仁宗

为卿署之,可乎?"[1] 不就是署名吗?朕是皇帝,宰相是朕所任命,朕来署名,还不行吗?但根据制度与惯例,还真不行。假如宋太祖不经宰相副署而径自署名任命赵普为相,往重里说,无异是对制度的破坏;往轻里说,则是对赵普的不尊重,堂堂宰相,难道也要成了被人鄙视的"斜封官"[2]?

所以赵普拒绝了皇帝署名:"此有司职尔,非帝王事也。"[3] 申明副署乃是宰相之权,非帝王可以越俎代庖。宋太祖只好"使问翰林学士讲求故实"[4],让翰林学士检索典故、先例,看看能不能从先例中找到变通的办法。

最后,还是翰林学士窦仪想出了一个法子:"今皇弟开封尹、同平章事,即宰相之任也。"按唐朝制度,同平章事就是宰相,不过自晚唐至宋初,不少亲王、枢密使、留守、节度使也兼领同平章事之衔,称为"使相",是名义上的宰相,并不行使相权。但不管怎么说,同平章事在名义上确实是宰相,开封府尹赵匡义既然领有同平章事衔,就是名义上的宰相,由他来副署赵普的拜相制书,倒也符合名分。这才算合法地完成了对宰相赵普的任命。

因为天子诏敕需宰相副署方得生效,刘太后垂帘之日,从宫中直接发出的"内降",并不具法律效力,宰相王曾、枢密

---

[1] 脱脱等:《宋史·赵普传》。
[2] "斜封官",也称"墨敕斜封官",为唐代的非正式任命官员,是当时人们对由非正式程序任命的官员的一种蔑视性称呼。这种官职的任命状是斜封的,要从侧门交付中书省办理,而且它上面所书"敕"字是用墨笔,这与中书省黄纸朱笔正封的敕命是不一样的,"斜封官"由此得名。
[3] 脱脱等:《宋史·赵普传》。
[4] 李焘:《续资治通鉴长编》卷五。下同。

使曹利用都多次将这些"内降"缴奏，不予执行。若非宰相首肯，仁宗决不可能以一道"内降"废黜了郭皇后。早年，宋真宗欲封刘美人（即刘娥）为贵妃，派内侍给宰相李沆送了一道"手诏"[1]，李沆当着内侍的面，"引烛焚诏"，又说："但道臣沆以为不可。"真宗只得将刘美人进妃一事搁置下来。

刘娥后来得以册立为皇后，固然是因为真宗皇帝态度坚决，但另一个因素也不可忽略，那就是取得宰相王旦的谅解与支持。议立皇后之时，王旦"以病在告"[2]，刘娥怀疑王旦"有他议"，不敢受册为皇后，让真宗从长计议。其后，王旦回来上班，"中书门下请早正母仪"，真宗这才下诏册封刘娥为皇后。

我们应该记得，天圣年间，仁宗也曾经想册立心爱的王氏女为皇后，只是垂帘听政的刘太后反对，将王氏许配给自己的侄子刘从德。刘从德福薄，英年早逝，仁宗遂封王氏女为遂国夫人，许"出入内庭"[3]。坊间传言，王氏女与皇帝这是旧梦重温。但景祐年间，王氏女的父亲王蒙正犯罪，被流放广南，仁宗不得不同意禁止王氏女入内廷，并褫夺遂国夫人封号。过了几年，仁宗思念王氏女，欲下诏恢复其封号，让知制诰富弼起草诏书。富弼却认为，王氏女不应复封遂国夫人，将皇帝的意旨缴还，拒不起草诏书。

富弼的做法，不但阻止了王氏女的复封，而且开创了宋朝一项宪制性的惯例：封还词头。负责起草诏命的知制诰若认为皇帝的旨意不当，可以拒绝草诏，将词头封还。

第五章 皇帝的烦恼

1　脱脱等：《宋史·李沆传》。下同。
2　李焘：《续资治通鉴长编》卷七十九。下同。
3　李焘：《续资治通鉴长编》卷一百三十三。

宋仁宗

　　知制诰的封还词头，与通进银台封驳司的封驳诏命，共同构成了对皇帝"自由意志"的另一重限制（宋神宗元丰改制后，封还词头的权力归中书舍人，封驳诏命的权力归给事中）。如是，宋朝君主若通过制度化的渠道颁发诏书，则诏命需经知制诰、封驳司双重审核；若绕过知制诰、封驳司，直接发"内降"，则"内降"会被视为不合法，政府可以将"内降"缴奏。因此，我们切不可将宋朝体制简单地视为"皇权专制"。

　　虽说赵宋立国之初，太祖与太宗作为强势君主，积极走上政治决策之前台，君权得以强化，但到真宗朝时，由于真宗皇帝并非雄才大略之君，政治决策更赖宰辅赞襄，君臣形成了天子不亲细务的共识。一位叫江嗣宗的太常博士曾向真宗进言："陛下躬临庶政，十有五年，殿廷间事，一取圣断，有劳宸虑。今请礼乐征伐大事出于一人，自余细务委任大臣、百司。"[1]真宗说："此颇识大体。"褒奖了江嗣宗，"从其所请"。什么是"细务"？除"礼乐征伐大事"，其余均属细务，均由宰相总其政，负其责。后来的苏辙甚至提出："臣闻宰相之任，所以镇抚中外，安静朝廷，使百官皆得任职，赏罚各当其实，人主垂拱无为，以享承平之福，此真宰相职也。"[2]可以说，从宋真宗朝开始，君权就出现了象征化趋势。

　　这一趋势延续至仁宗朝。刘太后垂帘期间，每五日坐殿听政一次，日常政务还是由宰相主持。虽然名义上，太后掌握着处分军国事的权力，但实际上，一般政务有程式可依，军国大政则需要与宰辅协商，不可能乾纲独断。多数时候，裁处军国

1　李焘：《续资治通鉴长编》卷七十六。下同。
2　李焘：《续资治通鉴长编》卷四百四十三。

大事的人是宰执，君主（以及代行君权的皇太后）往往只是对宰相的意见作出"画可"或否决的最终裁断而已。

其实，若按宋朝儒家的主张，"进居其位者，舜、禹也；进行其道者，伊（尹）、傅（说）也。"[1] 天子（舜、禹）只是天下的主权者（进居其位），宰相（伊、傅）才是天下的治理者（进行其道）。进而言之，天子并不是总揽政务的行政首长（宰相才是），而是国家礼仪的最高代表。

因此，皇帝的一部分工作是务虚的、象征性的，比如在天下大旱时祈雨；发生灾异时下罪己诏；元宵节登宣德门楼观赏花灯，以示天子与民同乐；三岁一次亲郊；春时亲耕籍田，以示劝农……

明道二年二月，仁宗首次行籍田礼。依古制，天子耕籍田，扶耒耜往还三度，称三推。宰相兼礼仪使张士逊奏请仁宗"三推而止"[2]，但仁宗说："朕既躬耕，不必泥古，愿终亩以劝天下。"礼仪使复奏，遂耕"十有二畦"。[3] 仁宗对象征性之天子职责的投入，展示了年轻的皇帝励精图治的决心。

仁宗当然不会满足于当一名象征性的虚君，亲政之初，他还有过"总揽威柄"[4]的雄心。明道二年八月，翰林侍读学士宋绶告诉他："帝王御天下，在总揽威柄，而一纪以来，令出帘箔；自陛下躬亲万几，内外延首，渴见圣政，宜惩违革弊，以新百姓之耳目。……顷太后朝多吝除拜，而邪幸或径取升擢，议者

---

1 程颢、程颐：《二程集》之《周易程氏传》卷第一。
2 李焘：《续资治通鉴长编》卷一百十二。
3 王辟之：《渑水燕谈录》卷一。
4 李焘：《续资治通鉴长编》卷一百十三。下同。

以为恩出太后而已；今恩赏虽行，又谓自大臣出，非大臣朋党罔上，何以致此？……愿陛下思祖宗训戒，念王业艰难，整齐纪纲，正在今日。"仁宗深以为然。未久，擢宋绶为参知政事。

十月，仁宗下诏："自今每日御前殿视事，其休务并假日，并如旧制。"一改自真宗朝后期形成的"只日朝"制，恢复太宗朝的"日朝"制。

亲政大半年，仁宗对辅臣说："每退朝，凡天下之奏，必亲览之。"这自然也是励精图治的表现。但宰相吕夷简对此表示忧虑，委婉地说："若小事皆关听览，恐非所以辅养圣神。"吕夷简没有明说的意思是，陛下您还是不要管那么多事情，有宰辅分忧呢。不过，此时仁宗还一心想当一名勤政有为的君主，说："朕承先帝之托，况以万几之重，敢自泰乎！"

但宋仁宗的勤政只维持了一年。我们知道，景祐元年八月，皇帝得了一场大病，做不到"亲览""天下之奏"了，每日御殿听政也力不从心，只好诏"辅臣延和殿阁（后殿）奏事，其诸司事权令辅臣处分"[1]。九月，群臣上表"请双日不视朝"，仁宗"从之"，又改回"只日朝"制。不过，中书、枢密院双日若有大事合奏，"亦许便殿请对"。

除了身体不适，皇帝的意志也在"废郭后—聘新后"事件中备受打击。废郭皇后，虽然得到宰辅的有力支持，却引来台谏官集体伏阙抗议，这是前所未有的事情。虽说皇帝可以将带头闹事的范仲淹与孔道辅逐出朝廷，却又激起了言官新一轮抗议。哪个少女不怀春，哪个少男不钟情？仁宗宠幸尚、杨二美

---

[1] 李焘：《续资治通鉴长编》卷一百十五。下同。

人，廷臣却喋喋不休，逼着皇帝将心爱的人遭送出宫。仁宗欲立自己相中的陈氏女为新皇后，又遭宰执大臣与台谏官一齐反对，不得不忍痛割爱。后来的宋神宗曾感叹"快意事更做不得一件"[1]，如果仁宗能够听见孙儿的感慨，他一定会生出"心有戚戚焉"的共鸣吧。

置身于争吵不休的朝堂，仁宗会不会感到身心俱疲呢？也许只有回到后宫，躺在尚美人温柔的怀抱中，他才会忘却朝堂的烦恼，享受到肉体的欢愉，但现在，尚美人也被赶走了。曹皇后虽贤，却无法点燃他内心深处的激情。

意兴阑珊的仁宗皇帝，将他的兴趣从意见纷扰的朝政转到了务虚的制礼作乐上。

第三节　景祐议乐

景祐元年八月，判太常寺的龙图阁待制燕肃建言："本寺编钟、磬年岁深远，累经采饰，用铜绿、胶墨涂染，填翳字号，及有破墨全无声韵者。……欲乞选差臣僚与判寺官员，集本局通知音律者，将律准同共考击按试，定夺声韵。所有钟磬声损、釁损不堪者，欲乞送造作处添修抽换。"[2]

传统中国号为礼乐之邦，国家的各式礼仪均需使用乐器，

---

[1] 丁传靖辑：《宋人轶事汇编》卷十三。
[2] 徐松辑：《宋会要辑稿·乐一》。

宋仁宗

弹奏音乐。太常寺是主管国家礼仪的机构，但景祐初年，太常寺乐器由于累经铜绿、胶墨涂染，影响了音质与音准，还有一部分乐器因年岁久远，破损不堪。因此，燕肃提议朝廷选派懂音律的礼官，共同校验太常寺乐器的音准，将破损的乐器送修，或者更造。

仁宗一听便来了兴趣，批准了燕肃的建议，任命洞晓音乐的礼官宋祁与燕肃共同负责校验太常寺乐器的音准，集贤校理李照参预其事。中国先贤相信，"国之大事，在祀与戎"[1]。祀与戎，即祭祀、征伐。祭祀仪式少不了礼乐。先贤又说，"王者功成作乐，治定制礼"[2]。礼乐关乎国家大事、天子权责，宋仁宗当然要给予重视。

况且仁宗本人对音乐也颇有天赋，史书称他"洞晓音律，每禁中度曲，以赐教坊，或命教坊使撰进。凡五十四曲，朝廷多用之"[3]。不过，作为帝王，他又不可对音乐表现出过多的热情，因为音乐分雅乐、俗乐，雅乐是国家礼仪之必需，俗乐却荡人心志，君主若是沉溺于声色，会被视为昏庸之君。

天圣年间，少年仁宗曾问辅臣古今之乐有何异同，宰相王曾说："古乐祀天地、宗庙、社稷、山川、鬼神，而听者莫不和悦；今乐则不然，徒虞人耳目而荡人心志，自昔人君流连荒亡者，莫不由此。"仁宗赶紧说："朕于声伎固未尝留意，内外宴游皆勉强耳。"另一位宰相张知白说："陛下盛德，外人岂知之？愿备书《时政记》。"将仁宗这番话记入《时政记》。张知白此举，

---

[1] 左丘明著，杜预注，孔颖达正义：《春秋左传正义》卷第二十七。
[2] 郑玄注，孔颖达正义：《礼记正义》卷第四十七。
[3] 徐松辑：《宋会要辑稿·乐五》。下同。

表面上是嘉奖仁宗，实则是希望以史笔约束皇帝：陛下，您亲口说了，未尝留意声伎。现在白纸黑字记在史书，您得信守诺言。

大概因为仁宗公开表达过对声伎的疏远，多则宋人笔记都记述说：仁宗很不喜欢柳三变的"淫冶讴歌之曲"[1]。相传柳三变曾有轻薄小词《鹤冲天》传入内廷："忍把浮名，换了浅斟低唱。"仁宗便在科举考试中特意黜落了柳三变，御笔批示："且去浅斟低唱，何要浮名？"后又有人向仁宗举荐柳三变，仁宗说："得非填词柳三变乎？"[2] 举荐者说："然。"仁宗说："且去填词。"柳三变由是不得志，纵情于声色犬马，自号"奉圣旨填词柳三变"。

其实这都是以讹传讹的文人传闻，仁宗实未黜落柳三变，因为柳三变四度参加科考，三次是在真宗朝，还有一次在天圣二年，其时仁宗尚年幼，由刘太后垂帘听政，能决定进士黜落名单的人是刘太后。之后柳三变有十年时间未应考，到了仁宗亲政的景祐元年，柳三变更名柳永，才再次参加科考，这回他高中甲榜，官授睦州推官。[3] 一些迹象表示，仁宗对柳永的文学与音乐才华是很欣赏的，据说柳永所作"新乐府"，"天下咏之，遂传禁中，仁宗颇好其词，每对酒，必使侍从歌之再三"。[4]

但仁宗不能公开表示欣赏柳永的音乐。事实上，由于担心落下沉溺于声伎的骂名，在景祐议乐之前，仁宗皇帝并没有表

1　吴曾：《能改斋漫录》卷十六。下同。
2　严有翼：《艺苑雌黄》。下同。
3　参见刘天文：《柳永年谱稿》（上），《成都大学学报（社会科学版）》1992年第1期；薛瑞生：《柳永三考》《中国韵文学刊》2014年第1期。
4　陈师道：《后山诗话》。

宋仁宗

现出多么明显的音乐爱好。现在，燕肃的建言，让他找到了一个关注音乐的大好机会。天子制礼作乐，天经地义，群臣也不好说三道四。因此，景祐年间，在仁宗亲自推动下，朝堂上讨论得最多的议题之一，便是礼乐问题。

景祐元年九月，仁宗在观文殿亲自阅视王朴律准，御笔在律准的基底题写了篆书"律准"二字，送太常寺收藏，用于测验乐器的音阶。律准，是古人用来测定乐器音阶、使发音准确的标准乐器，相当于今人的定音器。北宋前期沿用五代音乐家王朴设计的定音方法，时称"王朴律"，比较接近现代乐器通用的十二平均律。

景祐二年二月，燕肃等人按"王朴律"完成了对太常寺乐器音准的全部测定，仁宗诏于延福宫"进呈按试"[1]，并创作了若干首祭祀天地、宗庙的乐曲和乐章，让乐工试奏，测试新乐器的演奏效果。奏毕，仁宗问李照："此乐如何？"这些乐器的发音效果如何？李照回答说："高古乐五律。"现在使用的"王朴律"比三代圣贤制定的古乐高了五个半音。

仁宗听了，非常感兴趣，让李照"详陈其事"。李照便写了一份详细报告，对燕肃等人测定音准的太常寺乐器以及国家施行的"王朴律"提出了批评："臣始到太常寺时，已磨琢钟磬成就，窃听八音之作，虽与王朴所造律准品格符合，其于声调则乃太高，比之古乐约高五律，比之胡部（教供俗乐）亦高二律。"

李照认为，音调过高导致了一个严重的问题："若击黄钟，

---

[1] 徐松辑：《宋会要辑稿·乐一》。下同。

则必齐于仲吕；若击夹钟，则必齐于夷则。乃是冬兴夏令，春召秋气。"古人将十二律与十二月相对应，十二律之第一律"黄钟"对应十一月，第四律"夹钟"对应二月，第六律"中吕"（即"仲吕"）对应四月，第九律"夷则"对应七月。由于"王朴律"比古乐高了五个半音，击"黄钟"便发"中吕"音，是为"冬兴夏令"；击"夹钟"则发"夷则"音，是为"春召秋气"，乱了天地和气。眼下灾异频仍，正是天地乱了和气的表现。

李照又说："王朴所造律准，经五代乱离之后，雅乐废坏，凿空创意，不合古法。臣又观编钟、镈钟，大小、轻重、厚薄、长短，并无差降伦序之法，加以铜锡不精，声韵失美，大者则陵，小者则抑，非中度之器也。"五代王朴设立的"律准"不合古法；太常寺眼下使用的乐器，质量很差，音色不佳。

李照最后提议："望令臣特依神瞽律法，试铸编钟一架，则大小、轻重、长短、厚薄必令合法，复使度量、权衡无不协和。"希望仁宗准许他根据黄帝时期的"神瞽之律"，铸造一架编钟，作为新的律准，用于校验乐器，使太常寺乐器的音准合乎古法。

仁宗批准了李照的建议，任命李照在锡庆院试铸编钟，并"更定尺律，别创乐器"，宰臣吕夷简、王曾管勾铸造大乐编钟；又命翰林学士冯元、同知太常礼院宋祁同步编修乐书，记录景祐制乐的全过程。

景祐议乐拉开了序幕。仁宗朝之前，朝廷也曾改革过乐制，但改制的重点是用乐之礼仪，而景祐议乐则将关注的重心放在音乐本身，比如律准的音高、乐器的音准是否合理，"四清声"是否要保留，音高背后的乐理如何。在议乐的过程中，仁宗亲自参与乐谱的创作、乐器的制造，还撰写了一部音乐理论专著《景祐乐髓新经》。若非仁宗本人对音乐有着过人的造诣与兴趣，恐怕景祐年间不太可能会诞生这样一场议乐运动。

仁宗全力支持李照改乐制。李照言必称"古乐",但三代的音乐有谁听过?三代的乐器又有谁见过?所谓的"神瞽之律"更是存在于传说中。那么,李照会如何铸造合乎古法的乐器呢?只能半是参照典籍,半是自己想象。

景祐二年六月,李照新造乐器完工,仁宗邀请辅臣在崇政殿鉴赏新乐器。但众臣对此并不感冒,侍御史曹修睦甚至对李照提出弹劾:"李照所改历代乐,颇为迂诞,而其费甚广。请付有司按劾之。"[1]不过仁宗认为,李照所造钟、磬,发音与众乐相谐,没有同意处分李照,只是让李照停止增造钟、磬。

但仁宗看到的新造乐器,其实是铸匠按乐工修正后的方案铸造出来的。原来,李照根据所谓"古法"造出来的编钟,音高太低,发音太浊,乐工"歌不成声",便"私赂铸工,使减铜齐,而声稍清,歌乃协"。[2]而李照自造的新乐器"笙、竽、琴、瑟、笛、筚篥等十二种,皆不可施用";他又制大管筚篥为雅乐,而"议者嗤之";他制作的燕乐之器,乐工也"以为不可施用"。[3]

李照新造乐器既多不可用,他的音乐理论也开始受质疑,冯元、宋祁编订的制乐纪录《景祐广乐记》直接称"李照所造乐不合古法,皆率己意,别为律度"。宋仁宗只好于景祐三年二月,任命冯元与礼宾副使邓保信、镇江节度推官阮逸、湖州乡贡进士胡瑗共同校定编钟的音准。

随后,邓保信、阮逸、胡瑗各自进献了自己设计的定音方法。

---

1 李焘:《续资治通鉴长编》卷一百十七。
2 李焘:《续资治通鉴长编》卷一百八十三。
3 李焘:《续资治通鉴长编》卷一百十七。

七月，仁宗委任翰林学士丁度等人主持考校各家钟律理论与定音方法。在丁度考校各家钟律之时，谏官韩琦对这场始于景祐二年春的乐制变革提出了批评：

> 伏自艺祖以来，通用王朴之乐，未尝更易，以至天下无事，垂八十载。为乐之用，非不和也。顷燕肃妄加磨鑢，会李照至阙，谓其音未谐，陛下再加练核，许之改作。……窃以祖宗旧乐遵用已久，属者徇一臣之偏议，变数朝之同律，赐金增秩，优赏其劳，曾未周岁，又将易制。臣虑后人复有从而非之者，不惟有伤国体，实亦虚费邦用。历观前代议乐，古之管尺尚存，而犹是非纷纭，累年方就，未见若今之速而易也。臣窃计之，不若穷作乐之源为致治之本，使政令平简，民物熙洽，海内击壤，鼓腹以歌太平，斯乃治古之乐，可得以器象求乎？既达其源，又当究今之所急者。且西、北二陲，久弛边备，寇敌之性，岂能常保？此陛下与左右大臣宵旰所虑，宜先及之，缓兹求乐之议，移访安边之策。急其所急，在理为长。[1]

韩琦认为，陛下不应该将精力放在议乐上，作乐的本源是国泰民安，而眼下，西北边陲危机暗伏，当务之急乃是整饬武备，而不是制礼作乐。仁宗也不敢在议乐上花费太多时间，诏丁度

---

[1] 杨仲良：《皇宋通鉴长编纪事本末》卷第三十一。下同。

等人"速详定以闻"。

九月，丁度向仁宗报告了考校的结果：邓、阮、胡所献定音方法，均缺乏可操作性，"王朴律"与"李照律"亦各有缺陷，宜用太祖朝"和岘律"旧制。"和岘律"是宋初音乐家和岘在"王朴律"基础上加以改良的定音方法，纠正了"王朴律"声高的缺点，但和岘未留下律准、律尺、律管，以致后人无法根据"和岘律"校正音律。及至丁度校验钟律之时，才重建了"和岘律"的定音方法。[1]

景祐五年（1038），朝廷举行南郊祭天大典之前，韩琦提议："前奉诏详定钟律，尝览《景祐广乐记》，视李照所造乐不合古法，皆率己意，别为律度，朝廷因而施用，识者久以为非。今将亲祀南郊，不可重以违古之乐，上荐天地、宗庙。窃闻太常旧乐见有存者，郊祀大礼，请复用之。"[2] 仁宗让宋绶、晏殊与两制官"详定以闻"，宋绶等人参议后，回复仁宗："愿如琦请，郊庙复用和岘所定旧乐。旧乐钟、磬不经照镌磨者，犹存三悬七虡，郊庙殿庭，可以更用。"于是，宋仁宗下诏："太常旧乐悉仍旧制，李照所造勿复施行。"

换言之，李照主持的景祐议乐宣告失败。仁宗对李照曾寄予厚望，并给予鼎力支持，但李照泥古不化、眼高手低，让皇帝的"制礼作乐"计划受挫。宋仁宗会不会感到沮丧呢？

---

[1] 参见胡劲茵：《北宋"李照乐"之论争与仁宗景祐的政治文化》，《汉学研究》2015年第33卷第4期。
[2] 杨仲良：《皇宋通鉴长编纪事本末》卷第三十一。下同。

第四节　朋党之议

仁宗致力于改革乐制、复活古乐之时，朝中大政主要由宰执大臣决断，皇帝"画可"而已。这是宋真宗朝以降君权象征化的大势所趋，但当时一部分台谏官、馆阁官对此忧心如焚，他们比较了仁宗亲政之初与景祐以来的表现，直言皇帝变了。

景祐元年十二月，监察御史里行孙沔上书说："洎庄献上仙，万机独断，躬亲大政，励精为理：投群阉之巨党，罢内降之私恩，升擢谏臣，黜退窃位，每旦听政，旧邦惟新……比及周岁，颇异曩时：内宠艳兴，中宫倾易，杨、尚恃恩，权势特盛，事由请行，言自彼出，君子小人，腹诽窃议。"如今，陛下单日视朝，双日不听政，"一月之中，适减其半，庆辰嘉节，休沐受釐，三分之日，复废其一，是则一岁之中，率无百余日视事。宰臣上殿奏事，止于数刻，天下万务，得不旷哉！"[1]

直史馆叶清臣亦上疏："陛下缵御之始，母后临朝，天资仁孝，推而弗有，天下之人不以为过，知陛下奉先志而尊母训也；明道以后，政归明辟，进退辅弼，废置阉寺，杜私谒，禁斜封。当此时，天下之人欢然倾心，知陛下晦于昔而显于今也。然患在持之不久，未能励精庶政，遂使招权之人，日尝月伺，乘上宽仁，自用于下。陛下犹临朝渊默，垂拱仰成，事无大小，有议皆可。使辅相之臣竭忠无私，皆如萧（何）、曹（参）、房（玄

---

[1] 李焘：《续资治通鉴长编》卷一百十五。

龄)、杜（如晦）则可，一有不及，才或非伦，则误陛下事多矣。"[1]

叶清臣所说的"招权之人"，暗指以吕夷简为首的执政团队。景祐初年的宰执大臣分别是首相吕夷简，次相李迪，枢密使王曾，枢密副使李咨、王德用、蔡齐，参知政事王随、宋绶。吕夷简是一位毁誉参半的宰相，他不似丁谓阴险奸诈，亦不似曹利用飞扬跋扈，但论厚道不及张士逊，论刚直不及李迪，虽贪权却有治国之能，虽非奸邪却不吝于运用权术。从他对李迪的排挤，可以见出吕夷简的复杂秉性。

李迪比吕夷简年长七岁，执政资格更是老得多，吕夷简刚在仕途崭露头角时，李迪已跻身执政之列，而且，他还是仁宗的老师，只因反对刘皇后预政才被远谪。仁宗亲政后，召回老师，拜集贤相。吕夷简身为首相，欲专权用事，却对李迪不能不有所忌惮，所以，他内心深处肯定不希望李迪在朝。

两人的性格也全然不同，"迪直而疏，夷简巧而密"[2]。但李迪重归相位之初，规划却很周密，不似他从前的作风。吕夷简大感惊奇，问亲信："复古门下，谁适与谋？"复古是李迪之字。吕夷简相信李迪的身边一定有一位能人替他出谋献策。亲信一打听，报告吕夷简：李相并无门客谋士，他所规划均出自其子李柬之之手，"柬之虑事，过其父远甚"。

吕夷简立即感觉到李柬之是一大对手，有李柬之赞襄，恐怕无法将李迪赶走。当下心生一计，亲自找李迪："柬之才可用，当付以事。"李迪谦逊地表示不敢当，吕夷简说："进用才

---

1 李焘：《续资治通鉴长编》卷一百二十一。
2 李焘：《续资治通鉴长编》卷一百十四。下同。

能,是夷简事,公弗预知。"不久,吕夷简真的给仁宗皇帝上了一道奏疏,荐举李柬之:柬之有大才,可先于学士院参加考试,赐同进士出身。李柬之考试的成绩自然不差,于是被任命为直集贤院,出知邢州(今河北邢台)。李迪父子都很高兴,也很感激吕夷简的知遇之恩。殊不知,吕夷简的用心,是要将李柬之调离李迪身边,这样,李迪就会容易犯错。

李柬之离京才半年,李迪果然因为过失而被罢相。罢相的原因,与范讽有关。

范讽与李迪有过硬的交情。我们应该记得,当年李迪被贬郓州,范讽不惧得罪权相丁谓,礼待李迪。因此,对于范讽,李迪是一直心存感恩的。

李迪复相期间,范讽历任御史中丞、权三司使事、翰林侍读学士。这三个职务都很重要,是执政大臣的进阶,宋人说"国朝除用执政,多从三司使、翰林学士、知开封府、御史中丞进拜,俗呼为'四入头'"[1]。范讽也有跻身执政之心,但他生性倜傥,"不拘细行"[2],好发奇谈怪论,吕夷简很不喜欢他,始终不敢举荐他。范讽"久不得意,愤激求出",对仁宗说,"愿先出臣,臣为陛下引奸邪去,而朝廷清矣","陛下朝无忠臣,一旦纪纲大坏,然后召臣,将何益!"暗指吕夷简为奸臣。吕夷简对他更加厌恶:好吧,既然你自己求出,那就谴黜吧。遂于景祐元年七月贬范讽为兖州知州。

事情还没完。八月,殿中侍御史庞籍又上章弹劾范讽在权

---

1 洪迈:《容斋续笔》卷第三。
2 李焘:《续资治通鉴长编》卷一百十五。下同。

宋仁宗

三司使事任上交通贵戚，送了驸马都尉吴元扆的侄子、监左藏库吴守则一对银鞍勒，又替吴守则虚报国库羡余。李迪因与范讽亲善，将庞籍的弹章压了下来，没有呈报仁宗。之后，庞籍"坐言宫禁事不实"，被外放为广东转运使。

庞籍也是倔强之人，虽被贬谪，却不甘罢休，又一再上书弹劾范讽，称"讽放纵不拘礼法，苟释不治，则败乱风俗，将如西晋之季，不可不察"[1]。范讽要求与庞籍对辩。仁宗便委派法官在南京应天府设立一个临时法庭，调查庞籍弹劾范讽之事。一查，发现庞籍的弹劾基本属实，只有个别说辞失实。法官建议：庞籍免予追究，范讽罚赎金。但范讽这个人大大咧咧，未等朝廷通报处分结果，便擅自回兖州。吕夷简抓住这个把柄，于景祐二年二月将范讽贬为武昌行军司马，不签书公事，就是一个闲职。范讽倒是很洒脱，每日"饮酒自纵，所与游者，辄慕其所为，时号'东州逸党'"[2]。

受范讽案牵连，李迪也被罢相，出知亳州，未久，改授资政殿大学士兼翰林侍读学士，留于京师，班位在三司使之上。但李迪意不能平，怨恨吕夷简，便向仁宗举报一事：吕夷简曾私自结交亲王赵元俨，给赵元俨门下一名僧人惠清补授官职。吕夷简却称绝无此事。仁宗让知制诰胥偃检出档案文书，结果发现签署补授惠清官职文书的宰相，却是李迪。当时吕夷简以斋祠为由，告假在家，并未签署文件。

李迪"惭惧待罪"[3]，连京城也待不下去了，被降了官阶，出

---

1 李焘：《续资治通鉴长编》卷一百十六。
2 李焘：《续资治通鉴长编》卷一百二十。
3 李焘：《续资治通鉴长编》卷一百十六。

知密州。其实，当年主张授予惠清官职者，确实是吕夷简，但吕氏为人机警，不想授人以柄，在签发文书前请了假，让李迪例行公事署了名。

逐走碍手碍脚的李迪之后，吕夷简踌躇满志。此时，他委任参知政事宋绶主持编修的《中书总例》亦大功告成，总计四百一十九册。《中书总例》，如果翻译成现在的说法，相当于"中央政府行政法律汇编"。吕夷简洋洋自得，对人说："自吾有此例，使一庸夫执之，皆可为宰相矣。"[1] 一名庸才只要遵循法规，便可以当好宰相，宋朝法制之繁密由此可窥一斑。

但吕夷简很快又迎来一名挑战者——范仲淹。我们知道，范仲淹因率领台谏官伏阙反对废黜郭皇后，被逐出朝廷，但仅过一年余，景祐二年三月，仁宗便将范仲淹召回朝廷，任天章阁待制。

八月，与范仲淹同时被逐的孔道辅也回京，任龙图阁直学士。当时有近臣献诗百篇，宰执大臣提议提拔此人为龙图阁直学士，仁宗却说："是诗虽多，不如孔道辅一言。"议者由是相信，昔日逐走孔道辅与范仲淹，并非仁宗本意，而是吕夷简之意。

范仲淹这次还朝，不改本色，"言事愈急"，经常抨击政府的施政。吕夷简托人给他递话："待制侍臣，非口舌任也。"范待制，您现在不是台谏官，少说几句不会失职。范仲淹回答："论思政侍臣职，余敢不勉。"

吕夷简知道范仲淹"不可诱"，又用故智，委任范仲淹权知开封府。时为景祐二年十二月。开封府，位于天子脚下，乃

---

[1] 李焘：《续资治通鉴长编》卷一百十七。下同。

宋仁宗

是中央政府驻地，人口近百万，政务繁多，吕夷简心想，小范应该无暇他议了，万一出现差错，还可以借故将他罢官。

谁知范仲淹果有本事，主政开封府一个月，"京师肃然称治"。只有纠察在京刑狱官胥偃纠弹过范仲淹"立异不循法"[1]。胥偃所纠弹者为何事？史书只有寥寥数语，大约是说开封府妇人阿朱触犯法律，范仲淹以情有可悯作出轻判，胥偃要求"下法寺详定"，而大理寺详议后的裁决是，"自今似此情轻者，毋得改断，并奏裁"。并没有处分范仲淹。

胥偃的纠弹，还让范仲淹收获了一位终生挚友——胥偃的女婿欧阳修（欧阳修科举及第，胥偃爱其才，将女儿许配给他。婚后，胥氏早逝，欧阳修又娶薛奎之女为续弦，与王拱辰成为连襟）。欧阳修从岳父的弹章中看到了范仲淹过人的见识、出众的才干、高尚的人格，引为知己，却因之而与岳父胥偃生出嫌隙来。

范仲淹虽为开封府行政长官，却从未停止对朝政的批评，"言事无所避"，还给仁宗进呈了一份他制订的"官人之法"（相当于"国家干部选拔任用条例"），说："人主当知其（百官）迟速升降之序，其进退近臣，不宜全委宰相。"又献《百官图》，将文武百官近年来升迁情况列成表格，逐格指给仁宗看："如此为序迁，如此为不次，如此则公，如此则私，不可不察也。"范仲淹矛头所指，不用说，就是吕夷简，因为"时吕夷简执政，进者往往出其门"。吕夷简见范仲淹如此针对他，自然不悦。

景祐三年五月，朝廷讨论是否迁都洛阳——北宋东京为四

---

[1] 李焘：《续资治通鉴长编》卷一百十八。下同。

战之地，一马平川，无险可守，只能依靠大量的驻军来防卫，养兵成本浩大，所以从太祖朝开始，时有人提议迁都。范仲淹虽不支持迁都洛阳，却认为应该将洛阳建成陪都，储备军需物资，这样，"太平则居东京通济之地，以便天下；急难则居西洛险固之宅，以守中原"。仁宗问吕夷简对范的提议怎么看。吕夷简说："仲淹迂阔，务名无实。"

范仲淹闻知，也来了气，立即给仁宗写了一份报告，其中提到："汉成帝信张禹，不疑舅家，故终有王莽之乱。臣恐今日朝廷亦有张禹坏陛下家法，以大为小，以易为难，以未成为已成，以急务为闲务者，不可不早辨也。"将吕夷简比成汉代的佞臣张禹。吕夷简大怒，在仁宗面前指斥范仲淹"越职言事，荐引朋党，离间君臣"。范仲淹亦"交章对诉，辞愈切"。

仁宗对范仲淹也很生气：你回朝才一年，怎么又把朝堂吵成一锅粥了？便以"言事惑众，离间君臣，自结朋党，妄自荐引，及知开封府以来，区断任情"[1]为理由，罢去范仲淹的权知开封府职务，让他到偏远的饶州（今江西鄱阳）当知州去。

侍御史韩渎为迎合吕夷简，提议将斥责范仲淹的敕文榜于朝堂，"戒百官越职言事"[2]。仁宗从之。这道禁止越职言事的命令是丁亥日发布的，所以又称"丁亥诏书"。

不想范仲淹这番被逐，又引出轩然大波。其时，在京士大夫多畏惧宰相权势，不敢送别范仲淹，天章阁待制李纮、集贤校理王质却带了美酒，为范仲淹饯行，王质还将范仲淹留在家

---

[1] 田况：《儒林公议》。
[2] 李焘：《续资治通鉴长编》卷一百十八。下同。

中款待数日，有人出语相讥，王质坦然说："希文（范仲淹，字希文），贤者，得为朋党幸矣。"自认是范氏朋党，并感到荣幸。

台谏官对范仲淹被斥逐"莫敢言"，三十七岁的集贤校理余靖却站出来，批评皇帝罢黜直臣："（仲淹）今坐刺讥大臣，重加谴谪。傥其言未协圣虑，在陛下听与不听尔，安可以为罪乎？……陛下自专政以来，三逐言事者，恐非太平之政也。请追改前命。"结果，余靖被定为范氏朋党，罢为筠州（今江西高安）监酒税官。

三十六岁的馆阁校勘尹洙也上书："臣常以范仲淹直谅不回，义兼师友，自其被罪，朝中多云臣亦被荐论，仲淹既以朋党得罪，臣固当从坐。虽国恩宽贷，无所指名，臣内省于心，有腼面目。况余靖素与仲淹分疏，犹以朋党得罪，臣不可幸于苟免，乞从降黜，以明典宪。"说我也是范仲淹的朋党，朝廷既然要治范党，那也请将我降黜吧。吕夷简给呛得一肚子火，干脆将尹洙放逐到郢州（今湖北钟祥）监酒税。

范仲淹的好友、三十岁的欧阳修没有公开上书表达抗议，但他给右司谏高若讷写了一封信，将不敢出言救护范仲淹的高司谏痛骂一通："希文平生刚正，好学通古今，其立朝有本末，天下所共知，今又以言事触宰相得罪。足下既不能为辩其非辜，又畏有识者之责己，遂随而诋之，以为当黜。是可怪也。……前日又闻御史台榜朝堂，戒百官不得越职言事，是可言者惟谏臣尔。若足下又遂不言，是天下无得言者也。足下在其位而不言，便当去之，无妨他人之堪其任者也。昨日安道（余靖）贬官，师鲁（尹洙）待罪，足下犹能以面目见士大夫，出入朝中称谏官,是足下不复知人间有羞耻事尔!"[1]

高若讷给骂得又羞又怒,将欧阳修的信交给仁宗,并辩解说:"范仲淹贬职之后,臣诸处察访端由,参验所闻,与敕榜中意颇同,因不敢妄有营救。今欧阳修移书抵臣……臣愚以为范仲淹顷以论事切直,急加进用,今兹狂言,自取谴辱,岂得谓之非辜?恐中外闻之,谓天子以迁意逐贤人,所损不细。请令有司召(欧阳)修戒谕,免惑众听。"[2] 于是欧阳修也被贬为夷陵(今湖北宜昌)县令。

二十五岁的西京留守推官蔡襄当时作了五首诗,总题《四贤一不肖》,传诵一时。四贤者,指范仲淹、余靖、尹洙、欧阳修;不肖者,高若讷也。泗州(今安徽泗县)通判陈恢听说有这么五首诗,上章要求"根究作诗者罪"。谏官韩琦说,陈恢越职言事,希恩求赏,"宜重行贬黜,庶绝奸谀"。仁宗与吕夷简不想处分陈恢,但也没有追究蔡襄写诗讥政之事。

正居家丁父忧的光禄寺主簿苏舜钦(时二十九岁)也冒哀上书,讽谏仁宗:"臣睹丁亥诏书,戒越职言事,播告四方,无不惊惑,往往窃议,恐非出于陛下之意。盖陛下即位已来,屡诏群下,勤求直言,使百僚转对,置匦函,设直言极谏科。今诏书顿异前事,岂非大臣拥蔽陛下聪明,杜塞忠良之口?不惟亏损朝政,实亦自取覆亡之道。夫纳善进贤,宰相之事,蔽君自任,未或不亡。今谏官、御史,悉出其门,但希旨意,即获美官。多士盈庭,噤不得语。陛下拱默,何由尽闻天下之

---

[1] 欧阳修:《欧阳修全集》卷六十八《与高司谏书》。
[2] 李焘:《续资治通鉴长编》卷一百十八。下同。

事乎？"

仁宗诏戒"越职言事"，却引来身非言职的年轻人一个接一个越职言事。这群年轻位卑的士大夫，让仁宗朝的士气焕发出一股热血的青春气息。但余靖等人对范仲淹的声援，也让宋仁宗更加相信范仲淹的身边确已结成朋党，吕夷简则借机整治朋党，大凡出语替范仲淹辩护者，"皆指为党人"[1]。

朝廷对朋党的打击，直接导致了一个恶果：言官对不合己意者，动辄斥为朋党。景祐五年，新任参知政事李若谷对仁宗说："近岁风俗薄恶，专以朋党污善良，盖君子小人各有类，今一以朋党目之，恐正臣无以自立。"[2]仁宗这才"释朋党之疑"，说："古者，卿大夫相与让于朝，士庶人相与让于道。周成王刑措不用，汉文之时耻言人过。今士人交诬，朕甚耻之。"下诏诫谕士大夫不要以"朋党"相攻讦。

为什么区区一个范仲淹就让宋仁宗对"朋党"问题如此敏感呢？直到景祐五年十月，仁宗自己才揭开谜底："向贬仲淹，盖以密请建立皇太弟侄，非但诋毁大臣。今中外臣僚屡有称荐仲淹者，事涉朋党，宜戒谕之。"原来，当年范仲淹不但得罪了吕夷简，还密请皇帝立一位宗室子为皇嗣，刺激了仁宗的神经。

景祐年间，宋仁宗已经二十多岁了，却一直没有子嗣。皇嗣关乎国本，所以朝臣都很焦虑，宋祁建议："陛下春秋鼎盛，皇嗣未立，后宫所御，当贯鱼序进，广求螽斯之福。"[3]指导仁宗

---

1 李焘：《续资治通鉴长编》卷一百二十。
2 李焘：《续资治通鉴长编》卷一百二十二。下同。
3 李焘：《续资治通鉴长编》卷一百二十一。

如何过夫妻生活。前宰相李迪在山东，自请至岱岳（泰山）为仁宗"祷皇嗣"[1]，不过仁宗没有同意："大臣当询民间利病，以分朝廷之忧，祈禳之事，岂为政耶！"但仁宗自己也焦虑，曾"置赤帝像于宫中，以祈皇嗣"。景祐四年（1037）五月，美人俞氏终于诞下第一位皇子，皇帝高兴坏了，将喜讯告诉辅臣，并特赦囚犯，"杂犯死罪降徒流，流以下释之"，可惜当日，皇子夭折了。可以说，未有子嗣一事，是仁宗内心的一道伤疤。范仲淹密请立皇嗣，是认为皇帝已不能再生育，还是背后有人指使？仁宗对"朋党"的敏感，即源于此。

景祐四年十二月，知饶州范仲淹移知润州（今江苏镇江），此为内徙，是起复的征兆。"谗者恐其复用，遽诬以事"。仁宗听后，暴怒，欲将范仲淹远贬岭南。幸亏新任参知政事程琳替他辩解，说范仲淹应无此举，仁宗才消了怒气。那些谗臣到底给范仲淹攀诬了什么事，让皇帝如此大怒？正史没有明说。

而据宋人笔记，大约景祐五年，仁宗告诉再度复相的张士逊："范仲淹尝有疏乞废朕。"[2]范仲淹竟然提出废黜仁宗皇帝？张士逊说："仲淹法当诛，然不见章疏，乞付外施行。"仁宗说："未尝见其疏，但比有为朕言者，且议其罪。"张士逊说："其罪大，无它，法无文案即不可行，望陛下访之。"再三请仁宗出示范仲淹的罪证——提议废黜皇帝的章疏。仁宗说："竟未见之，然为朕言者多矣。可从末减。"张士逊说："人臣而欲废君，无轻典，既无明文，则不可以空言加罪。"仁宗这才释然。

第五章　皇帝的烦恼

1　李焘：《续资治通鉴长编》卷一百二十。下同。
2　王巩：《闻见近录》。下同。

张士逊又说:"仲淹在外,初似疑,今既无疑,可稍迁之,以慰其心。"仁宗点头同意。

仁宗毕竟是一位宽仁的君主。

第五节 吕夷简罢相

细心的朋友也许会发现,上面我们提到张士逊又复相了。是不是景祐政府发生了更迭?是的。

范仲淹离朝一年后,即景祐四年四月,吕夷简亦罢相。这回罢相,与王曾有关。

王曾也是两朝元老,而且对吕夷简有提携之恩。早年王曾为知制诰,吕夷简为州通判。一日,王曾至中书见宰相王旦,王旦问他:"君识吕夷简乎?"王曾说:"不识也。"王旦告诉他:"夷简器识远大,君其善交之,当与君对秉钧轴。"[1]王曾从此记住了吕夷简。天圣年间,他担任首相,曾多次提名吕夷简为次相。

吕夷简对王曾也很敬重,"事曾甚谨"[2]。景祐初,正是吕夷简奏请,外放的王曾才获召回,拜为枢密使。其后李迪罢相,仁宗有意让王曾接替次相之职。参知政事宋绶对吕夷简说:"孝先(王曾,字孝先)于公,事契不薄,宜善待之,勿如复古也。"吕夷简同意。宋绶又说:"公已位昭文,处孝先以集贤可也。"

---

1 徐自明:《宋宰辅编年录》卷之四。
2 李焘:《续资治通鉴长编》卷一百二十。下同。

建议让王曾当次相。吕夷简说:"不然,吾虽少下之,何害?"奏请用王曾为首相,自己为次相。不过仁宗没有同意。

所以,李迪罢相后,昭文相依然为吕夷简,王曾则拜为集贤相。其他执政官的职务也作了调整:参知政事王随、枢密副使李谘均调任知枢密院事,枢密副使王德用为同知枢密院事(不久,李谘去世,王德用升任知枢密院事,章得象补为同知枢密院事),枢密副使蔡齐调参知政事,宋绶仍任参知政事。另有两名新人进入执政团队:翰林学士承旨盛度为参知政事,御史中丞韩亿为同知枢密院事。

这里需要说明的是,北宋前期的宰相(平章事、同平章事)、副宰相(参知政事)、枢密院正副长官(枢密使、知枢密院事、枢密副使、同知枢密院事、签书枢密院事),以及地方行政长官(比如知府、知州),都是差遣[1],与品秩无关。一位高官先拜首相,之后再拜次相或枢密使;或者当了几年宰相后辞职,出判地方,担任知府或知州,这样的情况在宋代很常见,并不是贬谪、降黜。王曾在天圣年间当首相,景祐初当枢密使、次相,并不表示王曾受到降职处分。

但王曾与吕夷简同在中书为相之后,却闹出了矛盾。原来吕夷简作为首相,用权专决,事不少让,王曾与他意见多不合,却不获尊重,"不能堪",数次提出辞呈,吕夷简也屡请辞。两位宰相不能愉快合作,都闹辞职,让仁宗感到疑惑,便问王曾:"卿亦有所不足耶?"您老是提出辞职,是不是对什么事不满

---

[1] 宋代官制十分复杂,元丰改官制前,本官与差遣相分离,如刑部尚书不主刑部;元丰改制后,职事官与寄禄官亦分离。

意？王曾说："夷简招权市恩。"当时外间传言，吕夷简曾经接受知秦州（今甘肃天水）王继明的贿赂，王曾便将这件事告诉了仁宗。

仁宗找吕夷简诘问，吕夷简立即要求与王曾对质。经对质，发现王曾只是听信传闻，拿不出吕夷简受贿的证据。但两位执政大臣在皇帝面前争吵不休的不体面行为，让仁宗很生气，决定让两个人都罢相。就这样，吕夷简罢为镇安节度使，出判许州，王曾罢为左仆射，出判郓州，都离开朝廷。

宋绶平素与吕夷简亲善，蔡齐则在议事时附和王曾，他们也被一并罢去参知政事，分别以尚书左丞、吏部侍郎的本官归班。

新的宰执团队以王随、陈尧佐为宰相，王德用、盛度为知枢密院事，章得象、王鬷为同知枢密院事，韩亿、程琳、石中立并为参知政事。知制诰王举正是陈尧佐的女婿，因岳父拜相，需要避嫌，改为龙图阁待制。王举正是一个很有趣的人，他的故事我们以后还会讲到。

这个新的执政团队，可以说是宋仁宗朝最庸碌无为的一届政府。宰相王随已有六十五岁高龄，疾病缠身，才具庸劣，"不闻长才远略，仰益盛化，徒有延纳僧道、信奉巫祝之癖，贻诮中外"[1]，拜相没几天，便请了病假，仁宗准许他五日一次早朝，每天赴中书视事；另一位宰相陈尧佐倒不是昏庸之人，但他年纪更大，已七十五岁，老眼昏花，老态龙钟。时人遂有"中书翻为养病坊"之讥。

---

[1] 李焘：《续资治通鉴长编》卷一百二十一。下同。

第五章 皇帝的烦恼

不但宰相是老人，知枢密院事盛度亦年届七十，参知政事韩亿与石中立均六十五岁。石中立有文才，人很幽默，擅长讲冷笑话，"滑稽谈笑之誉，为人所称"，如果进教坊当伶官，演滑稽戏，应该非常出色，"若参决大政，则诚非所长"。只有五十岁的参知政事程琳还算年富力强。若称这届政府为"老人政府"，是恰如其分的。

这些老先生能当上宰执，是因为吕夷简离朝之前，向仁宗密荐了他们。吕夷简的如意算盘是，老人家的能力远不如己，执政的成绩单肯定不会太好看，虽说此时《中书总例》已经编成，哪怕庸夫也可以执政，但庸夫与贤能的执政表现一对比，差距还是很明显的。如此一来，仁宗必定会想起他吕夷简，召他回来："其意拔引非才，居己下者用之，觊他日上意见思而复相己。"

仁宗本人却没有趁宰相昏老之机，削宰相之权、亲揽政务的打算，朝中大小事务依然委任宰执团队议决。这从景祐五年馆阁官对时政的批评便可看出来。

景祐是多灾多难的年份，蝗灾、旱灾、涝灾频仍。景祐四年，河东还发生大地震，"杀民畜几十万，历旬不止"，"或地裂泉涌，或火出如黑沙状，一日四五震，民皆露处"[1]。因"灾异屡见"[2]，仁宗于景祐五年正月下诏求直言："朕躬之阙遗，执事之阿枉，政教未臻于理，刑狱靡协于中，在位壅蔽之人，具官贪墨之吏，仰谏官、御史、搢绅、百僚密疏以陈，悉心无隐，限半月内实封进纳，朕当亲览，靡及有司，择善而行，固非虚饰。"

---

[1] 李焘：《续资治通鉴长编》卷一百二十。
[2] 李焘：《续资治通鉴长编》卷一百二十一。下同。

宋仁宗

一群馆阁官诣匦上疏，全都批评仁宗垂拱无为，如直史馆宋祁说："窃见陛下临视庶政，深执谦德，不自先断，专委大臣。使大臣人人如皋陶，家家为后稷，尚且不可，况有托国威而肆忿、寄公爵以植恩者哉。"直史馆苏绅说："朝廷事无大小，委之政府，至于黜陟之柄亦或得专……每一官阙，但阅其履历、附以比例，而陛下无复有所更。"直史馆叶清臣说："陛下昕旦视朝，仅了常务，未尝讲议大政、考求得失，昼日燕居，深处穆清，未尝延召多士、谘诹未悟。此陛下所以驭臣之阙，而执事得以阿枉，在位得以壅蔽也。"

他们一致认为，正是皇帝的垂拱无为、大臣的擅权用事，才导致了地震的发生："天以阳动，君之道也，地以阴静，臣之道也。天动地静，主尊臣卑，易此则乱，地为之震。"[1]所以，他们请求仁宗重振君主的权威，善用威断，亲裁庶政。

只有谏官韩琦提出了不同见解，称"有虞至聪也，成汤至明也，其命相犹咨于岳、选于众，不敢以独鉴自决于上，必命众而举之，始居其位，故得百工信其治，而不仁者远于朝"[2]。换言之，"朝廷事无大小，委之政府"是没有问题的，问题出在"丞弼之任，未得其人"。现在整个宰执团队多是庸才，以致"仍岁以来，灾异间作"。谁来负责？当然是"燮理之任正当其责"。因此，韩琦接连上章弹劾王随、陈尧佐等执政大臣，要求仁宗罢黜庸夫，选任贤能。王随、陈尧佐受谏官连疏弹劾，也按惯例，上疏请辞。

---

1 李焘：《续资治通鉴长编》卷一百二十。
2 李焘：《续资治通鉴长编》卷一百二十一。下同。

韩琦解决问题的思路，要比馆阁官高明得多，因为"燮理之任"理当是宰相，而非君主。宰相应对灾异束手无策，可罢免，可更替，总而言之，政府是可以问责的；而按馆阁官的意见，让皇帝亲裁庶政，以应天变，可是如果灾异未了，又该谁来负责？难道要更换君主吗？显然，君主是不可负行政责任的，因而，君主也不应包揽行政权力。

韩琦还给仁宗提了一份适合担任宰执的人选名单："若杜衍、孔道辅、胥偃、宋郊、范仲淹，众以为忠正之臣，可备进擢。不然，尝所用者王曾、吕夷简、蔡齐、宋绶，亦人所属望，何不图任也？"最终，仁宗采纳韩琦罢黜现任宰执之议，于景祐五年三月初一罢去王随、陈尧佐、韩亿、石中立四人的执政职务。

同日，拜张士逊为昭文相，章得象为集贤相，王德用、盛度为知枢密院事，王博文、陈执中并同知枢密院事，王鬷、李若谷、程琳并为参知政事。王博文也是一位半截身子已埋入黄土的老人，进入枢密院之前担任三司使，他的人生夙愿是过一把执政的瘾，曾哭泣着对仁宗皇帝说："臣老且死，不复得望两府之门。"[1]仁宗很是可怜他，遂将他擢为同知枢密院事。但王博文在枢密院只待了三十六天，便去世了，真可谓"过把瘾就死"。空出的同知枢密院事一职，则由权御史中丞张观接替。

仁宗没有采用韩琦建议的宰执人选，应该是基于宋朝的一项宪制惯例：宰相不可遴选台谏人选，台谏官也不可举荐宰执人选，以保证政府与台谏相互独立、相互制约。

仁宗再度起用张士逊，是因为张士逊曾任东宫老师，深受

---

[1] 司马光：《涑水记闻》卷第三。

仁宗敬重，据说吕夷简也密荐了他。拜章得象为相，则看中他无所依附，在章得象入谢时，仁宗对他说："往者太后临朝，群臣邪正，朕皆嘿识。惟卿忠清无所附，且未尝有干请，今日用卿，由此也。"[1]

张士逊与章得象统率的新一届政府，能带领宋王朝应对接下来将要面临的更严峻的挑战吗？

1　李焘：《续资治通鉴长编》卷一百二十一。

第六章 边境风云（上）

宝元元年至康定二年（1038—1041）

第一节　元昊叛宋

景祐五年，亦是宝元元年，因为这一年十一月冬至郊祀后，朝廷宣布改元，以景祐五年为宝元元年（1038）。

天子亲郊，仪仗非常隆重、盛大，据景祐五年南郊礼仪使宋绶制订的《大驾卤簿图记》（卤簿，即古代帝王出行的仪仗队），凡郊祀大驾，"用二万六十一人，大率以太仆寺主车辂，殿中省主舆辇、伞扇、御马，金吾主纛、矟、十六骑、引驾细仗、牙门，六军主枪仗，尚书兵部主六引诸队、大角、五牛旗，门下省主宝案，司天台主钟漏，太常主鼓吹，朝服法物库出旗器、名物、衣冠、幰盖，军器库出箙、弩、矢，内弓箭库出戎装、杂仗"。[1] 郊祀的仪仗队多达两万多人，浩浩荡荡。

今天，我们还可以通过一幅传世宋画《大驾卤簿图书》真切领略宋代郊祀仪仗的声势浩大。研究者相信，这幅《大驾卤

---

[1] 脱脱等：《宋史·仪卫志》。

宋仁宗

簿图书》正是据宋绶所订卤簿仪仗绘制，全图绘有"官吏将士五千四百八十一人，辂、辇、舆、车三十五种五十八乘，象六只，马二千八百七十三匹，果下马二匹，牛三十六头，旐、旗、旆、纛九十杆，乐器一千七百零一件，兵杖一千五百四十八，甲装四百九十四，仪仗四百九十七"[1]。中国古代君王号为"天子"，盛大的祭天仪仗，显示了人间帝王对上天的敬畏与虔诚。

不过，这次冬至郊祀发生了一件让宋朝君臣很不愉快的事情：西夏"赵元昊朝贡不至"[2]。

西夏为党项人在中国西北部建立的割据政权，崛起于唐末，据有西北多个州郡，因护驾有功，唐皇赐其国主李姓，封节度使。赵宋立国后，西夏对宋王朝时而归附，时而反叛。景德三年（1006），夏国主李德明遣使奉上誓表，向宋王朝称臣，宋朝遂封李德明为西平王、夏州刺史、定难军节度，赐姓赵（所以宋人称李德明为赵德明），又赐"袭衣、金带、银鞍勒马、银万两、绢万匹、钱三万贯、茶二万斤，给奉如内地"；西夏则"每岁旦、圣节、冬至皆遣牙校来献不绝"。[3] 宝元元年冬至，西夏没有遣使朝贡，是因为西夏新任国主赵元昊已于是年十月十一日自号为皇帝，不想臣服于宋王朝。

赵元昊，赵德明之子，"性雄毅，多大略，善绘画，能创制物始"，曾劝父亲"毋臣宋"。赵德明告诫他："吾久用兵，疲矣。吾族三十年衣锦绮，此宋恩也，不可负。"赵元昊却说："衣皮毛，事畜牧，蕃性所便。英雄之生，当王霸耳，何锦绮为？"

---

1 陈鹏程：《旧题〈大驾卤簿图书·中道〉研究》，《故宫博物院院刊》1996年第2期。
2 李焘：《续资治通鉴长编》卷一百二十二。
3 脱脱等：《宋史·夏国传》。下同。

明道元年，赵德明卒，赵元昊袭位，开始实施叛宋自立的计划。他一面仿效中原王朝体制，设立中书、枢密、三司、御史台等政府机构，任命中书令、宰相、枢密使、太尉等职官，建立集权政府；一面制定秃发令，元昊"先自秃发。及令国人皆秃发，三日不从令，许众杀之"，又停止使用宋朝年号，建元"开运"（不久改为"广运"），[1] 弃用李姓、赵姓，自号"嵬名"[2]氏，自制蕃书（西夏文字），"教国人纪事用蕃书"，强化西夏人的文化认同。

之后，元昊发兵进攻宋朝环庆路，试探宋朝反应及兵力；又遣使上表，请求允许夏使前往五台山"供佛宝"，实则是欲窥探河东路；重金收买宋仁宗放出的宫女，探听宋朝宫禁之私；又与契丹订立同盟（此前元昊娶了辽国兴平公主为妃）；与西北诸蕃歃血为盟，约定攻宋路线图。准备就绪，元昊遂于景祐五年十月，"筑坛受册，即皇帝位"。

不过此时宋朝尚不知道元昊僭立，只是在冬至前后发现西夏未入贡，朝廷讨论如何处理此事，有廷臣提出派兵征讨，时任权知开封府的胥偃说："遽讨之，太暴。宜遣使问其不臣状，待其辞屈而后加兵，则其不直在彼，而王师之出有名矣。"[3]

但宋朝尚未遣使至西夏，宝元元年（即景祐五年）十二月初四，与西夏接壤的鄜延路都钤辖司已快马加鞭发来紧急情报："赵元昊反"[4]。一时朝野震动，京师骇然。仁宗急召大臣商议，"不

---

1 李焘：《续资治通鉴长编》卷一百十五。
2 脱脱等：《宋史·夏国传》。下同。
3 李焘：《续资治通鉴长编》卷一百二十二。
4 李焘：《续资治通鉴长编》卷一百二十四。下同。

容顷之间，辅相驰车马于康衢，殊乖坐镇之重"，慌张失措。

大臣自言元昊叛宋，"变起仓卒，事无准绳"。然而，事实上，赵元昊的叛变并非无迹可寻，宋朝的有识之士早已察觉。早在天圣年间，王畴出使河北，在真定府拜见了曾任签书枢密院事、现任真定路马步军都部署的曹玮。曹玮告诉王畴："君异日当柄用，愿留意边防。"[1] 王畴问道："何以教之？"

曹玮说："吾闻赵德明，少子元昊颇杰悍，德明尝使人榷易汉物，不如意，欲杀之。元昊谏曰：'我戎人，本从事鞍马间，而与汉榷易不急之物，已非策，又从而斩之，失众心，不可。'德明为贳不杀。吾使人觇元昊状貌异常，他日必为边患。"但王畴不以为然，等他当上枢密院长官，仍未留心边事，而元昊果然反叛。

景祐元年，知定州、龙神卫四厢都指挥使刘平又上章建言："臣前在陕西，见元昊车服僭窃，势且叛矣，宜严备之。"[2] 屯田员外郎张亢也上书论西北攻守之计："赵德明死，其子元昊喜诛杀，势必难制，宜亟防边。"但都没有引起仁宗皇帝与执政团队的重视。

直到宝元元年年底，边关传来"赵元昊反"的消息，朝廷这才发现真的出大事了，赶紧调兵遣将，任命刘平为鄜延路副都部署（战时军事指挥官），兼安抚副使（地方军政大员）；夏竦知永兴军，兼陕西路都部署；范雍知延州（今陕西延安），兼鄜延路都部署，鄜延、环庆路安抚使，在西北边境屯重兵，防御西夏的进攻；以川峡等路上供银绢留于永兴军、凤翔府（今

---

[1] 李焘：《续资治通鉴长编》卷一百二十六。下同。
[2] 李焘：《续资治通鉴长编》卷一百十五。下同。

陕西凤翔），以备边费；诏陕西、河东缘边"旧与元昊界互市处，皆禁绝之"[1]；又重金悬赏："有能捕元昊所遣刺探事者，赏钱十万"。

正当宋朝君臣对着地图，万分焦虑地关注着西北边境风云之际，宝元元年十二月，延州知州郭劝（时范雍尚未接任）与鄜延路钤辖、兼知鄜州（今陕西富县）李渭送来一份报告：西夏派了几名使者，带着礼物与表函使宋，"元昊虽僭中国名号，然阅其表函，尚称臣，可渐以礼屈，愿与大臣熟议"[2]。仁宗诏，"许使者赴京师"。郭劝便安排手下韩周陪同西夏使者赴阙。

西夏为北宋臣属，按礼节，使者入宋，应换宋朝公服，但这一次，西夏使者一路上坚持穿西夏服，到了东京皇城的东华门外，才肯换成宋服觐见仁宗，呈上西夏国主元昊的表函。

元昊在表函上对仁宗说：

> 臣祖宗本出帝胄，当东晋之末运，创后魏之初基。远祖思恭，当唐季率兵拯难，受封赐姓。祖继迁，心知兵要，手握乾符，大举义旗，悉降诸部。临河五郡，不旋踵而归；沿边七州，悉差肩而克。父德明，嗣奉世基，勉从朝命。真王之号，凤感于颁宣；尺土之封，显蒙于割裂。臣偶以狂斐，制小蕃文字，改大汉衣冠。衣冠既就，文字既行，礼乐既张，器用既备，吐蕃、塔塔、张掖、交河，莫不从伏。称王则不喜，朝帝则是从，辐辏屡期，山呼齐举，伏

---

[1] 李焘：《续资治通鉴长编》卷一百二十二。下同。
[2] 李焘：《续资治通鉴长编》卷一百二十三。下同。

宋仁宗

愿一垓之土地，建为万乘之邦家。于时再让靡遑，群集又迫，事不得已，显而行之。遂以十月十一日郊坛备礼，为世祖始文本武兴法建礼仁孝皇帝，国称大夏，年号"天授礼法延祚"。伏望皇帝陛下，睿哲成人，宽慈及物，许以西郊之地，册为南面之君。敢竭愚庸，常敦欢好。鱼来雁往，任传邻国之音；地久天长，永镇边方之患。至诚沥恳，仰俟帝俞。谨遣弩涉俄疾、你斯闷、卧普令济、嵬崖奶奉表以闻。[1]

表函用彬彬有礼的措辞，要求宋王朝承认西夏独立的事实：我西夏嵬名氏也是血统高贵的帝王后裔，父祖又用生命与鲜血打下了江山，如今吐蕃、鞑靼等部莫不服从，军民屡次请愿建立邦国，所以，我已于十月十一日受册即皇帝位，请大宋皇帝允许西夏立国，双方结为友好之邦。

我们完全可以想象，仁宗皇帝读着元昊这份"独立宣言"时，内心有多愤怒。宋王朝也绝不可能同意表函所请，"许以西郊之地，册为南面之君"。所以，朝廷断然拒绝了元昊的要求，但该如何处理他派来的几名使者，却拿不定主意，"枢密院议数日不决"[2]，知枢密院事王德用、同知枢密院事陈执中提议一不做、二不休，干脆斩杀西夏使者；但另两位枢密院副长官盛度、张观不同意这么做。参知政事程琳也说，"古者兵交，使在其间，宜善遣之，以示大体"。

---

1 脱脱等：《宋史·夏国传》。
2 李焘：《续资治通鉴长编》卷一百二十三。下同。

仁宗采纳了鸽派的主张，对西夏使者"待以雍容，重币遣还，优辞慰恤"[1]。西夏使者却是抱着赴死之决心来到宋朝，一副桀骜不驯、视死如归的样子，对朝廷的礼待并不领情，"不肯受诏及赐物"[2]，且态度日益骄横。宋人愤愤不平，有人提议说，不如待他们入驿舍住下时，推倒驿舍的墙壁，将他们压死算了。程琳坚决不同意用这种下三滥的手段对付来使，认为夏使行为恶劣，大大方方拿下治罪就是了："始不杀，无罪也；今既骄横，可暴其恶诛之，国法也，又何患耶？"[3]

宋仁宗与执政大臣最终还是没有斩杀西夏使者——毕竟，斩杀来使不是一个文明国家所应为——而是将他们礼送出境。当然，西夏送来的表函与礼物，宋朝没有接受。当初称夏使"表函，尚称臣，可渐以礼屈"的延州知州郭劝、鄜州知州李渭则受到处分，分别贬知齐州（今山东济南）、汝州（今河南汝州），"坐不察敌情也"[4]。

那个郭劝还做过一件蠢事。景祐五年九月，元昊的叔父山遇惟亮因反对西夏叛宋，与元昊闹翻，带着亲属二十余人投奔延州。时任知州的郭劝居然将山遇惟亮绑起来，派人送还给元昊。山遇惟亮一落入元昊手里，很快被乱箭射杀。次月，元昊即自立为帝。

等到郭劝被贬齐州时，已经是宝元二年（1039）春正月。由于西北边境生变，这个春天，宋朝君臣过得特别闹心。

---

1 李焘：《续资治通鉴长编》卷一百二十四。
2 李焘：《续资治通鉴长编》卷一百二十三。
3 脱脱等：《宋史·程琳传》。
4 李焘：《续资治通鉴长编》卷一百二十三。

第二节　战前动员

元昊已经自立为帝，且大大方方知会了宋仁宗，那么接下来，宋王朝该如何应对西夏的叛变呢？

朝堂之上，群情汹涌，议者认为朝廷应当即刻出兵讨叛，"争言小丑可即诛灭"[1]。枢密院长官王德用自请领兵征讨元昊，不过仁宗还算冷静，没有同意。

鄜延路、环庆路副都部署刘平上书，奏请两府大臣议定攻守之策。从措辞看，他本人无疑是主攻的："臣闻寇不可玩，敌不可纵。……若以鄜延、环庆、泾原、秦陇四路军马，分为两道，益以蕃汉弓箭手、步骑，得精兵二十万，比元昊之众三倍居多，乘人心离散，与唃厮啰立敌之时，缘边州军转徙粮草二百余里，不出一月，可坐致山界洪、宥等州。"[2]

显然，主战的声音完全占了上风，只有少数人反对与西夏开打，如通判睦州张方平上书说："国家自景德以来，既与契丹盟，天下忘备，将不知兵，士不知战，民不知劳，殆三十年矣。若骤用之，必有丧师蹶将之忧。兵连民疲，必有盗贼意外之患。当含垢匿瑕，顺适其意。"张方平认为，朝廷当从长远考虑，整顿武备，"选将励士，坚城除器"，而西夏小国，"用兵三年，不见胜负，不折则破，我以全制其后，必胜之道也"。

1　李焘：《续资治通鉴长编》卷一百二十三。
2　李焘：《续资治通鉴长编》卷一百二十五。

但朝中诸臣对张方平之议,"皆不谓然"。[1]

右正言、直集贤院吴育也反对用兵西北:"圣人统御之策,夷夏不同,虽有远方君长,向化宾服,终待以外臣之礼,羁縻勿绝而已。或一有背叛,亦来则备御,去则勿追,盖异俗殊方,声教迥隔,不足责也。今元昊若止是抄掠边隅,当置而不问,若已见叛状,必须先行文告,以诘其由,不可同中国叛臣,即加攻讨。"[2]

吴育还建议,对付元昊,不妨顺抚之,因为"元昊虽名藩臣,其尺赋斗租不入县官(指朝廷),穷漠之外,服叛不常,宜外置之,以示不足责。且彼已僭舆服,夸示酋豪,势必不能自削,宜援国初江南故事,稍易其名,可以顺抚而收之"。"国初江南故事"是指赵宋立国之初,默认吴越王国的存在,没有发兵征服,等到太平兴国三年(978),吴越王才"纳土归宋"。

但是,初闻元昊叛变之时、群情鼎沸之际,吴育的提议被执政团队当成笑话看待。宰相张士逊笑道:"人言吴正言心风,果然。"心风,即脑子不正常。

因此,宝元二年这一年,大宋与西夏已处于战争的边缘,大战一触即发。双方都在为战争作准备与动员。

北宋这边,朝廷主要做了两件事:一、联合西夏的宿敌、青唐吐蕃首领唃厮啰,并力对付元昊,仁宗派遣内侍鲁经为特使,持诏谕唃厮啰,"使击元昊以披其势,赐帛二万匹";二、在边境屯以重兵,并募土人为兵,于险要处置堡寨,"度地形

---

[1] 李焘:《续资治通鉴长编》卷一百三十一。
[2] 李焘:《续资治通鉴长编》卷一百二十三。下同。

险易远近、寨栅多少、军士勇怯，而增减屯兵"。

准备就绪。宝元二年六月，宋仁宗下诏："削赵元昊官爵，除属籍，揭榜于边。募人擒元昊，若斩首献，即以为定难节度使。元昊界蕃汉职员能帅族归顺者，等第推恩。"这是宋王朝正式宣布元昊为叛臣。

仁宗又诏河东安抚司移文谕契丹，说明"元昊反，已夺官除籍及缘边益兵之意"。按大宋与辽国"澶渊之盟"的约定，双方不得在边境擅自增兵、增筑防御工事。现在，因为元昊叛宋，宋朝不得不在边关调兵遣将、招兵买马，为避免辽国误会，有必要知会契丹君主，取得谅解。

是年十一月，西夏进攻保安军，被鄜延路钤辖卢守勲等人击走；随后，环庆路钤辖高继隆等人主动出击，攻破西夏数处堡寨。捷报传到京师，仁宗大为振奋，下诏赏赐守土有功的将领与官兵，其中延州都巡检司的一名指挥使，英勇作战，立功最多，获超四资授官。这位在西北战场上崭露头角的下层将领，叫作狄青。

西夏那边，元昊也在为伐宋造势。宝元二年十二月，元昊派人带着嫚书，之前宋王朝赏赐的旌节、敕告，以及所得敕榜，置于神明匣，留于归娘族部落而去。元昊纳还旌节、敕告，是向宋王朝表明态度：我才不稀罕你的封赐。留下嫚书，则是向西北蕃民说明：宋夏交恶，其曲在宋不在夏。

元昊嫚书所写意见，主要有六点：

其一，"持命之使未还，南界之兵噪（躁）动，于鄜延、麟府、环庆、泾原路九处入界"。[1]——我大夏派往南朝上表的使

---

1 李焘：《续资治通鉴长编》卷一百二十五。下同。

者尚未归来，宋兵已入界，侵犯夏境。

其二，"南兵败走，收夺旗鼓、符印、枪刀、矛戟甚多，兼杀下蕃人及军将士不少"。——入侵的宋兵虽然败走，但他们已抢去不少物资，杀了不少西夏人。

其三，"既先违誓约，又别降制命，诱导边情，潜谋害主，谅非圣意，皆公卿异议，心膂妄图，有失宏规，全忘大体"。——南朝在边境张贴敕榜，诱导蕃人阴谋害主，用下三滥手段，全无大国风范。

其四，"蕃汉各异，国土迥殊。幸非僭逆，嫉妒何深！况元昊为众所推，盖循拓跋之远裔，为帝图皇，又何不可！"——我元昊称帝，乃是众人拥立，又有何不可？你赵宋王朝凭什么不允？

其五，"元昊与契丹联亲通使，积有岁年。炎宋亦与契丹玉帛交驰，傥契丹闻中朝违信示赏，妄乱蕃族，谅为不可"。——我元昊与契丹皇室为亲家，辽国会替我们大夏主持公道的，大家不用怕南朝。

其六，"伏冀再览菲言，深详微恳，回赐通和之礼，涊行结好之恩"。——这句是对宋仁宗说的，希望仁宗收回成命，承认西夏独立之既成事实，与西夏建立友好关系。

元昊口口声声称宋王朝"先违誓约"，实则先违誓约的人恰恰是他赵元昊。因为景德三年，夏国主李德明（元昊之父）已奉表归顺，臣服于宋王朝。这份奠定宋夏双边关系之法理基础的誓表藏于宋朝盟府，白纸黑字俱在。

而对宋朝而言，不管是基于中原王朝的面子，还是基于宋夏双方之誓约，都不可能接受元昊单方面改变宋夏关系的偏霸做法。

元昊也深知与虎谋皮的道理，不给对手一点厉害尝尝，中原王朝是不可能"回赐通和之礼"的。所以，他决定集中兵力，大举进犯宋境。

元昊主动挑起战事的用意，除了给宋王朝施压，迫使对方承认西夏独立之外，其实还有更大的图谋：若宋师大败，前线失守，则可直指长安，据有关中平原。

值得一提的是，元昊的这一军事战略，居然出自宋人张元、吴昊之谋划。张元、吴昊，原为华州（今陕西渭南）读书人，"负气倜傥，有纵横才，累举不第，薄游塞上，觇览山川风俗，慨然有志经略"，但他们在宋朝郁郁不得志，顿生怀才不遇的愤慨，闻知元昊屡窥中国，便投靠了西夏，获元昊重用，"尊宠用事，后入寇方略多二人导之"。[1]特别是张元，被元昊拜为相国，"常劝元昊取陕右地，据关辅形胜，东向而争，更结契丹兵，时窥河北，使中国一身二疾，势难支矣"[2]。用心何其毒辣。

第三节　首场大战

宝元三年（1040）正月初一，为传统佳节元旦，按照惯例，仁宗皇帝一大早就要起床，沐浴更衣，虔诚上香，为天下百姓祈福，祝愿新的一年风调雨顺、五谷丰登。然后，在大庆殿举行正旦大朝会，接受宰臣、百官、外国使节的祝贺，并向众臣

1　吴广成：《西夏书事》卷十四。
2　吴广成：《西夏书事》卷十七。

拜年："履新之吉，与公等同之。"[1] 然后，设宴奏乐，宴请众臣与外国使节，欢度佳节。

但宝元三年元旦这一天，恰好发生了日食。古人习惯于认为，日食乃天之异变，是上天对人间君王的警示。新任知谏院富弼说，天象有异，"请罢宴彻乐，虽契丹使在馆，亦宜就赐饮食而已"[2]。参知政事宋庠却认为不可，因为罢撤宴乐，非大国待客之道。仁宗采纳了宋庠的意见。之后，出使契丹的宋朝正旦使归来，说契丹君主因为日食，停止了宴饮作乐。仁宗这才后悔没有听取富弼之言。

但仁宗此时尚不知道，在西北边境，比日食更严重的事发生了：西夏元昊集结十万大军，对宋王朝发起了首场大战。

原来，元昊经过多次刺探性的小规模进攻，已寻得一个攻宋的突破口。这个突破口便是延州，因为"延州最当贼冲，地阔而寨栅疏，近者百里，远者二百里，土兵寡弱，又无宿将为用"[3]。

而要攻取延州城，必须先攻克延州城外三四十里处的要塞金明县。金明县下辖三十六寨，拥有蕃汉寨兵十万之众，是守卫延州城的门户。都监李士彬为党项人，世代镇守金明县，"众号铁壁相公，夏人畏之"[4]。为了拿下金明县，元昊绞尽脑汁。

元昊先是使出反间计，亲笔写了一封密函，附上锦袍、金带，投于金明县境，约李士彬同叛。金明将士捡得密函，都对李士

第六章　边境风云（上）

1　脱脱等：《宋史·礼志》。
2　李焘：《续资治通鉴长编》卷一百二十六。
3　脱脱等：《宋史·范雍传》。
4　李焘：《续资治通鉴长编》卷一百二十六。

彬产生了怀疑，只有鄜延路副都部署夏元亨识破元昊阴谋："此夏人行间耳，士彬与羌世仇，若有私约，通赠遗，岂使众知耶？"[1] 召李士彬饮酒，宽慰他。

元昊一计未成，又生一计，派了密使潜入金明县，以重金诱李士彬投诚："果约降，当富贵与共。"李士彬斩了来使，让使者的随从回去报告元昊：别再痴心妄想了，我李士彬不会与你同流合污。

但元昊用计，鬼神莫测。反间、引诱不成，他又指使境内蕃部向李士彬投降，实则是诈降。李士彬不察，接纳了这批蕃兵，并报告上司——鄜延路都部署、知延州范雍，建议将这批投诚的蕃兵安置在南方。范雍说："讨而禽（擒）之，孰若招而致之？"[2] 出金帛奖赏投诚的蕃兵，编入李士彬麾下。于是，"降者日至，分隶诸寨甚众"。

同时，元昊吩咐西夏诸将：若与李士彬遇，不可恋战，马上不战而走，且四处散布流言："吾士卒闻铁壁相公名，莫不胆坠于地，狼狈奔走，不可禁止也。"时间长了，李士彬便生了傲慢轻敌之心。他对待手下兵卒又素以"严酷"著称，因此，营中士兵多有怨愤者。

为麻痹范雍，元昊又派亲信贺真为特使，至延州拜见范知州，称"欲改过归命朝廷"。范雍信以为真，大喜过望，以厚礼送走贺真，放松了戒备。

宝元三年正月，贺真前脚先走，元昊迅速发兵，夜袭金明

1　吴广成：《西夏书事》卷十三。下同。
2　李焘：《续资治通鉴长编》卷一百二十六。下同。

县各寨，寨内诈降的蕃兵早已打开寨门，里应外合，一举拿下诸寨。

当晚李士彬宿于黄堆寨，"释甲而寝"，闻西夏兵偷袭，叫手下速牵马来。但手下对他怨愤已久，竟给他牵来一匹跑不动的弱马。结果，李士彬被执。元昊擒得李士彬，"割其耳而不杀"，囚禁于西夏；李士彬之子李怀宝战死，金明县三十六寨一日之间尽破。

元昊破金明县寨，率大军直扑延州城。此时，延州城内只有数百士兵驻守，危在旦夕。范雍以十万火速传檄，急召鄜延路都监、内臣黄德和，鄜延与环庆路副都部署刘平，鄜延路副都部署石元孙，巡检万俟政、郭遵，火速驰援延州。

经数日急行军，黄德和、刘平、石元孙、万俟政、郭遵五支部队会合，合计步骑兵一万余人，结队而行。行至距延州城只有五里路的三川口（今陕西延安西北）时，他们遇上了元昊大军——更准确地说，中了元昊的埋伏。

若按宋人笔记的记述，宋师误中埋伏的过程更有戏剧性：刘平、石元孙率兵驰援延州，行军至延州城外二十里处一个叫作"大柳树"的地方，时天色已晚，前面忽有宋军"急脚子"（即探子）驰来，向刘平等人出示了证件与公文，说道，延州范太尉传语，已在东门奉候，暮夜入城，为防混入奸细，请将部队分批开拨，逐次进城。

刘平、石元孙依言将步骑兵分成数十个小队，依次开拨，估摸前一小队前行约五里，便放出下一个小队。待放出的小队约有五十个时，刘平与石元孙找"急脚子"询问，却发现"急脚子"已经不见踪影，二人这才意识到大事不妙，赶紧派探子往前面侦视。探子回报：延州城内并无灯火，前头已开拨的部队不知所终。原来,所谓的"急脚子"乃是元昊派人假冒,目的是要将延州援军带入埋伏圈。

刘、石二人大惊,立即命令剩余的士兵结阵前行。至三川口,天已大亮,距延州城才五里,人心稍安,突然,"四山鼓角自鸣,埃烟斗合,蕃兵墙进,倏忽之际,已陷重围"[1]。

不管刘平的中计是不是这么离奇,总之,宋朝援军在三川口落入了元昊大军的包围圈。刘平率领众将士死战,却未能突围,万俟政、郭遵战死,刘平也身中流矢。

黄德和在后阵,见前头部队陷入敌人包围,不敢救援,带着麾下部队逃至保西南山。刘平的儿子刘宜孙追上黄德和,拉住马辔头,苦苦哀求:"当勒兵还,并力拒贼。奈何先引去!"[2]但黄德和不从,策马遁走。

恶战了一整日,刘平身边只剩下一千余名将士。他们且战且退,趁着夜色,退至保西南山,筑立七寨严加防守。深夜,西夏兵重重围住营寨,高声呼喊:"几许残卒,不降何待?"刘平使人回应:"狗贼,汝不降,我何降也?明日救兵大至,汝众庸足破乎?"天明,元昊又叫人来喊话:"汝降乎?不然,当尽死!"刘平拒不投降,西夏兵如潮水一般从四面八方掩杀过来,宋师全军覆灭,刘平与石元孙也被擒获。

此时元昊大军已围困延州城七日,及至刘平、石元孙兵败三川口,延州城内的军民更是大惊失色,惶惶不可终日。范雍无计可施,唯有祈求山神保佑。所幸当日夜里,天降大雪,"戎

---

1 魏泰:《东轩笔录》卷之九。
2 李焘:《续资治通鉴长编》卷一百二十六。下同。

马多冻死"[1]，而且，元昊孤军深入，也担心攻城未克，反被宋朝援军断了后路，故而引兵退去，延州之围遂解。

三川口之役，是元昊叛宋以来宋王朝与西夏的第一场大战，以惨败收场，差点还丢了延州城。消息传回京师，朝野震动。宋朝君臣有两个想不到：首先，想不到文武双全、智勇兼备的儒将刘平居然败得一塌糊涂。

其时，朝廷尚不知道刘平、石元孙被执，从前线传来的消息说，刘、石二人已经为国捐躯了。而临阵脱逃的黄德和则报告朝廷：刘平、石元孙投敌。同时，范雍却上章弹劾黄德和弃军逃走，导致刘平、石元孙战死。

仁宗震怒，一面派殿中侍御史文彦博、天章阁待制庞籍与一名内侍前往河中府置狱，调查此事；一面发禁兵包围刘平之家，欲捉拿刘平家人。天章阁侍讲贾昌朝跟仁宗说："汉杀李陵母妻，陵不得归，而汉悔之。先帝厚抚王继忠家，卒得其用。平事未可知，而先收其族，使平果存，亦不得还矣。"[2]请仁宗效仿真宗的做法，宽容对待"降敌"将领的家属。

贾昌朝所说的王继忠，是真宗朝的将领，抵抗辽兵时陷落敌手，辽主惜其才，招入麾下。后王继忠穿针引线，促成辽国与宋朝订立"澶渊之盟"，化干戈为玉帛。王氏留于宋朝的家人，也得到真宗皇帝厚待。仁宗即位之初，遣使通告辽国，也曾给远在异国的王继忠致以问候，送以礼物，王继忠亦回赠仁宗皇帝名马，"来贺登极"[3]。刘平的情况与王继忠有点类似，仁宗听

1　魏泰：《东轩笔录》卷之九。
2　李焘：《续资治通鉴长编》卷一百二十六。
3　李焘：《续资治通鉴长编》卷九十九。

了贾昌朝之言，仔细一想，觉得捉拿刘平家人的做法极为不妥，便撤回禁兵。

谏官富弼亦上奏说：刘平"引兵赴援，行不淹日，以奸臣不救故败，竟骂贼不食而死，宜恤其家"。此时，又有延州吏民赴阙，递状称刘平已经战死。仁宗便依富弼之言，分别赏赐刘平与石元孙家"绢五百匹、钱五百贯、布五百端"。[1]

不久，文彦博、庞籍从河中府发回调查报告："黄德和退怯当诛，刘平等力战而没，子孙宜加赏恤。"于是，仁宗下旨：斩黄德和于河中府，"枭首延州城下"；赠刘平为忠武节度使兼侍中，石元孙为忠正军节度使兼太傅，录两家子孙为官。[2] 直至数年后，西夏与宋朝言和，放石元孙归宋，宋朝君臣这才知道他和刘平当年都没有被西夏人杀死。

其次，宋朝君臣也想不到元昊如此强悍、多谋。一年前，初闻元昊叛宋，将臣义愤填膺，都认为宋师压境，将如大象脚踩蚂蚁一样碾压元昊。现在，廷臣却发现，元昊"一旦连犯亭障，延安几至不保。范雍纳诡诈之说，失于戒严。刘平任轻躁之心，丧其所部"[3]。

朝堂上再没有人"争言小丑可即诛灭"，相反，因为忌惮元昊兵锋，新任参知政事宋庠提出：在潼关修筑城池，驻以重兵，加强戒备。情急之下，仁宗皇帝也觉得有道理，"遣侍御史陈泊往陕西督修城"[4]。但谏官富弼坚决反对："天子守在四夷，

---

1 李焘：《续资治通鉴长编》卷一百二十六。
2 李焘：《续资治通鉴长编》卷一百二十七。
3 李焘：《续资治通鉴长编》卷一百二十六。
4 苏轼：《苏轼文集》卷十八《富郑公神道碑》。下同。

今城潼关,自关以西为弃之耶?"仁宗醒悟过来,这才叫停了潼关筑城。

仁宗皇帝需要重新评估西北边关的情势,重新打量元昊这位劲敌,度过他御宇以来的第一场深重危机。

第四节 攻与守

宝元三年二月廿一日,仁宗下诏,宣布改宝元三年为康定元年(1040)。

宝元,是一个让仁宗懊恼的年号。改元宝元之初,元昊不朝贡;宝元二年,元昊上表,公然要求宋朝承认西夏独立;宝元三年初,元昊大败宋师于三川口。现在,朝廷一看到"宝元",立马就联想到"元昊"。这个"元",又有何"宝"?按欧阳修的说法,正是因为赵元昊叛宋,"改姓元氏,朝廷恶之,遽改元曰康定"[1]。

与宣布改元同一日,仁宗还下诏求言,"悉许中外臣庶上封议朝政得失"。这是依富弼所议:正月初一发生日食,天有异变,"应天变莫若通下情,愿降诏求直言,尽除越职(言事)之禁"。自景祐三年范仲淹被贬,朝廷"禁中外越职言事",这一禁令维持了五年多,终于被废止。[2]

---

1 欧阳修:《归田录》卷一。
2 李焘:《续资治通鉴长编》卷一百二十六。

由于西北前线战事失利，仁宗又着手调整沿边人事布局，改组中央内阁。

康定元年二月，贬延州知州范雍为吏部侍郎，徙知安州，"坐失刘平、石元孙也"；任命知制诰韩琦为陕西安抚使，主持陕西四路（秦凤路、泾原路、环庆路、鄜延路）军政。韩琦赴任前，仁宗勉励："异类猖獗，官军不习战，故数出无功。今因小警，乃开后福。"韩琦则向仁宗推荐了范仲淹。[1]

三月廿四，知枢密院事王鬷、陈执中，同知枢密院事张观并罢。因刘平、石元孙战败，朝廷议刺乡兵，枢密院久议不决。仁宗不悦，宰相张士逊说："军旅之事，枢密院当任其咎。"仁宗便同时罢掉三名枢密院正副长官，以晏殊、宋绶并知枢密院事，驸马都尉王贻永同知枢密院事。

同日，范仲淹复天章阁待制，知永兴军，不久，改任陕西都转运使，主持陕西四路财政，由侍御史知杂事高若讷出知永兴军。我们知道，高若讷与范仲淹曾经闹过不愉快。谏官梁适说，"仲淹前责饶州，若讷实为谏官，尝诋仲淹谋事疏阔。今俾共事，理实有嫌"。仁宗说："朕方任仲淹、若讷以疆事，固当体朕所以委寄之意，安得以旧事为嫌也？宜诏谕之。"不过，最后仁宗还是没有让高若讷赴陕西，大概觉得梁适的担忧也有道理。

三月廿九，诏中书于枢密院之南设立议事厅，与枢密院同议边事。按宋朝政制，中书主民政，枢密院主兵政，互不干涉。国家承平之日，这是很好的分权，但如今边关烽烟起，而边奏

---

[1] 李焘：《续资治通鉴长编》卷一百二十六，卷一百二十七。下同。

皆不送中书，宰相作为政府首脑，竟未能及时掌握前线情况，所以富弼提议："边事系国安危，不当专委枢密院，而宰相不与。乞如国初，令宰相兼枢密使。"仁宗采纳富弼之议，确立了战时中书与枢密院同掌兵政的体制。

五月初九，仁宗批准七十七岁高龄的首相张士逊致仕，"时军兴，机务填委，士逊位首相，无所补"，谏官上书弹劾，张士逊亦不自安，七次上章告老请辞。

同日，仁宗复拜六十三岁的吕夷简为右仆射，兼门下侍郎、平章事。吕夷简放外数年，重返中枢秉政。

仁宗又诏：在陕西设立陕西都部署司，开府永兴军，统管陕西四路军政，"使臂指相用，首尾相应，主众谋于独断，通诸路为一家"[1]。五月廿五，任命夏竦为陕西都部署，兼经略安抚使、缘边招讨使、知永兴军。

五月廿六，韩琦加枢密直学士，范仲淹加龙图阁直学士，并为陕西经略安抚副使，同管勾都部署司事，韩琦驻泾州（今甘肃泾川），范仲淹驻延州（八月又兼知延州），均为夏竦副手，陕西都转运使一职则由庞籍接替。

仁宗加范仲淹馆职，委以重任，乃是采纳宰相吕夷简之议："范仲淹贤者，朝廷将用之，岂可但除旧职邪？"[2]我们知道，范仲淹与吕夷简是一对政敌，又有私怨。吕夷简不计前嫌，主动提出重用范仲淹，让仁宗很高兴，称吕夷简不愧为长者。范仲淹入谢时，仁宗对他说，卿不要与吕相计较前事。范仲淹顿首说：

---

[1] 李焘：《续资治通鉴长编》卷一百三十三。
[2] 司马光：《涑水记闻》卷第八。

"臣向所论盖国事,于夷简何憾也!"[1] 又向吕夷简表示歉意:"向以公事忤犯相公,不意相公乃尔奖拔。"[2]

六月,为防元昊"潜结契丹"[3],仁宗又派集贤校理郭稹出使辽国,向辽兴宗通报用兵西北的缘由。辽国则派南院枢密副使杜防使宋调解。

八月、九月,仁宗先后擢权知开封府杜衍、权三司使郑戬并同知枢密院事。随后又恢复枢密使、枢密副使的设置,以知枢密院事晏殊为枢密使,同知枢密院事杜衍、郑戬、王贻永为枢密副使,另一位知枢密院事宋绶与知制诰晁宗悫,则转任参知政事。

经过这一番人事调整,在中枢主持大局的执政大臣,为首相吕夷简、枢密使晏殊;而在西北边境主持军政的三巨头,则是夏竦、韩琦与范仲淹。

韩琦、范仲淹守边,人称"韩范"。其时,塞上有民谣流传:"军中有一韩,西贼闻之心骨寒;军中有一范,西贼闻之惊破胆。"收录这首《边上谣》的宋人笔记甚至称:"元昊闻而惧之,遂称臣。"[4] 这当然是不实之词。不过,西夏对韩琦、范仲淹似乎真的有些忌惮。

韩、范驻陕西后,权签书泾原、秦凤经略安抚判官尹洙——就是数年前范仲淹被贬时,自称是范氏党羽、主动请黜的尹洙——将骁将狄青推荐给他们,韩、范二人对狄青都十分赏识,

---

[1] 李焘:《续资治通鉴长编》卷一百二十七。
[2] 司马光:《涑水记闻》卷第八。
[3] 李焘:《续资治通鉴长编》卷一百二十八。
[4] 孔平仲:《谈苑》卷三。

"待遇甚厚"[1]，特别是范仲淹，赞叹说："此良将才也。"将《左氏春秋》赠送给狄青，勉励他多读书："将不知古今，匹夫勇耳。"自此，狄青"折节读书，悉通秦、汉以来将帅兵术"，在军中声名鹊起。后来狄青能出将入相，离不开早年范仲淹对他的悉心栽培。狄青对范仲淹也保持着终生的尊敬。

时狄青担任鄜延路部署司指挥使，是范仲淹的部下。康定元年九月，范仲淹命狄青领兵攻西夏芦子关，一举拿下这处要塞。狄青作战有一个特点："每临敌，被发面铜具出入贼中，皆披靡无敢当者"。

范仲淹又将延州守兵分为六个分队，每队三千人，命狄青等骁将"日夕训练精兵"[2]，西夏几次进犯延州，都被击退，自此"不敢犯"[3]，还相互提醒说："无以延州为意，今小范老子腹中自有数万兵甲，不比大范老子可欺也。"小范老子，指范仲淹；大范老子，指前任知州范雍。但考虑到之前元昊对金明县守将李士彬也曾故意放风说非常害怕铁壁相公，西夏兵对范仲淹的夸赞，也可能是元昊放出来的迷魂弹。

延州还有另一名守将——种世衡，他向范仲淹建议：延州城外东北向二百里处，是进入西夏的冲要，"右捍延安，左可致河东粟，北可图银、夏"，可以筑城。范仲淹请示朝廷同意后，命令种世衡着手兴筑新城。城成，仁宗赐名"青涧"，任命种世衡知青涧城。种世衡又在城外开营田一千顷，招募商贾，"贷以本钱，使通货得利"，使青涧城很快变成西北边陲的繁华城镇、

---

[1] 李焘：《续资治通鉴长编》卷一百二十九。下同。
[2] 孔平仲：《谈苑》卷三。
[3] 李焘：《续资治通鉴长编》卷一百二十八。下同。

拱卫延州城的军事要塞。

这段时间，宋仁宗的注意力完全放在边事上。我们以前说过，自景祐元年九月起，仁宗只在单日坐殿听政，双日并不视朝，至景祐五年年初，由于被臣下批评"隔日御殿，此政事不亲也"[1]，又恢复了每日视朝的做法。西北边情告急，仁宗更是不敢怠政，宝元二年七月，仁宗小疾，谏官韩琦奏请"自今双日止御后殿视事"[2]。仁宗询问辅臣意见，当时的首相还是张士逊，他说："唐五日一开延英，盖资闲燕以辅养圣神。"希望皇帝好好休息，不要太劳累，养好身体要紧。但仁宗说："与夫宵衣旰食，固不侔也。前代帝王，靡不初勤政事，而后失于逸豫，不可不戒也。"坚持每日视朝。

不仅如此，仁宗还要求中书、枢密院、三司，除了大节、大忌日给假一日，其余节假日都不放假，"并赴后殿奏事"[3]。康定元年六月，翰林学士丁度跟仁宗说：虽然边事不可大意，但也不必紧张兮兮，"苻坚以百万师寇晋，谢安命驾出游，以安人心。请休务如故，无使外夷窥朝廷浅深"[4]。仁宗才同意今后"遇旬假，听休务如旧"，允许大臣每旬休息一日。

尽管仁宗与宰执团队将大量的精力与时间用于讨论边事，但对西夏究竟当守当攻，几位辅政大臣争执不休，未能达成共识，仁宗也拿不定主意，又数遣内侍，向翰林学士等侍从官（相当于皇帝政务顾问）询问"御戎之策"。丁度建议说，对付西

---

[1] 李焘：《续资治通鉴长编》卷一百二十一。
[2] 李焘：《续资治通鉴长编》卷一百二十四。下同。
[3] 李焘：《续资治通鉴长编》卷一百二十六。
[4] 李焘：《续资治通鉴长编》卷一百二十七。下同。

夏,"可以智胜,不可以战斗",因为"地形武技与中国异也。羌戎上下山阪,出入溪涧,中国之马不如也。隘险倾侧,且驰且射,中国之技不如也。风雨罢劳,饥渴不困,中国之人不如也。为今之计,莫若谨亭障,远斥候,控扼要害,为制御之全策"。丁度的意思是,对西夏当采取"守"策。

但仁宗没有被丁度说服。康定元年八月初,他派了另一名翰林学士晁宗悫(时尚未担任参知政事)与内侍王惟忠带着手诏,到永兴军与主帅夏竦等人参议边事,商定攻守之策。夏竦倾向于守,他提出,"缮治壁垒,修利器械,约束将佐,控扼险阻,但趣过于岁月,不预计于胜负,是今之常制也"[1]。

范仲淹也是主守的,他认为:"今缘边城寨有五七分之备,而关中之备无二三分。若昊贼知我虚实,必先胁边城。不出战,则深入乘关中之虚,小城可破,大城可围,或东沮潼关,隔两川贡赋,缘边懦将,不能坚守,则朝廷不得高枕矣。为今之计,莫若且严边城,使持久可守;实关内,使无虚可乘。"[2]

韩琦却力主进攻,反对消极防守,因为如果不主动出击的话,"元昊聚兵出不意攻我,我仓卒赴敌,必败"。尹洙也赞同韩琦的意见,但陕西都部署司的多数将领并不支持贸然进攻:"承平久不习战,羌寇暴起,今兵与将未训讲,其可深入客斗乎?愿谨关塞,以岁月平之。"[3] 由于达不成共识,夏竦等人便合奏仁宗:"今兵与将尚未习练,但当持重自保,俟其侵轶,则乘便掩杀,

---

1 李焘:《续资治通鉴长编》卷一百二十三。
2 李焘:《续资治通鉴长编》卷一百二十七。
3 李清臣:《韩忠献公琦行状》,收于杜大珪编《名臣碑传琬琰之集》中卷四十八。

大军盖未可轻举。"[1]

不久,元昊突袭泾原路三川寨,破寨,纵掠凡三日,乃退。消息传回京师,仁宗万分焦急,复以手诏问夏竦出师之期。陕西都部署司拟出攻守二策,由韩琦与尹洙带着赴阙,请仁宗定夺。

仁宗召辅臣与韩琦、尹洙等人共同商议。首相吕夷简说:"自刘平败覆以来,言兵事者人人震怯。今韩、尹健果如此,岂可沮之也?"[2]但枢密副使杜衍坚持反对出师,认为贸然出兵并非良策。

最后,仁宗决定采纳韩琦的攻策,于康定元年十二月下诏,命令鄜延、泾原两路次年正月上旬同时进兵入讨元昊,并拨出内藏库绢一百万匹,划给三司,以助边费。在此之前,十月,仁宗已经从内藏库拨出绢一百万匹给三司充军费。

显然,仁宗是决心要与元昊一决胜负的。

然而,合鄜延、泾原两路进兵西夏的诏书送达陕西,范仲淹却坚持鄜延路不出兵。他向仁宗打了一个报告,称"鄜延路入界,比诸路最远",不若"先修复城寨","择利进筑,因以牵制元昊东界军马"。而且,次年正月上旬就出兵,时间也太仓促。仁宗闻奏,诏令范仲淹"与夏竦、韩琦等同谋,可以应机乘便,即不拘早晚出师"。[3]

陕西主帅夏竦派了助手尹洙前往延州,劝范仲淹与泾原路协同出兵。范仲淹说:"我师新败,士卒气沮,当自谨守,以观其变,岂可轻兵深入耶?以今观之,但见败形,未见胜势

---

1 李焘:《续资治通鉴长编》卷一百二十九。
2 田况:《儒林公议》。
3 李焘:《续资治通鉴长编》卷一百三十。

也。"尹洙叹息说:"公于此乃不及韩公也,韩公尝云'大凡用兵,当先置胜负于度外',今公乃区区过慎,此所以不及韩公也。"范仲淹说:"大军一动,万命所悬,而乃置于度外,仲淹未见其可。"尹洙怎么也说服不了范仲淹。[1]

夏竦唯有报告朝廷,请仁宗"差近上臣僚监督鄜延一路进兵,同入贼界"[2]。仁宗将夏竦的报告发给范仲淹,但范仲淹还是不为所动。

韩琦随即也上书仁宗:"朝廷举大事,主大谋,自当坚如金石,无有回易,特降诏旨激励将士,沮军者约行古法","臣比来奉行成算,非是年壮气锐,虑不及远,幸而求胜,以误国家。诚以昊贼据数州之地,精兵不出四五万,余皆老弱妇女,举族而行",而朝廷"屯二十万重兵,只守界壕,不敢与敌。中夏之弱,自古未有"。

韩琦与范仲淹是好朋友,意气相投,而且范仲淹守边,也是韩琦所举荐,但现在极力反对韩琦的人,正是范仲淹。不知韩琦的心底,会不会后悔当初推荐了范仲淹?

第五节　胜与负

这边厢,对西夏何时出兵,几路出兵,朝廷举棋不定;那边厢,元昊早已探知范仲淹与韩琦意见相左,心里有了对付宋

---

[1] 魏泰:《东轩笔录》卷之七。
[2] 李焘:《续资治通鉴长编》卷一百三十一。下同。

师的妙策。他先派遣使者至泾原路乞和,韩琦一看就知道是"诈和",便告诫诸将:"无约而降者,谋也。宜益备,不可懈弛。"[1]但是,元昊的真实用心,就是要激起韩琦的戒备之心。

然后,元昊又将康定元年攻陷塞门寨时擒获的寨主高延德送至延州,还给范仲淹,并让高延德转达和谈之意。范仲淹当然也一眼看出元昊并不是真心想归顺,便给元昊修书一封,派监押韩周为使者,与高延德一同前往西夏夏州见元昊。在这封书信上,范仲淹苦口婆心,晓以大义,晓明利害,劝元昊臣服大宋,不要争"皇帝"的虚名:

> 大王世居西土,衣冠言语,皆从本国之俗,何独名称与天子侔僔!名岂正而言岂顺乎?汉、唐故事,单于、可汗皆极尊之称。大王以北朝(指辽国)为比,且北朝称帝,其来久矣,与国家为兄弟之邦,非藩屏可方也。大王世受天子建国封王之大恩,如诸蕃有叛朝廷者,大王当率国人以伐之,则世世有功,乃欲拟北朝之称帝乎?大王又以拓跋旧姓之后,且尧、舜、禹、汤固有后裔,复可皆立为帝。若大王之国,有强族称单于鲜卑之后,俱思自立,大王能久安乎?此大王未思之甚也,徒使疮痍百姓,伤天地之仁。[2]

韩周进入西夏疆界时,受到西夏官员热情的接待,但抵达

---

1 李清臣:《韩忠献公琦行状》,收于杜大珪编《名臣碑传琬琰之集》中卷四十八。
2 李焘:《续资治通鉴长编》卷一百三十。

夏州后，却被元昊扣留了四十余日。这四十余日间，元昊已完成了一件大事：

康定二年二月，元昊聚兵十余万，向渭州（今甘肃平凉）进发，扬言进攻渭州城。韩琦闻讯，急趋镇戎军（今宁夏固原），调出镇戎军全部兵马，另招募勇士一万八千人，交由环庆副部署任福等将领统率，驰援渭州，迎击元昊。

临行前，韩琦告诫诸将："山间狭隘，可守，过此必有伏，或致师以怒我，为饵以诱我，皆无得辄出，待其归且惰也，邀击之。"[1] 任福出发后，韩琦还不放心，又传檄任福：不可贪功轻进，切记切记，如有违命，就算有功，也要按军法处置。

二月十二日，任福在行军途中遇小股西夏兵，展开遭遇战，结果大获全胜，斩首数百，西夏兵丢弃马羊骆驼，仓皇而逃。任福等宋将把韩琦的告诫抛之脑后，乘胜追击。十四日，宋军追至好水川（今宁夏隆德县西北），发现山路旁放置着几个银泥盒，里面有扑棱扑棱的动跃声。任福叫人将盒子打开，只见从盒子里飞出一群悬哨家鸽，盘旋于宋军上空。一时间，喊杀声四起，西夏兵从四方冲来，将宋军团团围住。同一年前的三川口之役一样，宋师再一次中了元昊的埋伏。

这一役，韩琦麾下将校士卒死者一万零三百人，任福也身中十余箭，力战而死。西夏相国张元在界上寺壁题了一首打油诗："夏竦何曾耸，韩琦未足奇。满川龙虎辈，犹自说兵机。"[2] 落款"太师、尚书令兼中书令张元随大驾至此题"。讥讽韩琦

---

[1] 李清臣：《韩忠献公琦行状》，收于杜大珪编《名臣碑传琬琰之集》中卷四十八。
[2] 吴广成：《西夏书事》卷十五。下同。

盛名之下,其实难副。

相传韩琦自镇戎军回泾州,走到半途,好水川战死士卒的父兄妻子数千人前来迎接,皆泣号于马前,手持故衣纸钱,招魂而哭:"汝昔从招讨(韩琦)出征,今招讨归而汝死矣,汝之魂不识亦能从招讨以归乎?"[1]一时间,"哀恸声震天地",韩琦亦"不胜悲愤,掩泣驻马",范仲淹闻知,说:"当是时,难置胜负于度外也。"

再说范仲淹派去西夏的使者韩周,一直见不到元昊。显然,元昊并不是诚心求和,而是与范仲淹虚与委蛇,让范仲淹看到一丝和谈的希望,从而坚守城堡,不主动出兵。等到元昊在好水川大败宋军,才令亲信野利旺荣给宋朝回了一封信,派使者跟着韩周带至延州,交给范仲淹。这封回信有二十六页纸,措辞非常傲慢,其中有二十页读了简直令人吐血,不过宋仁宗没有机会读到这份很不友好的书信,因为范仲淹当着西夏使者的面,将那封书信烧掉了。然后,另录了一份副本,将措辞删改、润饰过,才派韩周呈送御览。

仁宗看着从边关送来的报告,心情沉重,饭都吃不下。西北用兵失败,必须有人承担责任。康定二年夏四月,仁宗降陕西经略安抚副使(差遣)、枢密直学士(馆职)、起居舍人(阶官)韩琦为右司谏(阶官),知秦州(差遣)。

好水川兵败后,韩琦即上疏自劾。不过,夏竦向朝廷报告说,任福进兵前,韩琦曾告诫他不可贪功轻进,西夏兵撤退后,宋军也在任福的衣服里找到韩琦的檄文,显然,任福兵败,是

---

[1] 魏泰:《东轩笔录》卷之七。下同。

自己取败，罪不在韩琦。因此，仁宗对韩琦只是薄惩，随后还以手诏慰抚之。

仁宗又降陕西经略安抚副使兼知延州、龙图阁直学士、户部郎中范仲淹为户部员外郎，知耀州（今陕西铜川），不久，徙知庆州（今甘肃庆阳），兼管勾环庆路部署司事。

范仲淹删改、润饰过的西夏书函送达朝廷后，执政大臣对范仲淹的胆大妄为十分震惊，都认为边臣"不当辄与元昊通书，又不当辄焚其报"[1]。吕夷简责问韩周：为何"不禀朝命，擅入西界"？韩周说："经略专杀生，不敢不从。"范仲淹则上表自辩："臣始闻昊有悔过之意，故以书诱谕之。会任福败，昊势益振，故复书悖慢。臣以为使朝廷见之而不能讨，则辱在朝廷，乃对官属焚之，使若朝廷初不知者，则辱专在臣矣。故不敢以闻也。"[2]

那么，对范仲淹当如何问责？首相吕夷简私下跟参知政事宋庠说："人臣无外交，希文乃擅与元昊书，得其书又焚去不奏，他人敢尔邪？"宋庠听后，以为吕夷简意欲深罪范仲淹。所以在执政大臣讨论如何处分范氏时，抢先说："范仲淹可斩。"枢密副使杜衍却为范仲淹辩护："仲淹之志出于忠果，欲为朝廷招叛昊耳，何可深罪？"争之甚切。

宋庠以为吕夷简必助己，但吕夷简终无一言。仁宗询问首相意见，吕夷简才从容地说："杜衍之言是也，止可薄责而已。"宋庠遂仓皇失措。在宋朝，诛杀士大夫，那是惊天动地、骇人听闻的事情，而宋庠居然鼓动君主诛杀士大夫，于是论者喧然，

---

1 李焘：《续资治通鉴长编》卷一百三十一。下同。
2 司马光：《涑水记闻》卷第八。下同。

都不齿宋庠。因为这件事，宋庠被罢去参知政事之职，由知制诰王举正顶替他。

应该承认，康定二年的兵败，与宋王朝的政治体制也有关系。宋朝自真宗时代开始，形成了一套集议制度，至仁宗时代成为定制，凡要出台决策，朝廷一般都会召集官员集议。参与集议的官员，主要是与议题相关的行政官、御史官与侍从官、宰执团队。比如集议的议题是经济问题，三司一般都要参加；如果是礼仪问题，太常礼院不能不参加；如果是军国大事，宰执当然要参加；御史台具有司法审查职能，侍从官乃是皇帝顾问，所以他们通常会参加各种议题的集议。

集议作为一项决策机制，优点是可以集思广益，避免君主与权臣独断，减少拍脑袋决策，但也有坏处，即可能会出现扯皮的现象。特别是在战时状态下，持不同意见的大臣相互扯皮，很可能就会延误时机，比如对西夏是守是攻，都来来回回讨论了很长时间。当朝廷定下攻策之后，居然还允许主守的范仲淹讨价还价。仁宗皇帝优柔寡断的性格，也加剧了集议的议而不决。战争是需要杀伐决断的，朝廷与仁宗如此举棋不定，焉能不败？

难怪后世的清乾隆皇帝评价说："设不断以乾纲，如宋明庸主，遇事辄令廷臣聚议，众论纷纷，迄无定见，征调纷烦，缓不济急，宁不如金世宗所云'南朝集议既成，北兵已可渡河'之语，其何以握胜算而奏鸿捷耶？"[1] 但是，我们必须指出，乾隆推崇的"断以乾纲"，又导致了危害更加严重的皇权专制问题。

---

1 《清实录·乾隆朝实录》卷一二九八。

好水川大败之后，宋仁宗不敢再轻言进攻。六月，他诏令陕西诸路"严边备，毋辄入贼界，贼至则御之"[1]。

西夏那边，元昊挟好水川大败宋师的余威，又于康定二年夏，发兵攻麟州（今陕西神木市北）、府州（今陕西府谷县）、丰州（今内蒙古准格尔旗西）。麟、府、丰是北宋河外三州，与西夏接壤，是宋王朝牵制西夏的门户。七月，元昊先攻府州，为世守麟、府的折家军击退。今天许多读者都知道"杨家将"故事中有一位佘太君，是杨业的妻子，历史上的杨业之妻并不姓佘，而是姓折，来自麟、府折家军。

元昊攻府州未克，又转取麟州。麟州城"因山为城，最为险固"，易守难攻，元昊的大军屯于城下，准备困死城内军民，因为战前元昊已获得间谍情报："麟州无井，若围之，半月即兵民渴死矣。"麟州城内确实无井缺水，被围既久，士卒都渴乏难耐。幸亏守城的知州苗继宣得高人指点，取污沟之泥堆在城墙，城下的元昊看着湿漉漉的城头，怀疑自己被间谍骗了："谍谓我无庸战，不三日，汉人当渴死。今尚有余以圬堞，谍绐我也。"将那名倒霉的间谍斩于城下，解围而去。[2]

八月，元昊转攻丰州，攻陷州城，引兵屯于丰州境内的琉璃堡，分列三寨，又纵骑包抄，击破麟、府之间的堡寨，隔绝二州的通道。麟、府二州只能闭壁不出，避其兵锋。但城内居民乏水，饮用水成了高价的稀缺品，"黄金一两易水一杯"[3]。

对元昊来说，拿下麟、府二州，是指日可待的事情。特别

1　脱脱等：《宋史·仁宗本纪》。
2　魏泰：《东轩笔录》卷之八；李焘：《续资治通鉴长编》卷一百三十三。
3　李焘：《续资治通鉴长编》卷一百三十三。

是麟州城,与外界的通道已被元昊切断,如同笼中鸟兽。宋朝这边,甚至有边关守将提议:不如干脆放弃麟州,因为丰州已为西夏所破,"麟州孤垒,距府州百四十里,远在绝塞"[1],且这座边城"无尺帛斗粟之输以佐县官","岁费缗钱百万",弃之并不可惜。

但这个观点是短视的,麟、府二州实是宋朝河东路的重要屏障,若元昊据有麟、府,便打开了长驱直入河东的缺口。幸亏仁宗并不糊涂,坚持不放弃麟州,他对辅臣说:"麟州,古郡也。咸平中,尝经寇兵攻围,非不可守,今遽欲弃之,是将退而以黄河为界也。"诏令边关守将快速修复通道,救援失联的麟州。

正当麟、府危在旦夕之时,九月,鄜延都钤辖兼知鄜州张亢——就是那位在景祐元年上书朝廷,提醒仁宗应该赶紧防卫边境的屯田员外郎——被仁宗委任为并代钤辖,专管勾麟、府军马公事,急赴府州主持军政。

张亢到了府州,一边筑堡寨,挖水泉,一边招募勇士,让他们夜间设伏,袭击落单的西夏兵,获胜归来,即以美酒犒劳,以锦袍奖赏。城中禁兵被困日久,原无斗志,见了新招募的壮丁都能打胜仗、领利物,始振奋说:"我顾不若彼乎?"[2] 张亢请他们喝酒,酒精果然能使人亢奋,禁兵喝得兴起,都拍着胸脯说,愿与西夏一战。

张亢这才与将士谋划奇袭西夏驻兵的琉璃堡。他先派了间谍打探情报。这名间谍在西夏兵营寨外的草原上,看到一群西

---

1 李焘:《续资治通鉴长编》卷一百三十四。下同。
2 李焘:《续资治通鉴长编》卷一百三十三。下同。

夏兵正在一边烤羊肉，一边占卜凶吉，便故意说，看这卦象，大凶，"明日当有急兵，且趋避之"。西夏兵都笑了："汉儿方藏头膝间，何敢至此！"

根据这一情报，张亢马上判断出西夏兵已生轻敌之心，不会有太严密的防备，便在当天夜里，以迅雷不及掩耳之势，趁着月黑风高，引轻骑袭击琉璃堡，果然将睡梦中的西夏兵杀得"弃堡遁去"，丢下牛羊马驼数以万计。

此时，从府州至麟州的通道尚未收复，府州的物资送不到麟州，张亢又亲领三千精兵，押送粮饷物资给麟州。这是一次万分凶险之旅，极有可能遭遇西夏兵的伏击。果然，元昊早已在府州—麟州途中的柏子寨屯兵数万，邀击张亢归路。张亢对所率将士说："若等（大家）已陷死地，前斗则生，不然，为贼所屠无余也。"[1] 众人将生死置之度外，奋起抗击，恰好此时刮起大风，宋师顺风而战，势如破竹，斩俘无数，夺得战马千余匹，西夏兵"相蹂践赴崖谷死者不可胜计"。此役张亢又大胜。

元昊大意丢了琉璃堡，又兵败柏子寨，岂能咽下这口气？遂出大军与张亢会战于麟州兔毛川。

张亢麾下有两支部队，一支叫"万胜军"，名字很好听，其实是由"京师新募市井无赖子弟"组成的，"罢软不能战"。元昊也知道这一点，将万胜军戏称为"东军"。另一支是"虎翼军"，士兵勇悍，西夏人比较忌惮。张亢先命骁将张岊带着精兵数千人，埋伏于兔毛川山后，自己则亲率大军迎战元昊，但他将万胜军的旗号换成"虎翼军"，将虎翼军的旗号换成"万

---

[1] 脱脱等：《宋史·张亢传》。下同。

胜军"。西夏兵不知张亢使诈,专攻打着"万胜军"旗号的虎翼军,虎翼士卒一边拼杀,一边撤退,等西夏兵进入埋伏圈,张亢一声令下,伏兵四出,以短兵强弩,与勇悍的虎翼士卒围攻敌人,大败西夏兵。

兔毛川之战,可以说是仁宗朝宋夏交兵以来,宋师打得最为扬眉吐气的一场胜仗,不但击溃西夏部队,而且打通了麟、府之间的道路,迫使元昊撤兵还师,解了麟、府之围。

宝元—康定年间,宋夏交兵,元昊对宋朝沿边军州发起了三次大规模的进攻,其中三川口之役、好水川之役,西夏大获全胜;而在兔毛川之役中,则铩羽而归。未来,宋夏之间的恶战,将如何收场呢?

第七章 边境风云(下)

庆历元年至庆历四年（1041—1044）

第一节　辽国来使

康定二年（1041）十一月，冬至，距景祐五年郊祀已整整三年，按天子三年一亲郊的惯例，又该举行南郊祭天大典了。有献议者以"西事未宁"[1]为由，请权罢郊祀。不过仁宗没有同意，亲祀天地于圜丘，并宣布改元，改康定二年为庆历元年，大赦天下，蠲免陕西来年夏税十分之二，麟、府二州今年的夏秋二税以及来年夏税"尽蠲之"[2]。

康定的年号，使用不足两年，之所以匆匆改元，按欧阳修的说法，是因为有好事者说，"康定乃谥尔"[3]。

其时，宋王朝与西夏的战事处于胶着、对峙状态，小规模的冲突时有发生，但尚没有爆发大规模的战争。朝廷调整了陕西的军事布防，撤销陕西都部署司，以管勾秦凤路部署司事兼

1　李攸：《宋朝事实》卷四。
2　李焘：《续资治通鉴长编》卷一百三十四。
3　欧阳修：《归田录》卷一。

知秦州的韩琦，管勾泾原路部署司事兼知渭州的王沿，管勾环庆路部署司事兼知庆州的范仲淹，管勾鄜延路部署司事兼知延州的庞籍，分别主持陕西四路军政。

因为在战场上败多胜少，主守的声音如今已占了上风，范仲淹奏攻守二议，仁宗经与辅臣商议后，诏答："将帅累经挫衄，未甚勇果，若幸于或胜，恐非良筹，假令克获，又烦守备。若且勤于训练，严加捍御，远设探候，制其奔冲，见利乃进，观衅而动，庶可以养锐持久。卿宜深体此意，与邻路互相应援，协心毕力，有便宜密具以闻。"[1] 采取了以防御为主的战略。

与此同时，仁宗也开始考虑与西夏和谈的可能性，毕竟，不管是攻是守，都要长时间屯以重兵，耗费重资，给国计民生带来沉重负担："自陕西四路、河东麟府，远近输挽供给，天下为之劳弊，而解严息甲，未可以日月期也"[2]。主管财政的三司算过一笔账：宝元元年，未用兵时，陕西岁入钱帛粮草一千九百七十八万，岁出一千五百五十一万；用兵后，陕西岁入三千三百九十万，出三千三百六十三万。[3] 财政开销激增两倍。羊毛出在羊身上，这笔军政开销，归根结底，都取自民脂民膏，用知谏院张方平的话来说，"伏见西事以来，应副边备，天下被其劳，凡百赋率至增数倍"[4]。

为改善"国用不赡，民力益困"的状况，仁宗命张方平等

---

1 李焘：《续资治通鉴长编》卷一百三十五。
2 李焘：《续资治通鉴长编》卷一百三十四。
3 李焘：《续资治通鉴长编》卷一百四十。
4 李焘：《续资治通鉴长编》卷一百三十五。

人议"减省浮费",张方平提议"先自宫禁裁省一切用度",仁宗纳其言,内出诏书,"减皇后及宗室妇郊祀所赐之半,着为式";"皇后、嫔御进奉乾元节回赐权罢,边事宁日听旨"。皇后、嫔御也表示各捐五个月俸钱,"以助军费"。[1]

可见战争已给宋王朝造成了巨大的财政压力。正是在这样的背景下,庆历元年(即康定二年)冬至郊祀前,张方平上了一道奏疏,向仁宗提了两点建议:

一、请陛下南郊大礼后,发一道"示绥怀之意"[2]的诏书或敕文,揭榜于塞上。诏书的内容张方平也代为起草好了:"夫王者,以天下为度,含生之类,罔不亭育。况朔方、灵武、河西五郡,皆是王土。顷自德明以来,克保外臣之节,朝廷眷待,恩礼至隆。去年元昊遣使人来称,为本蕃推戴,欲僭窃位号。缘其附顺三十余年,忽此奏陈,不无疑骇,见情未审,遂至兴兵,使边人不宁,遭罹涂炭。今亲郊礼成,庆泽大行,乃眷西顾,恻然轸念,亏于抚育,吾甚悔之。"

二、请陛下"泛告边臣以谨守封略,勿事杀伐之意","自今夏州或有使人至边愿通奏朝廷,毋得遏绝,令边臣受而上闻"。

张方平又说:"今边事之费,岁课千万,用兵以来,系累杀戮不啻十万人。故自古以来,论边事者莫不以和戎为利,征戍为害,盖深念此也。愿陛下延召二府大臣,商愚计而施行之。"

仁宗读了张方平的奏疏,说道:"是吾心也。"随着时间的推移,这位温和、懦弱的君主,已经消弭了两年前初闻元昊叛

---

[1] 李焘:《续资治通鉴长编》卷一百三十六。
[2] 李焘:《续资治通鉴长编》卷一百三十四。下同。

宋仁宗时的怒气、一年前决意进兵西夏时的雄心,现在他最忧心的,是这场旷日持久的军事对峙该如何终结,是战争对国计民生造成的影响将如何平复。所以,他对张方平的进言深有感触,将奏疏发给中书。宰相吕夷简读后,对张方平拱手说:"公言及此,社稷之福也。"

于是仁宗在冬至郊祀过后,给延州发了一道指令:"若元昊专遣人投进表章,即且拘留之,先具事宜以闻。若令伪官持私书至州,须候朝廷处分,然后报之。"

但和谈需要宋夏双方都拿出诚意,不能"剃头担子一头热"。那么,元昊是不是也有和平谈判之心呢?

应该说,是有的。首先,自宋夏交兵以来,元昊虽然在战场上数败宋师,连陷城寨,但每攻下一地,均只能掠夺生民、财物而走,不能占据宋朝尺寸之地,不但"取陕右地,据关辅形胜"[1]的野心未能实现,迫使宋王朝承认西夏独立的目标也无法达成。

而且,战争是"杀敌一千,自损八百"的残酷游戏,战场上元昊虽小胜,但西夏军民亦"死亡创痍过半,国中困于点集"[2]。庆历二年(1042)秋,西夏还发生旱灾,"有黄鼠数万,食稼且尽,国中大饥"。宋王朝的经济封锁也重创了西夏的财政与国民经济,"财用不给,牛羊悉卖契丹,饮无茶,一绢之值八九千钱",以致境内出现"十不如"的民谣传唱,控诉元昊与宋朝交兵导致生活发生大倒退。

---

1 吴广成:《西夏书事》卷十七。
2 吴广成:《西夏书事》卷十六。下同。

所以，纳款请和也是元昊正在考虑中的选项。

正当宋王朝与西夏打打停停、都在寻思是不是议和之时，此前一直坐山观虎斗的辽国，突然也来打南朝的主意。

庆历二年年初，位于宋辽边界的河北路保州（今河北保定）获得一份情报："契丹谋聚兵幽蓟，遣使致书求关南地。"[1] 知保州王果赶紧报告朝廷："契丹潜与昊贼相结，将必渝盟。请自广信军以西缘山口贼马出入之路，预为控守。"仁宗诏令河北安抚司"密修边备"。早在上一年冬天，河北路已有传闻称"契丹将谋入寇"[2]，为此宋廷批准了河北转运司调夫修整沿边二十一座州城的动议，以固城防。

仁宗又诏河北路诸州民兵赴州城参加军训，委知州择其强劲勇武之人，刺字于手背，招纳为义勇军，不愿招刺者释之，只登记其兵籍，以备守葺城池。又诏京东路、河西路造战船五百只，秘密送河北路。复起用前枢密院长官王德用为保静军节度使，知澶州。临行前，仁宗对他说："河北方警，藉卿威名镇抚尔。"[3]

这一切，都是为了防范北方的邻居辽国趁着宋夏交兵之际，突然生事。

宋朝与辽国在签订"澶渊之盟"之前，因为存在领土纠纷，曾经相互征伐。宋辽的领土纠纷，属于典型的历史遗留问题：五代时，后晋石敬瑭割让燕云十六州给契丹，后周世宗柴荣则

---

1 李焘：《续资治通鉴长编》卷一百三十五。下同。
2 李焘：《续资治通鉴长编》卷一百三十四。
3 李焘：《续资治通鉴长编》卷一百三十五。

宋仁宗

夺回燕云十六州中的瀛州、莫州、宁州三州以及瓦桥关、益津关、淤口关三关，此即所谓的"关南之地"。赵宋立国后，为收复燕云，数度发兵北伐；而辽国为取回关南之地，也频频挥鞭南下。

太平兴国四年（979），宋太宗发兵河东，出征割据太原的北汉。契丹应北汉之请，出兵救护，但在太原北面的石岭关遭到宋师伏击。宋太宗平定太原之后，又挥师北进，兵围辽国南京幽州城，想一举收复燕云地区，但与辽师决战于高梁河时，兵败。这是宋王朝第一次大举北伐契丹，以失败告终。

景德元年，辽国萧太后、辽圣宗耶律隆绪举兵二十万，南下攻宋，兵临宋朝澶州城下，这是辽国最后一次大举南攻。宋真宗接受宰相寇准之议，御驾亲征，士气大受鼓舞；而契丹孤军深入，受阻于澶州，大将萧挞览又在澶州被宋人以床子弩射杀，不得不提议和谈。于是，在降辽宋人王继忠的斡旋下，宋真宗派遣谈判代表曹利用赴辽营议和，最终达成"澶渊之盟"。

根据盟书及后续协定，宋辽双方约为兄弟之国，地位平等；宋朝每年给予辽朝岁币十万两银、二十万匹绢，"以风土之宜，助军旅之费"[1]；双方大致按占领现状划定领土边界，立界碑，"沿边州军，各守边界，两地人户，不得交侵"；约定两国互不单方面增加边防武装，"所见两朝城池，并各依旧存守，淘壕完葺，一切如常，不得创筑城隍，开掘河道"；约定双边司法上的合作，"或有盗贼逋逃，彼此无令停匿"，类似于罪犯引渡协定；两国在边境开设榷场，开展双边贸易。

也就是说，按宋辽盟约，宋朝将不再谋求收复燕云地区，

---

[1] 徐梦莘：《三朝北盟会编》卷六。下同。

辽国也不再向宋朝索取关南之地。但现在，由于宋王朝与西夏陷入战争泥潭，无暇经略河北，辽国翰林学士刘六符便鼓动辽兴宗耶律宗真（辽圣宗之子）趁火打劫，聚兵幽涿，声言欲入寇，迫使宋朝归还关南之地。

庆历二年二月，辽兴宗果然以宣徽南院使萧英与刘六符为使者，出使宋朝，给宋仁宗送来一封很不友好的信函：

> 弟大契丹皇帝谨致书兄大宋皇帝：粤自世修欢契，时遣使轺，封圻殊两国之名，方册纪一家之美。盖欲洽于绵永，固将有以披陈。窃缘瓦桥关南是石晋所割，迄至柴氏，以代郭周，兴一旦之狂谋，掠十县之故壤，人神共怒，庙社不延。至于贵国祖先肇创基业，寻与敝境继为善邻。暨乎太宗绍登宝位，于有征之地，才定并汾，以无名之师，直抵燕蓟，羽召精锐，御而获退，遂至移镇国强兵、南北王府并内外诸军，弥年有戍境之劳，继日备渝盟之事，始终反覆，前后谙尝。窃审专命将臣，往平河右，炎凉屡易，胜负未闻。兼李元昊于北朝久已称藩，累曾尚主，克保君臣之道，实为甥舅之亲，设罪合加诛，亦宜垂报。迩者郭稹特至，杜防又回，虽具音题，而但虞诈谍。已举残民之伐，曾无忌器之嫌，营筑长堤，填塞隘路，开决塘水，添置边军。既潜稔于猜嫌，虑难敦于信睦。傥或思久好，共遣疑怀，曷若以晋阳旧附之区，关南元割之县，俱归当国，用康黎人。如此，则益深兄弟之怀，长守子孙之计。

宋仁宗

缅惟英悟,深达悃愊。适届春阳,善绥冲裕。[1]

辽兴宗信函的意思是说:关南之地本属大辽,只是被后周夺去;贵国太宗皇帝也曾无故攻打燕云,这才导致宋辽双方互有征战。如今贵国又屯兵西北,西夏元昊与北朝本有甥舅之亲,即便他得罪贵国,合该征讨,也应当先与北朝协商,焉能说打就打?贵国既然已在缘边增兵,破坏了贵我双方的军事互信,又如何取信于人?若要冰释猜嫌,请贵方归还关南十县。

这封信函,一个月前已被宋朝知保州王果花重金买到底稿,送呈京师,所以,信函的大体内容,宋朝君臣是知道的。而且,萧英与刘六符尚未入境,宋廷也已获悉辽使将至,仁宗决定选一位有胆略、有见识、能言善辩的朝臣为接伴,前往边境雄州迎接辽使。

群臣都知来者不善,善者不来,"皆惮行"。宰相吕夷简推荐知制诰富弼接下这个棘手的任务。富弼入对于便殿,向仁宗拜别说:"主忧臣辱,臣不敢爱其死。"仁宗为之动容。

富弼带着中使(内侍,仁宗的个人特使),于二月初二从东京出发,至雄州等候多日,萧英、刘六符才入境。富弼与中使前往慰劳,萧英态度十分傲慢,以有足疾为由,拒绝给中使施礼。富弼说:"吾尝使北,病卧车中,闻命辄拜。今中使至而君不起,此何礼也?"萧英这才起身,让人扶着,向宋朝中使作揖行礼。

富弼看出辽使其实也知道己方先违盟约,因而底气不足,

---

[1] 李焘:《续资治通鉴长编》卷一百三十五。下同。

外厉内荏,便一路上与他们交心尽言,晓明厉害。萧英渐渐地也对富弼"推诚无隐",悄悄向富弼透露了一个信息:辽兴宗这次遣使,是想为皇子梁王耶律洪基求娶宋朝公主,辽宋和亲。萧英还对富弼推心置腹地说:"可从,从之。不从,更以一事塞之。王者爱养生民,旧好不可失也。"

待萧英等人抵京,仁宗派御史中丞贾昌朝为馆伴,负责接待辽国使者。富弼将辽兴宗请和亲的意思报告给仁宗与宰执大臣,辅臣认为,和亲倒未尝不可,可许以信安僖简王赵允宁之女与耶律洪基结婚。富弼与贾昌朝则坚持不可和亲,贾昌朝干脆说,"和亲辱国而尺地亦不可许"[1]。

早年,辽兴宗之弟耶律重元因得母后萧耨斤宠爱,"号大弟,挟太后势用事,横于国中",又曾与宋朝"自通书币",贾昌朝便对辽使刘六符说,和亲这事,不如请大弟斡旋一下。刘六符说:"此于太后则善,然于本朝不便也。"贾昌朝说:"即如此,而欲以梁王求和亲,皇帝岂安心乎?"[2] 刘六符无言以对,后在拜见仁宗时,只是呈上辽兴宗的书信,并没有提出和亲之议。

仁宗看了信函,又将信函交给辅臣传看,君臣"色皆不动"[3]。刘六符很是惊讶,"疑其事先漏也",他想不到宋朝早已购得辽兴宗书信的底稿。

在接见刘六符之前,仁宗经与大臣商议,确立了一条谈判的底线:地不可割,割地不可议;其他可议,或增加岁币,或和亲。但新的协议如何达成,细则如何敲定,还需要继续谈。仁宗决

---

[1] 李焘:《续资治通鉴长编》卷一百三十八。
[2] 李焘:《续资治通鉴长编》卷一百三十五。
[3] 李焘:《续资治通鉴长编》卷一百五十。下同。

宋仁宗

定派一位有勇有谋的使者前往辽国，与辽兴宗谈判。

那么，派谁去呢？

第二节　富弼使辽

仁宗本欲任命贾昌朝为出使辽国的国信使，但贾昌朝力辞，不敢担此大任。这也可以理解，因为这番出使辽国，事关重大，应对稍有失误，便可能会给国家带来灭顶之灾。我们知道，辽兴宗的要求咄咄逼人：一要宋朝割地，二要与宋朝和亲。割地，仁宗决不同意；和亲，仁宗虽不反对，但贾昌朝本人无法接受。那么，该如何说服辽兴宗放弃这两项要求呢？万一双方一言不合，彼此翻脸，辽国势必与西夏合兵，夹击宋朝，国家便大难临头了。

最后，还是富弼接下了使辽的任务。庆历二年四月，仁宗以富弼为回谢契丹国信使，赴辽国谈判。临行前，仁宗擢富弼为枢密直学士，但富弼固辞不受，说："国家有急，惟命是从，不敢惮劳，臣之职也，奈何逆以官爵赂之。"[1]

富弼至辽国境内，辽兴宗以刘六符为馆伴，接待宋朝使者。刘六符问富弼："北朝皇帝坚欲割地，如何？"富弼说："北朝若欲割地，此必志在败盟，假此为名，南朝决不从，有横戈相

---

[1] 李焘：《续资治通鉴长编》卷一百三十五。

待耳。"[1]

及见了辽兴宗，富弼呈上由翰林学士王拱辰起草、以仁宗皇帝名义致辽兴宗的回信：

> 昔我烈考章圣皇帝（真宗）保有基图，惠养黎庶，与大契丹昭圣皇帝（辽圣宗）弭兵讲好，通聘著盟，肆余纂承，共遵谟训，边民安堵，垂四十年。兹者专致使臣，特诒缄问。且以瓦桥内地，晋阳故封，援石氏之割城，述周朝之复境，系于异代，安及本朝！粤自景德之初，始敦邻宝之信，凡诸细故，咸不置怀。况太宗皇帝亲驾并郊，匪图燕壤，当时贵国亟发援兵，既交石岭之锋，遂举蓟门之役，义非反覆，理有因缘。元昊赐姓称藩，禀朔受禄，忽谋狂僭，傲扰边陲。向议讨除，已尝闻达，杜防、郭稹传道备详，及此西征，岂云无报。聘轺旁午，屡闻嫉恶之谈，庆问交驰，未喻联亲之故，忽窥异论，良用悯然！谓将軫于在原，反致讥于忌器。复云营筑堤埭，开决陂塘，昨缘霖潦之余，大为衍溢之患，既非疏导，当稍缮防，岂蕴猜嫌，以亏信睦。至于备塞隘路，阅集兵夫，盖边臣谨职之常，乃乡兵充籍之旧，在于贵境，宁彻戍兵。一皆示以坦夷，两何形于疑阻。顾惟欢契，方保悠长，遽兴请地之言，殊匪载书之约。信辞至悉，灵鉴孔昭，两地不得相侵，缘边各守疆界。誓书之外，

---

[1] 李焘：《续资治通鉴长编》卷一百三十七。

宋仁宗

一无所求,期在久要,勿违先志。谅惟聪达,应切感思。甫属清和,妙臻戬谷。自余令富弼口陈。[1]

在这封复函中,宋仁宗对辽兴宗致书的质难一一作出反驳:昔日太宗伐燕,是因为贵国援助北汉,岂是出师无名?自我朝真宗皇帝与贵国圣宗订立"澶渊之盟",宋辽领土纷争的历史遗留问题已解决,双方和平相处已有四十年,何以贵国今天违背盟约,重翻关南旧篇?至于西夏,称臣已久,突然叛变,我朝兴兵之时,已经知会贵国,贵国与西夏既然是舅甥之亲,为何不加管束西夏,反而诘难我朝?愿贵我双方,勿违先志,谨遵盟约。

呈上仁宗回函之后,富弼又问辽兴宗:"两朝人主,父子继好,垂四十年,一旦忽求割地,何也?"[2]

辽兴宗说:"南朝违约,塞雁门,增塘水,治城隍,籍民兵,此何意也?群臣竞请举兵,而寡人以谓不若遣使求关南故地,求而不得,举兵未晚也。"这是向富弼施压:我朝大臣都嚷着要进兵,是我压着呢,说先与南朝谈谈,先礼后兵,谈不拢再发兵。

富弼反问道:"晋高祖欺天叛君,而求助于北,(后唐)末帝昏乱,神人弃之。是时,中国狭小,上下离叛,故契丹全师独克……今中国提封万里,所在精兵以万计,法令修明,上下一心,北朝欲用兵,能保其必胜乎?"

---

1 李焘:《续资治通鉴长编》卷一百三十五。
2 李焘:《续资治通鉴长编》卷一百三十七。下同。

辽兴宗承认："不能。"

富弼又说："胜负未可知，就使其胜，所亡士马，群臣当之欤，抑人主当之欤？若通好不绝，岁币尽归人主，臣下所得止奉使者岁一二人耳，群臣何利焉？"富弼告诉辽兴宗：宋辽若交兵，对贵国的军事贵族有利，因为他们可以大发战争财；对您不利，因为战争的伤亡，都由您来承担责任。宋辽和平，对您有利，因为南朝赠送的岁币，都归您支配；而臣下只有一二名担任使者的人，才有机会得到南朝赏赐。所以，贵国的军事贵族才会起劲鼓动您兴兵。辽兴宗一听，觉得有道理，连连点头。

富弼趁热打铁，解释宋王朝在边关修筑防御工事，都是为了防备西夏元昊，并非针对辽国，更不是违背"澶渊之盟"。

辽兴宗说："然寡人所欲得者祖宗故地耳。"

富弼说："晋高祖以卢龙一道赂契丹，周世宗复伐取关南，皆异代事。宋兴已九十年，若各欲求异代故地，岂北朝之利乎？"燕云、关南都是五代遗留的问题，若契丹执意想取回关南，那我朝还想收复燕云呢，如此相争，对贵国又有什么好处？

辽兴宗被问得不知如何作答，便转过话题："元昊称藩尚主，南朝伐之，不先告我，何也？"

富弼说："北朝向伐高丽、黑水，岂尝报南朝乎？天子令臣致意于陛下曰：'向不知元昊与弟通姻，以其负恩扰边，故讨之，而弟有烦言，今击之则伤兄弟之情，不击则不忍坐视吏民之死，不知弟何以处之？'"

辽兴宗沉思良久，说："元昊为寇，岂可使南朝不击乎？"承认宋朝出兵西夏有其理由。

经过第一轮谈判，辽兴宗意识到向宋朝索要关南之地，似乎不大可能。不过，他还想继续向富弼施压，便吩咐刘六符与富弼再谈。

刘六符问富弼:"昔太宗既平河东,遂袭幽燕,今虽云用兵西夏,无乃复欲谋燕蓟乎?"

富弼说:"太宗时,北朝先遣拽剌梅里来聘,既而出兵石岭以助河东,太宗怒其反覆,遂伐燕蓟,盖北朝自取之也。"

刘六符又说:"吾主耻受金帛,坚欲十县,如何?"

富弼答道:"南朝皇帝尝言:'朕为人子孙,岂敢妄以祖宗故地与人。昔澶渊白刃相向,章圣尚不与昭圣关南,岂今日而可割地乎?且北朝欲得十县,不过利其租赋耳,今以金帛代之,亦足坐资国用。朕念两国生民,不欲使之肝脑涂地,不爱金帛以徇北朝之欲。若北朝必欲得地,是志在背盟弃好,朕独能避用兵乎?且澶渊之盟,天地神祇,实共临之。今北朝先发兵端,朕不愧于心,亦不愧天地神祇矣。'"

刘六符听了,对同僚说:"南朝皇帝存心如此,大善。当共奏,使两主意通。"

次日,辽兴宗邀请富弼打猎,让富弼骑马走在他身边,问富弼有什么话想跟他说。富弼说:"南朝惟欲欢好之久尔。"

辽兴宗说:"我得地则欢好可久。"

富弼说:"南朝皇帝遣臣闻于陛下曰:'北朝欲得祖宗故地,南朝亦岂肯失祖宗故地耶?且北朝既以得地为荣,则南朝必以失地为辱矣。兄弟之国,岂可使一荣一辱哉?朕非忘燕蓟旧封,亦安可复理此事,正应彼此自喻尔。'"

第一轮谈判之后,辽兴宗不再坚持索要关南之地。他又让刘六符告诉富弼:"皇帝闻公荣辱之言,意甚感悟。然金帛必不欲取,惟结婚可议尔。"又提出和亲的要求。

富弼说:"结婚易以生衅,况夫妇情好难必,人命修短或异,则所托不坚，不若增金帛之便也。"

刘六符又说："南朝皇帝必自有女。"

富弼说："帝女才四岁，成婚须在十余年后，虽允迎女成婚，亦在四五年后。今欲释目前之疑，岂可待哉？"他认为辽国提和亲，只是贪图嫁妆，所以又说："南朝嫁长公主故事，资送不过十万缗尔。"

之后，辽兴宗不再提和亲，让富弼先归宋。富弼说："二论未决，安敢徒还，愿留毕议。"辽兴宗说，下次南朝使者持誓书来，再确定是取和亲，还是取增币。

于是富弼还朝，仁宗再次授予富弼枢密直学士，但富弼还是坚辞不受。

庆历二年七月，仁宗又以富弼为国信使，再次出使辽国，与辽兴宗交换誓书、国书。富弼带了三份誓言，代表三个方案：一、若契丹能促成西夏向宋朝纳款称臣，则宋朝每岁增金帛二十万；二、若不能，则每岁只增金帛十万；三、若和亲，则不增金帛。供辽国三选一。

八月，富弼抵达辽国，拜见辽兴宗、皇太弟耶律重元、皇子梁王耶律洪基。辽兴宗说："姻事使南朝骨肉暌离，或公主与梁王不相悦，则将奈何？固不若岁增金帛。"选择了岁增金帛二十万的方案。但他又提了一个要求：南朝岁增金帛，"须于誓书中加一'献'字乃可"。

富弼不同意："'献'字乃下奉上之辞，非可施于敌国（指平等之国）。况南朝为兄，岂有兄献于弟乎？"

辽兴宗说："南朝以厚币遗我，是惧我也，'献'字何惜？"

富弼说："南朝皇帝守祖宗之土宇，继先皇之盟好，故致币帛以代干戈，盖惜生灵也，岂惧北朝哉？今陛下忽发此言，正欲弃绝旧好，以必不可冀相要耳，则南朝亦何暇顾生灵哉？"暗示若辽国坚持用"献"，则宋朝将不惜交兵。

辽兴宗又说："改为'纳'字如何？"

富弼说："亦不可。"

辽兴宗说："必与寡人加一'纳'字，卿无固执，恐败乃主事。我若拥兵南下，岂不祸乃国乎？"

富弼说："陛下用兵，能保其必胜否？"

辽兴宗承认："不能。"

富弼又说："胜未可必，安知其不败邪？"

辽兴宗说："南朝既以厚币与我，'纳'字何惜，况古有之。"

富弼说："自古惟唐高祖借兵于突厥，故臣事之。当时所遗，或称'献''纳'，亦不可知。其后颉利（突厥可汗）为太宗所擒，岂复更有此理？"

辽兴宗见富弼辞色俱厉，知道不可折服，便说："我自遣使与南朝皇帝议之，若南朝许我，卿将何如？"

富弼说："若南朝许陛下，请陛下与南朝书，具言臣等于此妄有争执，请加之罪，臣等不敢辞。"

辽兴宗说："此乃卿等忠孝为国之事，岂可罪乎！"

这次会谈结束，富弼去见刘六符，指着帐前高山说："此尚可逾，若欲'献''纳'二字，则如天不可得而升也。使臣颈可断，此议决不敢诺。"然后，留下"许岁增金帛二十万"的誓书，始终不肯在誓书上加一"纳"字，辞别刘六符，归宋。

辽兴宗随即又派刘六符为使，带着辽国的誓书、国书使宋报聘。按宋辽交聘惯例，两国交换誓书与国书，表示达成盟约。其时，富弼刚从辽国还至雄州，朝廷便让富弼为接伴使，迎接辽国使者，并指示："有朝廷合先知者急置以闻。"富弼以急脚递报告朝廷："彼求'献'、'纳'二字，臣既以死拒之，敌气折矣，可勿复许。"

九月，刘六符到达东京，觐见宋仁宗，送上辽国誓书，上面写道："窃以两朝修睦，三纪于兹，边鄙用宁，干戈载偃，追怀先约，炳若日星。今绵祀已深，敦好如故，如关南县邑，本朝传守，惧难依从，别纳金帛之仪，用代赋税之物，每年增绢一十万匹，银一十万两。前来银绢，搬至雄州白沟交割。两界溏淀已前开畎者并依旧外，自今已后不得添展。"果然有一"纳"字。

按富弼的意见，朝廷应该坚决拒绝这份誓书，要求辽国删去"纳"字，但枢密使晏殊为息事宁人，认为"纳"字亦无伤大雅，朝廷遂从晏殊之议，许称"纳"字。就这样，宋辽于庆历二年互换的誓书，宋朝誓书无"纳"字，辽国誓书有"纳"字。晏殊是富弼的岳父，早年还有些书生意气，晚年却表现得怯弱、因循，附和首相吕夷简，连一个"纳"字都不敢拒绝，富弼对这么一个岳父很是瞧不起。

这次谈判，辽国无疑得了大便宜，"岁得金帛五十万（三十万为澶盟约定，二十万为庆历新增）"，两次使宋的刘六符为契丹立了大功劳，因而深受辽兴宗赏识，加官晋爵，子孙显贵不绝。

站在宋朝的角度来看，尽管在这场谈判中，因"方困西兵，宰相吕夷简等持之不坚，许与过厚"，不过，总算化解了宋辽交恶的危机，且得到辽国愿出面督促西夏纳款称臣的承诺。

富弼两次使辽，不辱使命，也获仁宗赞赏。闰九月，仁宗复命富弼为枢密直学士，富弼又固辞。十月，仁宗又擢富弼为翰林学士，富弼说："增金帛与敌和，非臣本志也。特以朝廷方讨元昊，未暇与敌角，故不敢以死争尔，功于何有，而遽敢受赏乎！愿陛下益修武备，无忘国耻。"[1] 还是不接受任命状。

第三节　连环离间计

在宋王朝与辽国的国信使来回谈判、折冲樽俎的时候，宋仁宗与元昊也在寻求和谈的可能性。但，和平不会那么容易就到来。

庆历二年秋，西北沿边诸路都在传言"元昊为西蕃所败，野利族叛，黄鼠食稼，天旱，赐遗、互市久不通，饮无茶，衣帛贵，国内疲困，思纳款"。知延州庞籍趁机叫人给元昊的部将野利旺荣写了一封信，诱他投诚："倘阴图内附，即当以西平茅土分册之。"[2] 知渭州王沿也派了僧人法淳，带着书函与金宝招降野利旺荣的兄弟野利遇乞。

野利旺荣、野利遇乞是西夏野利部落的首领，又是元昊野利皇后的从父（一说野利皇后为旺荣之妹），封号"大王"，兄弟"皆有才谋"，"分掌左、右厢兵"[3]，深得元昊倚重。如果能策反野利兄弟，无异于斩断元昊的左右臂膀。不过庞籍与王沿的计划都没有成功。

镇守青涧城的种世衡谋划了很长时间，想以离间计除去野利兄弟。恰好这一年，野利旺荣指使蕃将浪埋、赏乞、媚娘三

1　李焘：《续资治通鉴长编》卷一百三十八。
2　李焘：《续资治通鉴长编》卷一百三十八。
3　吴广成：《西夏书事》卷十五。

人到青涧城诈降，以打入青涧城内部。种世衡知其诈，心想："与其杀此三人，不若因以为间。"遂将计就计，将浪埋等三人留下来，任命他们监商税，"出入有骑从"，甚是风光。[1]

大约庆历二年夏，种世衡选了一位叫王嵩的心腹亲信，带着一封用蜡丸密封的信函，进入夏境，故意让野利旺荣的卫兵捉住。卫兵从王嵩身上搜得蜡丸，蜡丸内藏有一颗枣子，连着一纸画龟，枣龟谐音"早归"，"谕以早归之意"。[2]

卫兵押着王嵩去见野利旺荣。野利旺荣不是傻瓜，看了蜡丸内的枣、龟，大笑说："种使君亦长矣，何为此儿戏耶！"将信使王嵩扣留下来，押至夏州，连同密函一块交给元昊。元昊将王嵩关押在地窖里，另派亲信李文贵以野利旺荣信使的名义，于庆历二年六月去青涧城见种世衡。不过，此时种世衡经范仲淹举荐，已徙知环州，所以李文贵见到的宋朝长官是知延州的庞籍。

李文贵问道："不达所遗书意，岂欲通和乎？"[3] 他可能以为派王嵩投递密函的人是庞籍，又告诉庞籍，自用兵来，"牛羊悉已卖契丹，一绢之直（值）为钱二千五百，人情便于和"。但庞籍不相信元昊有求和的诚意，派李文贵来是施放烟雾弹，此前，元昊已不止一次这么做。所以，庞籍也将李文贵扣留下来，软禁于青涧城。

应该说，这个时候，元昊是做着战、和两手准备的。在得不到李文贵音讯的情况下，元昊与相国、军师张元商议对策，

---

1 李焘：《续资治通鉴长编》卷一百三十八。
2 脱脱等：《宋史·夏国传》。下同。
3 李焘：《续资治通鉴长编》卷一百三十八。下同。

张元献策:"中国精骑并聚诸边,关中少备。若重兵围胁边城,使不得出战,可乘间深入,东阻潼关,隔绝两川贡赋,则长安在掌中矣。"[1]元昊纳其言,于庆历二年闰九月,聚兵十万,兵分两路,一出刘璠堡(今宁夏固原清水河畔),一出彭阳城(今宁夏彭阳),合攻宋朝泾原路的镇戎军。

管勾泾原路部署司事兼知渭州的王沿急令泾原副都部署葛怀敏领兵御敌。元昊又施诱敌深入的故智,以小股兵力佯败,将葛怀敏部队引至设伏的定川寨(今宁夏固源)。结果,宋师又一次落入西夏大军的包围圈。葛怀敏战死,九千余名士卒、六百余匹战马被西夏人掳走。

大破葛怀敏之后,元昊乘胜南掠,直抵渭州,"焚荡庐舍,毁夷寨栅",更依张元之议,打出一面大旗,上书"朕今亲临渭水,直据长安"之语。一时间,"关中震恐,居民多窜山谷间"[2]。知庆州范仲淹率领六千士兵,驰援渭州。元昊担心被宋师截断归路,终究不敢"直据长安",掳掠、焚毁一番后,又退回西夏境内。

定川寨大败的战况传回京师,朝野震动,宰相吕夷简惊呼:"一战不及一战。吁!可骇也。"[3]仁宗听说范仲淹已发援兵,指着地图对左右说:"若仲淹出援,吾无虑矣。"不久,报告元昊退兵的边报传来,仁宗悬着的心才放下来,说:"吾固知仲淹可用。"[4]

十一月,仁宗复置陕西都部署司,以韩琦、范仲淹、庞籍

---

1 吴广成:《西夏书事》卷十六。下同。
2 李焘:《续资治通鉴长编》卷一百三十八。
3 田况:《儒林公议》。
4 李焘:《续资治通鉴长编》卷一百三十八。

分领陕西四路都部署、经略安抚兼缘边招讨使，范仲淹、韩琦同驻西北战略要地泾州，庞籍驻延州。范仲淹又举荐文彦博知秦州，主持秦凤路军政；滕宗谅知庆州，主持环庆路军政；张亢知渭州，主持泾原路军政。葛怀敏的上司王沿则为定川寨之败负责，降知虢州（今河南灵宝）。

元昊虽在定川寨之役中获胜，但十一月进攻彭阳城时，却被守将景泰击退；与宋师争夺马蹄川（今陕西子长）时，也未能得逞。对元昊最大的创伤来自西夏君臣的内讧，而内讧的导火索，是种世衡点燃的。

我们前面说过，种世衡派了王嵩入夏境，离间元昊与权臣野利旺荣的关系。野利旺荣将王嵩抓起来，交给了元昊，表明绝无背叛的心迹，看似种世衡的离间计已被识破，谁知种世衡老谋深算，是故意让王嵩被抓的，好戏还在后头呢。

种世衡派去西夏投书的王嵩，原是一名刚勇有谋的江湖豪杰，曾出家为僧，法号法崧。他又"习知西境山川道路"[1]，多次为种世衡当向导，袭击西夏的营寨，令西夏人防不胜防。

种世衡知王嵩可大用，便"召置门下，恣其所欲，供亿无算"，不管王嵩想吃什么，喝什么，玩什么，种世衡都满足他，眉头都不皱一下。王嵩喜饮酒，种世衡就给他最好的美酒。对种世衡的知遇与厚待，王嵩深为感激，决心为种世衡赴汤蹈火，士为知己者死，在所不辞。

这样过了一年多，种世衡召见王嵩，对他说，我想请你到西夏执行一项艰辛的任务，你能答应吗？王嵩说，万死不辞。

---

[1] 李焘：《续资治通鉴长编》卷一百三十五。下同。

种世衡说:"敌若得汝,考掠求实,决不胜痛,当以实告邪?"王嵩说:"誓死不言。"种世衡说:"先试之。"将王嵩关入地牢,严刑拷打,王嵩果然咬紧牙关,不出一言。种世衡说:"汝真可也。"这才派遣王嵩去给野利旺荣送密函。

种世衡让王嵩带去的密函其实有两封,一封就是野利旺荣见到的藏在蜡丸的枣子、纸龟。还有一封,种世衡密缝在一件絮袍内,让王嵩穿着,叮嘱说:"此非濒死不得泄,若泄时,当言'负恩不能成将军之事也'。"[1] 王嵩牢牢记在心里。

野利旺荣将王嵩交给元昊,以证明他对西夏的忠心耿耿。但元昊毕竟是雄猜之主,看了蜡丸中的枣、龟,还是对野利旺荣起了一点疑心,但也只是疑心而已,还不敢相信野利旺荣会背叛自己。因此,他扣留王嵩,看能不能逼问出一点什么。但不管元昊怎么逼供,王嵩始终不发一言,"至棰楚极苦,终不说"。

其后,元昊在定川寨大败宋师,回到夏州,又提审王嵩:"不速言,死矣。"王嵩闭口不言,元昊也死了心,命左右"曳出斩之"。王嵩这才大号而言:"空死,不了将军事矣。吾负将军!吾负将军!"元昊急追问之,王嵩这才脱下衣袍,拆开夹层,从中取出另一封信函。元昊一看,原来是种世衡给野利旺荣的密函:"浪埋等已至,朝廷知王有向汉心,命为夏州节度使,俸钱月万缗,旌节已至。"[2] 之前,浪埋等三人归降种世衡并受"重用",元昊是知道的。

这下,元昊确信野利旺荣已起了叛变之心,不过他不动声

---

1 朱逢甲:《间书》。下同。
2 李焘:《续资治通鉴长编》卷一百三十八。

色,没有立即动野利旺荣;直至三年后,才寻机诛杀了野利旺荣,并灭其家。对王嵩,元昊倒没有加害,继续关在地窖中。毕竟,这是一张可用来对付种世衡的牌。

可是,种世衡使出来的离间计还没有结束呢。

按清人辑录的西夏编年史《西夏书事》记载,野利旺荣被诛后,他的兄弟野利遇乞仍手握重兵。不过,野利遇乞与元昊的乳母白姬有隙,白姬曾在元昊跟前诬告遇乞私通宋朝,元昊"疑而未发"[1]。种世衡打探到这一情报,便花重金买通了一名西夏部落酋长,让他设法盗走野利遇乞的一把宝刀,这把宝刀是元昊以前赏赐给野利遇乞的。

种世衡得刀,又命人夜间入西夏边境,在山谷中焚烧纸钱,祭奠旺荣、遇乞兄弟。火光照耀川谷,西夏人很快就发现了,过来搜山,结果在余烬中找到一把野利遇乞的宝刀、一些银器,以及一份未完全烧掉的纸板。纸板上有文字,是种世衡写给野利兄弟的祭文,祭文"多述野利兄弟有意中国,并叙涉境相见之欢,哀其垂成而失",又说"遇乞内投,以刀为信,今为白姬谮死,乃越境设祭",云云。其实,这都是种世衡故意留给元昊看的。

元昊见了纸板文字以及野利遇乞的宝刀,嘴上什么都不说,心里却想起乳母说过的话,便不动声色夺了野利遇乞的兵权,然后赐死。就这样,元昊将自己最得力的两员大将都弄死了。

种世衡长子种古后来曾诣阙请功:"父世衡在青涧城尝遣王嵩入夏国反间,其用事臣野利旺荣兄弟皆被诛。元昊由是势

---

[1] 吴广成:《西夏书事》卷十七。下同。

衰，纳款称臣。"[1]后世民间讲史文人也相信，自野利兄弟死后，"元昊之势稍弱，遂请与宋和"[2]。

但著《续资治通鉴长编》的史家李焘考证说，种世衡遣王嵩，只是"离间元昊君臣，遂成猜贰"，却未直接促使元昊下手诛杀野利旺荣，因为野利兄弟被诛，是在种世衡去世之后，其时，宋夏亦已议和。李焘认为，种世衡命人越境祭奠野利兄弟，可能是用"兵家诡道"，故意加深元昊对野利兄弟的猜疑。[3]

不管怎么说，种世衡的离间计在一定程度上是成功的，至少让元昊对势力强大的西夏野利部产生了猜忌，即便离间计不是野利兄弟被杀的直接原因，也是诱因之一。而对野利部的猜疑，也确实削弱了元昊的声势，促使他不得不谋求与宋朝和谈。

第四节　宋夏议和（一）

宋夏交战数年来，且不说战场上的伤亡，双方的国计民生都深受其害。仁宗毕竟不是一位好战的君主，在最初的愤怒消退之后，他越来越希望能够以一种还算体面的方式结束这场旷日持久的军事对峙。

此时，由于宋辽已经达成新的盟约，辽国便一面派林牙耶

1　李焘：《续资治通鉴长编》卷一百六十七。
2　吕安世原辑、蔡东藩增订：《中华全史演义》第三十二回。
3　李焘：《续资治通鉴长编》卷一百五十五。

律祥至西夏,"赍诏谕元昊令息兵"[1],一面遣林牙萧偕知会宋朝,称"元昊欲归款南朝而未敢,若南朝以优礼怀来之,彼宜洗心自新"[2]。

于是,庆历二年十二月,仁宗给驻延州的庞籍发去一封密诏,让他派人到西夏招纳元昊:"元昊苟称臣,虽仍其僭号亦无害;若改称单于、可汗,则固大善。"按仁宗的意思,如果西夏能够对宋朝称臣,那么,即便元昊在其国内自号为帝,也不妨睁一只眼、闭一只眼,双方可以达成和议。

庞籍认为,定川寨大战后,"元昊骤胜方骄,若中国自遣人说之,彼益骄蹇,不可与言"。这个时候,宋朝不宜主动派人议和。那么,又该如何向元昊发出和议的信号呢?庞籍想起了一个人——我们应该还记得,定川寨战役发生之前,元昊曾以野利旺荣的名义派遣信使李文贵到延州青涧城试探和谈的可能性,被庞籍扣留在青涧城。这个李文贵倒是转达和谈信息的最佳人选。

庞籍叫人将李文贵带来,对他说:"汝之先主及今主之初,奉事本朝,皆不失臣节。汝曹忽无故妄加之名,使汝主不得为臣,纷纷至今。彼此之民,肝脑涂地,皆汝群下之过也。汝犯边之初,以国家久承平,民不习战,故屡为汝胜。今边民益习战,汝之屡胜,岂可常邪?我国家富有天下,虽偏师小衄,未至大损。汝一败,则社稷可忧矣。天之立天子者,将使博爱四海之民而安定之,非必欲残彼而取快也。汝归语汝主,若诚能悔过从善,

---

1 李焘:《续资治通鉴长编》卷一百四十二。
2 李焘:《续资治通鉴长编》卷一百三十八。下同。

称臣归款，以息彼此之民，朝廷所以待汝主者，礼数必优于前。"

李文贵顿首说："此固西人日夜之愿也。龙图（指庞籍，时庞籍馆职为龙图阁直学士）能为言之朝廷，使彼此休兵，其谁不受赐！"庞籍便送了李文贵一份厚礼，让他回西夏，说服元昊称臣。

元昊虽好战，战争却成了西夏不能承受之重，所以他也想罢兵和谈。但碍于面子，他不想由自己率先提出和议，更不想屈服称臣。李文贵回来转达庞籍的话，让他看到了宋王朝似乎也有迫切议和的意愿，因而大喜，便以野利旺荣的名义，修书一封，让李文贵带着去延州见庞籍。之所以借野利旺荣的名义致信，是欲"假臣下名以伺动静"[1]。

为表示和谈的诚意，元昊将王嵩从地窖里放出来，让他与李文贵一起至延州。被元昊关了大半年的王嵩，终于得见天日，回归宋境。因为离间西夏君臣有功，他被提拔为右侍禁、阁门祗候。

庞籍看了李文贵带来的书信，书信以野利旺荣的名义说，夏国也想议和，但元昊不可以削去帝号，因为称帝这件事，"如日之方中，止可顺天西行，安可逆天东下"[2]。庞籍见来信措辞不逊，不敢擅自答复，便叫人快马送至京师，请朝廷定夺。宰辅签发了一道回复野利旺荣的诏书，送到延州。庞籍见诏书称野利旺荣为"太尉"，觉得不妥，又回奏朝廷："太尉，天子上公，非陪臣所得称，使旺荣当之，则元昊不可复臣矣。今其书自谓

1　吴广成：《西夏书事》卷十六。
2　李焘：《续资治通鉴长编》卷一百三十八。下同。

宁令或谟宁，皆虏官，中国不能知其义，称之无嫌也。"

不久，元昊又以野利旺荣的名义给庞籍致信，表达的意思还是：元昊仍保留僭号，而向宋王朝"称臣纳款"。庞籍告诉来使，"汝主如有诚心，必专使奉表削僭号，乃敢闻于朝"[1]，"名号正，则议易合尔"[2]。

庆历三年（1043）春正月，元昊正式派遣六宅使、伊州刺史贺从勖为西夏使者，带着元昊的表文，来到延州，要求赴阙觐见仁宗。这是宋夏交恶之后，元昊第一次遣使请和。

庞籍看了元昊请和的表文，见他自称"男邦泥定国兀卒曩霄上书父大宋皇帝"[3]。"兀卒"为西夏语的音译，意译的话，就是君王的意思；"曩霄"则是元昊新改的名字。庞籍说，元昊的称谓名不正、言不顺。贺从勖说："契丹使人至本国，称南朝遣梁适侍郎来言，南北修好已如旧，惟西界未宁，知北朝与彼为婚姻，请谕令早议通和。故本国遣从勖上书。缘本国自有国号，无奉表体式，其称'兀卒'，盖如古单于、可汗之类。"[4]并希望庞籍允许他赴阙。

庞籍又说："天子至尊，荆王（指赵元俨），叔父也，犹奉表称臣。今名体未正，终不敢以闻。"贺从勖说："子事父，犹臣事君也。使从勖得至京师，而天子不许，请归更议之。"庞籍便给仁宗打了一个报告："敌自背叛以来，虽屡得胜，然丧和市之利，民甚愁困。今其辞稍顺，必诚有改事中国之心。愿

---

1 吴广成：《西夏书事》卷十六。
2 李焘：《续资治通鉴长编》卷一百三十八。
3 吴广成：《西夏书事》卷十六。
4 李焘：《续资治通鉴长编》卷一百三十九。下同。

听从勖诣阙,更选使者往其国申谕之,彼必称臣。凡名称礼数及求丐之物,当力加裁损,必不得已则少许之,若所求不违,恐豺狼之心,未易盈厌也。"

仁宗任命刚刚出使辽国回来的知制诰梁适前往延州,与庞籍议定"招怀元昊之礼",然后才许贺从勖赴阙。一路上,贺从勖受到热情接待,"所过州郡,加迎候之礼,(朝廷)又令逐州通判就驿燕劳"[1]。也许仁宗的宰辅团队对西夏这次"遣人赴阙、将议纳和"充满期待。

但并不是所有人都这么乐观,在陕西主持军政的韩琦、范仲淹联名发来奏疏,提醒仁宗:"今元昊遣人赴阙,将议纳和。其来人已称六宅使、伊州刺史,观其命官之意,欲与朝廷抗礼。窃恐不改僭号,意朝廷开许为鼎峙之国,又虑尚怀阴谋,卑词厚礼,请称兀卒,以缓国家之计……"[2]

富弼也说:"今元昊遣其伪官持书,欲议通好,而外皆传言元昊未肯称臣"[3],"元昊臣契丹而不臣我朝,则是契丹为无敌于天下矣。须令称臣,乃可许和"[4]。

他们都认为,元昊不称臣,自号"兀卒",所遣使者称六宅使、伊州刺史,显然是欲与朝廷分庭抗礼,这样的和谈是不可接受的。谏官余靖甚至扬言说不如不和。

此时为庆历三年三月,宋王朝的权力中枢略有调整:仁宗批准首相吕夷简告老致仕,以章得象为平章事兼枢密使,晏殊

---

1 李焘:《续资治通鉴长编》卷一百四十。
2 李焘:《续资治通鉴长编》卷一百三十九。
3 李焘:《续资治通鉴长编》卷一百四十。
4 吴广成:《西夏书事》卷十六。

为同平章事兼枢密使（这是战时状态下宰相兼掌枢密院事的特殊安排）。章、晏二人都是因循守旧的主和派，但他们也不敢就这样与西夏讲和，便告诉贺从勖，"所赍来文字，名体未正，名上一字又犯圣祖讳，不敢进，却令赍回。其称男，情意虽见恭顺，然父子亦无不称臣之礼。自今上表，只称旧名"[1]。

章得象、晏殊又代表朝廷，向贺从勖表达了宋朝与西夏的议和原则：元昊纳款称臣，朝廷册封他为夏国主，"赐诏不名，许自置官属"；并同意在边境保安军设置榷场，开展双边贸易；"岁赐绢十万匹、茶三万斤"。随后，朝廷任命著作佐郎邵良佐为使者，跟随贺从勖至夏州，与元昊继续谈判。

元昊第一次遣使请和，因为自号"兀卒"、拒不称臣，而未获宋朝同意。

五月，契丹的辽兴宗致书宋仁宗，询问"西夏约和之事了与未了"[2]。辽国对宋夏议和事务的积极介入，显示了这场和议的复杂性：不但宋夏有较量，宋辽之间也存在着微妙的明争暗斗。谏官欧阳修对此十分担忧："窃以契丹故习，遇强则伏，见弱便欺。见我无谋，动皆屈就，谓我为弱，知我易欺，故添以金缯，未满其志，更邀名分，抑使必从。无事而来，尚犹如此，若使更因西事揽以为功，别有过求，将何塞请？此天下之人，无愚与智，共为朝廷寒心者也。"

七月，出使西夏的邵良佐回到宋朝，与他一起抵达京师的还有元昊的特使如定聿舍等人。这是元昊第二次遣使请和。

---

[1] 李焘：《续资治通鉴长编》卷一百四十。下同。
[2] 李焘：《续资治通鉴长编》卷一百四十一。下同。

元昊让如定聿舍转达了新的请求：增加岁赐、许割地、放开西夏青盐入宋境贸易、允许夏人至京师市易、不称臣、自立年号、改称"兀卒"为"吾祖"……，"巨细凡十一事"。[1]

章得象、晏殊领导的两府"厌兵"[2]，"欲姑从之"，只有刚刚从陕西回朝担任枢密副使的韩琦坚决反对，屡次请对，告诉仁宗不可如此议和。晏殊说："众议已同，惟韩琦独异。"仁宗让韩琦谈谈反对的理由，韩琦即历陈如此议和之种种不便。仁宗说："更审议之。"让两府再次议决是否许和。两府执政官在中书讨论时，韩琦还是力主不可许和，态度决绝，弄得晏殊很不高兴，"变色而起"。

当时，参加议决许和与否的只有两府大臣，两制、两省、御史中丞等侍从官"并不闻知"。显然，章得象、晏殊并不希望太多人参与讨论议和这件事。对此，谏官余靖与欧阳修都提出抗议。

余靖说："今柄臣密议，外不得闻，一虑或失，救之不及，势之可忧者也。伏乞宣谕大臣，凡此北敌、西戎之事，系国安危者，侍从谏诤之官，悉令闻之，使陈利害，不为漏泄。"欧阳修说："臣见汉唐故事、祖宗旧制，大事必须集议，盖以朝廷示广大，不欲自狭，谋臣思公共，不敢自专，故举事多臧，众心皆服。……元昊请和一事，请于使人未至之前，先集百官廷议，必有长策，以裨万一。"他们都要求通过集议的程序，议决"元昊请和一事"，这一建议得到仁宗的批准。

---

1 吴广成：《西夏书事》卷十六。
2 李焘：《续资治通鉴长编》卷一百四十二。下同。

集议时，多数宋朝官员都反对依元昊所提"十一事"许和，他们对元昊自称"吾祖"的反应尤其强烈。谏官蔡襄说："元昊始以'兀卒'之号为请，及邵良佐还，乃欲更号'吾祖'，足见羌贼悖慢之意也。'吾祖'犹言我翁也。今纵使元昊称臣，而上书于朝廷自称曰'吾祖'，朝廷赐之诏书，亦曰'吾祖'，是何等语耶？"欧阳修说："'吾祖'两字是何等语！便当拒绝，理在不疑，安有未定之说哉？夫吾者，我也；祖者，俗所谓翁也。今匹夫臣庶尚不肯妄呼人为父，若欲许其称此号，则今后诏书须呼'吾祖'，是欲使朝廷呼蕃贼为我翁矣，不知何人敢开口？"

这次集议的多数意见是，不许元昊称"吾祖"，"必欲令其称臣，然后许和"。欧阳修很振奋，对仁宗说："此乃国家大计，庙堂得策。盖由陛下至圣至明，不苟目前之事，能虑向去之忧，断自宸衷，决定大议。"

由于宋夏无法就议和的条件达成共识，朝廷又于庆历三年八月派遣大理寺丞张子奭出使西夏，传达朝廷的意见。至于夏使如定聿舍，则暂时留在宋朝京师。

那边厢，元昊见如定聿舍迟迟未回，自知请和的要求未受承纳，便点集兵马，又遣使契丹，请求联合出师南伐宋朝。但辽兴宗没有答应，元昊这才不敢大举攻宋。等到张子奭至夏州，元昊"礼待甚倨，强为要索"[1]。

十一月，张子奭自夏州回朝，带来元昊的口信：西夏可纳款称臣，条件是，增岁赐之数（张子奭答应岁赐二十万），岁许卖青盐十万石，并许遣人回易京师。谏官孙甫、欧阳修、枢

1　吴广成：《西夏书事》卷十七。

密副使韩琦、知制诰田况等人闻知,都上书仁宗,要求朝廷驳回西夏乞卖青盐之请。因为西夏盛产青盐,味甘,价廉,如果放开盐禁,势必冲垮宋朝出产的解盐;限制青盐进口,则可使西夏失其厚利,经济与财政受打击。

这个问题,让人忍不住联想到自由贸易主义与贸易保护主义的争论。从消费者的角度看,平民百姓无疑可以从青盐的自由贸易中获益;而从国家安全的角度来看,欧阳修等人的看法也并非没有道理。最终,仁宗在青盐问题上采取了"贸易保护主义"的立场。两年后,仁宗在一次经筵上问:"真宗时,李至言郑文宝建议禁西界青盐为失策,如何?"侍读高若讷回答说:"青盐之禁,西人至今失其厚利,乃策之得,至言殆偏见也。"[1]仁宗表示认同。

十二月,元昊又遣使者张延寿至宋朝谈判。这一次,元昊虽然表示愿意上表称臣,但其表函仍不用宋朝年号,而是用甲子纪年;同时,元昊还要求"通市青盐及自贸易",且"增岁赐至三十万"。仁宗令殿中丞任颛押伴,接待张延寿,吩咐"礼折之"。延寿屡向任颛要索,任颛便密奏仁宗:或可添岁赐五万,共计二十五万,增置一个榷场,其余的条件均不予答应。[2]

次年,即庆历四年(1044)五月,元昊再次派遣使者尹与则、杨守素赴阙议事,"始称臣,自号夏国主"[3]。经过一年多的往来谈判,宋王朝最关心的名分问题已经解决,剩下的问题,便是岁赐与互市的细节如何敲定。

---

1 李焘:《续资治通鉴长编》卷一百五十七。
2 吴广成:《西夏书事》卷十七。
3 李焘:《续资治通鉴长编》卷一百四十九。

余靖建议仁宗:"元昊凡所过求,不宜尽许,一启其源,塞之实难","臣以为今之计者,莫若许其岁物定数及和市之限",遣尹与则、杨守素回夏州,转达朝廷旨意,让元昊派遣使者持誓表来盟,朝廷"已敕边守,专待使来"。[1]

第五节 宋夏议和（二）

正当宋夏有望达成和约之际,事情又出现了变数——庆历四年六月,边关发来情报:"契丹大发兵马,讨伐呆儿族"[2],"元昊亦已点集左厢军马"。时担任参知政事的范仲淹觉得此事过于蹊跷,因为呆儿族只是辽夏边境的小部落,犯不着二国"尽举大兵攻讨"。范仲淹疑心辽夏兴兵之意,不在呆儿族,而在宋朝,他们很可能会联手进攻宋朝河东路,"乘不备而来,河东军马不多,名将极少,众寡不敌,谁敢决战"？因此,范仲淹建议朝廷"发兵为备"。

仁宗也担心契丹借道西夏,出兵河东,命令枢密院商议对策。时枢密院已改组,枢密使为杜衍,枢密副使为富弼、韩琦,他们都认为"契丹必不来,兵不可妄出"。富弼说:"臣前岁奉使契丹,颇见情状；又自去岁至今日,见河北、河东探报契丹与呆儿族相持事宜,参验得实,契丹必不寇河东决矣"。范仲

---

[1] 李焘:《续资治通鉴长编》卷一百五十。
[2] 李焘:《续资治通鉴长编》卷一百五十。下同。

淹与他们争得面红耳赤,韩琦说:"若尔,则琦当请行,不须朝廷一人一骑。"范仲淹大怒,自请巡边,朝廷终没有增兵河东。

杜衍、富弼、韩琦的判断是对的。生活在辽夏边境的党项族(呆儿族是其讹音)部落,原本归降于契丹,后受元昊引诱,叛辽归夏,杀辽国边关役兵,辽国这才兴兵征讨。

七月,契丹派遣特使耶律元衡至宋,知会出兵伐元昊之意:"元昊负中国当诛,故遣林牙耶律祥等问罪,而元昊顽犷不俊,载念前约,深以为愧。今议将兵临贼,或元昊乞称臣,幸无亟许。"[1]

明眼人都看得出来,这次辽夏交兵,实因西夏"纳契丹降人,契丹讨之,托中国为名也"。但如何答复契丹来书,却是一个棘手的问题:若是答应辽国所请,不与元昊议和,则前面一年多的谈判白费了功夫,双方恐怕又要兵戎相见;若拒绝辽国,则宋辽刚刚达成的盟约可能会出现裂痕。

谏官余靖说:"伏闻契丹耶律元衡来聘,道路传言,专报西征之事。臣虽愚陋,窃用忧之。"余靖担心契丹会借这次用兵西夏之机,向朝廷提出各种要求:"臣窃料敌人之意,不出数策:一曰借兵于我,同力剪除;二曰见乏资粮,欲假边粟;三曰军兴费广,先借数年之资;四曰元昊与贼连谋,不宜更通和好。"余靖认为,"必若假借财物,拒之有词,惟与元昊绝和,最难处置","今若徇北敌而绝西戎,亦有兵祸,纳西戎而违北敌,亦有兵祸。二敌连谋共为矛楯之势,北人才去,西人必来,拒纳之间,动皆有碍"。余靖未见到契丹来信,已猜出契丹所请,

---

[1] 李焘:《续资治通鉴长编》卷一百五十一。下同。

见识确实不凡。

看过契丹来书的参知政事范仲淹说:"臣窃见契丹来书,志在邀功,势将构难,还答之际,尤宜慎重。"范仲淹认为,契丹的致书,给朝廷带来了五个难题:

其一,契丹致书称"元昊名体未顺,特为朝廷行征讨","其邀功之意,又大于前。若许他此举,将来何以礼报,此一难也"。

其二,契丹致书又言"请朝廷绝元昊",而夏使杨守素带来的元昊表函"削号称臣,名体颇顺,虽未为诚信,苟遣人来纳誓书,朝廷何辞以拒之?……如无名而拒,则我自失信而从契丹之请,此二难也"。

其三,辽夏本有舅甥之谊,假如"元昊不日却谢过于契丹,契丹又纳其请,则与元昊依旧相连,我与元昊怨隙转大。朝廷一失其守,长外国轻中国之心,此三难也"。

其四,"契丹今来逼朝廷绝元昊之款,我若不敢违拒而遽从之,将来契丹却称元昊已谢过设盟,更不讨伐,却逼朝廷与元昊通和,是朝廷已失所守,岂能更抗契丹之辞!此四难也"。

其五,"朝廷若以契丹之故,阻绝元昊,大信一失,将来却以何辞与他和约,纵巧能设辞,元昊岂肯以前来所诉,屈伏于朝廷?必乘我之失,大有呼索,此五难也"。

因此,范仲淹请朝廷集议,"建捍御之谋,以待二敌"。于是仁宗决定再次启动集议程序,令中书、枢密院召侍从官,聚议如何答复契丹来信。

参与这次集议的侍从官有翰林学士承旨丁度,翰林学士王尧臣、吴育、宋祁,知制诰孙抃、张方平、欧阳修,权御史中丞王拱辰,侍御史知杂事沈邈等。按照集议程序,他们赴两府政事堂坐定,先传阅契丹来书并朝廷答书。这份答书,出自知制诰张方平之手,集议要议决的议题,便是讨论这份答书是否得当。同意答书者,在议状上签名;不同意者,可附状表达异议。

经过讨论,吴育、宋祁等参与集议的侍从官一致认为:"今(契丹)来书大意,且言以元昊不顺朝廷之故,遂成衅兴兵,恐深入讨伐之后,元昊却归朝廷,乞拒而不纳。今答书便云于元昊理难拒绝,则是不从北鄙之请,坚纳西人之盟,得新附之小羌,违久和之强敌。如闻契丹见屯兵甲,近在边陲,万一得书,违情生忿,回戈戎境,有以为名。夫患有迟速,事有重轻,此朝廷不可不审度也。"

因而,众人建议:

一、"宜降诏与元昊,言昨许再盟,盖因契丹有书来言彼是甥舅之亲,朝廷久与契丹结和,不欲伤邻国之意,遂议开纳。今却知国中招诱契丹边户,亏甥舅事大之礼,违朝廷纳款之本意,当须复顺契丹,早除嫌隙,则誓书封册,便可施行"。

二、"于契丹回书中言已降诏与元昊,若其悔过归顺贵国,则本朝许其款附;若执迷不复,则议绝未晚"。如此,"则于西人无陡绝之曲,于北鄙无结怨之端,从容得中,不失大义,惟陛下裁择"。

仁宗采纳了集议的意见,于八月任命余靖为回谢契丹使,带着朝廷复书,出使辽国。朝廷致契丹复书大略曰:"若以元昊于北朝失事大之体,则自宜问罪,或谓元昊于本朝稽效顺之故,则无烦出师。矧延州昨奏,元昊已遣杨守素将誓文入界,傥不依初约,犹可沮还,如尽遵承,则亦难却也。"

九月底,西夏使者尹与则、杨守素受元昊派遣,再次抵达京师,送来请和的誓表。誓表说:

> 两失和好，遂历七年，立誓自今，愿藏盟府。其前日所掠将校民户，各不复还。自此有边人逃亡，亦无得袭逐，悉以归之。臣近以本国城寨进纳朝廷，其栲栳、镰刀、南安、承平故地及它边境蕃汉所居，乞画中央为界，于界内听筑城堡。朝廷岁赐绢十三万匹，银五万两，茶二万斤，进奉乾元节回赐银一万两，绢一万匹，茶五千斤，贺正贡献回赐银五千两，绢五千匹，茶五千斤，仲冬赐时服银五千两，绢五千匹，及赐臣生日礼物银器二千两，细衣着一千匹，杂帛二千匹，乞如常数，无致改更，臣更不以它事干朝廷。今本国自独进誓文，而辄乞俯颁誓诏，盖欲世世遵承，永以为好。倘君亲之义不存，或臣子之心渝变，使宗祀不永，子孙瞿殃。[1]

此时，因为使辽的余靖尚未回朝，不知此番出使结果如何，有廷臣建议说：暂时不与元昊交换誓书，"缓行封册之礼，以观敌变"。不久，余靖从辽国发回奏疏："敌主亲与臣言，如行封册，不请遣使深入军前，恐契丹军马到彼，误有杀伤，即别无微意。臣又详观二敌形势，唯有速行封册，使元昊得以专力东向，与契丹争锋。二敌兵连不解，此最中国之利。"

谏官蔡襄也说："元昊使人，至已数日，如闻誓书大体颇如朝廷约束，兼余靖使北已有回奏，别无龃龉之意，臣窃谓宜速行封册。今契丹举兵西乡，在未胜负以前，使使报之，度其势，

---

[1] 李焘：《续资治通鉴长编》卷一百五十二。下同。

必不暇它议。苟有所俟，契丹幸而胜元昊，则其志益骄，或于赉谢之外，辄有所求，何以处之？臣故谓莫如速之利也。或报聘之礼已行，契丹虽乘间生端，则曲不在我，况存元昊之和，则契丹未敢轻绝中国而为患也。揣度事机，势不可缓，惟陛下速图之。"

仁宗遂从蔡襄与余靖之议，令延州先移文夏人，告知朝廷即将册封元昊。十月初二，仁宗赐予元昊誓诏："朕临制四海，廓地万里，西夏之土，世以为胙。今乃纳忠悔咎，表于信誓，质之日月，要之鬼神，及诸子孙，无有渝变。申复恳至，朕甚嘉之。俯阅来誓，一皆如约。所宜明谕国人，藏书祖庙。"宋夏交换誓诏、誓表，宣告双方已达成盟约，在法理上结束战争状态。

此时，辽夏之间的战争也有了结果，元昊先败后胜，然后向辽国请和，又于十一月向宋朝送来表函，以及从战场上俘虏的契丹战俘。元昊此举，表面上是向宋朝表示效忠之意，实则意在挑拨宋辽关系。仁宗只收下元昊表函，不接收契丹战俘，令其送还北朝。彼时，宋辽夏三方是非常微妙的博弈关系，既互相利用，也相互制衡。

庆历四年十二月初八，宋朝的腊八节，仁宗正式册命元昊为夏国主，更名曩霄。册文说：

> 咨尔曩霄，抚爱有众，保于右壤。惟尔考服勤王事，光启乃邦，洎尔承嗣，率循旧物。向以称谓非宜，疆候有言，鄙民未孚，师兵劳戍。而能追念前昔，自归本朝，腾章累请，遣使缘道，忠悃内奋，誓言外昭，要质天地，暴情日月。朕嘉自新，故遣

尚书祠部员外郎张子奭充册礼使，东头供奉官、阁门祗候张士元充副使，持节册命尔为夏国主，永为藩辅，光膺宠命，可不谨欤！[1]

仁宗又赐元昊对衣、黄金带、银鞍勒马，银二万两，绢二万匹，茶三万斤；赐金涂银印，方二寸一分，文曰"夏国主印"，龟钮锦绶；许置榷场于保安军及高平寨；西夏使者至京，许就驿贸卖；其他岁赐如誓表所约。元昊则向宋朝称臣，奉正朔，可自置官属；每岁元旦、冬至、乾元节（仁宗生辰）遣使来贺。

也是在这一年的十二月，一直鼓动元昊"取陕右地，据关辅形胜，东向而争，更结契丹兵，时窥河北"的西夏相国、军师张元死了。元昊与宋朝议和，张元当然是坚决反对的，只是元昊并不听他的；及至辽夏交兵，张元自知其极力主张的联辽攻宋的战略目标再也无法实现，"终日对天咄咄，未几，疽发背死"。张元之死，是一个象征，意味着剑拔弩张的宋夏关系结束了。

自宝元元年因元昊自立为帝、宋夏交恶以来，双方交战五年，谈判两年，至此终于恢复了正常关系。对元昊而言，尽管被迫自削僭号，称臣，却每年得到二十五万的岁赐（绢、银、茶），远多于他父亲赵德明所得的岁赐（银万两、绢万匹、钱三万贯、茶二万斤）。

对仁宗来说，虽然不得不答应给予西夏数目庞大的岁赐，但其时辽夏这对舅甥几乎同时发难，情势不可谓不危急，最终

---

[1] 吴广成：《西夏书事》卷十七。下同。

能够通过谈判化解危机，亦不容易。不管怎么说，仁宗继位以来最深重的一次危机总算过去了。

在应对这场危机的过程中，范仲淹、韩琦、富弼的表现可谓最为得力，后世史家评论说："宋自李迪既贬、王曾没后，在位者率多因循固宠，罔顾国家之虑。及至元昊发难，契丹败盟，大敌在外，而草窃潜兴。师徒不振，而征敛日繁。当是之时，宋事几殆，非琦与范、富共起而安定之，虽吕夷简之智，亦安所施哉？"[1]

1　朱轼：《史传三编》卷三十。

第八章　庆历新政（上）

庆历三年至庆历四年（1043—1044）

第一节　吕夷简致仕

在宋仁宗御宇四十余年间，乃至在整个宋王朝三百余年间，庆历三年无疑是值得浓墨重彩大书一笔的年份。

北宋编年史《续资治通鉴长编》用了七卷的篇幅来记录庆历三年发生的事情，要知道庆历三年之前的叙事，一般每年只给予一两卷的篇幅，顶多是四卷。从康定元年至庆历二年，分别用了四卷，庆历三年突然用了七卷，庆历四年又用了八卷，以致我们读《续资治通鉴长编》时，会感觉到时光流淌至庆历三年之际，仿佛放缓了流速。

但是，对生活在仁宗朝的君臣来说，他们的感受可能是与我们相反的：庆历年间，时光仿佛加快了流速，各种事务纷至沓来，恰如宋朝大臣夏竦咏江州琵琶亭的诗句所言："年光过眼如车毂，职事羁人似马衔。"

时光的快速流逝，又让当时想要有所作为的士大夫产生了一种时不我待的迫切感。譬如庆历年间，范仲淹一次与欧阳修饮酒后，写了一首词《剔银灯·与欧阳公席上分题》感叹"时

宋仁宗

间都去哪了":"人世都无百岁。少痴騃、老成尪悴。只有中间,些子少年,忍把浮名牵系。一品与千金,问白发、如何回避。"庆历三年至四年,范仲淹执政,他的忘年交苏舜钦给他写信,附谘目七事,末云:"呜呼!岁月有去而无回,功名难成而易隳,此古人所以珍重寸阴,而皇皇于立事也。"[1] 表达的也是"日月逝矣,岁不我与"的感慨。

为什么庆历三年值得史家用更大的篇幅来记叙?不仅因为事件井喷,而且,从某个角度来讲,庆历三年还具有历史分水岭的意义:当是时也,朝廷刚刚与辽国达成新的盟约,与西夏的关系也缓和下来,双方正在和谈中,仁宗朝最艰难的时刻已经过去;另一方面,西夏的军事寻衅,辽国的趁火打劫,也使宋朝自身存在的问题暴露无遗:军事孱弱,财政不堪重负,政治因循,执政大臣应对危机庸碌无为,民生困顿,以致小股兵变与民变接连爆发。宋人观察到:"自李文靖(李沆)、王文正(王旦)当国以来,庙堂主安静之说,而弊事不革,积而至于庆历,此当变之时也。"[2] 越来越多的士大夫希望仁宗皇帝能够奋然振作、鼎故革新,一改暮气沉沉的局势。

庆历三年正月,陕西转运使孙沔给仁宗上了一道奏疏,痛陈积弊:"祖宗有天下,垂八十余载,未尝以言废人。景祐以前,纲纪未甚废,犹有感激进说之士。观今之政,是可恸哭,无一人为陛下言者,臣诚痛之,愿陛下留听。夫州郡承风者刺史也,皆猥懦老耄;县邑禀令者牧守也,多昏瞆罢软。制敕之下,人

---

[1] 苏舜钦:《苏舜钦集》卷第十《上范公参政书》。
[2] 吕中:《宋大事记讲义》卷九。

以为不足信；奏请已行，人以为不能久，未几而果罢。利权反覆，民力殚竭，师老于边，夷狄争长。事至危而陛下以为安，人皆忧而臣下惟缄口。何也？"[1]

孙沔毫不客气地指出，原因就在于景祐以来这十年间，执政大臣极不称职：景祐年间，吕夷简执政，"黜忠言，废直道"；罢相之后，乃荐王随、陈尧佐代己，而王、陈二人"才庸负重，谋议不协，忿争中堂，取笑多士，政事浸废"；王、陈罢相后，继任的宰相张士逊"本乏远识，致隳国事，戎马渐起于边陲"；之后吕夷简复相，"入秉朝政，于兹三年，不更一事，以姑息为安，以避谤为知。西州将帅，累以败闻，北敌无厌，乘此求赂，兵奸货悖，天下空竭，刺史牧守，十不得一，法令变易，士民怨咨，隆盛之基，忽至于此"。

孙沔将矛头直指当朝宰相吕夷简。其时，吕夷简因年迈多病，数次上疏请求退休，但仁宗一再挽留，并请御医开药方，亲自调药，派内侍送至吕府，又亲写手诏给吕夷简："恨不移卿之疾在于朕躬。"仁宗对吕夷简的顾念，不可谓不深，用孙沔的话来说，"夷简在中书二十年，三冠辅相，所言无不听，所请无不行，有宋得君，一人而已"。

然后，孙沔问：却不知吕夷简将如何回报陛下的知遇之恩？如果他自以为四方已宁，"欲因病默默而去，无一言启沃上心，别白贤不肖，虽尽南山之竹，不足书其罪也"；如果在退休之前，尚能"荐贤材，合公议，虽失之于始而得之于终，犹可宽天下万世之责"。

---

[1] 李焘：《续资治通鉴长编》卷一百三十九。下同。

孙沔这份奏疏，措辞强烈，自知必获罪于仁宗与吕夷简。但仁宗读了奏疏，并没有怪罪之意，让人将奏疏送给吕夷简看看。吕夷简看了，也不以为忤，反而跟人说："元规（孙沔，字元规）药石之言，但恨闻此迟十年尔。"听到这话的人，还是挺佩服他的气量的。

三月，吕夷简再次上书请辞相职。这一回，仁宗批准了辞呈，但仍然让吕夷简"监修国史"[1]，并且保留与中书、枢密院同议军国大事的特权。相传吕夷简辞位之时，曾密荐"富弼等数人可大用"[2]，如果传言为真，应该是听从了孙沔的"药石之言"。

富弼因出使辽国谈判有功，仁宗也想擢其为枢密副使，但富弼坚辞恩命："臣昨奉使契丹，……臣今受赏，彼一旦渝盟，臣不惟蒙朝廷斧钺之诛，天下公论，其谓臣何！臣畏公论，甚于斧钺。愿收新命，则中外之人必曰：'使臣不受赏，是事未可知，其于守备决不敢懈弛。'非臣务饰小廉，诚恐误国事也。"仁宗见他意志坚决，便改任富弼为资政殿学士，兼翰林侍读学士。

仁宗又先后任命余靖、欧阳修、王素、蔡襄为谏官，赐王素三品服，余靖、欧阳修、蔡襄五品服，并面谕："卿等皆朕所自择，数论事无所避，故有是赐。"[3] 这几位谏官确实做到了"论事无所避"，比如余靖，"为人不事修饰"，担任谏官后，直言无所顾忌，与仁宗争辩起来，唾沫直喷到皇帝脸上。一日，时方盛暑，仁宗召余靖议事，议毕，入内廷，忍不住发牢骚："被

---

1 李焘：《续资治通鉴长编》卷一百四十三。
2 李焘：《续资治通鉴长编》卷一百四十。下同。
3 李焘：《续资治通鉴长编》卷一百四十三。下同。

一汗臭汉薰杀，喷唾在吾面上。"[1]

再如王素，闻知老臣王德用给仁宗进献了两名绝色女子，直接找仁宗问是不是有这回事，仁宗反问他："此宫禁事，卿何从知？"[2] 王素说："臣职在风闻，有之则陛下当改，无之则为妄传，何至诘其从来也。"仁宗笑道："德用所进女口实有之，在朕左右，亦甚亲近，且留之如何？"但王素说："若在疏远，虽留可也，臣之所论，正恐亲近。"仁宗辩他不过，只能叫来内侍："王德用所进女口，各支钱三百贯，即今令出内东门，了，急来奏。"说完，流下了眼泪。

王素也有点不忍心，便说："陛下既以臣奏为然，亦不须如此之遽，且入禁中，徐遣之。"仁宗坦诚地说："朕虽为帝王，然人情同耳，苟见其涕泣，不忍去，则恐朕亦不能出之。卿且留此以待报。"过了一会儿，内侍来报，两名宫女"已出东门"，仁宗"复动容而起"。

宋人形容："仁宗庆历中亲除王素、欧阳修、蔡襄、余靖为谏官，风采倾天下。"[3]

也是在庆历三年三月，仁宗派遣内侍至陕西，宣谕韩琦、范仲淹、庞籍："候边事稍宁，当用卿等在两地（即中书、枢密院两府），已诏中书札记。此特出朕意，非臣僚荐举。"并交代韩琦等人推荐可以接替他们守边的人选。韩琦说："元昊虽约和，诚伪未可知，愿尽力塞下，不敢拟他人为代。"

不久，仁宗果然下诏，任命韩琦、范仲淹并为枢密副使，

---

[1] 蒋一葵：《尧山堂外纪》卷四十七。
[2] 王巩：《闻见近录》。下同。
[3] 李焘：《续资治通鉴长编》卷一百四十。下同。

郑戬为陕西四路马步军都部署，兼经略安抚招讨等使，接替韩琦、范仲淹。韩、范五次上疏辞免恩命，仁宗都不同意，二人这才于四月就道回京。

不过，韩、范自到阙以来，"只是逐日与两府随例上殿，呈奏寻常公事外，有机宜大处置事，并未闻有所建明"[1]。欧阳修便向仁宗建议："伏望陛下因无事之时，出御便殿，特召琦等从容访问，使其尽陈西边事宜合如何处置。今琦等数年在外，一旦归阙，必有所陈。但陛下未赐召问，此二人亦不敢自请独见。至如两府大臣，每有边防急事，或令非时召见聚议，或各令互述所见，只召一两人商量，此乃帝王常事，祖宗之朝，并亦许如此，不必拘守常例也。"欧阳修却不知道，此时，仁宗的心里正在酝酿一个计划。

仁宗原本欲任命判蔡州（今河南汝南）的夏竦充枢密使（据传是吕夷简推荐），但拜枢密使的诏书甫一公布，台谏立即交章反对："竦挟诈任数，奸邪倾险，与吕夷简不协，夷简畏其为人，不肯引为同列，既退而后荐之，以释宿憾。方陛下孜孜政事，首用怀诈不尽忠之臣，何以求治？"[2]

数年前，即康定元年，夏竦为陕西都部署，曾命人张榜塞上："有得赵元昊头者，赏钱五百万贯，爵为西平王。"元昊闻讯，密遣人入陕西永兴军，遗书于闹市，上写："有得夏竦之头者，赏钱两贯文。"[3]讥笑夏竦的脑袋不值钱。这件不光彩的事如今也被台谏官抖了出来："竦在陕西，畏懦苟且，不肯尽力，

---

1 李焘：《续资治通鉴长编》卷一百四十一。下同。
2 李焘：《续资治通鉴长编》卷一百四十。
3 孔平仲：《谈苑》卷一。

每论边事，但列众人之言，至遣敕使临督，始陈十策。尝出巡边，置侍婢中军帐下，几至军变。又元昊尝榜塞下，得竦首者予钱三千（二千？），为贼所轻如此。卒于败丧师徒，略无成效。今而用之，则边将之志怠矣。"[1]

仁宗没有理会台谏官的意见。御史中丞王拱辰直接找仁宗理论："（夏）竦经略西师，无功称而归。今置诸二府，何以厉世？"[2]仁宗不听，王拱辰就扯着皇帝的衣裾不放。最后，仁宗不得不收回成命，同时擢枢密副使杜衍为枢密使。

可怜夏竦见到拜枢密使的诏书，立即快马加鞭进京，到了京城，却接到命令：不必入见了，拜枢密使的诏书已撤回，让他从哪里来回哪里去。可以想象夏竦有多难堪。煮熟的鸭子居然真的会飞走！

上一届政府留任的参知政事王举正，也被台谏官交章弹劾。王举正是名老实人，沉默寡言，与友婿（即连襟）御史李徽之交恶，大约是受了妻子的挑拨。李徽之便上书抨击王举正："妻悍不能制，何以谋国事？"[3]谏官欧阳修、余靖、蔡襄也都说："举正懦默不任职，枢密副使范仲淹有宰辅才，不宜局在兵府，愿罢举正，以仲淹代之。"王举正受了弹劾，"亦自求罢"。

七月，仁宗罢去王举正参知政事之职，让他出知许州。随即，任命范仲淹为参知政事，富弼为枢密副使，但这两人都没有接受任命，范仲淹说："执政可由谏官而得乎？"固辞不受。范仲淹的辞免是有道理的，因为按照宋朝惯例，宰相不得举荐台

---

[1] 李焘：《续资治通鉴长编》卷一百四十。
[2] 脱脱等：《宋史·王拱辰传》。
[3] 李焘：《续资治通鉴长编》卷一百四十二。下同。

谏官人选，台谏官也不得推荐宰执人选，以保持彼此的独立性。富弼则将任命状还给仁宗，且说："愿陛下坐薪尝胆，不忘修政。"

前宰相吕夷简"退而不休"，犹能"豫议军国大事"[1]，亦受诟病。谏官蔡襄上疏说："夷简被病以来，两府大臣，累至夷简家谘事。……臣窃谓两府大臣，辅陛下以治天下者，今乃并笏受事于夷简之门，里巷之人，指点窃笑。……夷简出入中书，且二十年，不为陛下兴利除害，苟且姑息，万事隳坏如此。今以疾归，尚贪权势，不能力辞。……伏乞特罢商量军国大事，庶使两府大臣专当责任，无所推避。"

吕夷简见台谏有意见，亦自请"罢豫军国大事"。仁宗也就顺水推舟，批准了。吕夷简时代至此结束，仁宗朝的历史翻过一页。

第二节　开天章阁

庆历三年，仁宗三十四岁，在位已逾二十年，亲政亦有十个年头了。在历经景祐年间的频繁天灾、宝元—康定年间的宋夏战争、庆历初的宋辽谈判之后，国家暴露出来的弊病让他生出了迫切的励精图治之心，因此，他亲擢富有锐气的新人进入政府与谏院，并以前所未有的高频次向大臣咨询治国之道。

七月，御史中丞王拱辰奏请仁宗："遇朔望日退御后殿，

---

[1] 李焘：《续资治通鉴长编》卷一百四十。下同。

召执政之臣赐坐,以讲时政得失。"[1]仁宗说:"执政之臣,朕早暮所与图事者,至于从容开述,虽至中昃,朕何怠焉!又何朔望之拘也?"随即下诏:"自今中书、枢密院臣僚除常程奏事外,如别有所陈,或朕非时特留对者,不限时刻。"

八月,仁宗复拜范仲淹为参知政事,富弼为枢密副使。富弼犹欲固辞,仁宗让宰相章得象告诉富弼:"此朝廷特用,非以使北故也。"特别说明这次任命跟上次出使辽国没有关系。富弼"不得已,乃受"。他的岳父晏殊时为次相兼枢密使,为了避嫌,便请求罢相、解枢密使,不过仁宗没有同意。

经过改组,新一届政府的执政官分别是:平章事兼枢密使章得象,同平章事兼枢密使晏殊,枢密使杜衍,参知政事贾昌朝、范仲淹,枢密副使王贻永、韩琦、富弼,其中范仲淹、韩琦、富弼都是富有生气、以天下为己任的少壮派,平均年龄才四十三岁;杜衍虽然年纪大一点,六十五岁,却是这群新人的坚定支持者。

台谏方面,欧阳修、余靖、王素、蔡襄等一批年富而敢言的直臣进入谏垣任谏官,时仁宗欲"更天下弊事,故增谏官员,首命素等为之"[2]。

自吕夷简罢相,夏竦夺枢密使,杜衍、范仲淹、韩琦、富弼同时执政,欧阳修、余靖、王素、蔡襄并为谏官,朝廷的人事布局焕然一新,让有识之士看到了仁宗皇帝欲更革时弊的决心,备受鼓舞。

---

[1] 李焘:《续资治通鉴长编》卷一百四十二。下同。
[2] 李焘:《续资治通鉴长编》卷一百四十。

宋仁宗

名满天下的"宋初三先生"之一、时任国子监直讲的大才子石介深感振奋,说道:"此盛事也,雅颂吾职,其可已乎!"[1] 便作了一首《庆历圣德颂》,诗中有"众贤之进,如茅斯拔。大奸之去,如距斯脱"之句,"大奸"即指夏竦,"众贤"当然指杜衍、范仲淹等人。

一时间,《庆历圣德颂》传诵天下,连远在四川眉州的读书人都读到了。未来的大文豪苏轼当时还是一名七八岁的儿童,正在乡校读书。一日,有士子从京城来眉州,给乡校先生带来石介的《庆历圣德颂》,一旁的苏轼识得诗中文字,便问乡校先生:"所颂十一人者何人也?"先生说:"童子何用知之?"少年苏轼说:"此天人也耶,则不敢知;若亦人耳,何为其不可!"先生对少年苏轼的回答很是惊讶,便将诗中众贤名字告诉了苏轼,且说:"韩、范、富、欧阳,此四人者,人杰也。"[2]

范仲淹也读到了石介的《庆历圣德颂》,深感不安,跟韩琦说:"为此怪鬼辈坏之也。"意思是,这个石介逞一时口舌之快,成事不足,败事有余。韩琦也叹息说:"天下事不可如此,必坏。"与石介齐名的大学者孙复亦说:"石守道(石介,字守道)祸始于此矣。"[3] 后来,这首颂诗果然给石介本人以及韩、范、富即将开创的事业惹来很大的麻烦,此为后话,按下不表。

再说仁宗自亲擢范仲淹、韩琦、富弼进入执政团队后,每次召见他们,都恳请他们"条奏当世务"。范仲淹对同僚说:"上用我至矣,然事有后先,且革弊于久安,非朝夕可能也。"仁

---

1 欧阳修:《欧阳修全集》卷三十四《徂徕石先生墓志铭》。
2 苏轼:《苏轼文集》卷十《范文正公文集序》。
3 袁褧:《枫窗小牍》卷上。

宗又再赐手诏督促："比以中外人望，不次用卿等，今琦暂往陕西，仲淹、弼宜与宰臣章得象尽心国事，毋或有所顾避。其当世急务有可建明者，悉为朕陈之。"[1]

九月初三，仁宗将他的计划付诸行动——开天章阁，诏执政大臣及知杂御史以上官员，于天章阁朝谒太祖、太宗御容，既而召对赐坐，"问治天下其要有几，施于今者宜何先"[2]。仁宗皇帝求治心切，显得有点急不可待，给在座诸臣发了笔墨纸砚，请他们畅所欲言，对治理这个国家有何意见，尽管写出来。

枢密副使韩琦此时赴陕西巡边，尚未回朝，没有参加这次天章阁会议。范仲淹与富弼则参加了，见仁宗恳切垂询，皆"皇恐避席"[3]，连称"此非愚臣所能及，惟陛下所欲为，则天下幸甚"。

不过，退朝之后，范仲淹、富弼起草了一份近万字的《答手诏条陈十事》奏疏，列奏仁宗皇帝："我国家革五代之乱，富有四海，垂八十年，纲纪制度，日削月侵，官壅于下，民困于外，疆场不靖，寇盗横炽，不可不更张以救之。然欲正其末，必端其本，欲清其流，必澄其源。臣敢约前代帝王之道，求今朝祖宗之烈，采其可行者条奏。愿陛下顺天下之心，力行此事，庶几法制有立，纲纪再振，则宗社灵长，天下蒙福。"

在这份奏疏中，范仲淹、富弼向仁宗提出了兴革天下利病的十大举措：

一曰"明黜陟"，即制订考核官员绩效标准。其时，文武百官的升迁全按资序，"文资三年一迁，武职五年一迁，谓之

---

[1] 李焘：《续资治通鉴长编》卷一百四十三。
[2] 欧阳修：《欧阳修全集》卷三十九《吉州学记》。
[3] 李焘：《续资治通鉴长编》卷一百四十三。下同。

磨勘。不限内外，不问劳逸，贤、不肖并进"，以致"庶僚中有一贤于众者，理一郡县，领一务局，思兴利去害而有为也，众皆指为生事"；而"不肖者素飧尸禄，安然而莫有为也。虽愚暗鄙猥，人莫齿之，而三年一迁，坐至卿监、丞郎者，历历皆是"。这种陈旧的磨勘方式需要改变，今后"有大功大善，则特加爵命；无大功大善，更不非时进秩"。

二曰"抑侥幸"，即限制恩荫子弟。宋朝自真宗皇帝"以太平之乐与臣下共庆，恩意渐广"，中高层官员均可奏请荫补子弟充京官，以致"百姓贫困，冗官至多，授任既轻，政事不举，俸禄既广，刻剥不暇。审官院常患充塞，无阙可补"。如此滥进的任官制度，也必须改革，改革的方向是对恩荫作出限制。

三曰"精贡举"，这一改革举措分两个层面："教以经济之业，取以经济之才"。前者为教育振兴与改革，后者为科举考试改革。范仲淹建议："请诸路州郡有学校处，奏举通经有道之士，专于教授，务在兴行。其取士之科，即依贾昌朝等起请，进士先策论而后诗赋，诸科墨义之外，更通经旨。使人不专辞藻，必明理道，则天下讲学必兴，浮薄知劝，最为至要。"

四曰"择官长"，即确立选拔地方长官的办法。之前，州县长官的任命"不问贤愚，不较能否，累以资考"；今后，"所差知州、知县、县令并具合入人历任功过，举主人数闻奏，委中书看详。委得允当，然后引对。如此举择，则诸道官吏庶几得人"。

五曰"均公田"，这里的公田指职田，宋朝有职田制度，凡地方官，按所在州县的等级予若干顷职田，以职田租金收入补贴地方官，作为养廉之资。不过，职田的分布存在不均的问题，有些州县职田多，有些州县职田少，因此，应该重新分配外官职田,"有不均者均之,有未给者给之,使其衣食得足,婚嫁丧葬之礼不废,然后可以责其廉节,督其善政"。

六曰"厚农桑",即加强农业建设。"每岁之秋,降敕下诸路转运司,令辖下州军吏民各言农桑可兴之利、可去之害,或合开河渠,或筑堤堰陂塘之类,并委本州军选官计定工料,每岁于二月间兴役,半月而罢,仍具功绩闻奏。如此不绝,数年之间,农利大兴,下少饥年,上无贵籴"。

七曰"修武备",即改革兵制。宋朝实行的兵制,既不同于汉朝的全民兵役制,又不同于唐朝的府兵制,而是募兵制,士兵为招募而来的职业军人,领薪。为此,朝廷承担了沉重的养兵成本,财政收入的六成都用于养兵。范仲淹建议恢复唐朝的府兵制,拣点兵丁,"使三时务农,大省给赡之费,一时教战,自可防御外患"。

八曰"减徭役",宋朝已不存在兵役,劳役也非常轻,这里的徭役,其实是差役,指民夫按户等轮流差充公人(即基层行政人员),其中最主要的差役叫作"衙门",负责管理、搬运官物。由于应役者脱离农田劳动,又没有酬劳,所以差役便成了宋朝农民的沉重负担。范仲淹的改革方案是合并基层衙门,裁撤差役人数,"公人愿去者,各放归农"。数十年后王安石变法,以缴纳免役钱代替服役,以募役代替差役,无疑更符合历史演进的方向。

九曰"覃恩信",指国家向黎民施行恩泽。之前,君主发布的恩泽,比如"宽赋敛、减徭役、存恤孤寡、振举滞淹之事,未尝施行,使天子及民之意,尽成空言"。今后,每遇国家施行恩泽,"精选臣僚往诸路安抚,察官吏能否,求百姓疾苦,使敕书中及民之事,一一施行"。

十曰"重命令",即建立稳定的法制。宋朝是极重视法制的朝代,国家频繁立法,以致存在立法轻率、朝令夕改的问题。范仲淹建议仁宗"特降诏书,今后百官起请条贯,令中书、枢密院看详、会议,必可经久,方得施行。如事干刑名者,更于审刑、大理寺,勾明会法律官员参详起请之词,删去繁冗,裁为制敕,然后颁行天下,必期遵守"。

仁宗接到范仲淹、富弼的奏议,非常振奋,"悉用其说。当著为令者,皆以诏书画一,次第颁下"。史家所称道的"庆历新政"就此拉开序幕。

当年十月,《答手诏条陈十事》中的"择官长"之法率先施行;十一月,又推行"明黜陟""抑侥幸""均公田"等法;次年三月,实施"精贡举";五月,开始"减徭役"。至于"厚农桑""覃恩信""重命令"的推行时间未详,但朝廷肯定出台了相关举措。富弼后来在撰写范仲淹墓志铭时说,范氏"所奏议,阻而不行者十八九;行者又即改废不用,兹所以重主忧,而生民未得安也"[1]。这是愤激之词,并不符合实际。

只有恢复府兵("修武备")这一条建议,仁宗与两府都认为不便,没有采用。府兵制虽然可以"大省给赡之费",实则是将养兵成本转移给民户;募兵制尽管给财政带来沉重的负担,但民户却可免除服役之苦。范仲淹的盟友韩琦便明确反对恢复府兵制:"养兵虽非古,然积习已久,势不可废。非但不可废,然自有利民处不少。古者发百姓戍边无虚岁,父子、兄弟、夫

---

[1] 富弼:《范文正公仲淹墓志铭》,收于杜大珪编《名臣碑传琬琰之集》中卷十二。

妇长有生死别离之忧。论者但云（募兵）不如汉唐调兵于民，独不见杜甫诗中《石壕吏》一首，读之殆可悲泣，调兵之害乃至此。"[1]

庆历三年十月，实施"择官长"新法时，主持新政的参知政事范仲淹"患诸路监司不才"，取来诸路监司名册，"每见一人姓名，一笔勾之，以次更易"。富弼有些顾虑，说道："勾之甚易，焉知一家哭矣。"范仲淹说："一家哭，何如一路哭耶？"[2] 将他认为不合格的监司全部罢除。可见庆历新政推行之初，堪称雷厉风行，仁宗与范仲淹兴革的决心都很大。

这一年冬天，河北降赤雪。谏官孙甫说："赤雪者，赤眚也，人君舒缓之应。舒缓则政事弛，赏罚差，百官废职，所以召乱也。……天地灾变，固不虚应，陛下救舒缓之失，莫若自主威福，时出英断，以慑奸邪，以肃天下……"[3] 以灾异提醒仁宗要励精图治。

同年冬天，澧州（今湖南常德）却出现祥瑞——有人在山中发现瑞木，木头上的纹理极像"太平之道"四字，澧州知州冯载便将瑞木献给仁宗。欧阳修对此很反感："知州冯载，本是武人，不识事体，便为祥瑞，以媚朝廷。臣谓前世号称太平者，须是四海晏然，万物得所。方今西羌叛逆，未平之患在前；北敌骄凌，藏伏之祸在后。一患未灭，一患已萌。……臣视方今，但见其失，未见其得也。愿陛下忧勤万务，举贤纳善，常如近日，

---

1 沈作喆：《寓简》卷五。
2 朱熹、李幼武：《宋名臣言行录》前集卷七。
3 李焘：《续资治通鉴长编》卷一百四十五。下同。

不生逸豫，则三二岁间，渐期修理。"

仁宗随即下诏，"诸祥瑞不许进献"。

恰如灾异与祥瑞所提示：庆历三年的大宋王朝，希望与危机并存。

第三节　公用钱案

正当仁宗与范仲淹诸人大刀阔斧推行新政之时，朝廷发生了几件小事。事情虽小，却深刻影响了庆历的时局，值得郑重讲述出来。

第一件事是"公用钱案"，当事人为范仲淹守边西北时的两名老部下：张亢与滕宗谅。张亢，就是那位在兔毛川击败西夏兵，解了麟、府之围的宋朝骁将；滕宗谅，即范仲淹千古名篇《岳阳楼记》中的滕子京。

庆历三年七八月间，陕西四路马步军都部署郑戬给朝廷发来报告，检控前任知渭州张亢"在渭州过用公使钱"[1]、知庆州滕宗谅之前在知泾州任上，亦"枉费公用钱十六万缗"[2]。随后，监察御史梁坚对张亢、滕宗谅发起弹劾：张亢"出库银给牙吏往成都市易，以利自入"[3]；滕宗谅"用过官钱十六万贯，有数万贯

1　李焘：《续资治通鉴长编》卷一百四十二。
2　李焘：《续资治通鉴长编》卷一百四十三。
3　李焘：《续资治通鉴长编》卷一百四十二。

不明，必是侵欺入己"[1]。

这里我们需要先弄明白一些概念：什么是"公用钱""公使钱"。

简单地说，公使钱是朝廷拨给领有节度使兼使相、节度观察留后、观察使、防御使、团练使、刺史等荣衔的长官的个人津贴，"皆随月给受，如禄奉焉"[2]。公使钱的数额，依长官的官阶分为若干等，从五百贯至二万贯不等。长官可以自由支配属于他的公使钱："旧制，刺史以上所赐公使钱得私入"[3]；"方镇别赐公使钱，例私以自奉，去则尽入其余"[4]；"(公使钱)不隶州府，(长官)自以亲吏领之，岁秒上计则入其余"[5]。

公用钱则是朝廷拨给中央机构与地方政府的特别办公经费，主要用于出于公务需要的宴请、招待、馈赠、捐赠、补助。公用钱的数额，"随州郡大小立等，岁自二百贯至五千贯止"[6]，如宋真宗年间，朝廷拨给广州的公用钱为"五十万"钱（五百贯）。[7] 公用钱必须由知州与通判联署签字才可以领用，"皆长吏与通判署籍连署以给用"[8]，每一笔支出都要在账籍上登记清楚，接受审计。

---

1 李焘：《续资治通鉴长编》卷一百四十六。
2 脱脱等：《宋史·职官志》。
3 脱脱等：《宋史·李用和传》。
4 脱脱等：《宋史·向经传》。
5 沈括：《长兴集》卷十六。
6 李焘：《续资治通鉴长编》卷二百十九。
7 参见曾巩《隆平集》卷三："大中祥符六年，陈世卿知广州，诏岁给添支钱七十万，公用钱五十万，遂着令。"
8 脱脱等：《宋史·职官志》。

不过宋朝人经常将"公用钱"也写成"公使钱",以至于读史的人也常常将公用钱与公使钱的性质弄混淆了。[1]

我们也可以说,宋朝的公用钱与公使钱相当于我国台湾地区实行的"特别费"。今日台湾地区的"特别费"其实也分为两块:其中二分之一需要用票据报销,并接受审查,类似于宋代的公用钱;另外二分之一则由行政长官按月签字领取,自由支配,无须记账、结算,类似于宋代的公使钱。大家应该记得,2007年马英九曾被检察官检控在台北市长任内涉嫌贪污"特别费"。但法官最后裁定,行政长官签字领取的那一半"特别费",为"法定薪资外之实质补贴",马英九不存在贪污"特别费"的行为。

时光倒流回到一千年前,张亢与滕宗谅面临的指控,跟马英九差不多。不过,有一点我们应该先说明:张亢、滕宗谅涉嫌滥用的,是属于地方政府公务经费性质的公用钱,而不是属于长官个人津贴性质的公使钱。

庆历年间,战争造成的沉重财政负担已将朝廷搞得焦头烂额,连仁宗皇帝与后宫嫔妃都要节衣缩食,以裁减浮费。守边的将领竟然大手大脚滥用公用钱,甚至侵吞公款,是可忍孰不可忍!所以,仁宗见到御史的弹章,震怒,派太常博士燕度前往邠州(今陕西彬县)成立一个临时法庭,"鞫其事"[2],调查张亢、滕宗谅究竟有没有贪污公款。

范仲淹站出来替两名老部下辩护:滕宗谅被指控挪用

---

[1] 参见林天蔚:《公使库、公使钱与公用钱有别乎?》,载《宋代史事质疑》,台湾商务印书馆,1987年;杨倩描:《唐宋时期的"公使钱"与"公用钱"》,载孙继民、朱文通主编《传统文化与河北地方史研究》,花山文艺出版社,2008年。
[2] 李焘:《续资治通鉴长编》卷一百四十三。下同。

十六万贯公用钱，实是受了诬告，因为这十六万贯钱中，包含了十五万贯泾州诸军请用的钱数物料，"岂可诸军请受亦作宗谅使过"？滕宗谅"旧日疏散，又好荣进，所以招人谤议"。至于张亢，尽管"不能重慎，为事率易"，但"昨在渭州，亦无大段过犯"。

范仲淹建议：邠州的临时法庭可先勘鞫干连人，并取来钱帛文帐磨勘，如果发现滕宗谅与张亢"显有欺隐入己"的罪证，再逮捕他们勘鞫；如果二人并无"欺隐入己"，只"差人取问，分析缘由，入急递闻奏，别取进止"。范仲淹还说，"乞以臣此奏宣示台谏官，候勘得滕宗谅、张亢却有大段乖违过犯及欺隐入己，仰台谏官便更弹劾，臣甘与二人同行贬黜"。

但燕度在调查"公用钱案"时，却发现滕宗谅居然将登记公用钱的账簿销毁了，这是怎么回事？原来，滕宗谅为人豪迈，讲义气，不希望领取公用钱的人受到牵连，所以干脆"焚其籍以灭姓名"[1]，只承认自己花了三千贯公用钱，用于招待"诸部属羌之长千余人"[2]。

张亢倒是爽快，供认自己曾"借公用钱买物"，但"事未发前，已还纳讫"；也曾"将公用钱回易到利息买马"，即以公用钱为本钱做生意，以获得的利润购买战马；还曾将一部分接待费赠送给"游索之人"，"自甘伏罪，乞不追究游索之人"。[3]

负责调查"公用钱案"的燕度可不是省油的灯，将所有稍

---

1 脱脱等：《宋史·滕宗谅传》。
2 范仲淹：《范文正公文集》卷十五《天章阁待制滕君墓志铭》。
3 李焘：《续资治通鉴长编》卷一百四十六。

受牵连的人全都抓起来,"枝蔓勾追,直使尽邠州诸县枷杻"[1],"囚系满狱",不审出滕宗谅与张亢的罪证决不罢休。另一位宋朝骁将狄青由于"曾随张亢入界",也被"勾追照对";燕度还发出文牒,劾问正在陕西巡边的枢密副使韩琦。

燕度的做法,受到谏官欧阳修的抗议:"今燕度本令只勘滕宗谅使过公用钱,因何劾问大臣议边事?显是节外生事,正违推勘敕条。况枢密副使是辅弼之任,宣抚使将君命而行,本藉重臣,特行镇抚。今若无故遭一狱吏侵欺,而陛下不与主张,则今后奉君命出使者,皆为边鄙所轻";而狄青"本武人,不知法律,纵有使过公用钱,必非故意偷慢,不过失于检点,致误侵使而已。……谨备边防,正藉勇将,况如青者无三两人,可惜因些小公用钱,于此要人之际,自将青等为贼拘囚,使贼闻之,以为得计"。

欧阳修强烈建议:别选官员调查"公用钱案",尽早"取勘结绝",将燕度"别付所司,勘罪行遣"。不过仁宗没有同意这么做。

时任知渭州尹洙也替狄青辩解:"臣窃见自来武臣,将所赐公使钱,诸杂使用,便同己物。其狄青于公用钱物,即无毫分私用。……伏望圣慈垂察,特降朝旨,晓谕狄青,庶令安心,专虑边事。"仁宗同意了。

燕度在陕西调查了三四个月,就掌握的证词、证据而言,都未能证实张亢与滕宗谅将公用钱"侵欺入己"。平心而论,

---

[1] 李焘:《续资治通鉴长编》卷一百四十四。下同。

张亢与滕宗谅都不像是私吞公用钱的贪官,但这两个人花钱都十分大方,张亢"好施轻财,凡燕犒馈遗,类皆过厚"[1];滕宗谅"尚气,倜傥自任,好施与"[2]。因此,若说他们"枉费公用钱",应该是确凿无疑的。滕宗谅的犯罪情节尤其严重,因为他将账本烧掉了,公用钱是怎么花的,又是哪些人接受了馈赠,成了一笔糊涂账。

那么,应该如何处分张亢与滕宗谅呢?

范仲淹提出,张亢、滕宗谅薄惩即可,因为他们都没有侵吞公款,只是滥用公用钱,张亢虽然存在借公用钱回易的情节,但根据编敕,"若将公使钱回易到别物公用,但不入己,更不坐罪"[3],至于滕宗谅以公用钱"馈遗游士故人"[4],也是本朝惯例。

范仲淹还告诉仁宗皇帝:"臣昨与韩琦在泾州,同使公用钱,曾为庆州签判、秘书丞马倩身亡,本人家贫亲老,与钱一百贯文;又泾州保定知县、大理寺丞刘袭礼丁父忧,家贫起发不得,与钱一百贯文;又虢州推官、监环州入中陈叔度丁父忧,家贫无依,与钱五十贯文;又进士黄通来泾州相看,与钱五十贯文。并是一面将公使库钱回易到利息相兼使用,即不曾侵使着系省官钱。"如果这么做有罪,那么"臣与韩琦,亦有上件与人钱物罪状,须至自劾",请皇上也"将臣与韩琦用钱事状,并张亢所奏二事,一处定断,以正典刑"。[5]

---

1 脱脱等:《宋史·张亢传》。
2 脱脱等:《宋史·滕宗谅传》。
3 李焘:《续资治通鉴长编》卷一百四十六。
4 脱脱等:《宋史·滕宗谅传》。
5 李焘:《续资治通鉴长编》卷一百四十六。

枢密使杜衍却"欲深罪滕宗谅"[1]。杜衍的意见也不是没有道理，因为滕宗谅烧掉账本的行为，显然是对国法的挑战，性质可比张亢恶劣多了。

仁宗经再三权衡，决定听从范仲淹之言，对张亢、滕宗谅都从轻发落，于庆历四年正月，将张亢降为四方馆使、本路钤辖；滕宗谅降一级官阶，保留天章阁待制的荣衔，贬知虢州。

但是，仁宗对滕宗谅的从轻发落受到御史台的强烈反对。御史中丞王拱辰上书说："赏罚者，朝廷之所以令天下也。此柄一失，则善恶不足以惩劝。今滕宗谅在边，盗用公使钱，不俟具狱，止削一官，皆以谓所坐太轻，未合至公。张亢本列武臣，不知朝廷大意，不欲以督过之，臣不复言。宗谅则不然，事既发，乃将所支文历，悉皆焚去。原心揣情，慢忽朝廷，非亢之比。"[2] 又说，如果不对滕宗谅严肃处理，他就辞职不干了："臣所以不避而固争者，诚恐来者相效，而陛下之法遂废矣。臣明日更不敢入朝，乞赐责降一小郡，以戒妄言。"

监察御史里行李京也上章弹奏："滕宗谅在庆州所为不法，而朝廷止降一官，移知虢州。近闻兴元府西县又奏，宗谅差兵士百八十七人，以驴车四十两，载茶三百余笼出引，逐处不得收税。宗谅职在近侍，而乱法太甚，仍虑昨来推劾状中，犹未及贩茶之事，宜夺天章阁待制，以惩贪墨之人。"

最后，仁宗不得不"用御史中丞王拱辰之言"，在二月重新下诏，将滕宗谅贬到蛮荒之地岳州。诏书发布后，仁宗宣

---

1 李焘：《续资治通鉴长编》卷一百五十五。
2 李焘：《续资治通鉴长编》卷一百四十六。下同。

王拱辰赴御史台上班，并安慰他："言事官第自振职，勿以朝廷未行为沮己，而辄请解去以取直名。自今有当言者，宜力陈无避。"

被贬知岳州的滕宗谅却不怎么计较穷山恶水，上任不久，便决定重新修葺岳州的岳阳楼。这一次，滕宗谅不敢动用公款，而是采用了类似"众筹"的办法——岳州有不少"老赖"，欠债不还。滕宗谅便发布一个通告，"民间有宿债不肯偿者，献以助官，官为督之"[1]，意思是说，凡是讨不回债款的债主，如果愿意将他们的一部分债权捐献给政府修建岳阳楼，政府将协助他们追债。于是"民负债者争献之，所得近万缗"。

滕宗谅自己掌管这笔巨款，"自掌之，不设主典案籍。楼成，极雄丽，所费甚广"。按王拱辰的说法，滕宗谅从中捞到了不少油水，"自入者亦不鲜焉"，可是"州人不以为非，皆称其能"。但王拱辰的说法并无证据，我不相信滕宗谅是贪赃之徒，因为他去世时，身无长物，"及卒，无余财"[2]。

岳阳楼建成，滕宗谅请老朋友范仲淹写了那篇千古传诵的《岳阳楼记》；又请大书法家苏舜钦手书《岳阳楼记》，刻于石碑；再请著名篆书家邵𬇞为《岳阳楼记》石碑"篆额"，时人将滕楼、范记、苏书、邵篆合称为"天下四绝"。

1　司马光：《涑水记闻》卷第十。下同。
2　脱脱等：《宋史·滕宗谅传》。

第四节　争水洛城事

一波未平，一波又起。"公用钱案"刚刚结案，陕西又闹出另一起争端：陕西四路都部署、经略安抚招讨使郑戬与知渭州、兼管勾泾原路安抚都部署司事尹洙，就要不要修筑水洛城吵得不可开交。

水洛城位于秦州与渭州之间的水洛川（今甘肃庄浪县内），"川平土沃，又有水轮、银、铜之利"，原为生蕃聚居之地，"环城数万帐，汉民之逋逃者归之，教其百工商贾"，成为一处繁华的城镇。[1] 庆历二年，时任知庆州的范仲淹曾提议修建水洛城，这样，既可以打通秦州与渭州的通道，也可以驻军阻西夏兵入秦亭之路，很有好处。

但时任知秦州的韩琦表示反对："范仲淹议进兵修水洛城，通秦、渭道路，穿蓦生户几二百里，计其土工亦数百万，止可通二州援兵，亦未能断绝西贼往来。近筑秦州关城方毕工，尚有冲要城寨，当修治者甚多，未敢再劳人力。"[2]

仁宗与辅臣赞同韩琦的意见，下诏：勿修水洛城。

到了庆历三年，郑戬就任陕西四路都部署、经略安抚招讨使。其时，渭州西路巡检刘沪已收复水洛川，当时生蕃酋长来附，愿为属户。郑戬便于十月上奏朝廷，重议修筑水洛城："沪等招得生蕃，皆愿借耕牛以助播种，又城中有榷酤之利，可以

1　李焘：《续资治通鉴长编》卷一百四十四。
2　李焘：《续资治通鉴长编》卷一百三十五。

赡军事"[1],"今若就其地筑城,可得蕃兵三五万人及弓箭手共捍西贼,实为封疆之利"[2]。

郑戬知道新任枢密副使韩琦是反对修水洛城的,所以在奏疏中"乞令韩琦不预商量"[3]。恰好此时韩琦离朝巡边,没有机会看到郑戬的奏疏,而参知政事范仲淹是支持筑造水洛城的,因此,修筑水洛城的报告获得朝廷批准。于是,郑戬命刘沪主持筑城,泾原都监许迁统率兵卒"为修城之援"[4]。

等到十二月韩琦自陕西回朝,得知朝廷已同意郑戬修水洛城,立即奏请仁宗叫停筑城,说"臣自至泾原路相视诸城寨,类当营葺"[5],士卒今年修城,"已有劳苦之嗟",这个时候还要修筑水洛城,必定又要劳民伤财。况且,筑城完毕,"又须正兵三四千人,更岁积粮草,始能屯守之",耗费如此巨大的成本,仅仅是打通秦州道路而已,得不偿失。为今之计,应当"并力修葺逐处未了堡寨",水洛城可暂缓修建。

韩琦又说:"如朝廷未以为然,乞选差亲信中使至泾原、秦凤路,询问文彦博、尹洙、狄青等,即知修水洛城于今便与未便。"当时在陕西泾原、秦凤路主持军政的文彦博、尹洙、狄青,都反对修筑水洛城。

于是,次年,即庆历四年正月,仁宗诏陕西都部署司、泾原经略司"罢修水洛城"[6]。同时,任命郑戬知永兴军,仍兼四路

---

1 李焘:《续资治通鉴长编》卷一百四十八。
2 李焘:《续资治通鉴长编》卷一百四十四。
3 李焘:《续资治通鉴长编》卷一百四十九。
4 李焘:《续资治通鉴长编》卷一百四十七。
5 李焘:《续资治通鉴长编》卷一百四十五。下同。
6 李焘:《续资治通鉴长编》卷一百四十六。下同。

都部署。

郑戬虽知朝廷叫停筑城,但他还不想放弃,一面派人移檄水洛川,督促刘沪加紧筑城,并命永兴军节度推官董士廉带着兵卒,前往水洛川相助;一面移文渭州,知会水洛城所在地的首长尹洙,说明事由。由于郑戬此时仍兼领四路都部署,指挥刘沪继续筑城,虽然属于抗诏,却并非越权。

但到了二月,谏官欧阳修提议,"郑戬既不可内居永兴军,遥制四路,则乞落其虚名,只命坐镇长安,抚民临政,以为关中之重,其任所系亦大"。朝廷遂罢去郑戬的四路都部署之职。未久,又从韩琦之请,撤销陕西四路都部署、经略安抚招讨使之设,复置逐路都部署。郑戬的职务为永兴军都部署,兼知永兴军,远在渭州的水洛川是否筑城,已不是他职权范围内的事情。

但郑戬也是固执之人,又接连上书,"极言城水洛之便,役不可罢"[1];另一方,尹洙与狄青则相继论列郑戬违抗诏命,坚称"修城有害无利"。

其时,尹洙的职务为知渭州、兼管勾泾原路安抚都部署司事,是泾原都监许迁、渭州西路巡检刘沪的直接上司,水洛城事务也属于尹洙管辖范围。在与郑戬争执的时候,尹洙已将筑城的许迁召回,然后又传檄刘沪、董士廉遵朝廷诏命,停止筑城,撤回渭州。当地蕃部听闻朝廷罢修水洛城,欲召回刘沪,竟堵塞道路,不让刘沪撤走,并表示愿意"自备财力修城"。刘沪也认为,"属户既集,官物无所付,又恐违蕃部意,别生变",

---

[1] 李焘:《续资治通鉴长编》卷一百四十七。下同。

便没有遵从尹洙的命令罢役，反而"日增版趣役"，加快修城的速度。

尹洙再次派人召回刘沪、董士廉，二人又不从；复命瓦亭寨都监张忠前来接替刘沪之职，也被刘沪拒绝；尹洙与董士廉是同年关系，都是天圣二年登进士第，有一点交情，所以又单独给董士廉写了三封信，晓明利害，但董士廉也未被说服。所以，尽管仁宗已在正月下诏"罢修水洛城"，但实际上水洛城的工程并没有停止。而朝中，因郑戬与尹洙、狄青往来上书论辩，又出现"议者纷纷不决"的局面。

三月，仁宗只好派盐铁副使鱼周询、宫苑使周惟德前往陕西，与郑戬一起相度"修水洛城利害以闻"。鱼周询还未到达水洛川，那边尹洙已经被刘沪、董士廉一而再、再而三的抗命激怒，命令泾原副都部署狄青领兵至水洛川，逮捕刘沪、董士廉，欲以二人违抗军令而斩之。幸亏狄青没有动手杀人，只是将刘、董二人抓起来，押送泾原路德顺军（今宁夏隆德）监狱。

事情闹到快要杀人的地步，仁宗也大吃一惊，朝中臣僚不得不将更多的注意力投向遥远的水洛城。参知政事范仲淹担心尹洙、狄青一怒之下，先把刘沪、董士廉杀了，赶紧奏请仁宗"特遣中使乘驿往彼，委鱼周询、周惟德取勘刘沪所犯因依情罪闻奏，仍送邠州拘管，听候朝旨"，将刘、董先转移到邠州监狱。

谏官孙甫发问："窃闻刘沪等修水洛城，而泾原副都部署狄青以沪等不听令，并枷送德顺军。此狱系一方利害，但未知朝廷处置何如尔？"[1] 但究竟当如何处置，还是比较棘手。"朝

---

1 李焘：《续资治通鉴长编》卷一百四十八。下同。

廷若欲伸大将之令而罪沪等，则沪以威信招纳戎人，戎方来归，而谋者获罪，今后立功者怠，而又失信于戎，必不可也。若以狄青倚公法肆私忿而责之，则恐今后偏裨轻于违犯，此又非朝廷之意也。二者之间，均是害焉。"

枢密副使韩琦站在狄青、尹洙一边，认为"刘沪凭恃郑戬，轻视本路主帅，一面兴工不止，及至差官交割，又不听从，此狄青等所以收捉送禁，奏告朝廷。今来若以刘沪全无过犯，只是狄青、尹洙可罪，乃是全不计修水洛城经久利害，只听郑戬等争气加诬，则边上使臣，自此节制不行，大害军事"[1]。

谏官余靖则比较同情刘沪："今沪言筑城有利无害，事已复奏，乞听朝旨，青等知沪所执，自有本末，但以所议不同，辄肆私忿，一召不至，即举兵擒之。既囚其身，又围守其妻子，脱有他变，岂不上贻国忧？若沪及士廉犯大将之怒，而朝廷不能保全，则今后边臣，谁肯立效？"[2]

欧阳修提了一个折中的建议："宜命一中使令周询密谕狄青曰：'沪城水洛，非擅役众，盖初有所禀。且筑城不比行师之际，沪见利坚，执意在成功，不可以违节制加罪。今不欲直释沪以挫卿之威，宜自释之。后若出师临阵而违节制者，自当以军法从事。'然后又谕沪曰：'汝违大将命，自合有罪；今以汝城水洛有功，故使青赦尔，责尔卒事以自赎。'……如此则水洛之利可固，蕃户之恩信不失，边将立事者不懈，大将之威不挫；苟不如此，未见其可也。"

---

1 李焘：《续资治通鉴长编》卷一百四十九。
2 李焘：《续资治通鉴长编》卷一百四十八。下同。

欧阳修是支持修筑水洛城的："自西事以来，擢用边将固多，能立功效者殊少。惟范仲淹筑大顺城，种世衡筑青涧城，沪筑水洛城，沪尤为艰难，其功不在二人下。"所以，他又提议：将水洛城筑完，如果刘沪与狄青、尹洙难以共了此事，"不得已，宁移尹洙，不可移刘沪"，即调走尹洙，留刘沪修城，并镇守水洛城。

欧阳修的意见，代表了朝中多数大臣的共识。五月，鱼周询发回调查报告，也认为修城有利，"水洛城今欲毕工，惟女墙未完，弃之诚可惜，宜遂令讫役"[1]。

自庆历三年十月，至庆历四年五月，朝廷对是否修筑水洛城的决策如同钟摆，先是批准筑城，继而罢修，现在又同意将城筑完，筑城的工程还是由刘沪、董士廉主持。

考虑到刘沪与尹洙恐怕已经无法共事，朝廷便将尹洙调离陕西，改知晋州（今山西临汾），不久又改知潞州（今山西长治）。渭州阙守，仁宗本欲擢狄青知渭州，兼泾原路都部署，但谏官余靖坚决反对："泾原在陕西最为重地，自范仲淹不敢独当，岂青粗暴所能专任？"[2]仁宗只好改任狄青为权并（州）、代（州）部署。

庆历四年六月，水洛城修筑完毕。七月，仁宗诏赐修水洛城禁军及弓箭手缗钱。同时，降刘沪官阶，但仍权水洛城主；董士廉罚铜八斤。二人虽然筑城有功，但"终坐违本路帅命，故责及之"[3]。八月，复调狄青回陕西，任泾原路都部署。

---

1 李焘：《续资治通鉴长编》卷一百四十九。
2 李焘：《续资治通鉴长编》卷一百五十。
3 李焘：《续资治通鉴长编》卷一百五十一。

宋仁宗

  闹腾的"争水洛城事"总算落幕了。但是,谁也想不到,有一枚仇怨的种子,悄悄埋了下来,到了第二年,这枚种子将破土而出,致使知潞州的尹洙被贬官,枢密副使韩琦解职。

第九章 庆历新政(下)

庆历四年至庆历五年（1044—1045）

第一节　新鲜的"朋党论"

庆历四年上半年,参知政事范仲淹领导的新政正在次第开展中。

四月的一天,仁宗突然问执政团队:"自昔小人多为朋党,亦有君子之党乎?"[1]仁宗对"朋党"问题是比较敏感的,我们前面讲过,景祐三年,朝廷就闹出一起"朋党风波",导致范仲淹以及一批支持他的年轻官员被贬出朝。如今事过境迁,仁宗为什么又问起"朋党"的问题呢?

还记得上一年国子监直讲石介写的那首《庆历圣德颂》吗?石介在这首用词华丽的颂诗中,将杜衍、范仲淹、韩琦、富弼等执政官与欧阳修、余靖、王素、蔡襄等谏官列为"众贤",将夏竦视为"大奸"。夏竦当然也听说有这么一首诗,因而对作者石介恨之入骨,在家中给石介立了一个牌位,上书"夙世

---

[1] 李焘:《续资治通鉴长编》卷一百四十八。

冤家石介"[1]六字；又恨屋及乌，对受石介赞颂的范仲淹、欧阳修等人也产生了怨恨。

欧阳修与范仲淹、富弼等人"素所厚善"，不止一次公开赞美范仲淹，"略不以形迹嫌疑顾避"。[2] 平心而论，欧阳修的做法是不妥当的，因为他的职务是谏官，而谏官的职责是规劝君主、纠绳政府，而不是成天给执政官唱赞歌。夏竦便抓住欧阳修的这个毛病，散播流言，称欧阳修与杜衍、范仲淹等结成"朋党"。

自古以来，政治流言总是很容易传播，何况范仲淹推动的庆历新政触动了许多官僚的切身利益，比如上年十月施行"择官长"之法，范仲淹一笔勾销了多少人的大好前程？朝廷派出巡视、监督地方官员的按察使又"多所举劾"，以致"人心不自安"；上年十一月推行的"明黜陟"与"抑侥幸"之法，也导致"磨勘法密，侥幸者不便。""于是谤毁浸盛，而朋党之论，滋不可解。"[3]

流言越传越广，连内侍蓝元震都听说了，忍不住对仁宗说："范仲淹、欧阳修、尹洙、余靖，前日蔡襄谓之四贤。斥去未几，复还京师。四贤得时，遂引蔡襄以为同列。以国家爵禄为私惠，胶固朋党，苟以报谢当时歌咏之德。今一人私党，止作十数，合五六人，门下党与已无虑五六十人。使此五六十人递相提挈，不过三二年，布满要路，则误朝迷国，谁敢有言？挟恨报仇，何施不可？九重至深，万几至重，何由察知？"[4]

---

1 高晦叟：《珍席放谈》卷下。
2 李焘：《续资治通鉴长编》卷一百四十八。
3 李焘：《续资治通鉴长编》卷一百五十。
4 李焘：《续资治通鉴长编》卷一百四十八。下同。

不过，仁宗"终不之信也"。但他的心里还是有一个结，所以才向辅臣发问："有君子之党乎？"

面对皇帝的询问，范仲淹回答说："方以类聚，物以群分。自古以来，邪正在朝，未尝不各为一党，不可禁也"[1]；"臣在边时，见好战者自为党，而怯战者亦自为党，其在朝廷，邪正之党亦然，唯圣心所察尔。苟朋而为善，于国家何害也？"[2]

欧阳修随后也写了一篇《朋党论》，呈给仁宗："臣闻朋党之说，自古有之，惟幸人君辨其君子小人而已。大凡君子与君子，以同道为朋，小人与小人，以同利为朋，此自然之理也。然臣谓小人无朋，惟君子则有之。其故何哉？小人所好者禄利也，所贪者财货也，当其同利之时，暂相党引以为朋者，伪也。及其见利而争先，或利尽而交疏，则反相贼害，虽其兄弟、亲戚，不能相保，故臣谓小人无朋，其暂为朋者，伪也。君子则不然，所守者道义，所行者忠信，所惜者名节。以之修身，则同道而相益，以之事国，则同心而共济，终始如一，此君子之朋也。故为人君者，但当退小人之伪朋，用君子之真朋，则天下治矣。"

历朝都有"朋党"问题，但历代士大夫都不敢明目张胆为"朋党"申辩，对"朋党"的标签避之唯恐不及，如唐朝有"牛李党争"，但李党党魁李德裕却说："今之朋党者，皆依倚幸臣，诬陷君子，鼓天下之动以养交游，窃儒家之术以资大盗。"[3]但到了宋代，士大夫对"朋党"有了新的认识，宋初大学者王禹偁率先替"朋党"

---

1 司马光：《涑水记闻》卷第十。
2 李焘：《续资治通鉴长编》卷一百四十八。下同。
3 李德裕：《朋党论》，收于董诰等编《全唐文》卷七百九。

宋仁宗

正名："夫朋党之来远矣,自尧舜时有之,八元八凯,君子之党也,四凶族,小人之党也,惟尧以德充化臻,使不害政,故两存之。"[1]

欧阳修与范仲淹延续了王禹偁的思想,认为"朋党"乃是"自古有之""不可禁也"的士大夫分化,君子也可以结成"真朋"。

范仲淹与欧阳修对"朋党"的辩解有没有解了仁宗的心头之惑呢?宋人说,欧阳修"上《朋党论》,以破邪说,仁宗感悟"[2]。看来仁宗还是认同欧阳修的意见的。

不过,数百年后,欧阳修的《朋党论》却惹恼了清朝的雍正皇帝。雍正读了《朋党论》之后,特别写了一篇《御制朋党论》相反驳:天尊地卑,君尊臣卑,做臣子的,"义当惟知有君"[3],倘若"心怀二三,不能与君同好恶,以至于上下之情睽,而尊卑之分逆,则皆朋党之习为之害也"。

雍正皇帝还杀气腾腾地说:"宋欧阳修《朋党论》创为邪说,曰君子以同道为朋。夫罔上行私,安得为道?修之所谓道,亦小人之道耳。自有此论,而小人之为朋者,皆得假同道之名,以济其同利之实。……朋党之风至于流极而不可挽,实修阶之厉也。设修在今日而为此论,朕必诛之以正其惑世之罪。"

这篇《御制朋党论》保存在原始文献雍正帝起居注中。后来史官修《清实录·雍正朝实录》时,大概觉得皇上这么咬牙切齿对待一位儒家先贤,实在有损帝王形象,便将"邪说"改成"异说",将"朕必诛之以正其惑世之罪"改成"朕必饬之以正其惑"[4]。

---

[1] 王禹偁:《小畜集》卷十五《朋党论》。
[2] 谢枋得:《文章轨范》卷二。
[3] 《雍正朝起居注册》二年七月十六日条。下同。
[4] 《清实录·雍正朝实录》卷二二。

第九章 庆历新政（下）

我们公允地说，庆历四年春夏之际，执政的杜衍、范仲淹、韩琦、富弼，尽管同属新政阵营，也保持着终生的友谊，私人关系密切，但他们又"所见各异，故于议事，多不相从"[1]，"平日闲居，则相称美之不暇，为国议事，则公言廷争而无私"。比如在"公用钱案"中，"杜衍欲深罪滕宗谅，仲淹力争而宽之"；"争水洛城事"时，"韩琦则是尹洙而非刘沪，仲淹则是刘沪而非尹洙"，要知道，尹洙可是自号为"仲淹之党"的。他们确实不似结党营私的旧式朋党。后人对此评价颇高："宰相肚里好撑船，虽是俗谚，实有至理。肚内撑不得船，不免窄狭局促，何能平章天下？韩、范、富、欧四君子，上殿相争如虎，下殿不失和气，都缘他有大学识，胸次宽广，故赞成仁宗庆历之治。"[2]

虽然"朋党"的流言对仁宗造成了困惑，"然仲淹、弼守所议弗变"[3]，仁宗听了范仲淹与欧阳修的解释后，亦暂时释然。

但庆历四年五六月，一则更骇人听闻的流言又传了出来：石介给枢密副使富弼写了一封信，责以行"伊、霍"之事，还替富弼拟好"废立诏草"。"废立诏草"自然是无中生有的捏造，不过石介确实曾致信富弼，"责以行伊、周之事"。

这行"伊、周"之事与行"伊、霍"之事，只有一字之差，含义却有天壤之别。"伊、周"指商朝贤臣伊尹、周朝贤臣周公。不过，伊尹又有流放天子太甲之举，因为"帝太甲既立三年，不明，暴虐，不遵汤法，乱德，于是伊尹放之于桐宫"[4]；"霍"

---

1 李焘：《续资治通鉴长编》卷一百五十五。下同。
2 李乐：《见闻杂记》续卷十一。
3 李焘：《续资治通鉴长编》卷一百五十。下同。
4 司马迁：《史记·殷本纪》。

则指西汉权臣霍光,曾废刘贺、立汉宣帝,擅权摄政,权倾朝野。伊、周并提时,是辅弼天子的贤臣;伊、霍并提时,却是废立君主的权臣。

假如石介真的在信中建议富弼行"伊、霍"之事,并起草好废立诏书,用心如何,不问可知,一旦东窗事发,便是杀头的重罪。但石介虽然政治情商极低,也不至于胆敢废立君主。该书信与"废立诏草",其实都是他人伪造的,目的是要陷害石介与富弼。

据传伪书事件的幕后主使就是石介的仇家夏竦。夏竦知道石介给富弼写过信,信中有"行伊、周之事"之语,便买通富弼家中一名婢女,让她暗暗练习石介的笔迹,"久之习成,遂改伊、周曰伊、霍"[1],又模仿石介的笔迹替富弼写了一份"废立诏草"。然后,夏竦放出消息,"飞语上闻",即以流言蜚语的形式让仁宗知道富弼的家里藏有这种书信与诏草。

仁宗并不是雄猜之主,不相信石介与富弼有不臣之心。但流言既起,富弼与范仲淹"始恐惧,不敢自安于朝,皆请出按西北边"。仁宗没有同意,让他们安心在中枢执政。

正好此时,河东传来契丹欲攻打党项部落、与西夏聚兵边境的情报,范仲淹担心契丹名为攻夏,意在河东,便再次自请巡边,并于庆历四年六月,以陕西、河东路宣抚使的身份巡察边关。

八月,富弼因"不自安于朝,欲出避谗谤"[2],又上奏河北守

---

1 李焘:《续资治通鉴长编》卷一百五十。下同。
2 李焘:《续资治通鉴长编》卷一百五十一。下同。

御之策,"乞守一要郡,自行其事"。不过,仁宗不想将富弼外放,只是任命他以河北宣抚使的身份巡边。巡边为临时性的差遣,事毕即回朝。范仲淹的参知政事之职、富弼的枢密副使之职都保留着,那么,他们还有机会回朝执政吗?

还是八月,仁宗又任命谏官欧阳修为河北都转运按察使,巡按河北吏治与民政,大概也是想让他避避谗谤的风头。临行前,仁宗对欧阳修说:"勿为久居计,有事第言之。"欧阳修说:"谏官乃得风闻,今在外使事有指,越职罪也。"仁宗说:"事苟宜闻,不可以中外为辞。"谏官蔡襄、孙甫奏请留欧阳修在朝,不过仁宗"不许"。

范、富、欧阳出使后,朝中"谗谤益甚,人多指目介"[1],大家都对伪书案当事人石介指指点点。石介惶惶不可终日,也上书请辞国子监直讲,获准,通判濮州(今河南濮阳),次年七月,病卒于家中。

恰好当时有一个叫孔直温的狂人鼓动士兵叛变,事发被抄家,官府从孔家搜出石介致孔直温的书信——这倒不是伪造的,石介生前确实与孔直温有书信往来。石介的大仇家夏竦又借机大做文章,报告仁宗:有人在契丹见到石介,石介其实并没有死,而是受富弼指使,"入契丹谋起兵,弼为内应"[2]。又怂恿仁宗派人掘开石介的坟墓,验看石介是不是真的死了。按中国传统观念,掘人坟墓,无疑是对死者及其家人的最大羞辱,幸亏仁宗在大臣的劝阻下,同意不掘坟,只把办理石介丧事的人召问对

---

1 李焘:《续资治通鉴长编》卷一百五十二。
2 李焘:《续资治通鉴长编》卷一百五十七。

证，证实石介确实已经身故。这是后话，略过不表。

且说范仲淹出使巡边，经过郑州（今河南郑州）时，与居郑养老的前宰相吕夷简"相遇于途"。范仲淹年轻时，多次顶撞过吕夷简，及至自己执政，"知事之难，惟有过悔之语"。吕夷简也"欣然相与语终日"，聊了一整天。吕夷简问"何为亟去朝廷"，范仲淹说："欲经制西事耳。"吕夷简说："经制西事，莫如在朝廷之便。"范仲淹听了，"为之愕然"。[1]

这是吕夷简最后一次与范仲淹会面并促膝长谈，过了不久，庆历四年九月，他便病逝于郑州。仁宗闻讯，怆然涕下："安得忧公忘身如夷简者！"[2]

同月，谏官孙甫、蔡襄弹劾次相晏殊"役官兵治僦舍以规利"，导致晏殊罢相，出知颍州；仁宗另拜枢密使杜衍为平章事兼枢密使，擢参知政事贾昌朝充枢密使，知青州陈执中为参知政事。

正当这个时候，朝廷又发生了一件闹得沸沸扬扬的案子——"进奏院案"。

第二节　进奏院案

庆历四年九月，宋朝人迎来一个狂欢节——秋季赛神会。按宋朝惯例，这一天，京师各机关单位都会准备酒馔，"吏史

---

[1] 苏辙：《龙川别志》卷上。
[2] 李焘：《续资治通鉴长编》卷一百五十二。下同。

列坐,合乐终日"[1]。监进奏院的苏舜钦也邀请同僚以及几位有交情的文友,到酒楼把酒联欢,还叫了几名官妓歌舞弹奏,陪饮助兴。

苏舜钦是一名"慷慨有大志"的才俊,深得杜衍与范仲淹的赏识。杜衍将女儿许配给他,范仲淹则推荐他参加庆历初年的制科考试,举荐他监进奏院。

进奏院是负责刊印、发行宋朝机关报——朝报的机关,因而一年积下来,废报纸很多。苏舜钦将这些旧报纸卖了,换成四五十贯钱,作为赛神会联欢的经费。不过,鬻卖旧报纸所得的公款尚不足消费,大家又凑份子补足,苏舜钦自己也掏了十贯钱助席,其他"预会之客,亦醵金有差",换成现在的话,就是"众筹"了一场酒席。

当时恰好有一个叫作李定的官员(与王安石弟子、熙宁变法小将李定并非同一人),得知进奏院要"众筹"宴席,便兴致勃勃地跑过来说,他也想参加联欢。但苏舜钦大概觉得李定这个人很俗气,一直瞧不上他,便拒绝掉了。内心很受伤的李定怀恨在心,托人探听苏舜钦聚饮的详情,再添油加醋描述出来,到处散布,说苏舜钦等人大搞公款吃喝,还召妓作陪,席间丑态百出,造成了极坏的影响,"遂腾谤于都下"。

流言很快就传到御史中丞王拱辰、监察御史刘元瑜等人的耳朵里,这些御史官以监察百官为天职,听说苏舜钦搞公款吃喝,立即上书仁宗,对苏舜钦等人发起弹劾,"事下开封府治"[2]。

---

1 魏泰:《东轩笔录》卷之四。下同。
2 李焘:《续资治通鉴长编》卷一百五十三。下同。

开封府很快就推鞫清楚：御史所弹奏确有其事。监进奏院的苏舜钦与刘巽，身为进奏院的长官，却盗用进奏院的旧纸卖钱，邀请文友喝花酒，属于"监主自盗"；应邀参加宴会的史馆检讨王洙等人，席间"与妓女杂坐"；集贤校理江休复、集贤校理刁约、太常博士周延隽、殿中丞周延让等人"又服惨未除"，就参与妓乐；集贤校理王益柔还乘醉作《傲歌》，"醉卧北极遣帝扶，周公孔子驱为奴"云云，谤讪周孔……

按宋朝律法，"监主自盗"属于重罪，比一般盗窃行为罪加二等："诸监临主守自盗，及盗所监临财物者，……加凡盗二等，三十匹绞"[1]。监守自盗三十匹绢即可判死刑。

召妓饮酒也为法律所禁止。尽管宋代保留着官妓之制，但只可在公宴上"以官妓歌舞佐酒，然不得私侍枕席"[2]；官员私召官妓则构成犯罪，宋代不少官员就因为与官妓游宴、杂坐而被贬黜。所以有宋人感慨说，唐朝时，"白乐天为郡时，尝携容、满、蝉、态等十妓，夜游西武丘寺，尝赋纪游诗，其末云：'领郡时将久，游山数几何？一年十二度，非少亦非多。'可见当时郡政多暇，而吏议甚宽。使在今日，必以罪去矣"[3]。

士大夫服丧期间赴妓乐宴会，更是违背了礼法。比如"进奏院案"发生后次年，"安静（军）节度使允迪居父丧，命妓女日为优戏宫中"，被妻子告发。仁宗马上派人调查。赵允迪是宋太宗的孙子，仁宗皇帝的堂兄弟，虽贵为天潢贵胄，最后

---

1 窦仪等：《宋刑统·贼盗律》。
2 田汝成：《西湖游览志余》卷二十一。
3 龚明之：《中吴纪闻》卷第一。

也不得不接受处分，被降为"右监门卫大将军，绝朝谒"。[1]

至于作诗声称"醉卧北极遣帝扶，周公孔子驱为奴"，以那时候的眼光来看，自然也是轻侮圣贤的"大逆不道"之论。因此，台谏官王拱辰、刘元瑜，翰林学士宋祁，知制诰张方平都要求重责王益柔、苏舜钦。

宰相杜衍是苏舜钦的岳父，出于避嫌，自然不方便出面替苏舜钦辩解；范仲淹、富弼、欧阳修出使在外，也没有发言；只有枢密副使韩琦一人上书为苏舜钦、王益柔说情："昨闻宦者操文符捕馆职甚急，众听纷骇。舜钦等一醉饱之过，止可付有司治之，何至是陛下圣德素仁厚，独自为是何也？"[2] 韩琦又说："益柔少年狂语，何足深治。天下大事固不少，近臣同国休戚，置此不言，而攻一王益柔，此其意有所在，不特为傲歌可见也。"

仁宗原本对苏舜钦、王益柔这群胡闹的年轻人非常生气，听了韩琦的话，气方稍解。十一月，仁宗下诏，对"进奏院案"涉案官员作出处分：刘巽、苏舜钦坐监主自盗罪，"并除名勒停"，"削籍为民"[3]，即开除公职；王洙落侍讲、检讨二职，徙知濠州（今安徽凤阳）；刁约调离现职，通判海州（今江苏连云港）；江休复外调，监蔡州税；周延让监宿州（今安徽宿州）税；周延隽降为秘书丞；王益柔夺去集贤校理之职，监复州（今湖北天门）税。参加宴席的集贤校理章岷、同修起居注吕溱、馆阁校勘宋敏求、将作监丞徐绶等人，也都受到斥逐。[4]

1　李焘：《续资治通鉴长编》卷一百五十四。
2　李焘：《续资治通鉴长编》卷一百五十三。下同。
3　魏泰：《东轩笔录》卷之四。
4　李焘：《续资治通鉴长编》卷一百五十三。

这一批同时被斥逐的人，大多领有馆阁之职，都是当时的年轻才俊、饱学之士。王拱辰的弹劾，致使"馆阁之士罢逐一空"[1]，所以王氏颇为自得，沾沾自喜地说道："吾一举网尽矣！"[2] 被逐众人当中，又以苏舜钦与刘巽受到的处罚最为严重，削职为民，连作《傲歌》轻慢周公、孔子的王益柔都未曾除名。

被除名之后，苏舜钦寓居吴中，购废园，买水石，建园亭，取名"沧浪亭"，作《沧浪亭记》，又自号为"沧浪翁"。"沧浪"二字，出自先秦孺子歌："沧浪之水清兮，可以濯我缨；沧浪之水浊兮，可以濯我足。"[3] 楚国大夫屈原被流放后，游于江潭，曾见渔父歌《沧浪之水》，乃记入《离骚》。苏舜钦自号"沧浪翁"，大概有以屈子自况的意思。

苏舜钦书法极好，"善草书，每酣酒落笔，争为人所传"[4]，所以滕宗谅重修岳阳楼之后，请他手书范仲淹的《岳阳楼记》。这两个人生原本并无多少交集的宋朝官员，因为命运的阴差阳错而产生某种联结。

替滕宗谅书写范氏《岳阳楼记》时，苏舜钦的内心一定是非常不好受的，"公用钱案"与"进奏院案"相隔一年发生，但滕宗谅与苏舜钦的命运却大不相同：滕宗谅只是被贬谪，苏舜钦却被除名。

苏舜钦曾给按察河北的欧阳修写信，抱怨命运不公："进邸神会，比年皆然，亦尝上闻，盖是公宴。……因事燕集，安

---

1 黎靖德编：《朱子语类》卷第一百二十九。
2 李焘：《续资治通鉴长编》卷一百五十三。
3 杨伯峻译注：《孟子译注》卷七《离娄上》。
4 脱脱等：《宋史·苏舜钦传》。

足为过？卖故纸钱旧已奏闻，本院自来支使，判署文记前后甚明，况都下他局亦然"[1]，进奏院卖旧报纸换钱聚饮，历年都这么做，这也是京城各机关单位的惯例，何以只拿进奏院开刀？况且，"近者葛宗古[2]、滕宗谅、张亢所用官钱钜万，复有入己，惟范公横身当之，皆得末减，非范公私此三人，于朝廷大体实有所补多矣"；而他苏某人被弹劾时，宰相杜衍却"恐栗畏缩，自保其位，心知非是，不肯开言"[3]。

对杜衍"不肯开言"之举，苏舜钦的愤愤不平之情溢于言表，却不想想，当初滕宗谅滥用公用钱案发之后，杜衍可是主张严惩不贷的，难道他女婿犯事了，就站出来维护？这不是明摆着护短吗？杜衍若这么做，他也难逃台谏官的严词弹劾。

欧阳修倒是为苏舜钦感到不平，在苏舜钦书信末注明两行字："子美可哀，吾恨不能为之言"；"子美可哀，吾恨不能言"。子美，即苏舜钦的字。但有意思的是，次年，即庆历五年（1045），欧阳修也被台谏官弹劾挪用他人钱财。

由于"公用钱案"与"进奏院案"发生的时间，恰好是杜衍、范仲淹领导的庆历新政推行之际，且滕宗谅是范仲淹的好友，苏舜钦是杜衍的女婿，而对滕宗谅与苏舜钦发起弹劾的人，都是御史中丞王拱辰，后世论史的人便将王拱辰列为反对新政

---

1 费衮：《梁溪漫志》卷八。
2 庆历三年，延州西路都巡检使葛宗古被检控"侵用公使钱入己"，时任谏官的欧阳修建议严惩："若宗古等故意偷慢减刻宴犒蕃夷、军士之物入己者，有何可恕之理，特减从轻？"参知政事范仲淹则以"葛宗古弓马精强，复有胆勇，在鄜延路中最为骁果"为由，建议宽贷。参见欧阳修：《欧阳修全集》卷九十七《论葛宗古等不当减法札子》，范仲淹：《范文正奏议》卷下。
3 费衮：《梁溪漫志》卷八。下同。

的保守派枪手，认为他弹劾滕、苏的目的，乃是欲扳倒杜、范，阻止新政。换言之，滕宗谅与苏舜钦都是庆历党争的牺牲品。

著《续资治通鉴长编》的南宋史家李焘便持这样的观点，他说，"先是，杜衍、范仲淹、富弼等同执政，多引用一时闻人，欲更张庶事。御史中丞王拱辰等不便其所为。而舜钦仲淹所荐，其妻又衍女也"[1]，作《傲歌》的王益柔亦是范仲淹所荐，"拱辰既劾奏，宋祁、张方平又助之，力言益柔作傲歌，罪当诛，盖欲因益柔以累仲淹也"。

一些宋人笔记甚至暗示御史官弹劾苏舜钦是受了宰相章得象、枢密使贾昌朝的指使，称御史刘元瑜"既弹苏舜钦，而连坐者甚众，同时俊彦为之一空。刘见宰相曰：'聊为相公一网打尽。'"[2] 但实际上，贾昌朝只是在两府讨论如何处分苏舜钦等人时，"阴主拱辰等议"，章得象则"无所可否"；[3] 那句"聊为相公一网打尽"也是讹传自王拱辰洋洋得意的自夸："吾一举网尽矣！"

我们并不排除"公用钱案"与"进奏院案"背后有着党争的暗流，章得象、贾昌朝也确实与杜衍、范仲淹政见不合，但单以一个党争的视角来解释也会遮蔽历史的复杂性。比如最早揭发滕宗谅"枉费公用钱"一事的郑戬，并不反对新政；力主从重治罪滕宗谅的杜衍，更是新政的领袖之一；要求严厉惩处苏舜钦、王益柔的知制诰张方平，实际上还是范仲淹的同盟，他的许多政治主张都跟范仲淹相合。范氏执政之时，凡"政有

---

[1] 李焘：《续资治通鉴长编》卷一百五十三。下同。
[2] 魏泰：《东轩笔录》卷之四。
[3] 李焘：《续资治通鉴长编》卷一百五十三。

所厘革"，必等候张方平入值，由他撰写诏敕，如庆历年间颁布的《新定职田诏》《条制资荫敕》等新政举措，都出自张方平手笔。范仲淹称赞说："张舍人于教化深，非但妙于文辞也。"[1]

苏舜钦本人则认为王拱辰弹劾他，是因为与杜衍、范仲淹有私人恩怨。在一封写给文彦博的书信上，苏舜钦说，"始者，御史府（指王拱辰）与杜少师（杜衍）、范南阳（范仲淹）有语言之隙，其势相轧，内不自平，遂煽造诡说，上惑天听"[2]。但苏舜钦这么说，恐怕是想将自己塑造成官场倾轧的牺牲品，间接为自己的公款吃喝开脱。

苏舜钦、滕宗谅被台谏官严厉弹奏，应该跟私人恩怨关系不大。我们可以发现一个有趣的现象：第一个检举滕宗谅的官员郑戬，与极力保护滕宗谅的范仲淹，是一对连襟（都是李昌龄的女婿），也一直保持着友谊；严词弹劾苏舜钦的王拱辰，与对苏舜钦十分同情的欧阳修，也是一对连襟（都是薛奎的女婿），王拱辰本人还是苏舜钦的举主，最先举荐苏舜钦充馆职，我们看不出王拱辰对苏舜钦有什么私怨；杜衍后来罢相，也跟"进奏院案"没有关系。

与其说，台谏官坚持弹劾滕宗谅与苏舜钦是出于朋党斗争或个人恩怨，倒不如说，那是宋仁宗时代台谏官的惯常作风。在仁宗朝，台谏官轮番攻击执政官、行政官，实在是稀松寻常的事，朝廷"一事过举，（台谏）议论蜂起，章奏交上，往往以死争之（其实也死不了）。纵有忤旨，不过薄责，旋即超升"[3]。

---

1 张方平：《乐全集》附录张方平行状。
2 苏舜钦：《苏舜钦集》卷第九《上集贤文相书》。
3 蔡戡：《定斋集》卷四。

王拱辰本人就是一名天生的反对派，被他攻击的人多了去。苏舜钦说王拱辰与杜衍、范仲淹"有语言之隙"，其实未必，换了其他人执政，以王拱辰的行事风格，该反对时他一样强烈反对。我们应该记得，庆历三年，即滕宗谅被王拱辰弹劾那一年，夏竦拜枢密使，站出来强烈反对的人，就是王拱辰，最后迫使仁宗罢去夏竦的枢密使之职。要知道，夏竦可是庆历新政的头号反对者，如果说王拱辰攻击滕宗谅、苏舜钦是为了讨好保守派，那他对夏竦的强烈反对又是为了什么呢？

让我们再举一个例子：庆历五年，即王拱辰弹劾苏舜钦第二年，仁宗拜李用和为彰信节度使、同平章事，"上下马如二府仪，余无得援例"，又是王拱辰站出来反对："用和无功贪骄，而陛下名器听其所欲，恐非所以全安之。"[1] 要知道，李用和可是仁宗"宠赉甚渥"的亲舅舅。王拱辰连如此得宠的皇亲都敢得罪，又怎么可能是依附保守派、受人指使的趋炎附势之徒？他弹劾滕宗谅、苏舜钦，跟弹劾夏竦、李用和一样，都是在履行御史官的天职。

有趣的是，王拱辰以公款吃喝问题将苏舜钦拉下马，十年后他自己也因吃喝问题遭到台谏官的猛烈抨击。那是至和二年（1055），已转任三司使的王拱辰被委任为大宋使者，出使辽国，辽主设宴招待，王拱辰"窄衣与会"，又"痛饮深夜，席上联句，语同俳优"，非常失态。[2] 殿中侍御史赵抃知悉，便对王拱辰发起弹劾，称拱辰"失礼违命，损体生事，乞加黜降"。宋仁宗

---

1 李焘：《续资治通鉴长编》卷一百五十六。
2 李焘：《续资治通鉴长编》卷一百七十九。下同。

欲袒护王拱辰，但赵抃不屈不挠，一再上书弹奏，迫使仁宗皇帝不得不将王拱辰"罚金二十斤"，未久又罢去他的三司使之职，出知永兴军。

这便是宋仁宗朝的台谏风气。这些台谏官很大程度上就如后世议会中的反对派，以紧紧盯住政府官员的差错为天职。王拱辰当御史时是这样，赵抃当御史时也是这样。

第三节　众贤离朝

尽管我不同意单纯用保守派与新政集团党争的视角来解释"进奏院案"，不过，在发生"进奏院案"的庆历四年下半年，形势确实于新政及其主政者十分不利。

继范仲淹、富弼、欧阳修相继离朝出使之后，冬十月，杜衍、范仲淹的支持者蔡襄也辞去知谏院的言职，出知福州（今福建福州）。蔡襄的离朝与陈执中任参知政事有关，去年晏殊罢相，蔡襄举荐富弼接替晏殊，仁宗很不高兴，因为按照宋朝惯例，台谏官是不允许提名执政官人选的。

最后，仁宗拜枢密使杜衍为宰相，擢参知政事贾昌朝充枢密使，另召前任同知枢密院事、现任知青州陈执中为参知政事。但蔡襄、孙甫等谏官却"争言执中刚愎不学，若任以政，天下不幸"，仁宗不听，"谏官争不止"。仁宗的气性也给激发出来，叫内侍带着诏敕至青州，直接召见陈执中，并且让内侍转告他："朕用卿，举朝皆以为不可，朕不惑人言，力用卿尔。"次日早朝，

宋仁宗

谏官上殿，仁宗面色微变，对蔡襄、孙甫等人说："岂非论陈执中耶？朕已召之矣。"显然，这是仁宗的一次意气用事。[1]

很多时候，仁宗对台谏的意见都是尊重的。曾有一日，仁宗退朝后回寝殿，不脱御袍，先脱去幞头，说："头痒甚矣。"[2]宫人给他梳头时，瞥见皇上怀中有文书，便好奇地问道："官家，是何文字？"仁宗说："乃台谏章疏也。"梳头宫人又问："所言何事？"仁宗说："霖淫久，恐阴盛之罚，嫔御太多，宜少裁减。"

梳头宫人忍不住发牢骚："两府、两制家中，各有歌舞，官职稍如意，往往增置不已。官家根底剩有一两人，则言阴盛须待减去，只教渠辈取快活。"仁宗听了，沉默不语。梳头宫人又问："（台谏）所言必行乎？"仁宗说："台谏之言，岂敢不行。"梳头宫人自恃得宠，说："若果行，请以奴奴为首。"不久，仁宗诏，"自某人以下三十人尽放出宫"。某人者，即梳头宫人也。曹皇后问："掌梳头者，是官家常所嬖爱，奈何作第一名遣之？"仁宗说："此人劝我拒谏，岂宜置左右。"

纳谏，于仁宗而言，是一种自觉。但有时候，他又会被台谏官搞得很烦，生出孩童一般的逆反心理，台谏官不让他做的事，他偏要做，比如对陈执中的任命。

而谏官这边，既然"极言不听"[3]，蔡襄与孙甫便双双向仁宗提出辞职，"求罢为外官"。宰相杜衍说："谏官无故出，终非美事，乞且仍旧。"仁宗觉得也有道理，便没有批准二人的请辞："卿等言一不听，则求去，令朕有逐言者名，自为计则善也。"

1　李焘：《续资治通鉴长编》卷一百五十二。
2　朱弁：《曲洧旧闻》卷一。下同。
3　黄仲昭修撰：《八闽通志》卷之八十六。下同。

蔡襄又上请归郡，侍奉年迈的双亲。之前，蔡襄曾请假回福建莆田老家迎亲进京，但双亲不愿意到京城生活，现在连蔡襄自己都不想在京城待下来了，便提出回老家养亲。仁宗问他："卿昨迎亲不来，何不遂留侍养？"上次你请假回家迎亲，双亲不愿来京，你为什么不留在老家侍奉？蔡襄"皇恐不能对"。孙甫替他解释："襄所以辞亲远来事陛下者，冀万一有裨补，今言既不行，襄是以须却思归。"

仁宗也知道留不住蔡襄了，遂放他回福州任职。

谏官举荐富弼拜相，极力抨击陈执中，对范仲淹等执政官却十分维护，在"进奏院案"中一言未发，这些多少有些反常的举动，让仁宗越来越相信朝中已经形成了党同伐异的朋党。十一月，仁宗特别下了一道诏书，饬诫群臣："朕闻至治之世，元、凯共朝，不为朋党，君明臣哲，垂荣无极，何其德之盛也。朕旦食厉志，庶几古治，而承平之弊，浇竞相蒙，人务交游，家为激讦，更相附离，以沽声誉，至或阴招贿赂，阳托荐贤。又按察将命者，恣为苛刻，构织罪端，奏鞫纵横，以重多辟。至于属文之人，类亡体要，诋斥前圣，放肆异言，以讪上为能，以行怪为美。自今委中书、门下、御史台采察以闻。"[1]

这道诏书的发布，显示仁宗对新政集团的印象已发生了微妙的变化。

次年，即庆历五年正月，孙甫也被免去言职，出知邓州。孙甫的离朝与翰林学士承旨丁度有关。仁宗曾询问丁度"用人以资与才孰先"[2]。资，即年资；才，即才干。仁宗有此疑问，

---

1 李焘：《续资治通鉴长编》卷一百五十三。
2 李焘：《续资治通鉴长编》卷一百五十四。下同。

说明他对新政的实际效果也产生了疑问，因为新政的"明黜陟""择官长"之法，宗旨就是以才干、绩效选拔人才，而不是排资论辈。

从理想的角度来讲，"任人唯才"当然要优于"排资论辈"，但在实际执行过程中，"任人唯才"的做法要比"排资论辈"更容易出问题，因为年资是一目了然的，而才干如何评定，又由何人来评定，则缺乏硬性的标准，容易上下其手。早年范仲淹尚未执政时，也是提倡"序迁"的，认为"如此则公"；而不次升迁，则很可能是走了宰相吕夷简的后门。庆历年间"明黜陟""择官长"之法的推行，也确实出现了"阴招贿赂，阳托荐贤""不因请托，则人莫肯言"的问题。所以仁宗不得不重新考虑"任人唯才"与"排资论辈"究竟孰优孰劣，并向丁度咨询。

丁度回答说："承平宜用资，边事未平宜用才。"言外之意，现在宜恢复"排资论辈"的旧法，因为元昊已纳款称臣，边事渐渐平复。支持新政的孙甫对丁度的这个回答非常不满，上章弹劾丁度，称丁度借奏对之机谋求大用。仁宗看了孙甫的弹章，对辅臣说："度在侍从十五年，数论天下事，顾未尝及私，甫安从得是语？"

丁度的回答确实不是出于私心。他当经筵讲官多年，从未与仁宗提及个人私事，仁宗对他很尊敬，从来以"学士"相称，而没有直称其名字。如此一位骄傲的士大夫，哪受得了自己的声名受玷污，便上书要求与孙甫公开对质。但宰相杜衍认为，孙甫刚出使契丹回朝，应该让他好好休息一下，于是将丁度的奏疏压下来。丁度因此对杜衍意见很大，认定孙甫是杜衍的门徒，杜衍有意偏袒他。

而对丁度的不实弹劾，已让仁宗觉得孙甫不再适合担任谏职，便将他打发到邓州。同时，补太常博士钱明逸为右正言，入谏院供职。

孙甫离朝未久，也是在庆历五年正月，范仲淹亦被免去参知政事之职，知邠州、兼陕西四路缘边安抚使；富弼被免去枢密副使之职，任京东西路安抚使、兼知郓州。

自范、富出使巡边，朝中"谗者益甚，两人在朝所施为，亦稍沮止"。范仲淹"愈不自安"，上书乞罢参知政事。仁宗欲批准，首相章得象说："仲淹素有虚名，今一请遽罢，恐天下谓陛下轻黜贤臣，不若且赐诏不允，若仲淹即有谢表，则是挟诈要君，乃可罢也。"仁宗依言，下诏挽留范仲淹，范仲淹果然上谢表。仁宗于是更相信章得象的判断。

新任谏官钱明逸迎合章得象等人之意，适时上章弹劾范仲淹："仲淹去年受命宣抚河东、陕西，闻有诏戒励朋党，心惧彰露，称疾乞医。才见朝廷别无行遣，遂拜章乞罢政事知邠州，欲固己位，以弭人言，欺诈之迹甚明。乞早废黜，以安天下之心，使奸诈不敢效尤，忠实得以自立。"

钱明逸还同时弹劾富弼："弼更张纲纪，纷扰国经，凡所推荐，多挟朋党，心所爱者尽意主张，不附己者力加排斥，倾朝共畏，与仲淹同。"

钱明逸弹章入，仁宗遂降诏，罢免范仲淹、富弼的执政职务。

与范、富罢参知政事、枢密副使同时，杜衍也被罢相。

杜衍罢相，还得从孙甫说起。之前，孙甫与蔡襄因为言不获听，曾经多次乞出。事下中书讨论，执政团队经商议后，合奏仁宗："谏院今阙人，乞且留甫等供职。"仁宗没有说什么，只是点点头。退朝后，宰相杜衍便签发一份札子，令孙甫、蔡襄"供职如旧",另一位宰相章得象也在札子上署了名,参知政事陈执中却不肯签署,说:"向者上无明旨,当复奏,何得遽尔?"杜衍一听,就把札子烧掉了。

蔡襄、孙甫相继离朝之后,陈执中将这件事告诉了仁宗,并且说:"衍党顾二人,苟欲其在谏院,欺罔擅权,及臣觉其情,遂坏焚札子以灭迹,怀奸不忠。"仁宗思前想后,认为陈执中的话有道理,便在庆历五年正月罢去杜衍的相职,让他出知兖州。

杜衍的罢相制词写道:"自居鼎辅,靡协岩瞻,颇彰朋比之风,难处咨谋之地。顾群议之莫遏,岂旧劳之敢私!"谴责杜衍在职期间结党营私。这篇制词,出自翰林学士承旨丁度的手笔。

接替次相之位的,是枢密使贾昌朝,枢密副使王贻永则擢为枢密使,[1] 知郓州宋庠擢为参知政事,权知开封府吴育、知延州庞籍并为枢密副使。

杜衍居相位只有一百二十日,时间虽短,却政声斐然,仁宗每次绕过中书从禁中发出"内降",都被杜衍扣留下来,拒不执行,积至十数,一并纳还仁宗。原来,仁宗是个软耳朵的人,"性宽仁,宗戚近幸有求内降者,或不能违"[2],但他也深知"内降"是破坏制度的做法,又事先跟两府打好招呼:"自今内降指挥与臣僚迁官及差遣者,并令中书、枢密院具条执奏以闻。"杜衍纳还"内降",实是与仁宗一个唱红脸,一个唱黑脸,但

---

1 宋朝外戚未有辅政者,但王贻永在枢密院长达十五年。他"远权利,归第则杜门谢宾客",极少对政务发言。我怀疑,王贻永只是挂名的枢密使。
2 李焘:《续资治通鉴长编》卷一百二十九。不同。

成就的是杜衍的美名。仁宗有一次忍不住跟人发牢骚："外人知杜衍封还内降耶？凡有求于朕，每以衍不可告之而止者，多于所封还也。"[1]

随着杜衍罢相，庆历新政的推行者——杜衍、范仲淹、富弼、韩琦四位执政官，如今只剩韩琦一人在朝。庆历五年三月，韩琦上书仁宗，反对朝廷将富弼放置在闲郡："陛下用杜衍为宰相，方及一百二十日而罢，必陛下见其过失，非臣敢议。范仲淹以夏人初附，自乞保边，朝廷因而命之，固亦有名。至于富弼之出，则所损甚大，……臣谓陛下不若因此改弼知定州，仍兼部署之职，遣一中使宣谕，令赴阙奏覆河北公事毕赴任。俟其陛对，慰而遣之。"[2] 但韩琦的建议未为仁宗采纳。

此时，韩琦自己的枢密副使之位亦已经岌岌可危。还记得庆历四年春的"争水洛城事"吗？当时主持筑城工程的董士廉因为违背军令，虽筑城有功，却被罚铜八斤。董士廉咽不下这口气，于庆历五年三四月赴阙，揭发知潞州尹洙之前在渭州时"欺隐官钱"[3]。原来，尹洙手下有个部将，叫作孙用，从京师赴陕西时，因缺乏路费，借了高利贷赴任。尹洙爱惜孙用之才，便挪用公用钱，替孙用还了贷。又由于陕西公用钱不足使用，尹洙又"假军资钱回易充用"。朝廷派人一调查，属实。又是一起边关守将滥用公用钱的腐败案！

受尹洙案牵连，韩琦也被监察御史李京弹劾"处置边机不当"，随即罢枢密副使，出知扬州。尹洙更是被追夺两官，贬

---

1 李焘：《续资治通鉴长编》卷一百五十二。
2 李焘：《续资治通鉴长编》卷一百五十五。
3 李焘：《续资治通鉴长编》卷一百五十六。下同。

为崇信节度副使。

欧阳修其时刚刚巡按河北归来，听闻杜衍、范仲淹、富弼、韩琦四人相继罢执政，忧心如焚。他给仁宗发来一封谏书："臣伏见杜衍、韩琦、范仲淹、富弼等皆是陛下素所委任之臣，一旦相继而罢，天下士皆素知其可用之贤，而不闻其可罢之罪。臣职虽在外，事不审知，然臣窃见自古小人谗害忠贤，其识不远，欲广陷良善，则不过指为朋党，欲摇动大臣，则必须诬以专权。……陛下睿哲聪明，有知人之圣，臣下能否，洞达不遗，故于千官百辟之中，亲选得此数人，一旦罢去，而使群邪相贺于内，四夷相贺于外，此臣所以为陛下惜也。"[1]

仁宗看了欧阳修的进言，默默将谏书留于内廷，没有说什么。而外间朝堂，指责欧阳修为"朋党"的声音，也越来越强烈，许多人都在等着欧阳修犯错。

要命的是，欧阳修果然被发现犯错了。

第四节　阿张嫁资案

欧阳修有一个自小相依为命的妹妹——为叙述方便，我们叫她欧阳氏——成年后嫁与襄城张龟正作续弦。张龟正与前妻育有一女，按宋人的称呼习惯，我们叫她阿张。不幸的是，欧阳氏嫁入张家不久，张龟正便去世了，欧阳氏孤苦无依，只好

---

[1] 李焘：《续资治通鉴长编》卷一百五十五。

带着时方七岁的小阿张回到娘家。

按野史的说法，欧阳修看着阿张渐渐长大，有时"闲抱琵琶"，有时于"阶上簸钱"玩游戏，楚楚动人，心里便生出一种别样的感情，于是写下了一首暧昧的《望江南》词："江南柳，叶小未成荫。人为丝轻那忍折，莺嫌枝嫩不胜吟。留著待春深。十四五，闲抱琵琶寻。阶上簸钱阶下走，恁时相见早留心。何况到如今。"

后世也有学者认为，这首《望江南》并不是欧阳修的作品，而是他人托名的伪作："曾慥《乐府雅词序》有云：'欧公一代儒宗，风流自命，词章窈眇，世所矜式。乃小人或作艳曲，谬为公词。'蔡絛《西清诗话》云：'欧阳词之浅近者，谓是刘辉伪作。'《名臣录》亦谓：'修知贡举，为下第举子刘辉等所忌，以《醉蓬莱》《望江南》词诬之。'"[1]

再说阿张长大成人，欧阳修给她张罗了一门亲事，遣嫁与族兄之子欧阳晟为妻。欧阳晟是虔州司户，庆历五年夏，欧阳晟任满，带了妻子阿张、仆人陈谏回京述职。谁知回京后，阿张竟然与陈谏私通，被丈夫发觉。

戴了绿帽子的欧阳晟怒不可遏，将阿张与陈谏告到开封府右军巡院。审讯的时候，阿张突然供称，以前跟欧阳修也有过不正当关系，"其语皆引公未嫁时事，词多丑异"[2]。那些"丑异"的言辞，大概便包括那首《望江南》——如果《望江南》确系欧阳修作品的话。

---

[1] 欧阳修：《六一词》案语。
[2] 王铚：《默记》卷下。

阿张为什么会供出这段隐情？宋代文献有两个说法：一说"张惧罪，且图自解免"，阿张是为了给自己脱罪，才故意把欧阳修扯进来；一说阿张受了权开封知府事杨日严的教唆，因为杨日严之前担任益州太守时，欧阳修曾经弹劾他"贪恣"[1]，杨日严怀恨在心，便指使狱吏教唆阿张将欧阳修拖下水。

案情既然牵涉到朝廷命官欧阳修，便不再是一起寻常的通奸案了，必须彻查到底。谏官钱明逸立即上疏弹劾欧阳修"私于张氏，且欺其财"。仁宗便命户部判官苏安世接手调查阿张案。由于陈谏与阿张通奸的情节开封府已经推勘清楚，苏安世将鞫问的重点放在"欧阳修是否涉案"上。

经讯问阿张，苏安世发现欧阳修涉嫌挪用阿张的财产。根据宋朝民法，在室女是有财产继承权的，女儿继承的财产一般以"奁产"的形式出现。阿张父亲张龟正生前给女儿留了一笔财产，作为阿张未来的嫁妆，只是因为阿张年纪尚幼，这笔遗产便由继母欧阳氏代为保管。欧阳氏带着小阿张回娘家居住时，也带回了阿张的财产。欧阳修心疼胞妹"丧厥夫而无托"[2]，遂用名义上归阿张所有的那笔奁产购置了田产，作为母女生活的依靠，田契上所立名字，正是妹妹欧阳氏。

苏安世还根据阿张的供词，认定欧阳修与阿张存在不正当关系。在中国传统社会，官员与人私通，是非常严重的罪行，非同小可。而按宋朝司法惯例，凡案情重大的案子，通常要派人监勘，以防主审法官徇私枉法。据宋人笔记的记载，宰相（章

---

1 李焘：《续资治通鉴长编》卷一百五十七。下同。
2 欧阳修：《欧阳修全集》卷九十《滁州谢上表》。

得象或贾昌朝）提议派内侍王昭明前往监勘。王昭明与欧阳修可是有过节的——欧阳修巡按河北时，仁宗命王昭明随行，但欧阳修却说："今命侍从出使，故事无内侍同行之理，而臣实耻之。"[1]明显是瞧不起王昭明的宦官身份。宰相提议让王昭明监劾，无非是想送给王昭明一个公报私仇的机会。

但王昭明却不是一个睚眦必报的小人，他查看了苏安世所劾案牍，骇然说："昭明在官家左右，无三日不说欧阳修；今省判所勘，乃迎合宰相意，加以大恶，异日昭明吃剑不得。"苏安世闻言，亦大惧，便只以欧阳修"用张氏资买田产立户事"报告朝廷。

也就是说，钱明逸弹劾欧阳修的两项罪名——"私于张氏，且欺其财"，前者查无实据，后者则恐怕确有其事，这个责任不能不追究。于是，在庆历五年八月，欧阳修因"坐用张氏奁中物买田立欧阳氏券"[2]，贬为滁州太守。责词说："向以讼起晟家之狱，语连张氏之资，券既不明，辨无所验。以其久参侍从，免致深文，……体余宽恩，思释前咎。"[3]

欧阳修至滁州，曾上谢表自辩："（阿张）既嫁五六年后，相去数千里间，不幸其人自为丑秽，臣之耳目不能接，思虑不能知。而言者及臣，诚为非意，以致究穷于资产，固已吹析于毫毛。"[4]他对身陷"进奏院案"而遭除名的苏舜钦抱有同病相怜、惺惺相惜之心，也许跟这段经历有关。不过，我并不认为欧阳

---

1 王铚：《默记》卷下。下同。
2 李焘：《续资治通鉴长编》卷一百五十七。
3 王铚：《默记》卷下。
4 欧阳修：《欧阳修全集》卷九十《滁州谢上表》。

修受了诬陷,尽管此案不能排除党争因素,但欧阳修用阿张奁产购置田产,却以妹妹欧阳氏(即阿张继母)之名立户,毕竟在法律上难脱侵占孤儿财产的嫌疑。

在滁州,欧阳修结识了僧人智仙,二人很快成为知音。欧阳修寄情于山水,常游滁州琅琊山,智仙便在琅琊山麓建造了一座亭子,因欧阳修自号"醉翁",亭子取名"醉翁亭"。欧阳修则为醉翁亭写了一篇《醉翁亭记》,是与范仲淹《岳阳楼记》齐名的千古名篇。

说起来还挺有意思,庆历四年至五年,滕宗谅、苏舜钦、欧阳修先后因为挪用公私财产而被贬谪,却为后人留下了三个著名景观——岳阳楼、沧浪亭、醉翁亭,以及三篇传世名作——《岳阳楼记》《沧浪亭记》《醉翁亭记》。这是庆历新政的文学副产品。

我们之所以选择讲述"公用钱案""进奏院案""阿张嫁资案"等几件发生在庆历新政时期的案子,是因为这几个案子可以向我们展示庆历新政展开之时的制度背景。

宋王朝实行的是一套非常注重"分权与制衡",同时又具有明显保守主义倾向的政治体制,用宋朝第二位君主太宗皇帝即位诏书的用语来说,"事为之防,曲为之制,纪律已定,物有其常,谨当遵承,不敢逾越"[1]。所谓"事为之防,曲为之制",就是"分权与制衡"。而台谏与政府相制相维,构成了宋朝权力制衡机制的重要一环。我们可以看到,庆历年间,台谏官对于行政官、执政官的一举一动,可谓虎视眈眈,行政官、执政

---

[1] 李焘:《续资治通鉴长编》卷十七。

官行事稍出差池，立即就遭到台谏官的弹劾。滕宗谅、苏舜钦、欧阳修为什么被贬谪？都是因为犯错而受到台谏官不依不饶的追劾。范仲淹、富弼、韩琦为什么被罢去执政职务？理由亦是受台谏官弹劾。

显然，这样一套体制，有利于守成，却不利于大开大阖的变革。大开大阖的变革往往需要先赋予主持者足够的集权，如此才不至于处处受掣肘。从这个角度考虑，我们便不难理解熙宁变法时王安石为什么要鼓动宋神宗乾纲独断，[1]为什么要先置立一个凌驾于中书门下之上的制置三司条例司，又为什么要设法引支持变法的新人进入台谏。

而在庆历年间，即便仁宗与范仲淹想放手一搏，但制度终究会让他们束手束脚。更何况，仁宗并不是一名具有杀伐决断魄力的雄主，相反，他优柔寡断，虽然亲擢范仲淹、富弼等生力军执政，想要"干一票大的"，但当反对的声音越来越响时，他又动摇了。庆历新政草草而终，是可以想象的。

不过，我们并不认为，杜衍、范仲淹、富弼、韩琦四人被逐出执政团队，即意味着新政完全失败。事实上，范、富诸人离朝之后，他们推行的新政举措并没有全部被废除，而是一部分措施被废止了，但一部分还继续执行，还有一部分获得进一步的完善。[2]但是，君臣"颇务兴作"[3]的气象却是消失了，连富弼与韩琦在"阅历岁月，经涉忧患"之后，也深信"天下之事

---

1 参见司马光：《司马光集》补遗卷五《苏轼策问进士录》。
2 参见朱瑞熙：《范仲淹"庆历新政"行废考实》，《学术月刊》1990年第2期。
3 邵博：《邵氏闻见后录》卷第二十。下同。

不可妄有纷更",成为后来熙宁变法的反对派。

我们也不认为,庆历新政的一部分举措半途而废,完全是因为受到章得象、贾昌朝等保守派的阻挠。章得象确实对新政不以为然,当范仲淹等人"颇务兴作"之时,身为首相的章得象却"终日默然如不能言",有人问他:"富、韩勇于事为何如?"章得象说:"得象每见小儿跳踯戏剧,不可诃止,俟其抵触墙壁自退耳。方锐于跳踯时,势难遏也。"但一部分新政举措之所以被废止,却是因为推行的过程中确实出现了问题,遭受到多人反对。

让我举一个例子,按范仲淹的"择官长"之法,朝廷逐路派出按察官,巡视一路吏治,可是,这些奉命出巡的按察官却"掎摭微累,不辨虚实,一例论奏。此盖苟图振举之名,以希进用之速尔,遂使天下官吏各怀危惧"[1]。这段话,可不是保守派的诬蔑之词,而是来自庆历四年八月监察御史包拯的奏章。

有意思的是,被视为反对新政之保守派的章得象也在庆历五年四月罢相,罢相的原因是监察御史里行孙抗弹劾他身为首相,却"无所建明",如今韩琦等人"皆去,得象居位自若"[2],恬不知耻。按宋朝惯例,宰相若受台谏官弹劾,应当辞职待罪,等候君主的裁决,君主或采纳台谏的意见,批准宰相辞职,重组政府;或驳回台谏之议,挽留宰相。如果挽留宰相,则发起弹劾的台谏官往往会提出辞职。这一惯例有点像近代议会政治中,若议会对政府投出不信任票,那么,为了重新建立政府与

---

1 李焘:《续资治通鉴长编》卷一百五十一。
2 李焘:《续资治通鉴长编》卷一百五十五。

议会之间的信任，要么更换政府，要么重选议会。章得象受御史弹劾，亦按惯例，连上十疏，请罢相职。仁宗不得已，批准了章得象的辞职。

历经庆历新政激起的纷扰之后，人近中年的仁宗对于吵吵嚷嚷的朝堂，似乎又有些意兴阑珊了。

第十章　流年不利

庆历五年至庆历八年(1045—1048)

第一节　皇帝的娱乐

庆历五年下半年至庆历七年年底（1045—1047），是比较平淡的时段，李焘的《续资治通鉴长编》也加快了叙事的节奏，只用一卷就讲完庆历五年八月至十二月的事情，又各用两卷的篇幅叙述庆历六年与七年。

自范仲淹新政集团离朝，朝堂平静了许多，只是执政的吴育与贾昌朝还常常争辩。由于章得象已在庆历五年四月罢相，仁宗对两府执政大臣又略作调整：贾昌朝加昭文馆大学士，监修国史，为首相；陈执中拜平章事，兼枢密使，为次相（不久因宋夏议和，战时状态结束，朝廷又中止宰相兼枢密使之制）；枢密副使吴育调任参知政事；丁度擢为枢密副使。

吴育"在政府，遇事敢言，与宰相贾昌朝数争议上前，殿中皆失色，育论辩不已"[1]。他又跟仁宗说："臣所辩者职也，顾力不胜，愿罢臣职。"仁宗不得已，只好将吴育调任枢密副使，

---

[1] 李焘：《续资治通鉴长编》卷一百五十九。下同。

宋仁宗

将丁度调任参知政事,这样,吴育与贾昌朝这对冤家不用同处中书,就不会再吵架了吧?本来仁宗是要将吴育与庞籍对调的,但另一位参知政事宋庠说,庞籍是他的亲家(庞籍之女嫁宋庠之子),"亲嫌不可共事",这才改任丁度为参知政事。时为庆历六年(1046)九月。

但仅过了六个月,庆历七年三月,贾昌朝与吴育便同时离开两府:贾昌朝罢相,出判大名府(今河北大名),兼北京留守司、河北安抚使;吴育罢枢密副使,归班,不久出知蔡州。二人罢政的原因是"昌朝与育数争论帝前,论者多不直昌朝"[1],这两个人在朝堂之上还是一言不合就吵起来,而舆论多认为贾昌朝不占理。

贾昌朝有学问,早年担任侍从官时,声誉很好,等当上执政官,却因为结交宫人、宦官,败坏了声名。朝野传言贾昌朝曾认仁宗宠妃张美人的养母贾婆婆为姑姑,因而受谏官、御史抨击。但也有人替贾昌朝鸣不平,对仁宗说:"近日台谏言事,虚实相半,如贾姑姑事,岂有是哉!"不想仁宗沉默半晌,说了实话:"贾氏实曾荐昌朝。"[2]

比之贾昌朝,吴育显得更有操守,洁身自好。所以,当他们发生争执时,舆论多站在吴育一边。刚好庆历七年春天气反常,发生旱灾,贾昌朝既受台谏抨击,便援引汉朝"灾异册免三公"[3]的先例,上表请辞。仁宗问御史中丞高若讷天旱的缘故,高若讷说,"阴阳不和,责在宰相",因为《洪范》有载,"大

---

1 李焘:《续资治通鉴长编》卷一百六十。
2 苏轼:《东坡志林》卷三。
3 李焘:《续资治通鉴长编》卷一百六十。下同。

臣不肃，则雨不时若"。仁宗便同时解除了贾昌朝与吴育的宰执职务。

接替首相之位的，是次相陈执中；三年前差点当上枢密使的夏竦终于时来运转，被仁宗拜为次相。夏竦当过仁宗的老师，仁宗对老师十分眷顾，只是舆论对夏竦评价很差，这次夏竦拜相，谏官、御史又有话说："大臣和则政事起，竦与陈执中论议素不合，不可使共事。"仁宗于是改任夏竦为枢密使；接替枢密副使之位的，是刚从益州回京述职的文彦博（不久，文彦博转任参知政事，高若讷擢为枢密副使）。

朝堂上的争吵，会不会让仁宗感到不耐烦呢？

皇帝并不是一项令人愉快的职业，虽然君主尊荣无比，掌握着至高无上的权力，但皇帝的生活单调而枯燥，一举一动都要遵循礼法，日常起居都有起居注官记录在案。每日按时早朝，总是要面对仿佛永远都不会停止的争吵；回到内廷，其实也没有多少娱乐可让皇帝放松身心。偶尔，仁宗会与宫人赌钱玩耍。有一日，仁宗输了一千文钱，耍赖，非要讨回一半，不再赌下去。宫人都取笑他："官家太穷相，□又惜不肯尽与。"[1] 仁宗说："汝知此钱为谁钱也？此非我钱，乃百姓钱也。我今日已妄用百姓千钱。"你看，仁宗在赌博时都不敢尽兴。

皇宫的夜晚更是冷清，相比之下，皇城之外的民间市井，夜生活无疑要热闹得多。有一夜，仁宗在宫中听见"丝竹歌笑之声"，问宫人："此何处作乐？"宫人说："此民间酒楼作乐处。"北宋皇城紧挨着市井，站在东京最繁华的樊楼顶层，可以俯视

---

[1] 施德操：《北窗炙輠录》卷下。下同。

宫禁。民间酒楼的宴乐之声，自然会传入宫中，让生活在宫禁内的宫人十分羡慕："官家且听，外间如此快活，都不似我宫中如此冷冷落落也。"仁宗却说："汝知否？我因如此冷落，故得渠如此快活。我若为渠，渠便冷落矣。"

庆历初，天章阁侍讲林瑀"自言于《周易》得圣人秘义，每当人君即位之始，则以日辰支干配成一卦，以其象繇为人君所行之事"[1]。他给仁宗算了一卦："陛下即位，于卦得需，象曰'云上于天'，是陛下体天而变化也。其下曰'君子以饮食宴乐'，故臣愿陛下频宴游，务娱乐，穷水陆之奉，极玩好之美，则合卦体，当天心，而天下治矣。"仁宗闻言，很是震惊，翌日，问时任权御史中丞的贾昌朝：林瑀怎么提出如此荒诞的建议？贾昌朝说，林瑀"不师圣人之言，专挟邪说罔上听，不宜在经筵"[2]。仁宗即罢黜林瑀，让他通判饶州。

从这几件小事，我们可以看出仁宗对于个人享乐是十分克制的。

并不是所有的君主都有克制的自觉。可供对比的宋朝皇帝是宋徽宗。一日内宴，徽宗方畅饮酣歌，忽听风送一派乐声响亮。徽宗微笑说："朕深居九重，反不如小民直恁地快活！朕欲出观市廛景致，恨无其由！"内侍杨戬说："陛下若要游玩市廛，此事甚易。"他出了一个主意："陛下若摆动銮舆，则出警入跸，左右言吏，市井肃清，反不自由。莫若易服，装扮做个秀才儒生，臣等装为仆从；自后载门出市私行，可以恣观市廛风景。"

---

1 魏泰：《东轩笔录》卷之三。下同。
2 李焘：《续资治通鉴长编》卷一百三十五。

徽宗闻言大喜，即时易了衣服，带着高俅、杨戬私离禁阙，游览东京城的"歌台、舞榭、酒市、花楼"，领略花花世界的"繁华花锦田地"。[1]

按话本小说《赵伯升茶肆遇仁宗》的讲述，宋仁宗也曾微服私访，与一个姓苗的内侍悄悄出了皇城。"径往御街并各处巷陌游行。将及半晌，见座酒楼，好不高峻！乃是有名的樊楼。……上楼饮酒，君臣二人，各分尊卑而坐。……饮酒毕，算还酒钱，下楼出街。行到状元坊，有座茶肆。仁宗道：'可吃杯茶去。'二人入茶肆坐下，忽见白壁之上，有词二只，句语清佳，字画精壮，后写：'锦里秀才赵旭作。'"[2] 但这样的故事显然出自小说家的虚构，并非来自史实。

事实上，仁宗是宋朝第一位终生未离开京城的君主。他的父亲真宗皇帝，尽管也是守成的君主，但到底曾御驾亲征河北，封禅泰山，汾阴祭地，亲谒亳州太清宫。至于太祖、太宗，本就是军旅出身，半辈子南征北战，更不待言。但到了仁宗时代，君主已经没有什么机会离开京城了，如果不是出于礼仪之需，比如南郊祭天，仁宗甚至连踏出皇城都不容易。从这个角度来看，仁宗的人身自由度还不如他治下的一名臣民。当仁宗皇帝坐在冷清的宫殿内，听着从外间樊楼传来的丝竹歌笑之声，他会不会生出前往紫陌红尘走一遭的渴望呢？

恰好这个时候，直集贤院李柬之给仁宗提了一个建议："祖宗校猎之制，所以顺时令而训戎事也。陛下临御以来，未尝讲

1　佚名：《大宋宣和遗事》亨集。
2　冯梦龙：《喻世明言》第十一卷《赵伯升茶肆遇仁宗》。

修此礼。愿诏有司草仪选日,命殿前、马步军司互出兵马以从猎于近郊。"[1] 李柬之所提的"校猎",指天子亲率将士于近郊狩猎,是一种象征性的军事训练,主要作用还是供君主弋猎、豫游。宋朝的太祖、太宗、真宗都曾多次校猎于东京郊外,真宗最后一次校猎,是在景德二年(1005),之后便诏令将皇家饲养的猎鹰、猎犬投放山林,开放京城四面禁围草地,许百姓耕垦畜牧。校猎之礼遂废。

仁宗一听校猎,立刻就来了兴致,诏令"枢密院讨详先朝校猎制度以闻"。好猎是男人天性,仁宗也不例外。而且,校猎又是古礼,"周制,天子、诸侯无事,则岁行蒐苗狝狩之礼"[2],既有先例可循,便名正言顺,不是他赵祯一时心血来潮的贪玩。仁宗满足内心深处那点个人爱好的方式是十分谨慎的,正如他喜爱音乐,却只能借着改革雅乐的名义投身于音乐创作,并向大臣说明自己"于声技固未尝留意,内外宴游皆勉强耳"[3]。对于校猎,他也需要有先例与礼制来提供合法性。

庆历五年十月,仁宗率文武百官、将校,驾临东京顺天门外的皇家园苑琼林苑,"遂纵猎于杨村,燕幄殿,奏教坊乐",并遣内侍将校猎所得猎物"驰荐太庙",又召当地父老临问,"赐以饮食茶绢"。其时贾昌朝尚未罢相,提议说:"陛下暂幸近郊,顺时畋猎,取鲜杀以登庙俎,所以昭孝德也。即高原以阅军实,所以讲武事也。问耆年而秩饩,所以养老也。劳田夫而赐惠,

---

[1] 李焘:《续资治通鉴长编》卷一百五十七。下同。
[2] 马端临:《文献通考·王礼考》。
[3] 脱脱等:《宋史·乐志》。

所以劝农也。乘舆一出，而四美皆具，伏望宣付史馆。"[1]仁宗从之，让史官记下这场盛事。

次年，即庆历六年十一月，仁宗又猎于城南东的韩村，于皇家林苑玉津园"去辇乘马，分骑士数千为左右翼，节次旗鼓，合围场径十余里，部队相应"，仁宗"亲挟弓矢，而屡获禽"，韩村居民将所"畜狐兔鬼雉，驱入场中"，以便猎射。仁宗对辅臣说："畋猎所以训武事，非专务获也。"叫人将狐兔鬼雉全部放走。校猎结束后，仁宗又御帐殿，"召问所过父老子孙供养之数，土地种植所宜，且叹其衣食粗粝而能享寿，人加慰劳"，并下诏蠲免猎围内民田租税一年。[2]

天子出警入跸，不管是校猎，还是一般性的车驾行幸，都有一套严肃、完备的仪仗。今天我们已经很难完整复述出仁宗两次校猎的仪仗，不过，我们知道仁宗并不是一名很注意仪仗威严的君主，"车驾行幸，非郊庙大礼具陈卤簿外，其常日导从，惟前有驾头、后拥伞扇而已，殊无前典所载公卿奉引之盛。其侍从及百官属，下至厮役，皆杂行其道中。步辇之后，但以亲事官百余人执挝以殿，谓之禁卫。诸班劲骑，颇与乘舆相远，而士庶观者，率随扈从之，夹道驰走，喧呼不禁。所过有旗亭市楼，垂帘外蔽，士民凭高下瞰，莫为严惮。逻司街使，恬不呵止，威令弛阙，玩习为常"[3]。

针对这一情况，参知政事宋庠曾经在康定元年奏请朝廷，参照"前代仪注及卤簿令"，订立"乘舆常时出入之仪"，以"具

1　李焘：《续资治通鉴长编》卷一百五十七。
2　李焘：《续资治通鉴长编》卷一百五十九。
3　马端临：《文献通考·王礼考》。下同。

严法禁,上以示尊极,下以防未然"。仁宗采纳了宋庠的建议,"诏太常礼院与两制详定"礼仪,制订出来的礼仪禁止民间士庶在皇帝巡行时"乘高下瞰""夹道喧呼驰走",但这套礼仪不久又"浸弛"了。

庆历六年的校猎,也出现仪仗不整的问题:"乘舆之出,往返甚劳,一日之间,殆驰百里,而又兵卫不肃,警跸不严,从官不及侍行,有司不暇供亿,逮于暮夜,始入都门,此岂非士不习其事,官不详其仪而致然欤!"[1] 但仁宗应该玩得非常兴奋,要不然也不会至暮夜方回城。

当晚仁宗在殿中休息时,发生了一件小小的意外:一只雉鸟不知何故"殒于殿中"。台谏官认为这是不祥之兆,纷纷劝谏仁宗停止校猎。仁宗原本还想再出猎一次,但御史何郯坚决反对:"古者天子具四时之田,所以讲威武而勤远略,不图事游戏而玩细娱,载之策书,具有典法。前日伏闻法驾将猎近郊,中外之人,听者颇惑。良以去岁车驾已尝出畋,群臣抗言,随即停罢,忽兹再举,未谕圣心。伏以陛下继统以来,动遵法度,不喜弋猎,不数豫游,恭俭之风足迈前古,而今之举事,固必有因。岂陛下以宇内有年,方隅无事,故于农隙以讲武经,欲为都邑游观之盛乎,抑有献议者,谓田猎之事,具有礼文,行之以时,盖举坠典,则向者谏止之言不足顾乎?"言外之意,如果仁宗还要校猎,便是不顾谏言了。

除了个别迎合帝意的人(比如贾昌朝),当时的士大夫都对仁宗的校猎忧心忡忡。他们之所以反对皇帝校猎,安全考虑

---

[1] 李焘:《续资治通鉴长编》卷一百六十。下同。

是一个原因,用何郯的话来说,"西北二隅,变故难测,岂无奸伪,杂于稠人广众之中。由是而言,益可深虑"。还有一个原因:在宋朝士大夫的观念中,君主当清静无为,接受礼法的规训,不张扬个性,不放任好恶,"不图事游戏而玩细娱"。

仁宗只能下诏,"罢出猎"。

下一年,即庆历七年冬至,仁宗还有机会驾临东京郊外,因为庆历七年又是天子亲郊的大礼年。然而,就在冬至祭天当日,一件震动朝野的大事发生了:河北贝州爆发兵变,宣毅军小校王则占据贝州城造反。

第二节 贝州兵变

王则本为辽境涿州(今河北涿州)人氏,因为家乡发生饥荒,流落至宋境贝州(今河北邢台),给人放羊,后又应征入伍,隶河北宣毅军,成为一名小校。宋时河北一带民间多信奉白莲教,王则自己也修习《五龙经》《滴泪经》等民间宗教秘经以及图谶之书,暗中宣扬"释迦佛衰谢,弥勒佛当持世"[1]。

王则当初离开家乡之时,母亲曾在他背上刺了一个"福"字。大概因为他是疤痕体质,那个"福"字便如一道疤痕,高高隆起于皮肤之上。一起修炼邪术的白莲教信徒便认为王则天赋异禀,奉他为领袖。慢慢地,王则的追随者遍及德、齐诸州,连

---

[1] 李焘:《续资治通鉴长编》卷一百六十一。下同。

贝州吏人张峦、卜吉都成为他的参谋。王则便与同谋相约，择日斩断澶州浮桥，割据河北独立。

王则计划中的起兵造反日子，是庆历八年（1048）的正月初一。不想他的党徒潘方净自作主张，意欲先刺杀北京留守贾昌朝，于是怀藏利刃，投书拜谒贾昌朝，结果却被贾昌朝抓了起来。王则担心潘方净供出造反的计划，便提前在庆历七年十一月廿八日发难，夺取贝州城。因为这一日恰好是冬至日，知贝州张得一与官属都去拜谒天庆观，州衙无人，王则便率人先攻打军资库，捉住库兵。

正在拜谒天庆观的知州张得一听闻发生兵变，赶紧逃跑，却在城门处被王则手下抓住。通判董元亨则从天庆观促马驰回通判厅视事，王则党徒十余人"擐甲露刃，排闼而入"，吓得通判厅的办事人员全都抱头而逃，只有董元亨坐着不动。

王则党徒要求董元亨交出军资库的钥匙："大王遣我来索库钥。"董元亨据案叱斥："大王谁也？妖贼乃敢弄兵乎！我有死尔，钥不可得也。"王则党徒说："库帑，今日大王所有也，可不上钥乎？"董元亨又"厉声张目骂贼"，被贼将郝用一刀杀死，库钥也被王则党徒搜走了。

王则拿到库钥后，打开军资库，取出军械，分发给追随者，又打开贝州监狱，放出里面关着的囚犯。这些囚徒都是亡命之徒，一出牢狱，便四处追杀城内的官员。兵马都监田斌与王则一伙巷斗，惜落败，弃城而走；驻贝州的提点刑狱田京也带着官印，弃其家人，逃出城去。

王则关闭城门，据城自立，自号"东平郡王"，以张峦为宰相，卜吉为枢密使，建国曰"安阳"，改元曰"得圣"，以十二月为正月。随后，他又将自己的居所命名为"中京"，城内每一楼立为一州,任命其信徒为"知州",在每个城门设立一个"总管",旗帜号令"率以佛为称"。城中百姓,凡年龄十二岁以上、七十岁以下之人,都强征为士兵,在他们的脸部刺上"义军破赵得胜"六字,叫他们守城。这些被胁迫的平民趁着守城之机,纷纷系着绳子,溜下城墙逃跑。王则便令守城的人"伍伍为保,一人绌,余悉斩"。

仿佛是对兵变的感应,十二月初六夜,一颗巨大的流星坠落在贝州城内。

在河北主持军政的判大名府兼北京留守司、河北安抚使贾昌朝得知贝州兵变,急忙奏报朝廷。仁宗出手诏下中书、枢密院,让辅臣"亟择将领往扑灭之,仍令澶州、孟州、定州、真定府豫设守备,毋致奔逸"。

十二月初十,朝廷任命权知开封府明镐为河北体量安抚使,负责平定贝州兵变。仁宗还考虑招安的可能性,遣内侍何诚带着敕榜前往河北"招安贝州军贼"。枢密副使高若讷认为不妥,"河朔重兵所积处,今释贝州不讨,后且启乱阶,为敌国笑"。但仁宗还是想试试。

大名府下层军官马遂听闻王则造反,向贾昌朝请缨击贼,贾昌朝便让他带着朝廷的招安敕榜,入贝州城招降王则。王则盛服接见马遂,并请他饮茶。马遂向王则谕以祸福,但对方一言不答。马遂欲乘机杀掉王则,用眼睛向已投降了王则的张得一示意,希望他助己一臂之力,但张得一装作没看见。马遂只得自己动手,趁王则不备,"扼其喉,击之流血"[1]。王则的手下

---

[1] 李焘:《续资治通鉴长编》卷一百六十二。下同。

涌过来，抓住马遂，挥刀乱砍。马遂的臂膀被砍断，嘴巴还是大骂王则："妖贼，恨不斩汝万段。"王则仓促被殴，受了伤，卧床数日才好转。

马遂则被叛军"缚而支解之"。消息传到京城，仁宗"叹息久之"。

王则的叛军虽然只据有贝州一城，但许多追随他的白莲教信徒潜伏在河北、山东的兵营内，都计划起兵策应王则。深州（今河北深州）士卒庞旦也密谋在元旦日"杀军校，劫库兵应之"，但知州王鼎预先得到情报，早有防备，将庞旦等首谋十八人逮捕送狱。"军中汹汹，谋劫囚"，王鼎挑出几名桀骜不驯的造反者，斩于市，"众恐失色，一郡帖然"。深州的兵变未遂，告破。

齐州禁兵马达、张青与奸民张握等人，也是白莲教信徒、王则的追随者，也密谋"屠城应则"[1]。但张握的女婿是青州居民，悄悄向时知青州的富弼告密。富弼赶紧将情报送给齐州。齐州守臣马上发兵，先下手抓了马达等人。

提点刑狱田京逃出贝州城后，入南关骁捷营组织士卒抵抗叛军。邻近有士兵纵火焚烧民居，欲响应王则，田京斩杀了为首之人，南关的营兵这才"慑服不叛"。田京又亲督士卒进攻贝州城，王则叫人将田京的妻儿押上城头，迫他们大呼："毋亟攻城，城中将屠我辈矣。"田京命令诸军继续进攻，"注矢仰射，杀其家四人"。王则知道田京无所顾，命人将田妻牵下去。

因为几起策应王则的兵变都被宋朝官方挫败，叛乱被控制在贝州一城。其时，由于临近春节，契丹派来宋朝拜年的贺正

---

1 李焘：《续资治通鉴长编》卷一百六十三。下同。

旦使正准备入境河北，朝廷赶紧派人传讯，让契丹贺正旦使"由他道至京师"[1]。

王则也知道契丹使者将过境，计划劫持契丹使者。但明镐通过间谍得知这一信息，在贝州城外设伏。入夜，王则果然派了三百人出城。结果这三百人中了埋伏，被明镐擒获。但是，明镐围困叛军据守的贝州城多日，却始终攻不下。

贝州城峻墙高，易守难攻。明镐命人在城外修建"距闉"，即一种土木结构的攻城工事。等到距闉与城墙等高，便可攀登攻城。王则叫人在城头设立战棚，与距闉对峙，且戏谑地将战棚命名为"喜相逢"[2]。等到明镐的距闉修建好，叛军一阵火把距闉烧了个精光，气得明镐暴跳如雷，以军法将看守距闉的军官李兴斩杀。

设距闉进攻之策失败，明镐又采用军校刘遵的计谋，一面命诸军在城北佯攻，一面派工兵在南城开凿地道。地道尚未掘成，贝州城内有几名平民夜里悄悄给明镐的军营射箭投书，表示愿为内应，约定某夜从城头放下绳索，引官兵登城。到了约好的时间，贝州城头果然垂下绳索，官兵悄悄攀着绳索登上。待至登上数百人，先登上城墙的官兵贪功，不想被其他人抢了功劳，居然自己砍断绳索。结果，他们与守城叛军交战时寡不敌众，奇袭之策功亏一篑。

明镐围城一个多月，仍未拿下贝州。

转眼已是庆历八年春正月，仁宗还是没有接到明镐的捷报，

1　李焘：《续资治通鉴长编》卷一百六十一。
2　李焘：《续资治通鉴长编》卷一百六十二。

宋仁宗

对河北的局势很是担心,问辅臣策将安出。参知政事文彦博站出来说,愿往河北破贼。仁宗遂于正月初八任命文彦博为河北宣抚使、本路体量安抚使,赴河北平叛,明镐则充任他的副手。

若按宋人笔记的记述,文彦博临危请缨,是受了仁宗宠妃张美人的点拨。美人是宋朝后宫妃嫔序列中的一个品级,处于第四等,不久之后,张美人还会晋升为贵妃,去世后又被追封为皇后,谥"温成"。出于叙述的方便,我们将称她为"温成"。相传温成之父张尧封当过文彦博父亲的门客,因而温成便认彦博为伯父,"亦欲得士大夫为助耳"[1]。文彦博知益州时,曾令成都工人织灯笼锦,派人送至京师,送给温成。不过,此事亦有另外的说法:"灯笼锦,乃彦博夫人遗妃,彦博不知也。"[2] 但文彦博一家与温成娘家关系密切,应该是事实。

宋人笔记称,王则造反后,仁宗因贝州久攻不下,在内廷叹息:"执政大臣,无一人为国家了事者,日日上殿,无有取贼意。"温成听了,便密令亲信传语文彦博,文彦博于是"明日上殿,乞身往破贼"。[3] 仁宗大喜,说道:"'贝'字加'文'为'败',卿必擒则矣。"[4]

文彦博至河北未及一月,果然擒下王则。他的战术其实是沿用明镐的"地道战",一面在城北急攻,一面加快城南地道的挖掘速度。等地道潜达城中,叛军还没有察觉。闰正月初一夜,文彦博挑选壮士二百人,衔枚由地道入城,杀掉守陴者,

---

1 丁传靖辑:《宋人轶事汇编》卷九。
2 李焘:《续资治通鉴长编》卷一百七十一。
3 旧题梅尧臣:《碧云騢》。
4 王辟之:《渑水燕谈录》。

垂下软梯引官兵登城。大军杀入城内,王则用火牛冲击官兵,官兵稍退却。军校杨遂奋起一枪,正刺中牛鼻,火牛转身奔走,"贼众惊溃"。[1] 王则开东门逃遁,被宋朝将士张纲拦住。在搏斗中,张纲战死,但王则也被宋朝军官王信逮住,其党羽则皆被烧死。

贝州城一夜间为宋师收复。

捷报送回京师,仁宗喜出望外,赐平定贝州叛乱的将士缗钱,战殁者官为葬祭之,官兵所践民田蠲免夏秋二税。朝廷又论功行赏,文彦博功劳最大,拜平章事。民间流传的"杨家将故事"与"包公故事"中的贤相"王延龄",历史原型很可能就是文彦博。"文彦"转音即为"王延",王延龄本名"苞",亦与"博"字音近,而且,文彦博"立朝端重,顾盼有威,远人来朝,仰望风采",也与民间文艺中的王延龄形象相符。[2]

贾昌朝亦晋封安国公,但翰林侍读学士杨偕说,王则出自贾昌朝所部宣毅军,"昌朝为有罪,不当赏"[3],不过仁宗"弗听"。

其他所有平叛有功的将领、军官都"各以功次迁",牺牲的张纲、马遂、董元亨追赠官职,只有田京受到行政处分。

文彦博本欲将王则斩于大名府,但枢密使夏竦担心"所获非真盗,当覆视之",仁宗乃诏以槛车将王则送至京师,验明正身。闰正月廿七日,磔王则于京城。磔,一种法定刑之外的酷刑,以肢解的方式处死罪犯,宋王朝偶尔用来惩罚罪大恶极之人。

---

1 李焘:《续资治通鉴长编》卷一百六十二。
2 参见赵云耕:《王延龄人物原型考》,河北大学硕士学位论文,2013年。
3 李焘:《续资治通鉴长编》卷一百六十二。下同。

次日，闰正月廿八日，原知贝州张得一被处斩。张得一不但投降叛军，且每见王则，必呼"大王"，"先揖而坐，坐必东向"，又为王则讲解"僭拟"仪式。文彦博平定贝州后，张得一亦被押回京，付御史台劾治。朝廷本欲赦免得一死罪，但枢密副使高若讷说："守臣不死自当诛，况为贼屈乎！"坚决不同意对张得一法外开恩。张得一之父是真宗朝的宠臣张耆，但这个显赫的背景并未能给张得一抵罪。

张耆曾获朝廷赐第，张得一犯下死罪后，张家宅第亦被没收，但翰林学士张方平反对这么做，"此第本恩赐，今得一妻子免缘坐，耆在，且子众，辄没其第，于法不类"。仁宗乃诏归还张家宅第。

由于王则的叛乱具有白莲教背景，朝廷开始调查与白莲教有涉的官员。屯田郎中李昪之子李教曾在真定府传习"妖术"，被人揭发后畏罪自缢。不久，王则反叛，这件旧案又被翻出来，由御史台重新调查。二月结案，李教之父李昪，李昪亲家、前任知真定府张存，以及其他相关官员皆因失觉"妖事"而受贬谪。

地方州郡亦"大索妖党，被系者不可胜数"[1]，各地呈送审刑院的奏案七十余道，其中二十余道都与"妖事"有关。仁宗恐"滥及良民"，给地方下诏："诸传习妖教，非情涉不顺者，毋得过有追捕。"皇帝的担忧并非多余，因为州郡"觉发妖事，至于诵经供佛，符咒禁术，尽遭捕系，蔓延平民"。

张方平认为，朝廷追劾李昪之狱、重罚张存等人的做法开了坏头，州郡以李昪为鉴戒，才"无复更用平恕之心"。因此，

---

1 李焘：《续资治通鉴长编》卷一百六十三。下同。

张方平对仁宗提出批评：陛下"至仁慈厚、好生恶杀，急深故之罪，宽纵出之罚，哀矜庶狱，惟刑之恤"，"奈何轻用刑狱以危天下，招致沴气，以速民怨者乎！"

只有知蔡州的吴育表现得十分淡定。三月，有人向朝廷举报，蔡州下属确山县有"妖人千数聚"，仁宗遣中使前往调查。中使一到蔡州，就要求吴育派巡检兵抓人。吴育从容说："使者欲得妖人还报邪？"中使承认："然。"吴育说："育在此虽不敏，聚千人境内，无容不知。此特乡民用浮屠法相聚以利钱财尔，一弓手召之可致也。今以兵往，人必惊疑，请留无往。"只派了一名弓手到确山县，召为首者十人至州衙。一调查，果如吴育所言，这些乡民聚在一起，只是做寻常佛事，于是无罪释放，而那个跑到京师诬告的奸人则被捉起来治罪。

庆历八年夏，由王则叛乱引发的追索"妖党"风波，终于慢慢平复下来。

第三节　宫门惊变

庆历八年是一个闰年，闰月为正月，所以有两个元旦，两个元宵节。正月初一，元旦，西夏发生了一件大事：国主元昊遇刺。而刺杀元昊的人，是他的儿子宁令哥。

宁令哥为野利皇后所生，因为相貌极像元昊，受宠爱，立为太子。父子的嫌隙从元昊的横刀夺爱开始——元昊看上美貌的儿媳（即宁令哥之妻）没移氏，竟父夺子妇，立为自己的妃子。随后，元昊又将宁令哥生母野利皇后废黜，复夺野利遇乞之妻没藏氏,立为新皇后,生下一子,取名谅祚。宁令哥地位岌岌可危,对父亲充满怨恨。

这个时候,没藏皇后之兄、国相没藏讹庞趁机诱宁令哥弑父,他的用心是借刀杀人,让元昊、宁令哥父子相残,自己坐收渔翁之利。宁令哥受到蛊惑,果然在正月初一入宫刺杀元昊,因卫士及时赶到,未能刺中元昊要害,只割掉元昊鼻子。次日,元昊伤重而死,年四十六岁。弑父的宁令哥虽当场走脱,但不久就被捉住、处死。没藏讹庞即立一岁的谅祚为西夏主,尊没藏氏为太后,又派遣使者杨守素赴宋告哀。[1]

得悉西夏国变,有人向仁宗提议"乘隙举兵",征服西夏。但知庆州孙沔说:"伐丧非中国体。"[2]仁宗最终采纳孙沔之议,没有乘人之危出兵,而是派册礼使至西夏,册封元昊之子谅祚为西夏新国主。

闰正月元宵节后数天,廿二日之夜,宋仁宗亦差点被人刺杀——四名禁兵趁着夜色,摸入宫禁,杀人放火,图谋不轨。当晚,仁宗宿于曹皇后寝殿,夜半闻变,急忙起身,开门欲出。曹皇后赶紧将他抱住,不让他出门,叫人紧紧关好门窗,又遣宫人驰召都知王守忠等领亲兵入卫。

当时,谋反的禁兵已经逾屋至仁宗与曹皇后的寝宫,潜入福宁殿,斫伤宫女手臂,宫女惨叫之声凄厉可闻,内侍何承用担心仁宗受惊,谎称是"宫人殴小女子"。曹皇后叱喝道:"贼在殿下杀人,帝且欲出,敢妄言邪!"她预计叛兵必会纵火,

---

1 参见吴广成:《西夏书事》卷十八;李焘:《续资治通鉴长编》卷一百六十二。
2 李焘:《续资治通鉴长编》卷一百六十四。

又让内侍准备了灭火的水桶。叛兵果然以烛焚帘,因为曹皇后早有防备,火很快就扑灭了。对派出去的每一个内侍,曹皇后都先剪掉他的一束头发,告诉他:"贼平加赏,当以汝发为证。"[1]所以,这些内侍都拼命与叛兵搏斗。

曹皇后不愧是将门之女,面对宫禁惊变,不慌不乱,应对沉着。但让仁宗深为感动的人,却是温成,因为宫变当晚,温成闻知禁兵哗变,闯入宫禁,担心仁宗安危,急趋曹皇后寝殿。事后仁宗对辅臣说,张美人"冒不测而来,斯可宠也"[2]。

叛变的禁兵是崇政殿亲从官颜秀、郭逵、王胜、孙利四人,他们杀军校,劫兵仗,登延和殿屋,入至禁中,欲刺杀宋仁宗。因宫人拼死抵抗,四名叛兵未能进入仁宗寝室。很快,宿卫兵赶到,当场将颜秀、郭逵、孙利三人杀死。王胜却逃脱了,藏身于宫城北楼。宿卫兵搜捕一整天,才将王胜逮住,乱刀砍死。

这四个亲从官为什么突然谋反?背后是否有人指使?如果有,幕后主谋又是谁?由于作乱的四人都被杀死,这些问题只能是永远都不知道答案的谜团。参知政事丁度提出由御史台彻查此案,穷治党羽:"宿卫有变,事关社稷,此而可忍,孰不可忍!"[3]而枢密使夏竦则建议由御史同内侍在内廷鞫其事,且"不可滋蔓,使反侧者不安"。二人"自旦争至食时",互不相让。

仁宗听从了夏竦的建议,命侍御史宋禧于内侍省置狱,同内侍一块儿鞫问亲从官谋反一案,也许仁宗也不想将事态扩大吧。但宋禧一直未能查出幕后主谋——如果确有幕后主谋的话,

---

1 李焘:《续资治通鉴长编》卷一百六十五。
2 王巩:《闻见近录》。
3 李焘:《续资治通鉴长编》卷一百六十二。下同。

宋仁宗

最后只能将此案定性为酒醉闹事，"亲事官乘醉入禁中"[1]。

为防止再发生外人闯入宫禁的意外，宋禧提议在宫禁内多放置"防谨火烛"的告示牌，将禁中靠近宫墙、屋檐的大树都锯掉，并养罗江犬以备盗。朝论都认为很好笑，给宋禧起了一个绰号："宋罗江"。御史何郯说，"伐木拆屋，缮治垣墙，增置关键"虽然也是备豫之方，但更重要的是，陛下应当"一震威怒，以示诛罚，正大法以绳其慢，举大刑以讨其奸"，"法令既行，纪纲既正，以此御下，孰敢不虔！虽不增宫闱之警而其备坚，不加省户之卫而其守固"。[2]

不管怎么说，四名亲从官居然能够直闯宫禁，负责宫禁戍卫的皇城司难辞其咎。但皇城司的负责人——勾当皇城司杨景宗来头不小，是仁宗小娘娘杨太后的堂弟。仁宗自幼由小娘娘抚养，小娘娘性子仁慈，待仁宗极好，仁宗对小娘娘也很尊敬。只是杨景宗却是个无赖，性格暴横，又好饮酒，时常殴打属下，人称"杨骨槌"。仁宗顾念小娘娘养育之恩，对杨景宗眷顾有加，上个月（正月）刚刚下诏给杨景宗发放"公使钱三分之一"[3]，而按近制，"公使钱非外任不给"，所以仁宗在诏书中强调这是特例，"他不得援例"。谁知才过了一个月，就闹出了皇城戍卫不严导致凶徒闯入禁中的意外，廷臣都要求严惩杨景宗。仁宗念在杨太后的分上，下诏宽免杨景宗之罪。

御史台坚决不同意。中丞鱼周询、侍御史知杂事张昇、御史何郯都上章抗议："殿廷所置宿卫，本为人主预备非常，今

---

1 王巩：《闻见近录》。
2 李焘：《续资治通鉴长编》卷一百六十三。
3 李焘：《续资治通鉴长编》卷一百六十二。下同。

卫士自生变故，所为凶悖，意不可测。兼后来获余党最为要切，闻累传圣旨，令未得杀死，而全不依禀。盖是本管臣僚，惧见捕获之后，勘鞫得情理深切，所以容纵手下众人殴死，以图灭口，欲轻失职之罪。情状如此，理无可恕。"

最终，杨景宗被贬到济州；皇城使、入内副都知邓保吉也落副都知，贬为颍州钤辖；另一名入内副都知杨怀敏却未被罢黜，因枢密使夏竦"庇之也"。何郯等御史官又交章抗议："怀敏适居官守，不能先发奸谋，致盗入宫闱，惊骇御寝，未行谴责，深屈典章。乘舆所系至重，今文武多士，以朝廷独宽怀敏，有心者无不愤激，有口者无不惊嗟，以至里巷愚民，亦皆腾沸。国家用刑，当示公共，不可以一近习，致失众心。"

仁宗只好下诏，免去杨怀敏入内副都知之职，"与在京差遣"。但何郯还是不依不饶："怀敏与邓保吉俱是勾当皇城司，贼发之夜，怀敏正当内宿，责其旷职，得罪合重一等。今保吉等例授外任，怀敏独留京师，刑罚重轻，颇为倒置，中外闻见，尤所不平。伏乞特从圣断，一例责授外任。"

仁宗令中书召何郯等人，谕以独宽假怀敏之故：事发当晚，"怀敏实先觉变，宜有所宽假"[1]，况且怀敏年纪已经很大了，流放外地，于心何忍？何郯反驳说："若当贼发之际，怀敏能于后殿即时捕获，犹可赎罪。今贼已入禁庭，两夕之间，陛下被此震惊，固亦甚矣。怀敏纵有先报之效，其可赎失察之罪乎！且以人主之尊，宽一怀敏罪，固亦细事。苟于国体无伤，臣等

---

[1] 脱脱等：《宋史·何郯传》。

何必苦更论列，所惜者祖宗之法尔。"[1]

仁宗又亲自劝说何郯："古之谏臣，尝有碎首者，卿能行此否？"何郯说："古者君不从谏，故臣有碎首，今陛下无谏不从，何用如此！若必碎首，则美归臣下，而过在君上也。"[2] 没办法，仁宗只好于庆历八年二月将杨怀敏贬为滑州（今河南滑县）钤辖。

过了一年多，杨怀敏入京奏事，仁宗怜悯他，又欲让他当副都知，让知制诰起草任命诏书。当值的知制诰胡宿说："怀敏先为入内副都知、管勾皇城司，以宿卫不谨，致逆徒窃入宫闱，其士卒又不能生致之，议者谓其欲灭奸人之口，罪在怀敏及杨景宗二人，而陛下不忍加诛，止黜于外。况旧制，内臣都知、副都知以过罢去者，不许再除。今中书送到词头，臣不敢草制，辄封还以闻。"[3] 将仁宗的词头送回去。谏官钱彦远称赞胡宿说："仁者必有勇，于公见之矣。"

仁宗却对胡宿的封还词头闷闷不乐，认为知制诰的这一做法不合惯例。翌日，他问宰相："前代有此故事（封还词头的先例）否？"文彦博说："唐给事中袁高不草卢杞制书，近来富弼亦曾封还词头。"我们以前讲过，景祐年间，知制诰富弼曾封还仁宗复封王氏女"遂国夫人"的词头。袁高则是唐德宗时的给事中，德宗欲起用声名狼藉的卢杞为饶州刺史，令袁高草诏书，但袁高拒绝草诏："卢杞作相三年，矫诈阴贼，退斥

---

[1] 李焘：《续资治通鉴长编》卷一百六十二。

[2] 李焘：《续资治通鉴长编》卷一百六十三。

[3] 李焘：《续资治通鉴长编》卷一百六十七。下同。

忠良。朋附者咳唾立至青云，睚眦者顾盼已挤沟壑。"[1]再三执奏，迫使德宗收回成命。

宋仁宗听了文彦博的解释，不再说什么。但他还不想放弃对杨怀敏的任命，过了几天，其他知制诰值日，仁宗又将词头送到舍人院，这回终于拟好诏书，完成了任命杨怀敏为副都知的程序。谁知谏官钱彦远与御史官又"论列不已"[2]，逾半月，仁宗不得不又罢去杨怀敏的副都知之职，改任为三陵副使，让他到巩县看守太祖、太宗、真宗的陵园。

胡宿闻知杨怀敏改任三陵副使，对同僚说："怀敏必死矣，祖宗神灵所在，大奸岂能逃乎？"未几，怀敏果卒。

在追究宫禁戍卫责任的过程中，御史何郯的表现特别活跃，让仁宗皇帝颇为难堪。接下来的一段日子，何郯还将给当时的执政团队带来更多难堪。

第四节　重开天章阁

历经庆历六年的沉闷、庆历七年年底的贝州叛乱、庆历八年年初的宫门惊变之后，仁宗真切感受到忧患。他决定与负责治理这个国家的大臣谈谈。

庆历八年三月十六日，仁宗再开天章阁，召辅臣观太宗、

1　刘昫等：《旧唐书·袁高传》。
2　李焘：《续资治通鉴长编》卷一百六十七。下同。

真宗御制文集，又出手诏问辅臣："朕承祖宗大业，赖文武荩臣，夙夜兢兢，期底于治。间者西陲御备，天下绎骚，趣募兵师，急调军食，虽常赋有增，而经用不给。累岁于兹，公私匮乏。加以承平浸久，仕进多门，人浮政滥，员多阙少。……备豫不虞，理当先物，思济此务，罔知所从。悉为朕条画之。"[1]并给笔札，"令即坐上对"。

同日又召翰林学士、三司使、知开封府、御史中丞，也发手诏询问："欲闻朕躬阙失，左右朋邪，中外险诈，州郡暴虐，法令非便民者，及朝廷几事，其悉以陈。"由于这一日是甲寅日，史书便将仁宗的策问手诏称为"甲寅诏书"。

过了几天，仁宗御皇城迎阳门，召知制诰、待制、谏官、御史等："朕欲闻朝政得失，兵农要务，边防备御，将帅能否，财赋利害，钱法是非，与夫谗人害政，奸盗乱俗，及所以防微杜渐之策，悉对于篇。"

显然，仁宗深知国家承平日久，埋伏着危机，希望群臣能畅所欲言，直陈利害，也希望宰执大臣能居安思危，励精图治。但这次天章阁召对，宰相陈执中惶然不知所对；枢密使夏竦知道陈执中"不学少文"，等着看他的笑话；还是参知政事宋庠出来打圆场："两汉对策，本延岩穴草莱之士，今备位政府而自比诸生，非所以尊朝廷，请至中书合议上对。"

倒是翰林学士张方平当天半夜就上条陈，指出国家当前存在的突出问题：冗兵、冗员、冗费严重，特别是冗兵，因为西北用兵，"内外增置禁军四十二万余人，通三朝旧兵且

---

[1] 李焘：《续资治通鉴长编》卷一百六十三。下同。

八九十万人，其乡军义勇、州郡厢军、诸军小分剩员等，不在此数"，以致"军人日多，农民日少，三边税赋，支赡不足"，"凡此冗兵，非惟困天下之财用，方且成天下之祸阶，若不早图，后无及矣"。

张方平还提出对策，包括裁减羸弱老兵，缩减科榜录取人数，严格官员叙迁条件，"磨勘叙迁者，必有劳绩可褒"。

仁宗读着张方平的条陈，深为惊异，夜不能寐。次日清晨，他又赐张方平手诏，询问甲寅诏书未及的事务。显然，张方平的意见说到仁宗的心坎上了。

执政团队中的文彦博与庞籍也"以国用不足，建议省兵"[1]，但朝臣多认为不可，缘边诸将更是极力反对，称"兵皆习弓刀，不乐归农，一旦失衣粮，必散之间阎，相聚为盗贼"。说得仁宗有些犹豫不决。文彦博与庞籍联名上奏："今公私困竭，上下皇皇，其故非他，正由养兵太多尔。若不减放，无由苏息，万一果聚为盗贼，二臣请死之。"

仁宗这才下定决心，遂于皇祐元年（1049）十二月下诏"简汰陕西及河北、河东、京东西等路羸兵"，凡"年五十以上及短弱不任役者听归农，若无田园可归者，减为小分"。宋朝兵制中的"小分"，是指领一半衣粮的剩员。

为减轻裁兵引起的震荡，何郯提议："其选退之人，或力可耕垦而别无生业，仍乞于所居州县，据口量拨与系官闲田，使之给养，免至流离失所。"不过，缘边将领所担心的士兵"不乐归农"的情况并没有出现，那些被列入裁员名单的士兵"皆

---

[1] 李焘：《续资治通鉴长编》卷一百六十七。下同。

欢呼返其家";相反,在籍的士兵"皆悲涕,恨己不得去"。

皇祐元年的这次大裁兵,"其六万有余,悉放归农。其二万有余,各减衣粮之半",大大减轻了宋王朝的财政压力。单陕西缘边,原本一年需耗费缗钱七十千养一名士兵,裁兵后,"岁省缗钱二百四十五万,陕西之民力稍苏"。

宋仁宗再开天章阁,最大的收获就是成功裁减了六七万冗兵。

御史何郯也曾具疏答仁宗问,他的意见是增置台谏官:"以天下利害之大,备言责者,唯御史、谏官仅十员,而欲陛下聪明无所遗,政理无所失者,不可得矣。"[1]

翰林侍读学士叶清臣在答仁宗甲寅手诏时,则"言多劘切权贵",矛头直指执政官与台谏官:"台谏官为天子耳目,今则不然,尽为宰相肘腋。宰相所恶,则捃以微瑕,公行击搏;宰相所喜,则从而唱和,为之先容。中书政令不平,赏罚不当,则钳口结舌,未尝敢言;人主纤微过差,或宫闱小事,即极言过当,用为讦直。"

不过,叶清臣的说法有些夸大其词,因为当时以御史何郯为代表的台谏官,对执政团队的抨击可不留情面,而且很快,何郯将迫使多位宰执罢政。

第一个在庆历八年被免职的执政官是参知政事丁度。丁度是文学之士,学问很好,执政却力不从心,他自己也多次提出辞职,但仁宗一再挽留。何郯看不下去了,上章说:"伏见丁度由近侍之班,豫显用之柄,列在三事,于兹累年。而位望益

---

[1] 李焘:《续资治通鉴长编》卷一百六十三。下同。

隆，才名益损，但务保身而寡过，曾无经国之远图。况方讲戎机，动资庙略，谋苟多误，事何以安。度又素被轻婿之名，殊非沈远之量，上无所益国体，下不能服人心，兹为具臣，难处重任。且用人当否，系国重轻，执政之臣，事体尤大，不可以恩假，不可以幸迁，必须其材，乃授此位，材苟不称，则莫如阙焉。伏乞断在不疑，退之以礼。"[1]

庆历八年四月，仁宗终于批准丁度辞呈，让他回归老本行，任翰林侍读学士；另擢明镐为参知政事。可惜明镐运气不佳，只当了三个月参知政事就得了重病。仁宗去看望他，恻然说："方赖卿谋国事，何遽被疾。"此时明镐已奄奄一息，"犹能顿首谢"，六月底便去世了。

第二个罢政的辅臣是枢密使夏竦。五月，何郯对夏竦发起措辞严厉的弹劾："伏见枢密使、平章事夏竦，其性邪，其欲侈，其学非而博，其行伪而坚，有纤人善柔之质，无大臣鲠直之望，事君不顾其节，遇下不由其诚。"

夏竦包庇内臣杨怀敏的旧事也给何郯抖了出来："近者卫兵为乱，突入宫掖，变故之大，可谓寒心。凡在职守，失于防察，责其慢官，宜置大戮。而竦只缘管皇城司内臣杨怀敏素与交通，曲为掩藏，欲以结纳，主忧于上而不为之恤，民议于下而不知其非，但欲私相为恩，未尝公议其罪，所以致官司之责不均一，贼党之恶不究穷。"

然后，何郯说："今怀敏既黜，而竦独留，中外之心，无不愤激。况竦两以明恩进拜，皆用清议改除，众口谓之奸邪，

---

[1] 李焘：《续资治通鉴长编》卷一百六十四。下同。

圣心谅已谙悉,弃而勿用,兹谓至公。"

恰好这时,京师"同日无云而震者五",发生地震。按古人的观念,灾异是上天发出的警告,仁宗很是不安,急召翰林学士赴便殿。俄顷,张方平至,仁宗说:"夏竦奸邪,以致天变如此,亟草制出之。"张方平问以何辞罢枢密使,仁宗说:"且以均劳逸命之。"以委婉的说辞免去夏竦的枢密使职务,出判河南府,由参知政事宋庠接棒枢密使,枢密副使庞籍则转任参知政事。

夏竦罢枢密使后,复上表,"陈乞一殿学士职名",意欲留在京城。何郯又站出来反对:"缘朝廷进退大臣,恩礼至厚,竦之此拜,已极宠荣,安可更不顾廉耻,冒有陈请?况竦奸邪险诈,久闻天下,陛下特出圣断,罢免枢要,中外臣子,莫不相庆,固不宜许其自便,留在朝廷。孔子谓远佞人,盖佞人在君侧,则必为政理之害。其夏竦,伏乞不改前命,仍指挥催促赴任。"夏竦只好怏怏赴河南府上任。

有意思的是,起草夏竦罢枢密使制词的翰林学士张方平,几个月后也被贬谪,原因可谓是"躺着中枪"。话说开封府有一个叫程文昌的商人,因为妻子与集贤校理杨仪之妻是堂姐妹,所以他与杨仪也有私交。程文昌的父亲程守颙冒用他人之名,承包开封府下辖中牟县的死马务(死马务是负责宰杀被淘汰的马匹、销售马肉和皮革的经济部门)被人告发。程文昌便给杨仪写了一封信,请他帮忙打点关系。结果送信人闹了"乌龙",居然将这封请托的书信送给了知开封县杨日就。杨日就拆开信封一看,觉得莫名其妙,继而明白过来,于是向朝廷检举了杨仪。朝廷派人一查,不但查实程守颙冒名承买死马务的不法情事,还发现杨仪简直就是开封府的"交际花",不少人都托他办事，其中就有张方平。

原来张方平家想雇请一名婢女，托杨仪帮忙物色一个。杨仪很快就雇到一名婢女，花了三十贯钱，又自掏腰包给婢女添置了一身新衣裳，然后将打扮得漂漂亮亮的婢女送给张方平，还不收钱。显然，张方平涉嫌受贿，故而落职翰林学士，贬知滁州。何郯还认为这个处分太轻了：张方平"贪污情状，岂不晓然"[1]？应当"改授一闲慢官，斥之远方"。

自丁度辞参知政事、夏竦罢枢密使，朝廷中最不孚众望的执政官就剩下首相陈执中了。陈执中能躲过虎视眈眈的御史官何郯的弹劾吗？

正在这个时候，庆历八年六月初六，黄河突然在澶州商胡埽（今河南濮阳东北）决堤，浑浊的河水汹涌而出，冲出一条新的河道。

对宋王朝来说，庆历八年堪称"流年不利"。王则原本打算在正月初一发动兵变，只因出了点意外，才提早起事。贝州兵变好不容易平息了，诸路又奏报发大水。知谏院钱彦远进谏说：水灾意味着"阴气过盛"[2]，按《五行传》，这是"下有谋上之象"，"请严宫省宿卫"。果然，不久就发生了卫兵闯入宫禁的咄咄怪事。现在，黄河又决口了。

---

1 李焘：《续资治通鉴长编》卷一百六十五。下同。
2 李焘：《续资治通鉴长编》卷一百六十七。下同。

第五节 黄河决口

黄河是一条泥沙俱下的河流，河道泥沙淤积，河床越积越高，乃至高出地面，成为悬河，经常性出现河道淤塞、河水泛溢、决口的灾害，严重的决口往往还导致黄河改道。故而，黄河自古即以"善淤、善决、善徙"闻名。

自唐末至宋，由于上游土地的开发、植被的破坏，黄河水流的含沙量增加，河患的发生更为频繁，后世学者总结说，"河之患萌于周季而浸淫于汉，横溃于宋"[1]。为治理黄河，宋王朝投入了大量的物力、人力、精力，包括沿黄河中下游置立"埽所"。庆历八年发生决口的商胡埽，便是设立在澶州的埽所。埽所的埽，是宋人广泛应用于堵塞决口的治水工程。小的河决，以宋人的治河经验与技术，可以很快堵塞；大的决口，往往只能任由黄河改道。

景祐元年七月，黄河在澶州横陇埽（今河南濮阳东）决堤，冲出一条新河，黄河因此发生改道，新的河道为"横陇河道"，原来的河道，宋人称之为"京东故道"。这条横陇河道行水十四年，又复淤塞严重，加之庆历八年春夏，大雨不断，河水暴涨，于是又在商胡埽发生大决口，河水浩浩荡荡自决口涌出，在横陇河道之北形成一条新的河道——黄河又改道了。

仁宗接到河决商胡埽的报告，连忙派人前往澶州察看决河的情况，随后又任命河北都转运使施昌言为都大管勾澶州修河

---

[1] 顾祖禹：《读史方舆纪要》卷一百二十五。

事,马军副都指挥使郭承祐为澶州修河部署,赐黄河役卒缗钱。按以前的经验,朝廷计划尽快将商胡埽决口堵上,所以又命翰林学士宋祁、入内都知张永和"往商胡埽视决河及覆计工料"[1]。

八月中,宋祁、张永和回奏商胡埽决口情况:"商胡水口,见阔五百五十七步(约合800米),用工一千四十一万六千八百日,役兵夫一十万四千一百六十八人,可百日而毕。"[2] 判大名府的贾昌朝则发来一个建议:兴葺黄河旧堤,引水东流,渐复京东故道,然后"并塞横垄(陇)、商胡二口,永为大利"。可以预料这是一项浩大的工程,仁宗决定启动集议程序,诏"待制以上并台谏官亟详定利害以闻"。

八月底,集议的结果出来,翰林学士丁度等人联名向仁宗报告修河利害:"天圣中,滑州塞决河,积备累年始兴役,今商胡工尤大,而河北岁饥民疲,迫寒月,难遽就也。且横垄(陇)决已久,故河尚未填阏,宜疏减水河以杀水势,俟来岁先塞商胡。"参与集议的官员都认为:商胡决口巨大,修复工程浩大,想尽快塞住决口是很不现实的,目前宜先疏导水势,等待来年时机成熟,再塞商胡决口。仁宗采纳了这一集议结果,召回之前派出去招募民众入纳修河物料的内侍。

当务之急,是先赈灾。黄河决口,再加上久雨不晴,已经给河北造成深重灾患,无数灾民家园被水淹没,流离失所。赈灾比修河更为迫切。秋七月,仁宗诏河北各州县"募饥

---

[1] 李焘:《续资治通鉴长编》卷一百六十四。
[2] 李焘:《续资治通鉴长编》卷一百六十五。下同。

民为军"[1]，并停止征收"河北、京东西路被水灾下户见欠夏税"[2]。仁宗本人也在内廷虔诚祈晴："春夏久雨，朕日蔬食，夙夜祷于上帝。倪霖淫未止，当去食啜水，冀移灾朕躬。"[3]次年（皇祐元年）春天，仁宗又拨给河北二十万缗钱，用于购买谷种，分发给受灾流民。水灾过后，瘟疫往往随之而来，仁宗又遣使至河北，施放药物。

还有大量河北流民涌入邻近的京东路。京东路安抚使、知青州富弼劝募来十五万斛粮食，加上官府的储备粮，分储于所部各州，又择公私庐舍十余万间，收容灾民，凡老弱病者，发给粮食；又开放山林河泊之利，"有可取以为生者，听流民取之"[4]。——共赈济灾民五十余万人，另有一万余人募为士兵。富弼赈灾的效果最为显著。仁宗闻之，遣使慰劳，并迁其秩。

倒是首相陈执中面对"河决民流，灾异数见"的危急情况，却"无所建明，但延接卜相术士"。[5]如此庸碌无为，如何可任行政首长？早在河决商胡当月，御史何郯便援引"汉时以灾异册免三公故事"[6]，要求仁宗罢免陈执中："今岁灾异为害甚大，陈执中首居相位，燮理无状，实任其责，……乞因执中求退，从而罢免，以答天意。"但仁宗没有答应。

七月，何郯又上书请罢陈执中："今霖雨连昼夜不止，百姓忧愁，岂非大臣专恣，务为壅蔽，阴盛侵阳所致。……今中

1　李焘：《续资治通鉴长编》卷一百六十四。
2　李焘：《续资治通鉴长编》卷一百六十五。
3　李焘：《续资治通鉴长编》卷一百六十四。
4　李焘：《续资治通鉴长编》卷一百六十六。
5　李焘：《续资治通鉴长编》卷一百六十七。
6　李焘：《续资治通鉴长编》卷一百六十五。下同。

外之人,怨望执中非一,其召灾异,未必不由此。古人以一夫伤嗟,王道为亏,况复天下伤嗟者多乎。又执中昧经国之大体,无适时之长材,当四方多事之秋,陛下欲倚之使致太平,固不可望也。今陛下用执中则失天下人心,退执中则慰天下人望。陛下岂可虑伤一执中之意,而不念失天下之心!"

但仁宗还是不希望逐走陈执中。为什么仁宗对陈执中如此眷顾?也许是出于感念之情。早年,真宗迟迟未立皇太子,是陈执中以"疏远小臣"[1]的身份,"始建储嗣之议",真宗才立皇子赵祯为储。仁宗因而对陈执中一直心存感激,自言执中"纳忠先帝,有德朕躬"。而且,陈执中尽管才学平庸,但为官清正,在中书多年,"人莫敢干以私,四方问遗不及门"[2]。所以,尽管"言者屡攻之"[3],陈执中本人也提出辞职,但仁宗还是挽留他。

不过,仁宗也不想让何郯失望,又在十一月将他擢为侍御史知杂事,即御史台的二把手。其时御史台缺知杂,宰辅希望补选一名亲政府的御史官,仁宗却执意擢用何郯,且对何郯说:"卿不阿权势,故越次用卿。"[4]

到了次年八月,陈执中又被台谏官弹劾"喜进无学匪人,不协众望",他自己亦"以足疾辞位",仁宗这才"诏从其请",让陈执中出知陈州,罢相的制书写道:"间以河道溃溢,民版流移,露章祈退,故从其请。"[5] 出自翰林学士孙抃之笔。在不久

---

1 魏泰:《东轩笔录》卷之十一。下同。
2 脱脱等:《宋史·陈执中传》。
3 李焘:《续资治通鉴长编》卷一百六十七。
4 李焘:《续资治通鉴长编》卷一百六十五。
5 李焘:《续资治通鉴长编》卷一百六十七。

的将来,孙抃与陈执中还会有一番交锋。

　　陈执中罢相后,次相文彦博升为首相,枢密使宋庠拜次相,参知政事庞籍充枢密使,高若讷为参知政事,梁适为枢密副使。新一届执政团队由于有文彦博与庞籍在,显然要比更替前的上一届政府更孚人望,更有作为。

　　陈执中罢相那一年为皇祐元年。由于庆历八年灾异不断,仁宗于十二月初一宣布次年改元:"自春夏之交,霖雨作沴。伤暴禾麦,漂溢堤防。河朔之民,尤罹毙苦。粒食罄阙,庐室荡空。流离乡邦,携挈老幼。十室而九,自秋徂冬。嗷嗷道涂,沟壑为虑。愍其失业,弥甚纳隍。当原究其由来,冀消弭于灾变,宜均霈泽,以召善祥。仍更纪岁之元,用冀自天之祐,宜改庆历九年为皇祐元年。"[1]

---

[1] 《宋大诏令集》卷第二。

第十一章　欲采蘋花不自由

庆历八年至皇祐六年（1048—1054）

第一节　册立贵妃

皇祐元年，宋仁宗刚好四十岁。古人说，四十而不惑。仁宗能做到"不惑"吗？

这一年，仁宗在经筵中向他的老师、翰林侍读学士张锡请教治道，张锡说："节嗜欲者，治身之本；审刑罚者，治国之本。"张锡是博学之士，仁宗叹其学识广博，曾以飞白体书"博学"二字送给老师。听了张锡的回答，仁宗改容说："卿言甚嘉，朕恨用卿晚也。"[1]

为什么张锡要告诉皇帝"节嗜欲"？因为当时仁宗极宠爱温成。张锡委婉地提出劝谏，却不知仁宗是否听出弦外之音。

温成，清河郡人氏，生于天圣初年，父亲张尧封是一名小小的推官，在温成七八岁时便去世了，母亲曹氏带着年幼的温成姐弟三人，投奔尧封的堂弟张尧佐。时尧佐将赴蜀为官，以"道

---

[1] 李焘：《续资治通鉴长编》卷一百六十七。

远"[1]为由，拒绝收留曹氏母女。曹氏生活困顿，只好将温成卖到齐国大长公主家为舞女，自己改嫁蹇氏。大长公主带着温成入大内，让她在内廷仙韶院学习歌舞，由宫人贾氏抚育。

小温成在宫中慢慢长大。这一日，仁宗在宫中宴饮，席间叫了仙韶院的乐伎歌舞助兴，其中就有温成。仁宗一见温成，便生了怜爱之情，召为御侍宫女。温成"性聪明便巧，挟智数，能探测人主意"，因此深得仁宗宠幸，"待遇异诸嫔御"，未久封为"清河郡君"。

康定元年（1040）十月，温成晋封才人，进入妃嫔行列；庆历元年（1041）十二月，又进为修媛，"宠爱日甚，冠于后庭"。温成之得宠，当与她"巧慧，善迎人主意"[2]有关。仁宗不喜奢华，温成便将日子过得十分俭朴：起居只用"素朱漆床，黄绢缘席，黄隔织褥"[3]；阁中焚香，"用松子膜、荔支皮、苦楝花。沉檀龙麝皆不用"[4]。一日，仁宗在后苑赏牡丹，温成后至，以珍珠为首饰，"欲夸同辈"，仁宗见了，以袖掩面说："满头白纷纷，更没些忌讳。"温成一听，非常惭愧，"遽起易之"。[5]又有一次，天下大旱，仁宗在宫中燃香祈雨，温成刺破手臂，以鲜血书写祝词，让仁宗十分感动。

与小鸟依人、善解人意的温成不同，曹皇后端庄、无趣、讲原则、欠温柔。曾有宫女与禁中卫士私通，事发当诛，宫女

---

1 杨仲良：《皇宋通鉴长编纪事本末》卷第三十四。下同。
2 司马光：《涑水记闻》卷第八。
3 邵伯温：《邵氏闻见录》卷第三。
4 屈大均：《广东新语》卷二十五。
5 胡仔：《苕溪渔隐丛话》后集卷第十九。

向仁宗求情，仁宗是软心肠的人，"欲赦之"，但曹皇后却穿上皇后衣冠来见皇上，坚持处死犯禁的宫女。仁宗说："痛杖之足以惩矣。"曹皇后说："如此无以肃清禁庭。"[1] 仁宗让皇后坐下来说话，但曹皇后坚决不坐，硬是站着。僵持了大半天，仁宗无奈，只好同意处死那名宫女。

换成任何一个男人都会觉得，与温成相处更为愉快。仁宗显然也更愿意与温成在一起，这一点可以从温成的生育频率看出来：从康定元年至庆历三年这四年间，温成给仁宗生了三位小公主，几乎每年都会怀胎。每有小公主出世，仁宗就给予温成超出常规的赏赐，以致谏官孙甫都看不下去了，进谏说："张修媛宠恣市恩，祸渐已萌。夫后者，正嫡也，其余皆婢妾尔。贵贱有等，用物不宜过僭。自古宠女色，初不制而后不能制者，其祸不可悔。"[2]

庆历三年七月，温成生育的宝和公主方才两岁，"忽感疾"[3]，温成跟仁宗说："所以召灾者，资薄而宠厚也。愿贬秩为美人，庶几可以消咎谴。"仁宗听从，将温成降为美人。可是小公主还是不幸夭折了。

庆历八年闰正月，宫禁惊变，温成冒着不测之风险出阁见仁宗，让仁宗大为感动。事态平息后，仁宗对辅臣说："宫庭之变，美人张氏有扈跸功。"为什么仁宗要特别跟执政大臣提到温成的"扈跸"之功？可能是他又动了废立皇后的心思。仁宗册立过两任皇后，可是两位皇后都不是他动心的对象：郭皇后是刘

---

1 李焘：《续资治通鉴长编》卷一百六十五。
2 李焘：《续资治通鉴长编》卷一百四十五。
3 杨仲良：《皇宋通鉴长编纪事本末》卷第三十四。下同。

宋仁宗

太后替他选的,仁宗亲政后被废黜;曹皇后则是大臣替他选的。温成才是仁宗一生的最爱。在仁宗的内心,难道就不想立心爱的温成为皇后吗?他是想的。但他不能直接说出来,只能跟两府大臣说张美人有"扈跸"之功。

其时,夏竦尚未罢枢密使,闻仁宗之言,立即附和:"宜讲求所以尊异之礼"。夏竦的用心是"乘间启废立之议"[1],迎合仁宗不敢说破的梦想。同知谏院王贽也"冀动摇中宫,阴为美人道地"[2],进言说:"贼人根本起皇后阁前,请究其事。"仁宗问御史何郯对王贽之议有何看法,何郯说:"此奸人之谋,不可不察也。"

面对皇帝"张氏有扈跸功"的暗示,夏竦"尊异美人"的倡议,首相陈执中(庆历八年他尚未罢相)心里慌乱,一时没了主意。翰林学士张方平前来拜见他,进言说:"汉冯婕妤身当猛兽,不闻有所尊异。且皇后在而尊美人,古无是礼。若果行之,天下谤议必大萃于公,终身不可雪也。"陈执中虽然平庸,却也爱惜自己的声誉,"耸然从方平言",反对尊异张美人,"持议甚坚"[3]。

仁宗又说:"朕居宫中,左右前后皆皇后之党。"时为翰林侍读学士的梁适说:"闾巷之人,今日出一妻,明日又出一妻,犹为不可,况天子乎?"[4]声色甚厉。仁宗不语,退朝时留下梁适,

---

1 王巩:《闻见近录》。
2 杨仲良:《皇宋通鉴长编纪事本末》卷第三十四。下同。
3 王巩:《闻见近录》。
4 邵伯温:《邵氏闻见录》卷第十三。

对他说:"朕止欲稍加妃礼,本无他意,卿可安心。"[1]

曹皇后的中宫之位遂稳。据传仁宗后来曾向曹皇后坦言:"我尝欲废汝,赖梁适谏我,汝乃得免。汝之不废,适之力也。"[2] 许多年后,梁适去世,已经是太皇太后的曹后闻讯,拨了一笔私房钱,请大相国寺为梁适做法事,她的孙儿神宗皇帝问:"岂以梁适为仁宗旧相耶!"曹后说:"微梁适吾无今日矣。"[3]

温成本人又有没有取代曹后的想法呢?种种迹象表明,她是有的。司马光说她"初为修媛,后册为贵妃,饮膳供给皆逾于曹后,几夺其位数矣"[4]。有一次,温成想用皇后的华盖出游,过一把皇后的威风。仁宗让她自己派人跟曹皇后借。曹皇后倒很大方,非常慷慨地将自己的华盖借给了温成。温成得意地将这个消息告诉仁宗,仁宗说:"国家文物仪章,上下有秩,汝张之而出,外廷不汝置。"[5] 温成听了,虽然心里很不痛快,却不敢使用皇后的仪仗。

虽然温成有生之年未能当上皇后,不过在仁宗表示"止欲稍加妃礼"之后,廷臣亦不复反对,"群论遂止"[6]。一直很活跃的御史官何郯也不曾论列,因为在他看来,"盖以天子列嫔妃之位,明著典章,若不干预政事,置亦无害"[7]。

于是,庆历八年十月十八日,仁宗皇帝下诏:"以美人张

---

1 王巩:《闻见近录》。
2 朱弁:《曲洧旧闻》卷二。
3 邵伯温:《邵氏闻见录》卷第十三。
4 司马光:《涑水记闻》卷第八。
5 脱脱等:《宋史·后妃传》。
6 王巩:《闻见近录》。
7 李焘:《续资治通鉴长编》卷一百六十九。

宋仁宗

氏为贵妃,令所司择日备礼册命。"[1]按宋朝惯例,册妃只送册文,不行册礼:"国朝以来,命妃未尝行册礼,然故事须俟旨方以告敕授之。又凡降制,皆从学士院待诏书告辞(词),送中书结三省衔,官告院用印,然后进书入。"[2]翰林学士宋祁拟好温成的册妃告词之后,因为不熟典故制度,"不俟旨为告,不送中书,径取官告院印用之"[3],直接进呈内廷。

温成接到宋祁的告词,大怒,"掷地,不肯受"。为什么温成要发怒?有两个原因。一者,依宋制,册命亲王、大臣、后妃的告词,须有宰相的签名,否则便属于斜封官,缺乏合法性。宋祁拟好温成的册妃告词,未送中书签押就直接投入内廷,这是将贵妃当成斜封官吗?温成自然要认为自己没有受到尊重。

二者,温成时方得仁宗宠爱,"冀行册礼",册礼未行,宋祁先擅自将告词送来,是不打算举行册礼了吗?所以温成很生气。

宋祁身为翰林学士,却不知典礼,又得罪贵妃,免不了要受处分。十月廿五日,宋祁落职翰林学士,知许州。但过了数月,仁宗又召他回朝,复任侍读学士。

宋祁起草的册妃告词自然作废不用,仁宗另叫翰林侍读学士丁度撰写温成的册文。贵妃的册命礼也要补上,十月廿一日,仁宗任命参知政事庞籍为贵妃册礼使,又令太常礼院详定册命礼仪,文思院制作册匣印盝,司天监选定册礼吉日。十二月初三,宰臣率领百官,在文德殿为温成举行了隆重的册命大礼。

---

1 徐松辑:《宋会要辑稿·后妃三》。
2 徐松辑:《宋会要辑稿·职官六五》。
3 杨仲良:《皇宋通鉴长编纪事本末》卷第三十四。下同。

温成因此成为宋朝第一位有册立礼的贵妃。

正是在这个背景下，经筵官张锡才提醒仁宗："节嗜欲者，治身之本。"

第二节　台谏的抗议（一）

皇祐元年暮春，温成册妃三个月，仁宗提拔张尧佐为权三司使；到深秋九月，又将这个"权"字去掉，以张尧佐为三司使。

张尧佐是谁？温成的堂叔。

张尧佐是一名趋炎附势的平庸官员，温成儿时贫寒，他毫不体恤。等到温成入宫，成了仁宗爱幸的妃嫔，他的态度就发生了一百八十度转变，对来自温成的福荫照单全收，"洋洋自得，不知羞辱"[1]。

仁宗是长情之人。他对母亲李氏心怀愧疚，因而对母亲唯一的亲弟弟李用和眷顾有加；他感念小娘娘的养育，对小娘娘的堂弟杨景宗亦一再推恩；他宠爱温成，也爱屋及乌，一次次给张尧佐加官晋爵。

庆历四年，仁宗通过内批，让政府任命张尧佐为提点开封府诸县镇公事。谏官余靖说："外议皆云尧佐识见浅近，托依后宫嫔嫱之势，已得内降指挥，改赐章服。又从内批与省府差遣。大臣依违，不能坚执，遂与府界提点。伏惟陛下近岁以来，

---

[1] 杨仲良：《皇宋通鉴长编纪事本末》卷第三十四。下同。

每事思治，损节淫货，放减后宫，绝斜封之官，无私谒之宠，此皆曩日来亲行至美之事，安得更使外议籍籍如此？臣深为陛下惜之。"仁宗解释说："朕岂以女谒进人？盖因臣僚论荐而后尔。如物议不允当，更授一郡耳。"

庆历六年，仁宗将张尧佐外放为河东转运使。这一次，台谏似乎没有什么异议。但到了庆历八年，仁宗又把张尧佐提拔为权知开封府。侍御史知杂事张昪进谏说："尧佐缘恩泽进用太骤，非所以公天下。"疏入，"不报"。

现在，皇帝又让张尧佐当上了三司使。北宋的三司使，掌一国财权，号为"计相"，权力排序只在二府之下。宋朝又习惯从知开封府、御史中丞、翰林学士、三司使中遴选执政官，照此看来，在不久的将来，张尧佐这个庸夫很可能就会成为宰执大臣了。

台谏官决心要将张尧佐从三司使的位置上拉下来。

皇祐元年九月，仁宗任命张尧佐为三司使之初，监察御史陈旭已提出异议：尧佐"以后宫亲，非才也，不宜使制国用"[1]，但仁宗"不听"。

第二年（皇祐二年，1050）六月，包拯、陈旭、吴奎等台谏官又试图用灾异来说服仁宗："比年以来，阴沴过甚，水坏城郭，地复震动，大河决溢，沉溺者众，是皆群小之道盛也。虽陛下精诚感发，未能遽然消伏，何者？天道福善祸淫，与众同欲则依，从己之欲则违。今亿兆之众，谓三司使张尧佐凡庸之人，徒缘宠私，骤阶显列，是非倒置，职业都忘，诸路不胜

---

[1] 李焘：《续资治通鉴长编》卷一百六十七。下同。

其诛求，内帑亦烦于借助。法制刓弊，商旅阻行，而尧佐洋洋自得，不知羞辱，召来灾沴，实自斯人。"[1]

包拯还说：三司使一职，事关天下财用，至为重要，"臣伏见国朝自祖宗以来，当帑廪丰盈、用度充足之际，尚乃精选计臣如陈恕、魏羽等辈用之（陈恕、魏羽为主政国家财税多年的太宗朝、真宗朝名臣），其余亦尽一时之选。况今上下窘迫如是，岂可专任此人，久居是职，失天下之望，误天下之事，臣实为陛下痛惜之。伏望特出宸断，授尧佐以他职，别求才杰之士，委而任之，责以实效，一二年间，庶几可济。不然，则惧贻陛下之深忧也"。我们不知道在包拯等进谏之后，仁宗是不是受到触动。

八月，那位不阿权势的御史官何郯因为四川老家母亲年迈，请求就近任职，获得同意，出知汉州（今四川广汉）。临行前，他给仁宗上了一疏，推心置腹地说："缘尧佐虽由进士登第，历官无他过，然骤被宠用，人情皆以止缘后宫之亲，不复以才能许之。况三司使位望任使，为二府之亚，跂步便至。今尧佐充三司使已逾年，若大飨讫事，众议谓陛下以酬劳为名，必当进用尧佐在两府。果如众议，命行之日，言事之臣必以死争。当是之时，陛下欲决用尧佐，则当黜言者；若听用言者，即须罢尧佐。酌之两途，必难并立。然用尧佐而黜言者则累德，用言者而罢尧佐则伤恩。累德则损归圣躬，伤恩则怨起近戚。"[2]

何郯的担忧并非没有道理。皇祐二年又是天子亲郊的大礼

1　李焘：《续资治通鉴长编》卷一百六十八。下同。
2　李焘：《续资治通鉴长编》卷一百六十九。

宋仁宗

年，但这一年的冬至日恰值晦日（农历十一月三十），礼官认为不吉，应有所避讳，提议将冬至郊祀改为"季秋大飨于明堂"。[1] 九月廿七日，仁宗"大飨天地于明堂，以太祖、太宗、真宗配，从祀如圜丘"[2]。前一日，朝野间已传言纷纷，称大飨之后，百官将皆升迁，用意是要将张尧佐送上执政的位子，因为此时"参知政事阙员，尧佐朝暮待命"。

侍御史彭思永召集同列联名进谏。不过同列认为，只是坊间传言，不知真假，不如等官家真下了诏书，我辈再进言。彭思永说："宁以先事得罪，命出而不可救，则为朝廷之失矣。"自己一人上疏，称"陛下覃此缪恩，无意孤寒，独为尧佐、守忠故"，又言"外戚秉政、宦官用事，皆非宗社之福"。疏入，仁宗震怒，要求彭思永说出信源。谏官吴奎却称这一要求不妥："御史许风闻，事有非实，朝廷能容容之；不能容，罪之可也。若必穷主名，则后无敢以事告御史者，是朝廷自蔽耳目也。"仁宗听劝，"不复致诘"，只是以弹奏不实为由，罢去彭思永的御史职务。

应该说，仁宗并没有要将张尧佐弄入两府的意思，因为一个月前，何郯提了一个建议："欲圣躬无所损，外戚无所怨，莫若富贵尧佐而不假之以权，如李用和处之，正得宜也。"仁宗思前想后，觉得有道理，决定采纳。

闰十一月初六，仁宗下诏："后妃之家，毋得除二府职位。"先堵了张尧佐挤入宰执之列的进路，大概也希望借以堵住台谏

---

1 李焘：《续资治通鉴长编》卷一百六十八。
2 李焘：《续资治通鉴长编》卷一百六十九。下同。

官的嘴巴。同日，罢去张尧佐三司使之职，改授宣徽南院使、淮康节度使、景灵宫使。次日又加群牧制置使。

宋朝的节度使与唐朝、五代的节度使完全不同，只是尊贵的虚衔，并没有多少实权；景灵宫使也是闲职；宣徽南院使为宣徽院长官，掌皇家礼仪、供帐，地位略同于参知政事、枢密副使；群牧制置使则是主管马政的长官。这些都是地位尊崇却无政治权力的职务，显然，仁宗已经听从何郯之言，给予张尧佐富贵，而收回实权。

但是，仁宗送给张尧佐的富贵未免太浩荡了，一下子就授予四使。皇恩浩荡，也不能如此不加节制吧？所以，台谏炸了。

仁宗也预计台谏官一定会反对张尧佐除四使，所以与任命张尧佐同一日，又委任王举正为御史中丞。王举正，就是那个因在参知政事任上"懦默不任职"[1]、在家"妻悍不能制"而受台谏官弹劾的老实人。仁宗的盘算是，王举正"重厚寡言"[2]，必不会对张尧佐授四使一事说三道四。朝议也认为，王举正"儒懦，或迤逦退避，动经浃旬，则尧佐之命必遂行，论谏弗及矣"。

然而，仁宗与群臣都看走眼了。王举正当上御史中丞后，如同变了一个人，仿佛小宇宙爆发，成为反对张尧佐除授四使的急先锋。他在上殿告谢时，便进疏"力言擢用尧佐不当"："夫爵赏名数，天下之公器，不当以后宫踈戚、庸常之材，过授宠渥，使忠臣义士无所激劝。且尧佐居职，物论纷纭，固当引分辞避，而宴然恃赖，曾无一言自陈，叨窃居位，日觊大用。……伏望

---

1 李焘：《续资治通鉴长编》卷一百四十二。下同。
2 李焘：《续资治通鉴长编》卷一百六十九。下同。

陛下远鉴前古美事，近守太宗皇帝圣范，追取尧佐新命，除与一郡，以息中外之议。……臣方叨司宪，适睹除命，事干国体，不敢缄默。望圣慈开纳，速降指挥。或臣言之不行，即乞罢臣宪司，出补远郡。"

仁宗一看到王举正的奏疏，懵了。留下疏章，不作批复。

知谏院包拯也接连上章，且措辞愈发强烈："今尧佐……宣徽、节度使并以与之。若非内外协应，蒙惑攘窃，宁至此哉？尧佐叨据如此，惭羞不知，真清朝之污秽、白昼之魑魅也！况下制之日，阳精暗塞，氛雾继起，天道固于人事不远，伏望陛下断以大义，稍割爱情，追寝尧佐过越之恩。必不得已，宣徽、节度使，择与其一，仍罢群牧制置使之命，畀之外郡，以安全之。"包拯不但直斥张尧佐为"清朝之污秽、白昼之魑魅"，而且指出这件事背后有"女谒近习，动伺陛下之所为"，执政大臣"从谀顺指，高官要职，惟恐尧佐不满其意"。

仁宗将这些奏疏都留中不报，作冷处理。王举正见仁宗对台谏的意见迟迟不作回应，便在闰十一月十五日临退朝时，"留百官班廷诤"。一位叫杜枢的比部员外郎问："枢欲先问中丞所言何事，而后敢留班。"[1] 王举正说："论张尧佐除宣徽使不当。"杜枢说："用此留枢可也。"

留住百官之后，王举正率领御史官张择行、唐介，以及谏官包拯、陈旭、吴奎等一众台谏官，准备在仁宗面前集体进谏。仁宗初盛怒，见台谏官上殿，先反问道："岂欲论张尧佐乎？

---

[1] 李焘：《续资治通鉴长编》卷一百七十。下同。

节度使粗官,何用争?"[1]唐介时为御史里行,年资最浅,所以班位在众人之后,却见他越次而前,说:"节度使,太祖、太宗皆曾为之,恐非粗官。"呛得仁宗无言以对。

王举正又带着台谏官在殿庑"切责宰相"。宰相确实应该对张尧佐的任命负责任,因为除授四使这么重大的人事任命,如果事先没有征得宰相同意,是不太可能下达的;从程序上来讲,张尧佐的任命状也需要由宰相签署、发布。史家李焘说:"初,执政希上旨,一日除尧佐四使。"[2]显然对张尧佐的任命,是以政府(而非君主)的名义操作的。所以,台谏官有理由质询宰执团队。

以文彦博为首的执政大臣被台谏官拦住,连班都下不了。仁宗预想到台谏官对张尧佐除四使会有意见,却想不到他们的反应是如此强烈,赶快"遭中使谕旨,百官乃退"。

次日,仁宗下诏:"近台谏官累乞罢张尧佐三司使,及言亲连宫掖,不可用为执政之臣,若优与官爵,于礼差便,遂除宣徽使、淮康节度使。兼已指挥自今后妃之家,毋得除两府职任。今台谏官重有章疏,其言反复,及进对之际,失于喧哗。在法当黜,朝廷特示含容,其令中书取戒厉,自今台谏官相率上殿,并先申中书取旨。"

看得出来,对台谏官的这次集体抗议,仁宗皇帝是很生气的。站在仁宗的角度考虑,他也很想不通:你们不是说外戚"不可用为执政之臣"吗?好吧,我已下旨特别申明"后妃之家,

---

第十一章 欲采蘋花不自由

---

[1] 张耒:《明道杂志》,转引自李焘《续资治通鉴长编》卷一百六十九。下同。
[2] 李焘:《续资治通鉴长编》卷一百六十九。下同。

毋得除两府职任"了。你们不是一再要求罢去张尧佐的三司使吗？好吧，现在就让张尧佐"退居二线"，领几个虚职。但你们还要闹，还喧哗于朝廷，成何体统？这不是欺人太甚吗？

所以仁宗命令宰相对台谏官"取戒厉"，类似于口头警告。当时皇帝"怒未解，大臣莫敢言"，但枢密副使梁适还是站出来为台谏官辩护："台谏官盖有言责，其言虽过，惟陛下矜察。然宠尧佐太厚，恐非所以全之。"

此时，张尧佐大概也意识到众怒难犯，主动上书请辞最尊荣的宣徽南院、景灵宫二使。仁宗也乐得顺水推舟，免去其宣徽南院使、景灵宫使之衔，"诏学士院贴麻处分"，即修改任命书，只授予张尧佐淮康节度使、群牧制置使的闲职，让他端坐京师领取厚禄。至于口头警告台谏官一事，亦不了了之："取戒厉卒不行"。

至此，台谏官抗议张尧佐担任四使的风波，暂时平息下来。

第三节　台谏的抗议（二）

转眼又一年过去了。皇祐三年（1051）八月，仁宗突然又通过二府颁布诏敕，复命张尧佐为宣徽南院使，判河南府。

据南宋笔记《曲洧旧闻》的记述，是仁宗抵挡不住温成的"耳边风"，才冒着触怒台谏官的风险，再次将张尧佐任命为宣徽南院使的：

张尧佐除宣徽使，以廷论未谐，遂止。久之，

> 上以温成故，欲申前命。一日，将御朝，温成送至殿门，抚背曰："官家今日不要忘了宣徽使。"上曰："得！得！"既降旨，包拯乞对，大陈其不可，反复数百言，音吐愤激，唾溅帝面，帝卒为罢之。温成遣小黄门次第探伺，知拯犯颜切直，迎拜谢过。帝举袖拭面曰："中丞向前说话，直唾我面。汝只管要宣徽使、宣徽使，汝岂不知包拯是御史中丞乎！"[1]

《曲洧旧闻》的记述绘声绘色，极具镜头感。不过里面有些细节并不准确。皇祐三年，包拯并不是御史中丞，而是知谏院，而且，包拯这一年也没有什么激切的言行。当时的御史中丞其实是王举正——没错，就是那位看起来胆小怯懦、沉默寡言却让仁宗吃了一记闷棍的犟脾气言官。

以王举正的犟脾气，当然再次上书抗议皇帝对张尧佐的任命："尧佐本常才，但以夤缘后宫，叨据非分。自去年冬罢三司使，除宣徽使，制命方出，中外莫不骇听。其时臣与谏官、御史至留班廷议而争之。寻罢宣徽使，尚忝节度名品。……方逾半年，端坐京师，以尸厚禄，今复授之，盖增鄙诮。此乃执事之臣不念祖宗基业之重，顺颜固宠，不能执奏，制命既行，有损圣德。若陛下不纳臣尽忠爱君之请，必行尧佐滥赏窃位之典，即乞黜臣，以诫不识忌讳愚直之人。"[2]

王举正以辞职相要挟。仁宗则对王举正的奏疏留中不报，

---

1 朱弁：《曲洧旧闻》卷一。
2 李焘：《续资治通鉴长编》卷一百七十一。下同。

不置可否。

随后，知谏院包拯、陈旭、吴奎也相继上书："尧佐制命复下，物议腾沸，况臣等以言为职，岂敢私自顾虑，各为身谋哉。但诰已再行，若固守前议，复乞追夺，于朝廷事体，亦未为当，所以进退惶惑，不即论列。虽然，事体有必须裁制者，不可不深察，臣等不得不极谏也。"

这一次，包拯等谏官的态度要温和得多，毕竟张尧佐只是挂着宣徽南院使的荣衔，外放地方供职。谏官们只是担心："张尧佐怙恩宠之厚，幸求觊望，不知纪极。"所以，谏官们建议："伏望思已然之失，为杜渐之制，特降诏旨，申敕中书门下，谕以尧佐皆缘恩私，不次超擢，享此名位，已为过越，将来更不令处使相之任及不许本院供职，仍趣赴河阳任所……"

仁宗采纳了这一折中的建议，"诏自今张尧佐别有迁改，检会此札子进呈执奏"。意思是说，下不为例，今后若再给张尧佐升迁，你们就检出这条诏令，阻止任命状通过。

皇帝与台谏官各退一步，此番争执本可翻篇。谁知道，御史官中的唐介是一名愣头青，脾气比王举正还要犟。当谏官认为张尧佐"补外不足争"时，唐介却扬言："宣徽次二府，不计内外。"鼓动御史官继续抗议："（皇上）是欲与宣徽，而假河阳为名耳。我曹岂可中已耶？"[1]但其他御史官都"依违不前"，唐介便"独争之，不能夺"。

仁宗跟他解释说："除拟初出中书。"[2]仁宗这么说也不完全

1　魏泰：《东轩笔录》卷之七。下同。
2　李焘：《续资治通鉴长编》卷一百七十一。下同。

是推卸责任,因为按制度,朝廷的人事任免文件需宰相副署才得生效,并由中书签发,方成正式诏命。唐介说,既如此,"当责执政"。仁宗不答应。唐介退出,"请全台上殿",集体与仁宗理论,未获同意。唐介又"自请贬",陛下既不听谏言,那就将我贬出朝廷吧。仁宗亦没有批准。

仁宗的策略,大概便是冷处理,时间一长,台谏就会恢复平静。但他低估唐介的牛脾气了。大约冬十月,唐介见仁宗久久不回应御史的诉求,便转而抨击宰相文彦博,毕竟张尧佐除拜宣徽南院使的诏敕出自中书:"昨除张尧佐宣徽、节度使,臣累论奏,面奉德音,谓是中书进拟,以此知非陛下本意。盖彦博奸谋迎合,显用尧佐,阴结贵妃,外陷陛下有私于后宫之名,内实自为谋身之计。"

文彦博家人早年给温成送灯笼锦的旧事也给唐介捅了出来:"(彦博)知益州日,作间金奇锦,因中人入献宫掖,缘此擢为执政。及恩州平贼,幸会明镐成功,遂叨宰相。"而文彦博自担任宰相后,"独专大政,凡所除授,多非公议,恩赏之出,皆有夤缘。自三司、开封、谏官、法寺、两制、三馆、诸司要职,皆出其门,更相援引,借助声势,欲威福一出于己,使人不敢议其过恶。乞斥罢彦博,以富弼代之。臣与弼亦昧平生,非敢私也。"将文彦博形容得十分不堪。

据说,唐介在弹劾文彦博之前,与谏官吴奎约好,二人同时进疏。但等到唐介上章弹劾时,吴奎却"畏缩不前,当时谓拽动阵脚"[1]。所以唐介干脆将吴奎一并攻击:"彦博向求外任,

---

1 魏泰:《东轩笔录》卷之七。

谏官吴奎与彦博相为表里,言彦博有才,国家倚赖,未可罢去。"[1]

仁宗一看唐介的弹章,竟将他心爱的温成也拖入朝堂纷争中,立即大发脾气,把奏章掷到地上,并大叫要贬窜唐介。唐介却淡定得很,从容拾起奏章,朗声读毕,然后说:"臣忠义愤激,虽鼎镬不避,敢辞贬窜!"

仁宗急召二府,让他们看唐介的奏章,愤愤不平地说:"介言他事乃可,至谓彦博因贵妃得执政,此何言也?"唐介当面质问文彦博:"彦博宜自省,即有之,不可隐于上前。"文彦博"拜谢不已"。枢密副使梁适看不过眼,叱责唐介赶快下殿,但唐介"辞益坚,立殿上不去"。

仁宗盛怒之下,叫人将唐介扭送御史台劾其罪。倒是文彦博"宰相肚里好撑船",站出来替唐介求情:"台官言事,职也,愿不加罪。"仁宗不许,当即叫来知制诰,让他就在殿庐里起草责词贬谪唐介,要把唐介贬到岭南烟瘴地春州(今广东阳春)当通判。

因为皇帝正在气头上,怒不可遏,群臣都不敢再说什么,只有回朝担任同修起居注的蔡襄进言:"介诚狂直,然容受尽言,帝王盛德也,必望矜贷之。"

次日,御史中丞王举正亦上疏,说陛下对唐介的责罚太重了。这个时候,仁宗已经气消,亦生了悔意,又"恐内外惊疑",遂敕榜朝堂,告谕百官:唐介改任英州(今广东英德)通判。复取唐介奏章入内。宋时,英州的生活条件要比春州好一些,从春州迁英州,意味着惩罚减轻。从京师至岭南,千里迢迢,

---

[1] 李焘:《续资治通鉴长编》卷一百七十一。下同。

仁宗还担心唐介在路上会出什么意外，又派遣中使护送，"且戒必全之，无令道死"。

不过知制诰胡宿、殿中侍御史梁蒨都认为这么做很不妥当，提醒仁宗："陛下爱介，故遣中使护送之；即不幸介以疾死，天下后世能无以杀疑乎？"仁宗这才醒悟过来："诚不思此。"赶紧追回中使。

与唐介贬出朝廷同时，宰相文彦博也罢平章事，出知许州。文彦博之所以离朝出守，是因为受了御史唐介的弹劾。执政官被台谏官弹劾，意味着政府被投下不信任票，那么罢相便是君主考虑的选项。

另一个被唐介弹劾的人吴奎也落职谏官，知密州。包拯奏乞留吴奎在谏院，且言"唐介因弹大臣，并以中奎，诬惑天听"。仁宗说："介昨言奎、拯皆阴结文彦博，今观此奏，则非诬也。"

至于唐介之被远责，乃是坐"对上失礼"[1]，并不是因为弹劾宰相——弹劾执政官为御史官的天职与合法权力，何罪之有？

唐介在英州只待了两个月，便先后改迁"监郴州（今湖南郴州）酒税""通判潭州（今湖南长沙）"。[2] 皇祐五年（1053）八月，仁宗将唐介召回朝廷，任殿中侍御史。宋人评价说，唐介"贬斥不二岁，复召，议者谓天子优容言事之臣，近古未有也"[3]。

几年之后，仁宗又任命唐介为谏官，并悄悄叫人画了一幅唐介的肖像，御题"右正言唐介"[4]，挂在温成阁中，提醒自己唐

1　邵伯温：《邵氏闻见录》卷第二。
2　李焘：《续资治通鉴长编》卷一百七十二。
3　李焘：《续资治通鉴长编》卷一百七十五。
4　朱弁：《曲洧旧闻》卷一。

宋仁宗

介是一位敢言的谏官。有一次，仁宗旧话重提，与唐介说起昔日台谏官阻挠张尧佐除宣徽南院使之事："言者有过当，常指朕用张尧佐，必有如明皇播迁之祸。朕果用一尧佐，岂遂为明皇播迁乎？"[1] 唐介很不客气地回了一句："用尧佐未必播迁，然陛下若播迁，则更不及明皇。盖明皇有肃宗兴复社稷，陛下安得有肃宗乎？"意思是说，陛下您若流亡在外，命运将比唐明皇还不如，明皇好歹有儿子中兴唐室，您有子嗣吗？

此话正好击中仁宗晚年最大的痛处。仁宗闻言变色，良久才说："此事与韩琦商量久矣。"皇帝虽然恼火，却不好迁怒于唐介，最后只好坦言：立储这件事，已经和韩琦等宰执大臣商议好了。此为后话，容后再述。

在张尧佐除宣徽南院使风波刚刚开始酝酿之初，恐怕谁也想不到，一场本来只是为了阻止外戚当上宣徽南院使的弹劾，最后却导致宰相去职。从中，我们也可以一窥很特别的仁宗朝政治风景。

那个起到导火索作用的张尧佐情况如何呢？台谏官与仁宗当时已经达成谅解：张尧佐可以领宣徽南院使之衔出守河南府，前提是仁宗承诺今后不再超擢张尧佐。在唐介将战火从张尧佐那里引到文彦博身上之后，张尧佐便赴河南上任了。

不过，此公果真是一个庸才，在判河南府任上，"民讼久不决"[2]，连民事诉讼都处理不了，只能向时任判西京留守司御史台的吴育请教。西京留台例不领民事，是一个闲职，因而吴育

---

1 吕陶：《记闻》，转引自李焘《续资治通鉴长编》卷一百八十八。
2 李焘：《续资治通鉴长编》卷一百七十三。下同。

很空闲。于是，每有讼案，吴育便给张尧佐分析法理，辨明曲直，并拟好判决书，张尧佐"畏恐奉行"而已。

第四节　礼官的抗议

在张尧佐赴洛阳任职之前，上一任判河南府是夏竦。

自庆历八年罢枢密使、出判河南府，夏竦的健康情况越来越差，次年（皇祐元年）便向朝廷打了一份报告，请求回京师治病，但不少人都不相信他真的病了，认为称病是夏竦耍出来的花招，"求还京师，图大用尔，称疾诈也"[1]。夏竦辩解说："已离本任，就长假于东京，寻求医药，救疗残生，直至致仕已来，除寻求医药外，更不敢有纤毫希望干烦朝廷。"[2] 他的留京就医请求获仁宗批准。

两年后，皇祐三年九月，张尧佐除宣徽南院使风波闹得沸沸扬扬之际，夏竦寂寞地在京师去世了。仁宗很伤感，要"为夏竦成服于苑中"[3]，即在宫中给老师服丧举哀。按礼官挑选的日子，成服礼的日期恰好是在国宴之后，仁宗说："竦尝侍东宫，情所悯伤，若依所择日则在大燕后，岂可先作乐而后发哀？"遂提前给夏竦举哀。

尽管夏竦口碑比较差，《宋史》这么评价他："材术过人，

1　李焘：《续资治通鉴长编》卷一百七十一。
2　李焘：《续资治通鉴长编》卷一百六十七。
3　李焘：《续资治通鉴长编》卷一百七十一。下同。

宋仁宗

急于进取,喜交结,任数术,倾侧反覆,世以为奸邪"[1],其诬陷石介与富弼的行径更为士大夫所不齿。但仁宗对夏竦还是很有感情的,夏竦学富五车,文辞漂亮,当过仁宗的老师。对于老师,仁宗都心怀眷念,十分敬重。李迪逝世时,仁宗亲笔为其墓碑题写"遗直之碑",又给李迪墓地所在的邓侯乡赐名"遗直乡",赐谥"文定"。[2]张士逊逝世时,仁宗车驾临奠,有人说,当日为皇帝本命日,不宜临丧,仁宗却说:士逊乃师臣之旧,不必避讳。遂坚持临奠,赐谥"文懿"。

在宋朝,王公及职事官三品以上官员去世,皇帝要赐谥。谥,就是对一名高官生前是非功过的盖棺定论,所以有恶谥、平谥、美谥之分。

赐谥的程序如下:王公贵族及三品以上官员去世后,由亲属将其生平事迹撰写成书面报告(行状),递交尚书省考功司请谥;考功司收到申请后,将逝者行状送太常礼院议谥,由太常博士根据逝者行状拟谥;谥号拟好之后再送考功司复审,经尚书省全体礼官合议确认;然后送宰相核准,抄录成报告进呈皇帝过目,最后以天子的名义赐谥;议谥的过程中,礼官如果对所拟谥号有异议,可以提出反驳,这叫"驳议";亲属对所定谥号不满,也可以提出申诉,这叫"论柱"。

仁宗当然希望赐老师一个美谥,以告慰老师泉下之灵。经过议谥,考功司与太常礼院给夏竦拟定的谥号是"文献"。按古老的《逸周书·谥法解》,"学勤好问曰文,博闻多能曰文。

---

1 脱脱等:《宋史·夏竦传》。
2 脱脱等:《宋史·李迪传》。

聪明睿哲曰献"[1]。夏竦是聪明人，文采也很好，"文献"的谥号倒也适合他。

但是，在皇帝准备下诏赐谥的时候，仁宗的词头却被知制诰王洙封还。王洙的理由是："臣下不当与僖祖同谥。"[2] 僖祖指赵朓，即宋朝开国皇帝赵匡胤的高祖，赵匡胤称帝后，追尊赵朓为文献皇帝。王洙以文献乃僖祖谥号为由，拒绝起草赐谥的诏敕。

仁宗在收到被封还的词头后，决定亲自给夏竦老师改一个响亮的谥号——赐谥"文正"。但是，仁宗此举，从程序的角度来说，显然已经违背了惯例，因为按宋朝的赐谥程序，尽管赐谥都是以皇帝的名义进行，但在议谥的过程中，皇帝一般不参与其中，负责议谥、拟谥的是考功司与太常礼院的礼官。如果礼官所议的谥号被驳回，按程序也应该是退回考功司与太常礼院重新评议。

因此，当仁宗宣布给夏竦改谥"文正"的时候，几位礼官都站出来表达抗议。判考功司刘敞说，给夏竦议谥，"此吾职也"[3]，陛下怎么可以越俎代庖呢？立即上疏跟仁宗辩论："谥者，有司之事也，且竦行不应法。今百司各得守其职，而陛下侵臣官。"

未来的宋朝名臣司马光，此时也是一名初出茅庐的礼官，任知礼院，他也上疏讽谏仁宗：

1　黄怀信、张懋镕、田旭东撰，李学勤审定：《逸周书汇校集注》。
2　李焘：《续资治通鉴长编》卷一百七十一。
3　欧阳修：《欧阳修全集》卷三十五《集贤院学士刘公墓志铭》。下同。

宋仁宗

"谥者,行之迹也。"行出于己,名生于人,所以劝善沮恶,不可私也。臣等叨预礼官,谥有得失,职所当言,不敢隐嘿。谨按令文:"诸谥王公及职事官三品以上,皆录行状申省,考功勘校,下太常礼院拟谥讫,申省议定奏闻。"所以重名实,示至公也。陛下圣德涵容,如天如地,哀愍旧臣,恩厚无已。知竦平生不协群望,不欲委之有司,概以公议,且将掩覆其短,推见所长,故定谥于中,而后宣示于外。……乃欲以恩泽之私,强加美谥。虽朝士大夫畏竦子孙方居美仕,不敢显言。四方之人耳目炳然,岂可掩蔽?必曰:"夏竦之为如是,而谥'文正',非以谥为公器也,盖出于天子之恩耳。"此其讥评国家之失,岂云细哉![1]

司马光这段话有些长,但值得我们引述出来。跟刘敞的意见一样,司马光首先从"程序正义"的角度,申明仁宗的做法不符合大宋的赐谥制度。如果按照制度给定的程序(令文)给夏竦赐谥,应该先由考功司勘校夏竦的行状,再由太常礼院拟谥,然后经尚书省合议,最后交宰相核准、奏闻,因为谥号关乎劝善沮恶,"不可私也"。现在陛下深知夏竦"平生不协群望",所以"不欲委之有司"议谥,而私自给夏竦定下"文正"之谥,这明显是将谥号之公器当成天子之私恩,也是对法度的破坏。

司马光的奏疏呈上去之后,仁宗没有回应。仁宗的意思大

---

[1] 司马光:《司马光集》卷一六《论夏令公谥状》。

概是想用"拖"字诀,将事情拖过去。但司马光是一个牛脾气之人,等了十天,见仁宗似乎不当回事,又上了一道措辞更强烈的奏疏。

这一回,他主要从"实体正义"的角度,反驳皇帝给夏竦赐谥"文正":

> 臣等窃迹谥法本意,所谓"道德博闻曰文"者,非闻见杂博之谓也,盖以所学所行不离于道德也。"靖共其位曰正"者,非柔懦苟偷之谓也,盖以《诗》云"靖共尔位,好是正直"也。今竦奢侈无度,聚敛无厌,内则不能制义于闺门,外则不能立效于边鄙,言不副行,貌不应心。语其道德则贪淫矣,语其正直则回邪矣。此皆天下所共闻,非臣等所敢诬加也。[1]

在宋朝士大夫的观念中,"文正"乃是"谥之至美,无以复加"[2],不可轻易给人。北宋一百余年,能获得"文正"之谥的士大夫,屈指可数。宋人说,"国朝以来,得此谥者惟公(即司马光)与王沂公(王曾)、范希文(范仲淹)而已。若李司空昉、王太尉旦皆谥'文贞',后以犯仁宗嫌名,世遂呼为'文正',其实非本谥也。如张文节(张知白)、夏文庄(夏竦),始皆欲以'文正'易名,而朝论迄不可。此谥不易得如此"[3]。只有那些士人典范中的典范,才可以得到"文正"的赐谥。

---

1 司马光:《司马光集》卷一六《论夏令公谥第二状》。
2 司马光:《司马光集》卷一六《论夏令公谥状》。
3 费衮:《梁溪漫志》卷二。

宋仁宗

仁宗朝宰相张知白,"在相位,慎名器,无毫发私。常以盛满为戒,虽显贵,其清约如寒士"。这么一位享有清誉的名臣,去世之后,礼官议谥"文节",有御史提议:"知白守道徇公,当官不挠,可谓正矣,谥文正。"但宰相王曾没有同意,说:"文节,美谥矣。"[1] 意思是说,"文节"之谥已足够彰显张知白之德,大可不必改谥"文正"。大名鼎鼎的包公包拯,被热爱他的人称为"包文正",其实这只是民间私谥,他的正式谥号为"孝肃"。

对宋朝士大夫来说,人生最大的荣耀,不是生前封侯拜相,而是身后获得"文正"之谥。大观年间,宰相赵挺之(赵明诚之父、李清照之家翁)逝世,宋徽宗前往祭奠,"夫人郭氏哭拜,请恩泽者三事",其中一件便是"乞于谥中带一'正'字"。赵夫人的意思,实际上就是想替丈夫乞得一个"文正"的谥号,因为宋朝士大夫谥号带"文"字极常见,如果徽宗答应给予"正"字,通常就是"文正"了。但徽宗不敢答应,"余二事皆即许可,惟赐谥事独曰'待理会'"。徽宗说的"待理会",换成大白话,即"考虑考虑",其实就是婉言拒绝了。最后,赵挺之得到的谥号是"清宪"。[2] 不过,徽宗朝法度已乱,谥号有时也成了天子与权臣之私恩,连蔡京之弟蔡卞也能谥"文正"。

了解了"文正"之谥在宋人心目中的崇高地位,我们便不难理解为什么司马光等礼官要极力反对仁宗赐谥夏竦"文正"。

在进呈仁宗的奏疏中,司马光说,如果像夏竦这样的臣子都能获得"文正"的至美之谥,那我实在不知"复以何谥待天

---

[1] 脱脱等:《宋史·张知白传》。
[2] 陆游:《老学庵笔记》卷四。

下之正人良士哉"[1]！陛下今日给予夏竦美谥，他日难免有"不令之臣"，"生则盗其禄位，死则盗其荣名"，如此一来，"善者不知所劝，恶者不知所惧，臧否颠倒，不可复振。此其为害，可胜道哉"。因此，司马光要求仁宗"特依前奏所陈，改赐竦谥"。

与此同时，刘敞也接连上疏，要求皇帝给夏竦改谥号。迫于礼官压力，仁宗不得不收回成命，改赐夏竦另一个谥号："文庄"。与"文正"相比，"文庄"算是平谥。仁宗皇帝作了妥协，于是刘敞说，"姑可以止矣"[2]。这场议谥之争才平息下来。

夏竦去世后，仁宗对他的儿子夏安期也十分眷顾，以"内降"的形式任命安期为侍读。侍读就是给皇帝讲课的经筵官，地位清贵，是受人尊敬的官职。可是，夏安期虽出身文学世家，"然无学术，求入侍经筵，为世所讥"[3]。仁宗想必也知道以夏安期的学问不宜当经筵官，所以才绕过中书，直接发内批任命。但仁宗的做法立即受到谏官范镇的抗议："安期由内降除侍读，士大夫相顾，莫不惊怪。盖以侍读乃陛下师儒之官，资质朴茂，通知古今乃可任，此非内降所宜轻授安期者。又闻安期自知不可，不敢受敕。伏乞因其陈让，追还恩诏，以息众论。"[4] 仁宗只好免去夏安期的侍读职务。

讲到这里，我们会发现，仁宗是很重感情的人。作为一个有着七情六欲的人，他时常会感情用事；但是，作为一国之君，他的感情用事往往又有违礼法，因而会引来台谏官、礼官的抗

---

1 司马光：《司马光集》卷一六《论夏令公谥第二状》。下同。
2 欧阳修：《欧阳修全集》卷三十五《集贤院学士刘公墓志铭》。
3 脱脱等：《宋史·夏竦传附子安期》。
4 李焘：《续资治通鉴长编》卷一百八十。

议，最终不能不"稍割爱情"。

平心而论，仁宗并非拒谏之人，尽管他也曾对台谏的意见置之不理，但他终究会很担心自己负上拒谏的恶名。皇祐四年（1052），他任命韩绛为谏官，面谕说："卿，朕所选用，凡所言事不宜沽激，当存朝廷事体，务在可行，毋使朕为不听谏者。"[1] 想来台谏官抗议张尧佐除宣徽南院使、礼官抗议夏竦谥"文正"的激切行动已经让仁宗大感头痛，所以他请韩绛今后提意见时温和一些，不要让天子背负上拒谏的恶名。

第五节　温成之殇

如果说，仁宗对夏竦的死只是伤感而已，那么几年后温成早逝，给他带来的便是天崩地裂一般的悲痛。

皇祐六年（1054）正月，京师大寒、大疫，民有冻死、病死者，仁宗诏"有司为瘗埋"，又"令太医进方"，"和药以疗民疾"。[2] 他还取出宫廷所用犀牛角二本，让太医捣碎和药，其中一本为名贵的"通天犀"，内侍"请留供帝服御"，仁宗说："吾岂贵异物而贱百姓哉。"立命碎之。

可是天地不仁。仁宗宠爱的温成也不幸染上疫病，于正月初八病逝，年方三十一岁。仁宗悲悼不已，对左右絮絮叨叨：

---

[1] 李焘：《续资治通鉴长编》卷一百七十三。
[2] 李焘：《续资治通鉴长编》卷一百七十六。下同。

"昔者殿庐微卫卒夜入宫，妃挺身从别寝来卫。又朕尝祷雨宫中，妃刺臂血书祝辞，外皆不得闻，宜有以追贲之。"

入内押班石全彬迎合仁宗的心意，提议用皇后的丧仪在皇仪殿为温成治丧，其他内侍亦附和，只有入内都知张惟吉说："此事须翼日问宰相。"

皇祐三年文彦博罢相后，枢密使庞籍拜平章事、昭文馆大学士、监修国史；参知政事高若讷充枢密使；枢密副使梁适转任参知政事；知制诰王尧臣擢为枢密副使。过了两年，即皇祐五年闰七月，庞籍因为受外甥赵清贶收受贿赂一事牵连，罢相。仁宗起用陈执中为首相，次相则为梁适。

当仁宗跟宰相说起石全彬之议时，梁适认为"皇仪（殿）不可治妃丧"[1]，陈执中则不敢有异议。翰林学士承旨王拱辰、知制诰王洙等人也"皆附全彬议"[2]。仁宗遂诏近臣、宗室皆入奠温成于皇仪殿。随后，复诏为温成之丧停辍视朝七日。这又是超越常规的做法，庆历四年荆王赵元俨去世，朝廷也才"辍视朝五日"。殿中侍御史吕景初当即反对："贵妃一品，当辍朝三日。礼官希旨，使恩礼过荆王，不可以示天下。"疏入不报。

正月十二日，仁宗又下诏，"追册贵妃张氏为皇后，赐谥温成"。次相梁适不是说皇仪殿不可治妃丧吗？御史官不是说贵妃只当辍朝三日吗？那就追册温成为皇后好了。

然而，曹皇后健在，却追册一个皇妃为皇后，以皇后的规格治丧，又是不合当时礼法的，所以，枢密副使孙沔一再上书，

---

1 王珪：《华阳集》卷五十八《梁庄肃公适墓志铭》。
2 李焘：《续资治通鉴长编》卷一百七十六。下同。

"数言追册温成于礼不可",且称追册之举"皆由佞臣赞兹过举",暗示首相陈执中是佞臣。

台谏官的意见呢?此时御史台已经改组,王举正于皇祐五年卸任御史中丞,现任权御史中丞为翰林学士兼侍读学士出身的孙抃。孙抃这个人与王举正有点相似,看起来是老实巴交的人,"笃厚寡言,质略无威仪,虽久处显要,循循罕所建明"[1]。谏官韩绛因此反对孙抃出任御史中丞一职:"抃非纠绳才,不可任风宪。"孙抃上手疏说,如果韩绛所说的"纠绳才",是指"以能讦人为风采",那么,"臣诚不能也"。仁宗相信孙抃的为人,催促他赶快上任。

那么孙抃现在会不会迎合仁宗追尊温成的心愿呢?不会。他联同御史官郭申锡、毋湜、俞希孟等人,交章上疏,"奏请罢追册"[2]。但仁宗心意已决,不听。孙抃、毋湜、俞希孟又提出辞职,郭申锡则请长假,"皆以言不用故也"。不过仁宗也没有批准。

同日,仁宗诏"禁京城乐一月"。显然,这位已经沉溺在悲痛中的君主不希望在他哀悼温成的日子里听到民间歌舞宴乐之声。

正月十九日,宰相梁适奉温成皇后谥册,于皇仪殿宣读册文:

> 维皇祐六年岁次甲午,正月丙寅朔,十九日甲申,

---

1 李焘:《续资治通鉴长编》卷一百七十四。下同。
2 李焘:《续资治通鉴长编》卷一百七十六。下同。

第十一章 欲采蘋花不自由

皇帝若曰：夫内德之茂，非正位无以显其猷；彤史所载，非大名无以表其行。矧予嫔合之懿，夙著徽柔之则，生则副珈褕翟，以宠其初；殁则谥章愍册，以垂于后，褒功节惠，繇来旧矣。故皇后张氏，坤顺以大，月盈而冲，毓秀儒门，参俪天极，烦撋著于延葛，雍和见于流荇。自初选纳，惟德之行，琴瑟之音，莫不静好；椒兰之美，服媚居多。远贵势而不处，履华宠而能降；翼朕偕闳天之盛，导予跻黄老之福。忧劳臣下，永念樛木之仁；检御姻近，慨慕濯龙之戒。至于盗惊庐徼，挺身以卫至尊；时丁旱暵，刺臂以祈来贶。爱君之烈，何谢古人？禨疠难期，疹痗斯遘，千龄何遽，一昔而亡。奔驹逝川，追悼奚及；筮龟协吉，园兆有期；奉常据古，稽合二称。朕揆庸较德，昭锡徽名，公言佥同，世系攸穆。今遣摄太尉事、推忠协谋同德佐理功臣、光禄大夫、行尚书礼部侍郎、同中书门下平章事、集贤殿大学士、上柱国、安定郡开国公、食邑三千三百户、食实封一千户梁适，奉册谥曰温成皇后。仙游匪遽，典策是膺。茂范存于壶闱，嘉问流于缇素。音容永閟，哽结难胜。呜呼哀哉！[1]

册文追述了温成生前的种种美德，表达了仁宗对她的无限哀思。温成生前，仁宗无法册立她为皇后，如今，温成已殁，

---

[1]《宋大诏令集》卷第二十。

宋仁宗

仁宗决心成全她生前的心愿,让她穿着皇后的礼服、以皇后的名义风光大葬。谁也不能阻止他的这一决心。

是夕,仁宗宿于皇仪殿,最后一次陪伴温成。次日乃是温成发丧之日,仁宗在殿幄换上丧服,目送温成的灵车出右掖门,暂寄葬于皇家奉先寺。

但在发丧的过程中,却发生了一个意外——按预定的仪式,要由枢密副使孙沔读温成哀册,谁知孙沔坚决不读哀册,他说:"故事,正后翰林学士读册。今召臣承之,臣实耻之。"[1]根据惯例,正式的皇后发丧,都由翰林学士读哀册,今天凭什么让一名执政大臣给追册的皇后读哀册?

孙沔手执哀册,站在仁宗面前,援引旧例,力陈二府大臣为温成皇后读哀册万万不可,又说:"以臣孙沔读册则可,以枢密副使读册则不可。"[2]然后,将温成哀册放下,告退。宰相陈执中一听事情不大对劲,赶紧拾起哀册,读之,这才完成了读哀册的仪式。

正月底,仁宗通过中书给太常礼院发诏命,给温成皇后立忌。但礼官张刍等人"列言其不可",因为给皇后立忌没有前例,于礼法不合。有人跟宰相陈执中说:"刍独主兹议,他人皆不得已从之尔。"意思是说,太常礼院其实并不反对为温成立忌,是张刍一人强烈反对而已。恰好这时张刍被发现犯了一个小小的过错,陈执中便借机将他贬为监潭州税,"欲绝礼官群议,借刍以警其余尔"。

---

1 司马光:《涑水记闻》卷第八。
2 李焘:《续资治通鉴长编》卷一百七十六。下同。

枢密副使孙沔因指责陈执中为"佞臣",与宰相撕破脸,亦不想待在二府,乞外任,出知杭州。几个月后,梁适也罢相,罢相的原因倒与温成丧礼无关,而是御史马遵等人"弹适奸邪贪黩,任情徇私,且弗戢子弟,不宜久居重位"。梁适罢相后,接替次相之位的是参知政事刘沆。刘沆与首相陈执中都是赞同追尊温成的大臣。

不过,仁宗要给温成立忌,并非没有阻力。直集贤院刘敞便公开反对立忌:"太祖以来,后庙四室,陛下之妣也,犹不立忌。岂可以私昵之爱而变古越礼乎!"这个理由仁宗也难以反驳,不过他想到了解决的办法,诏礼院:太祖、太宗、真宗列位皇后"皆立小忌",温成皇后亦立忌。

但此举又遭御史中丞孙抃等台谏官强烈抗议:"太祖、太宗、真宗三朝故事,皇后不祔太室者,皆不立忌。此国家大典礼,大制度,陛下不可不遵守。……今因循之间,遽尔更改,中外闻听,咸谓陛下因温成而遂追及先朝诸后。布之诏命,则取四方之讥;书之史册,则贻万世之诮。"[1] 迫于台谏官压力,仁宗不得不又诏罢立忌。

九月,温成皇后园陵即将建成,仁宗任命宰相刘沆为温成皇后园陵监护使,石全彬为园陵监护都监,刘保信为园陵同监护都监,主持温成皇后安葬礼。孙抃率御史官联合上书,反对宰相护葬皇后:"刘沆既为宰相,不当领温成皇后监护使。"[2] 又说:给温成立庙建陵,"皆非礼"。奏章屡上,但仁宗这一回没

---

[1] 孙抃等:《上仁宗论为六后立小忌》,收于赵汝愚编《宋朝诸臣奏议》卷九十四。
[2] 李焘:《续资治通鉴长编》卷一百七十七。下同。

有理睬。

十月初六，宰相陈执中率百官至奉先寺祭奠温成皇后，仁宗辍朝一日。次日，温成皇后下葬，仁宗登上西楼，望着灵柩出奉先寺，送往园陵安葬，忍不住怆然涕下，"自制挽歌词"，为温成送行。

温成生前，起居器用颇为朴素，也许是为了补偿她，仁宗用了很多奢侈品给她陪葬，"……圹中，皆以缕金为饰。又以锦绣、珠翠、金玉、衣服、什物以备焚瘗者甚多"[1]。谏官范镇上书说，这么做"于死无益，而于生有损"，"请葬温成皇后罢焚瘗锦绣、珠玉，以纾国用"[2]。仁宗"从之"。

仁宗又让翰林学士撰写温成皇后碑文，请知制诰蔡襄手书。蔡襄是大书法家，"行草皆优入妙品"[3]，"尺牍人皆藏以为宝，仁宗深爱其迹"。但蔡襄却拒绝手书温成碑文，说："此待诏职也。"待诏，即替皇帝提供绘画与书法服务的伎术官。蔡襄不愿意干这种技术活，而仁宗亦不能勉强他。

仁宗还为温成立庙于城南，"四时祭奠，以待制、舍人摄事，玉帛祼献，登歌设乐，并同太庙之礼"[4]。十月十六日，温成皇后神主入庙，仁宗又辍朝不视事，百官进名奉慰。

次年春正月，仁宗提出至奉先寺拜谒先祖神御殿，他心底的打算其实是想顺道到温成陵庙祭奠。转眼间，温成去世已经

1　范镇：《上仁宗论温成圹中不当以锦绣珠翠金鱼备焚瘗》，收于赵汝愚编《宋名臣奏议》第九十四卷。下同。
2　李焘：《续资治通鉴长编》卷一百七十七。下同。
3　朱长文：《墨池编·品藻之四》。下同。
4　李焘：《续资治通鉴长编》卷一百九十六。

一周年，忌日到了，仁宗想去看一看。但台谏官一听就猜出了仁宗的意图：皇上"特行此礼，因欲致奠温成陵庙"[1]耳。御史中丞孙抃、谏官韩绛、翰林学士欧阳修都上书劝阻："陛下临御已来，未尝朝谒祖宗山陵，今若以温成故特行此礼，亏损圣德，莫此为大。"仁宗只能答应："不复至温成陵庙。"

数年后，嘉祐四年（1059），同修起居注张瓌又提出"乞毁温成庙"[2]，仁宗没有同意。嘉祐七年（1062）正月，谏官杨畋又进谏言，"去年夏秋之交，久雨伤稼，澶州河决，东南数路大水为灾"[3]，为什么会有这般灾异？"《洪范五行传》曰：'简宗庙则水不润下。'又曰：'听之不聪，厥罚常水。'……陛下临御以来，容受直谏，非听之不聪也；以孝事亲，非简于宗庙也。然而灾异数见，臣愚殆以为万几之听，必有失于当者……"失当的地方，就是昔日给温成立庙，"以嬖宠列于秩礼，非所以享天心，奉祖宗之意也"。仁宗只好"改温成皇后庙为祠殿，岁时令宫臣以常馔致祭"。

作为一位君主，仁宗可以合法地拥有多名妃嫔，但他对温成的感情，毫无疑问不同于其他嫔妃，哪怕是曹皇后，在仁宗心里的地位也不及温成。白居易《长恨歌》讲述唐朝杨贵妃之受宠："承欢侍宴无闲暇，春从春游夜专夜。后宫佳丽三千人，三千宠爱在一身。"若移用来形容宋朝的温成皇后，亦是恰如其分的。

有了白居易一曲《长恨歌》，唐明皇与杨贵妃的爱情传诵

---

1 李焘：《续资治通鉴长编》卷一百七十八。下同。
2 李焘：《续资治通鉴长编》卷一百九十。
3 李焘：《续资治通鉴长编》卷一百九十六。下同。

千年，宋朝却没有一人给宋仁宗与温成写《长恨歌》。这里也许体现了宋朝士大夫与唐朝诗人旨趣的差异：唐朝诗人是浪漫主义的，关注的是明皇与贵妃的悲欢离合；宋朝士大夫是现实主义的，关注的是仁宗对温成之宠爱会不会逾越了礼法的界限。

也正因为如此，当仁宗欲册温成为皇后、拜张尧佐为宣徽南院使时，总是引发士大夫的强烈抗议。即使是在温成病逝后，仁宗铁了心要弥补对温成生前的亏欠，但他每一道追尊温成的敕命几乎都受到反对，有一些做法，仁宗坚持不让步，但也有一些做法，仁宗不得不向士大夫以及由他们解释的礼法作出妥协。而那些曲意逢迎仁宗的大臣，比如宰相陈执中、刘沆，则为士论所不齿，他们积极追尊温成皇后的行为，成为其人生履历的污点，多年之后，仍被台谏官、礼官拿出来非议。

唐人柳宗元有诗曰："春风无限潇湘意，欲采蘋花不自由。"[1]仁宗对温成的感情，亦是如此。

---

1 柳宗元：《酬曹侍御过象县见寄》，收于彭定求等编《全唐诗》卷三百五十二。

第十二章　又是多事之秋

皇祐四年至至和三年（1052—1056）

第一节　广南有变

皇祐的年号，跟仁宗之前使用过的"景祐"一样，都是吉祥词，含有祈祝上苍庇祐之义。昔日仁宗改元景祐，是因为明道二年蝗灾、旱灾频仍，"宜有变更，以导迎和气"[1]；改元皇祐，也是因为庆历八年"霖雨作沴"，"冀消弭于灾变"。[2]然而，皇祐年间（1049—1054），涝灾并未消退，继澶州商胡埽决河之后，皇祐三年黄河又在大名府郭固决口，次年春，好不容易将郭固决口堵上，岭南又出事了——广南西路广源州土著部族首领侬智高起兵叛宋，进攻邻近的邕州（今广西南宁）。

北宋时的广源州，地处交趾边境，"峭绝深阻"[3]，民俗又"椎髻左衽"，异于中原，因而，宋王朝对广源州只设羁縻州，实行松散的管理。广源州虽隶属于宋朝，但州民又要给交趾服役。

1　李焘：《续资治通鉴长编》卷一百十三。
2　《宋大诏令集》卷第二。
3　杨仲良：《皇宋通鉴长编纪事本末》卷第五十。下同。

宋仁宗

侬智高在当地建立一个"南天国",对抗交趾,并向宋朝请求内附,但宋朝"以其役属交趾"为由,没有接纳侬智高内附。

侬智高"既不得请,又与交趾为仇,且擅广源山泽之利,遂招纳亡命",密图聚兵起事。同景祐年间西夏元昊进攻宋朝延州的战略实出自两名宋朝读书人张元、吴昊之谋划一样,侬智高身边也有两名广州进士黄玮、黄师宓出谋献策。皇祐四年四月的一天,侬智高一把火烧掉部众的居所,对众人说:"平生积聚,今为天火所灾,无以为生,计穷矣。当拔邕州,据广州以自王,否则兵死。"鼓动部众背水一战。

是月,侬智高"率众五千,沿郁江东下",直取邕州。五月初一,破邕州城,侬智高宣布建立"大南国",自号为"仁惠皇帝",改年号为"启历"。

随后,侬智高挥师东进,顺流而下,先后破宋朝横州(今广西横县)、贵州(今广西贵县)、龚州(今广西平南)、藤州(今广西藤县)、梧州(今广西梧州),进入广南东路地界,又破封州(今广东封开县)、端州(今广东肇庆)。广源州人素"善战斗,轻死好乱",进攻之时,"用蛮牌、捻枪,每人持牌以蔽身,二人持枪夹牌以杀人,众进如堵,弓矢莫能加"[1],"所过如破竹,吏民皆望而散走"[2],宋朝守城文官、将领,或弃城而逃,或战死。

五月廿二日,侬智高率峒兵围攻广州。前二日,已有告急者向知广州仲简报告消息,但仲简不相信侬智高会兵临城下,将告急者关入牢房,下令说:"有言贼至者斩!"[3]所以广州城内

---

1 滕甫:《征南录》。
2 欧阳修:《欧阳修全集》卷二十五《集贤校理丁君墓表》。
3 杨仲良:《皇宋通鉴长编纪事本末》卷第五十。下同。

外的居民根本没有防备，等到大兵来临，仲简才令民入城，居民"争以金贝遗阍者，求先入，践死者甚众"，未能逃入城内的人都投附了侬智高。因此，广州人对仲简恨之入骨。

广州城墙坚固，且城内凿有水井，备有储粮，守臣又置大弩为守备，尽管峒兵"攻城甚急，且断流水"，但城内"井饮不竭"，且守兵"弩发辄中，中辄洞溃"，峒兵好不容易近城，攻城的器械又被守将用猛火油（石油）烧毁。所以，侬智高围城多日，却始终未能破城。

此时，知英州苏缄闻广州被围，对属下说："广与吾州密迩，今城危在旦暮，而恬不往救，非义也。"将州印交给他人，自己亲率壮勇数千人，驰赴广州，在城外二十里驻兵，抗击敌兵。番禺县令萧注亦招募"海上强壮二千余人，以海舡集上流"，烧掉侬智高大批船只。转运使王罕亦自城外招募民兵入城"益修守备"。

侬智高围城五十七日，"知不可拔"，于七月底退走。苏缄预计侬智高将撤退，分兵据守渡口，又扼其归路，在道路上"布槎木、巨石几四十里"。侬智高部"果不得前"，只好绕道数百里，从清远县（今广东清远）沙头渡江而走，一路"摧伤者极多"，所掠走之物多为苏缄所得。广州城之围遂解。

宋朝京师得到广南两路驰告侬智高起兵、连克数城的情报，大吃一惊，想不到南方峒人的攻势如此强悍。六月，仁宗起用均在家丁忧守制的余靖与杨畋征讨岭南：余靖为广南西路安抚使，兼知桂州（今广西桂林）；杨畋为"广南西路体量安抚、提举经制盗贼"。

余靖早年知韶州（今广东韶关）时，"结辑农兵，完葺堡障，共为守御计,朝廷闻而嘉之"[1],故有是命。七月,谏官贾黯建议:"靖及杨畋皆许便宜从事,若两人指踪不一,则下将无所适从。又靖专制西路,若贼东向,则非靖所统,无以使众。不若并付靖经制两路。"[2]仁宗依言,又任命余靖经制广南东、西路盗贼,杨畋受其节制。

杨畋是民间传奇故事"杨家将"中的"杨六郎"杨延昭的堂侄孙,进士出身,虽为文官,却于庆历三年投笔从戎,征战沙场五年,平定荆湖南路的瑶峒叛乱。如今侬智高起兵,仁宗自然对有"平六峒"之功的杨畋寄予厚望。

杨畋抵达广南韶州时,侬智高已从广州退走,北上,经清远县连州(今广东连州)、贺州(今广西贺州)西归。北上途中,侬智高攻英州,杨畋居然命令守英州的广东钤辖蒋偕烧焚储粮,放弃英州,退保韶州。侬智高遂顺利经过英州,挺入广南西路,回攻贺州,不克,在这一带转战一月余,先后击杀多名宋朝军官,并于九月在贺州太平场杀了移师西进的蒋偕,攻破昭州(今广西平乐)。

弃守英州的杨畋对这一系列败绩负有不可推卸的责任,被责降知鄂州,责词特别提到:"惟尔畋顷按湖外,有破荆蛮之功","故起畋于庐中,而择修副之,其所以临遣之意厚甚。方贼势奔蹶,济沙头以迥,檄还前师,不时进击,而欲弃壁焚粮,为退保之计。夫统大兵之众,伐穷寇之党,顾出此策耶?朕甚不取焉。"[3]知广州的仲简也被贬谪。

---

1 李焘:《续资治通鉴长编》卷一百七十二。
2 李焘:《续资治通鉴长编》卷一百七十三。下同。
3 《宋大诏令集》卷第二百五。

后来晋升枢密副使的孙沔对宋师的败绩早有预判，皇祐四年四月他出知秦州，临行前，他告诉仁宗："臣虽老，然秦州不足烦圣虑，陛下当以岭南为忧也。臣睹贼势方张，官军朝夕当有败奏。"[1]九月，广南败绩传来，仁宗对辅臣说："南事诚如沔料。"于是任命孙沔为荆湖南路、江南西路安抚使，随后又加广南东、西路安抚使，余靖亦受其节制。孙沔担心侬智高乘势度岭而北，于是传檄湖南、江西："大兵且至，其缮治营垒，多具宴犒。"不知侬智高是无意北侵，还是怀疑岭外大军将至，始终没有越过南岭北上。

但侬智高纵横广南西路，如入无人之境，孙沔也束手无策。十月，侬智高先破宾州（今广西宾阳），知州弃城而逃；复入邕州，知州亦弃城。

第二节 狄青平广南

对于广南的局势，仁宗忧心忡忡。有人说："智高欲得邕、桂七州节度使即降。"枢密副使梁适反对如此招安："若尔，二广非朝廷有矣！"[2]仁宗也不可能向侬智高割让广南西路七郡。皇祐四年九月，孙沔刚赴广南，仁宗又问宰相：谁可担任出征广南的大任？当时的宰相还是庞籍，他向仁宗推荐了狄青。

---

[1] 脱脱等：《宋史·孙沔传》。下同。
[2] 李焘：《续资治通鉴长编》卷一百七十三。

狄青在这一年六月刚任枢密副使。诏命初下之时，台谏官纷纷反对："青出兵伍，为执政，本朝所无，恐四方轻朝廷"[1]，"朝廷大臣，将耻与为伍"，"青虽才勇，未闻有破敌功"，云云。仁宗均不为所动。

宋时，士兵应召入伍，需刺面。狄青出身行伍，自然脸上留有刺字，仁宗曾叫狄青敷药除字，狄青说："陛下擢臣以功，不问门地阀阅。臣所以有今日，由涅尔，愿留此以劝军中，不敢奉诏。"

狄青少有大志，投军之日，恰是状元王尧臣登第之时，"王公唱名自内出，传呼甚宠，观者如堵"[2]。狄青与战友数人立于道，围观"春风得意马蹄疾，一日看尽长安花"的状元巡游，战友感叹说："彼为状元而吾等始为卒，穷达之不同如此。"狄青说："不然，顾才能何如耳。"闻者哂笑，都认为狄青是痴人说梦。二十余年后，狄青果然与王尧臣并任枢密副使。

狄青经略西北多年，素有威名，再没有谁比他更适合出征岭南了。庞籍既荐狄青，狄青自己亦上表请行："臣起行伍，非战伐无以报国，愿得蕃落骑数百，益以禁兵，羁贼首至阙下。"[3]仁宗大喜，任命狄青为宣徽南院使，荆湖北路宣抚使，提举广南东、西路经制贼盗事，领兵出征侬智高。

仁宗本来还任命入内都知任守忠为狄青副手，但谏官李兑说："以宦者观军容，致主将掣肘，是不足法。"遂罢任守忠。另一名谏官韩绛却说："狄青武人，不可独任。"仁宗征求庞籍

---

1 李焘：《续资治通鉴长编》卷一百七十二。下同。
2 丁传靖辑：《宋人轶事汇编》卷七。下同。
3 李焘：《续资治通鉴长编》卷一百七十三。下同。

的意见，庞籍说："青起行伍，若用文臣副之，必为所制，而号令不专，不如不遣。"仁宗乃诏："广南将佐皆禀青节制；若孙沔、余靖分路讨击，亦各听沔等指挥。"授予狄青节制广南两路军政的大权。

十月初八，狄青向仁宗辞行，仁宗置酒垂拱殿，为狄青饯行，并赐狄青空名宣头、札子各一百道，锦袄子、金银带各二百，"以备赏军功"。

仁宗又依狄青所请，从陕西鄜延、环庆、泾原路遴选上过战场的精兵一万五千人，赴广南行营，听候狄青差遣。广南前几个月的败绩，已经证明南军不能战，无法对付强悍的侬智高部，所以狄青从西北调集精兵南下。

这次随狄青南征的骁将中，也有一员"杨家将"——杨文广。他是杨延昭之子，论辈分，是杨畋的堂叔。在民间"杨家将"故事中，杨文广被塑造成杨延昭之孙，杨宗保与穆桂英之子，但实际上，杨宗保与穆桂英均是虚构的文学人物，史无其人。史志载"延昭子文广，娶慕容氏，善战"[1]，"慕容"发音与"穆桂英"相近，很可能穆桂英的人物原型便是杨文广之妻慕容氏，但到了民间说书文人笔下，穆桂英却成了杨文广之母，真是滑天下之大稽。

正当狄青奔赴广南途中，十一二月，知桂州余靖奏报朝廷：交趾累次移文，请会兵征讨侬智高，"智高，交趾叛者，宜听出兵，毋阻其善意"[2]。仁宗没有同意。余靖又奏，今拒交趾出兵，

---

1 《保德州志》卷二。
2 李焘：《续资治通鉴长编》卷一百七十三。下同。

只怕交趾将"忿而反助智高",应"便宜许之",建议朝廷在"邕钦州备万人粮以待之"。不久,狄青发来奏章:"假兵于外以除内寇,非我利也。以一智高横蹂二广,力不能讨,乃假蛮人兵。蛮人贪得忘义,因而启乱,何以御之!愿罢交趾兵勿用,且檄靖无通交趾使。"

仁宗与辅臣都认为狄青的意见是对的,于皇祐五年正月,诏令广南西路转运司移文交趾,谢绝助兵。此时,狄青已抵达广南,合孙沔、余靖两将之兵,屯于桂州—宾州一带,布下一道防线。

到达桂州之前,狄青先传檄广西诸将:之前将领"轻敌取死"[1],以致"军声大沮",自今诸将不得擅自出战,候我到达,再作部署。但广西钤辖陈曙不想被狄青抢了头功,乘狄青未至,以步卒八千进攻侬智高占据的邕州,结果兵败金城驿,先锋部队全军覆灭。狄青一抵桂州,听到的第一个消息便是陈曙大败。

皇祐五年正月初八,清晨,狄青召集诸将会议,说:"令之不齐,兵所以败。"将陈曙等三十二人"按所以败亡状,驱出军门斩之"。孙沔、余靖"相顾愕然"。余靖因为曾催促陈曙出战,离席而拜说:"曙失律,亦靖节制之罪。"狄青说:"舍人文臣,军旅之责,非所任也。"诸将皆"股栗"。狄青初来乍到,便给广南诸将立了一个"下马威"。

诛杀陈曙之后,狄青一直按兵不动,直到正月十五日,才命令后勤部队调十日粮食,众将皆莫测狄青用意。侬智高派来的情报人员密伺狄青动静,回去报告说,看情形,狄青没有那

---

[1] 李焘:《续资治通鉴长编》卷一百七十四。下同。

么快会进军。但次日，狄青突然传令发兵，傍晚时分大军便抵达距邕州城只有百里的昆仑关。歇息一晚，凌晨，狄青请诸将环立帐前，"待令乃发"，他自己则微服与先锋度关，向侬智高占据的邕州进发。

正月十七日，宋师先锋部队与侬智高部在邕州城外展开大战，侬智高麾下峒兵"执大盾、标枪，衣绛衣，望之如火"，气势如虹。官兵攻势稍却，前锋孙节战死，观战的孙沔等人皆大惊失色。这个时候，狄青突然现身于战场，自执白旗，亲率从西北带来的精锐骑兵，"张左右翼"，忽左忽右，夹击敌军，峒兵立刻乱了阵脚，大溃。侬智高率着残部复趋邕州，官军"追奔五十里，捕斩二千二百级"，侬智高的军师黄师宓亦被擒获，斩于邕州城下。

侬智高惯用的战术是以步兵执大盾、标枪，结阵进攻，锐不可当，"矢石不可动"。孙沔受命赴广南之初，曾经设想用骑兵加长刀巨斧破敌，但其他人都说："南方地形不便骑兵，而刀斧非所用。"及狄青至，以骑兵突入侬智高阵中，用刀斧短兵近身搏战，果然一举大败侬智高。

正月十八日天刚亮，狄青按兵入城，"获金帛巨万，杂畜数千"，招复被侬智高部俘掠、胁迫的老壮七千二百余人，"慰遣使归"。官兵在战死的侬智高部众尸首中发现一具"衣金龙衣"的尸体，众人认为那就是侬智高，欲具奏朝廷，狄青却说："安知非诈耶！宁失智高，不敢诬朝廷以贪功也。"狄青的猜测是对的，侬智高已趁乱由合江登船，入大理国，不知所终。

侬智高割据邕州时，当地有民谣流传："农家种，籴家收。"其后侬智高为狄青所破，果如民谣所言。

收复邕州、平定广南的捷书送达朝廷，仁宗大喜，对辅臣说：

"立功将士宜速议赏,缓则不足以劝。"所有抗击侬智高有功的广南守臣都得到升迁;英勇作战的士兵都得到奖赏;弃守的官员受处分;战殁者,官给榇椟护送还家,无主者葬祭之;侬智高部所过州县,蠲免田赋一年;战乱中有人员死亡的家庭,免科徭二年。

然而,在讨论如何嘉奖狄青时,执政大臣却起了争执。按仁宗的意思,应该擢狄青为枢密使。但宰相庞籍反对,"昔太祖时,慕容延钊将兵,一举得荆南、湖南之地方数千里,兵不血刃,不过迁官加爵邑,锡金帛,不用为枢密使。曹彬平江南,禽(擒)李煜,欲求使相,太祖不与,曰:'今西有汾晋,北有幽蓟,汝为使相,那肯复为朕死战耶!'赐钱二十万贯而已。祖宗重名器如山岳,轻金帛如粪壤,此陛下所当法也",狄青的功劳,比之慕容延钊与曹彬,"不逮远矣。若遂用为枢密使、同平章事,则青名位极矣,寇盗之警,不可前知,万一他日青更立大功,欲何官赏之?"

庞籍又说,如果擢狄青为枢密使,则需罢免现任枢密使高若讷,而高若讷无过,"若何罢之"?

仁宗说,高若讷有过失。他举了两个例子:若讷曾举荐胡恢书写石经,但胡恢这个人后来被发现"狂险无行";高若讷有一日出行,前面开道的胥吏"殴人致死"。这两件事发生后,台谏官都弹劾过高若讷,"何谓无过?"

庞籍辩解说:高若讷虽举荐胡恢书石经,但胡恢并未获得升迁,按惯例,举主不必坐罪;枢密院胥吏确实殴人致死,但事发后,正是高若讷"执之以付开封府正其法,若讷何罪哉"?况且,当初台谏官弹劾高若讷,陛下已给予宽赦,如今却又要"追举以为罪",这合适吗?

参知政事梁适则极力支持擢狄青任枢密使。他反问庞籍："王则止据贝州一城，文彦博攻而拔之，还为宰相。侬智高扰广南两路，青讨而平之，为枢密使，何足为过哉！"

　　庞籍说："贝州之赏，当时论者已嫌其太厚。然彦博为参知政事，若宰相有阙次补，亦当为之，况有功乎。又，国朝文臣为宰相，出入无常，武臣为枢密使，非有大罪，不可罢也。且臣不欲使青为枢密使者，非徒为国家惜名器，亦欲保全青之功名尔。青起于行伍，骤擢为枢密副使，中外咸以为国朝未有此。今青立大功，言者方息，若又赏之太过，是复召众言也。"

　　执政团队争执累日，还是无法达成共识。最终，仁宗作了妥协，依庞籍之言，加授狄青荣衔、官资，"多赐金帛"，恢复出征前的枢密副使职务。大概仁宗觉得挺对不住狄青，又问庞籍："然则更与其诸子官，如何？"庞籍说："昔卫青有功，四子皆封侯，此固有前世之比，无伤也。"于是，仁宗又给狄青之子狄谘、狄咏升了官。

　　夏四月，狄青班师还朝，仁宗又置酒于垂拱殿，为狄青庆功。狄青可能并不知道，朝中执政大臣刚刚为他发生过争执。如今争执虽因仁宗的妥协而平息，但梁适还在替狄青抱不平，他先密奏仁宗，称"狄青功大赏薄，无以劝后"。入内押班石全彬与梁适有交情，也配合梁适在仁宗跟前念叨：官家对狄青与孙沔褒赏太薄。

　　仁宗日日听着石全彬的念叨，也觉得亏待了狄青。五月初，两府大臣进对，仁宗突然对庞籍说："平南之功，前者赏之太薄。今以狄青为枢密使，孙沔为副，石全彬先给观察使俸，更俟一年除观察使。高若讷迁一官，加近上学士，置之经筵。召张尧佐归宣徽院。"史书特别注明仁宗发话时"声色俱厉"。这是仁宗非常罕见的一次用如此强硬的语气跟大臣说话,也是他少有的一次对人事任免表现得如此决绝,不容商量。

庞籍一听,一脸错愕,回答说:"容臣等退至中书商议,明日再奏。"这也是宋朝君臣处置大事的惯例。但仁宗说:"勿往中书,只于殿门阁内议之,朕坐于此以俟。"庞籍"乃与同列议于殿门阁内",几名执政大臣都不敢再反对仁宗的意见。庞籍复入奏"皆如圣旨"。仁宗"容色乃和"。

五月初六至初八,仁宗先后下诏:枢密使高若讷罢为翰林侍读学士;枢密副使狄青拜枢密使;孙沔擢枢密副使。

十多天后,王举正亦罢御史中丞,转任知通进银台司兼门下封驳事。王举正是坚决反对狄青拜枢密使的,因进言不获纳用,便自请解除言职。谏而不听则去,这也是宋朝台谏官言事的惯例,所以仁宗称赞王举正"得风宪体",赐其"白金三百两"。新任御史中丞为孙抃。

梁适力挺狄青当枢密使,其实有他的私心。他是这么盘算的:宰相阙员,一般以其他执政官替补,枢密使班位在参知政事之前,按资序,当由高若讷补相位;但如果由狄青任枢密使,武臣是不可能拜相的,那么宰相候补人选便可轮到他梁适了。

三个月后的闰七月,庞籍受赵清贶案连累,亦罢相。赵清贶是庞籍外甥,当时齐州有一个叫皇甫渊的读书人,捕获盗贼,依法当得赏钱,但皇甫渊上书说不要赏金,愿换一官。赵清贶听说了这件事,找到皇甫渊,称他可以游说宰相庞籍。皇甫渊便送了赵清贶一大笔钱,请他打通关节。然后,皇甫渊以为事情办得差不多了,跑来京城找庞籍。庞籍觉得莫名其妙,叫人将皇甫渊遣送回齐州。此时,有小吏向庞籍告发了赵清贶受贿一事,庞籍大怒,将外甥抓起来,送开封府治罪。赵清贶遂坐赃罪，臀杖后刺配岭外。谁知赵清贶受刑时，伤重，结果死于途中。

谏官韩绛便上章弹劾庞籍：赵清贶一案，庞籍当避嫌，付枢密院处理，而不是由中书自行批开封府审判；且庞籍还"阴讽（开封）府杖杀清贶以灭口"[1]。朝廷经调查，发现庞籍实无阴讽开封府之事，但他未将案子移交枢密院，确属不当，庞籍因此被罢相。前宰相陈执中复拜首相，梁适亦如愿以偿递补为次相。

狄青在枢密使任上，一直谨言慎行，很少对朝廷的事务发表意见。次年（皇祐六年），枢密副使孙沔与台谏官激烈反对仁宗追尊温成时，狄青也是一言不发。

第三节　宰相被弹劾

皇祐六年正月，仁宗痛失心爱的温成。

三月，司天监向朝廷报告：四月初一将发生日食。宋朝的天文官已经可以准确地预测日食、月食发生的时间，以及日食、月食的度数。不过，人们还是相信日食、月食是上天向人间君王发出警告的信号。所以，当仁宗得知即将发生日食之后，于皇祐六年三月十七日颁下一份罪己诏：

1　李焘：《续资治通鉴长编》卷一百七十五。

宋仁宗

朕以寡暗，守兹盈成，缅念为君之难，深惟置器之重，罔敢怠忽，思致治平，而王泽未孚，治道多阙。皇天降谴，太史上言，豫陈薄蚀之灾，近在正阳之朔。经典所忌，阴厉是嫌。寻灾异之攸兴，缘政教之所起。永思厥咎，在予一人。德不能绥，理有未烛，赏罚失序，听纳不明，庶政未协于中，众冤或壅于下，有违万物之性，以累三光之明。上穹动威，阳精示变，此皆彰朕过失，警予省修。畏天之威，栗栗危惧，若将陨于渊谷，兹用惕于凤宵。庶几减损之诚，或蒙降鉴之眷。是用改避正寝，却去常珍，俾更元历之名，冀召太和之气。仍敷惠泽，益霈湑恩，庶达眇冲之心，更回亿兆之祐。宜改皇祐六年为至和元年，以四月一日为始。[1]

在这道诏书中，仁宗反省了自己的过失；承诺自己将"避正殿，减常膳"[2]，撤去宫中奢侈品；并宣布改元，以皇祐六年为至和元年，自四月初一起启用新年号。

至和，意在"召太和之气"。然而，至和年间（1054—1056），和气未至。

至和元年五月廿六日晨，一颗醒眼的客星出现在东方，"昼见如太白，芒角四出，色赤白"[3]。这其实是人类天文史对超新星的一次记载，不过，宋人认为，客星者，"此天皇大帝之使，

1　徐松辑：《宋会要辑稿·礼五四》。
2　李焘：《续资治通鉴长编》卷一百七十六。
3　徐松辑：《宋会要辑稿·瑞异一》。

以告休咎也","日多者，事大而祸深；日少者，事微而祸浅"。[1]
人们不知道这颗客星预示着什么祸事将会来临。

至和元年十二月，首相陈执中迎来了执政生涯的最尴尬时刻：被御史官不休不止地弹劾了大半年。

事情得从一起人命案说起。至和元年年底，开封府接到报案：宰相陈执中家中有一名叫作迎儿的婢女非正常死亡。开封府派法医检验，果然发现迎儿身上伤痕累累。此时，京城坊间已是流言四起：有人说，迎儿生前受陈执中宠妾张氏虐待，现在又被张氏殴打而死；也有人说，是迎儿犯了什么过错，陈执中亲自惩罚她，致其暴毙。

御史官赵抃立即具奏，要求彻查此事。陈执中自己也"自请置狱"[2]，于是宋仁宗命令在京师嘉庆院成立诏狱，调查女奴迎儿非正常死亡一事。诏狱主审法官崔峄查了一个多月，最后认定的事实是，"执中自以婢不恪，笞之死，非嬖妾杀之"[3]。婢女迎儿被认为是对主人不敬，因而受到陈执中笞打，意外致死。

随后，案子移送大理寺裁决。大约至和二年二月，大理寺作出判决："准律，诸主殴部曲至死者，徒一年，故杀者加一等，其有愆犯决罚致死及过失杀者，各勿论"，陈执中对婢女迎儿之死，不负法律责任。

今天，我们对大理寺的判决会觉得不可思议。不过在北宋前期，法律确实有这样的规定：主人对奴婢拥有惩罚权，如果主人对犯有过错的奴婢施加责罚而致其意外死亡，可免于追究

1　曾公亮、丁度等：《武经总要后集》卷十七。
2　李焘：《续资治通鉴长编》卷一百七十七。
3　李焘：《续资治通鉴长编》卷一百七十八。下同。

刑事责任。《宋刑统·斗讼律》"主杀部曲奴婢"条载:"其有愆犯决罚致死及过失杀者,各勿论。"[1]

《宋刑统》的"主杀部曲奴婢"法条抄自《唐律疏议》,其实这也是魏晋—盛唐奴婢贱口制度在北宋前期尚有遗存的体现。唐朝法律将奴婢、部曲列为贱口,"奴婢贱人,律比畜产"[2]。入宋之后,这种中世纪式的奴婢贱口制度已经趋于瓦解,多数奴婢不再属于贱户,而获得了自由民的身份,她们与主家的关系,也不是人身依附关系,而是经济意义上的雇佣关系。但一项制度的消亡总是有一个过程,北宋前期还存在一部分贱口奴婢,并适用抄自唐律的"主杀部曲奴婢"。

要等到北宋后期,贱口奴婢制度彻底瓦解,奴婢的生命权才获得完全之保护,根据宋徽宗朝的一道敕文:"主殴人力、女使有愆犯,因决罚邂逅(意外)致死,若遇恩,品官、民庶之家,并合作杂犯。"[3] 所谓"杂犯",是指除了犯"十恶""故杀人"等严重罪行之外的死罪,换言之,雇主若殴杀有过错的奴婢,可以判处死刑。[4] 陈执中与其宠妾张氏如果生活在北宋末,触犯的就是杂犯死罪。

但在北宋前期,大理寺判陈执中不需要对迎儿之死负法律责任,却是合乎法律条文的裁决。陈执中因此躲过了法律制裁。

但是,他无法逃过御史的政治弹劾。殿中侍御史赵抃"弹

1　窦仪等:《宋刑统》。
2　长孙无忌等:《唐律疏议》卷第六《名例》。
3　《庆元条法事类》卷第十六。
4　参见戴建国:《"主仆名分"与宋代奴婢的法律地位》,《历史研究》2004年第4期。

劾不避权幸,时号铁面御史"[1],对陈执中的抨击最为猛烈。他先累章要求罢黜陈执中,因为陈执中"不学无术,措置颠倒,引用邪佞,招延卜祝,私仇嫌隙,排斥良善,很愎任情,家声狼籍"[2],这样的人还可以当大宋的宰相吗?但疏上数日,未见仁宗作出反应。

至和二年二月,赵抃再次上疏,又列举了陈执中当罢的八大理由,其中一条就是陈执中"恣行虐害",陈家奴婢经常受虐待,除了被殴打致死的迎儿,之前还有一名叫海棠的奴婢,被张氏"打决逼胁,遍身痕伤,既而自缢",又有一名婢女被陈家"髡发杖背",自杀未遂。"凡一月之内,残忍事发者三名",如此酷虐之辈,怎能再当宰相?请陛下"正执中之罪,早赐降黜,取中外公论"。

御史中丞孙抃紧接着弹奏,"嘉庆院诏狱,本缘陈执中特上奏章,乞行制勘",但在审案过程中,陈执中"务徇私邪,曲为占庇,上昧圣德,下欺僚寀,凡所证逮,悉皆不遣,致使狱官,无由对定,罔然案牍,暗默而罢",如此妨碍司法公正的行径,如果陛下还能容忍,那将置国体、法律、公议于何地?

孙抃是陈执中的死对头。其时,陈执中"专政柄,每裁处大事,多出独见,同列无敢抗者"[3]。只有孙抃屡言陈执中过失,并且建议仁宗:"幸陛下以臣章示执中,使凡事须众论复熟,然后奏禀施行。"陈执中见了孙抃论章,不喜,对孙抃说:"观中丞近日封章,意颇不见容。老夫耄矣,行当引去。"

1　李焘:《续资治通鉴长编》卷一百七十七。
2　李焘:《续资治通鉴长编》卷一百七十八。下同。
3　李焘:《续资治通鉴长编》卷一百七十七。下同。

宋仁宗

不过仁宗宠信陈执中,曾有人问:"执中何足眷?"[1]仁宗说:"执中不欺朕耳。"现在,尽管御史官交章弹劾陈执中,但仁宗还是不想罢免他。恰好这个时候,知谏院范镇出差回朝,仁宗便问他对陈执中被弹劾一事有什么看法。

范镇说:"臣新从外来,未知子细。"[2]仁宗向他发牢骚:"台谏官不识体,好言人家私事。"范镇说:"人命至重,台谏官不可不言,然不可用此进退大臣。进退大臣,当责以职业……是为一婢子令国相下狱,于国之体,亦似未便,所以不敢雷同上言。"显然,范镇反对御史台拿宰相的家事攻击执政大臣。

赵抃闻知,又上章抨击范镇:"臣近累次弹奏,乞正宰臣陈执中之罪,未蒙施行。风闻同知谏院范镇妄行陈奏,营救执中。"范镇之前升迁,为陈执中所提携,因而今天才"惑蔽听断,肆为诬罔",伏望陛下明察。

平心而论,赵抃称范镇意欲"营救执中",却是误会。其实范镇也赞成罢免陈执中,因为陈执中当宰相极不称职:如今天下民困,陈执中身为首相,却"因循苟简,不曾建言",即便皇上罢了他的宰相之职,也毫不过分。但是,范镇又认为,陈执中当罢是一回事,御史的弹劾合不合理又是另一回事。御史称陈执中无学术、不知典故,这是有道理的,因为陈执中"一为参知政事,再为宰相,无学术、不知典故有素矣",皇上拜他为相,本来就是僭赏。然而,现在御史"不以职事而以私事"要求罢逐陈执中,则是"舍大责细",看似正气凛然,实则有

---

1 吴处厚:《青箱杂记》卷二。下同。
2 李焘:《续资治通鉴长编》卷一百七十八。下同。

伤国体。

也就是说，范镇反对的是赵抃等御史"专治其私"，拿宰相的私生活大做文章。在他看来，陈执中责笞婢女致死，是宰相家事，跟职事无关，按照法律的规定处理就行了，既然法律已经写明：奴婢有愆犯决罚致死，当勿论，那么朝廷就不应该"弃法律而牵于浮议也"。

针对御史官的批评，范镇要求仁宗："以臣章并御史所奏宣示中书、枢密大臣，详正是非。如以臣章非是，则乞免臣所职，终身不齿；以御史所奏为非，亦乞依公施行。"又"累奏乞与御史辩"[1]，要与御史官在朝堂上展开大辩论。

不过，仁宗不想激化谏官与御史官的矛盾，既没有将范镇的意见榜于朝堂，也没有批准双方进行辩论。他希望这事能够慢慢淡出舆论焦点。看御史台那边，似乎也平静了下来。

谁知至和二年四月，陈执中又激怒了御史台。原来，自二月孙抃、赵抃交章发起弹劾，陈执中已遵循惯例，在家待罪，不再赴政事堂上班，连两次大宴及乾元节宴会都没有参加。外议相信，陈执中会自此罢相，陛下"礼貌大臣，虽执中罪恶彰著，不即降黜，是欲使全而退之"[2]。所以御史台也就没有"再三论列"，"烦黩宸听"。

想不到陈执中"退处私第"才两个月，大概以为风声已过，又于四月廿日回到政事堂，上班如常。赵抃立即上章："执中遽然趋朝，再入中书，供职如旧，中外惊骇，未测圣情，臣虽

---

1 李焘：《续资治通鉴长编》卷一百八十。
2 李焘：《续资治通鉴长编》卷一百七十九。下同。

至愚,不能无惑。臣固不知陛下以臣向来之言为是耶,为非耶,复不知陛下以执中之罪为有耶,为无耶!陛下若以臣言为是,而以执中为有罪,即乞陛下早正朝廷之法,而罢免相位,以从天下之公议。陛下若以臣言为非,而以执中为无罪,亦乞陛下正朝廷之法,而窜臣远方,宣布中外以诫后来。"这话说得非常决绝了,陛下你不处理陈执中,那就处理我吧,你看着办好了。

随后,御史中丞孙抃率领全台御史官联合上疏,要求仁宗对陈执中"特行责降,以正本朝典章"。仁宗没有回应。孙抃又与御史官郭申锡、毋湜、范师道、赵抃"同乞上殿",要与仁宗当面论说陈执中当罢不当罢。仁宗又不许。

谏官范镇说:"御史台全台请对,陛下何不延问,听其所陈,别白是非,可行则行,不可行亦当明谕不可之故,使知自省。今拒其请,非所以开言路也。"仁宗这才同意御史官"轮日入对"。

孙抃、郭申锡入对时均要求仁宗"特赐宸断,正执中虐杀幼弱、违拒制狱、欺公罔上之罪,使朝廷之法不坏"。

赵抃在入对时,特别提到:"宰相陈执中居庙堂之上,自去年春正以来,处置大事,违越典故,先意希旨,动成乖谬。身为大臣,既破朝廷之礼。"暗示陈执中在议温成皇后追尊礼仪时"违越典故,先意希旨"。然后,赵抃指出:"宰相既破礼,又坏法,御史不言之,不可也;御史之言既无不当,陛下不断之,不可也。"

迫于御史台交章论列的压力,仁宗只好在至和二年六月下诏,罢去陈执中的宰相之职,让他出判亳州。

陈执中两度担任首相,都受台谏官交章弹劾而罢相。第二次罢相后,他的政治生命走到尽头,次年即告老退休。再过三年,他的生理生命也走到了尽头。朝廷照例要赐谥,在议谥时,陈执中生前"违越典故,先意希旨"追尊温成皇后的不光彩旧事,又被礼官拎出来非议,知太常礼院韩维说:"张贵妃治丧皇仪殿、追册位号,皆执中所建,宜曰荣灵。"[1]按《谥法》,"宠禄光大曰荣","不勤成名曰灵",这是一个恶谥。不过,其他礼官没有同意,最终议定单谥"恭"。[2]

第四节 仁宗不豫

陈执中罢相后,仁宗拜文彦博为首相,富弼为次相(另一位次相刘沆留任)。文彦博、富弼在士大夫中名望很高,至和二年六月十一日,二人拜相书颁布,"士大夫相庆得人"[3],人们仿佛又看到了庆历年间范仲淹拜参知政事之时的气象。过了几天,翰林学士欧阳修上殿奏事,仁宗将士大夫的反应告诉他,且说:"古之求相者或得于梦卜,今朕用二相,人情如此,岂不贤于梦卜哉。"欧阳修赶忙向仁宗称贺。

前任宰相庞籍时过京师,入对。仁宗问他:"朕用二相何如?"语气颇为自得。庞籍说:"二臣皆朝廷高选,陛下拔之,甚副天下望。"仁宗说:"诚如卿言。文彦博犹多私,至于富弼,万口一词,皆曰贤相也。"

庞籍告诉仁宗:"文彦博,臣顷与之同在中书,详知其所为,

---

1 脱脱等:《宋史·韩维传》。
2 李焘:《续资治通鉴长编》卷一百八十九。
3 李焘:《续资治通鉴长编》卷一百八十。下同。

实无所私，但恶之者毁之尔。况前者被谤而出，今当愈畏谨矣。富弼顷以枢密副使未执大政，朝士大夫未有与之为怨，故交口誉之，冀其进用，而己亦有所利焉。若富弼以陛下爵禄树私恩，则非忠臣，何足贤也。若一以公议概之，则向之誉者将转而为谤矣，陛下所宜深察也。且陛下既知二臣之贤而用之，用之则当信之坚，任之久，然后可以责成功。若以一人言进之，未几又以一人言疑之，臣恐太平之功，未易猝致也。"仁宗说："卿言是也。"

七月初八，文彦博、富弼回朝，就任宰相。仁宗下诏："凡宰相召自外者，令百官班迎之。"百官至郊外立班，迎接文、富二人归朝，"诚隆礼也"。

毫无疑问，仁宗对文彦博、富弼寄予厚望。前任宰相陈执中庸碌无为，不孚众望，既已罢相，仁宗便希望新的一届政府能一改旧观，带来新气象。仁宗却不知道，他自己即将面临一场生死考验。

人生无常，八月初四，契丹国主辽兴宗耶律宗真去世，年才四十岁，其子耶律洪基继位，是为辽道宗。按宋辽交聘礼仪，辽国遣使向宋朝告哀。九月初一，仁宗下诏，"为契丹主辍视朝七日，禁在京、河北河东缘边音乐各七日，乃择日成服举哀"[1]。

十二月三十日，除夕之夜，京师下了一场很大的雪，将宫禁内的一处木架压垮，这似乎是一个不祥的兆头。仁宗赤足站在禁庭，祷告上苍停降大雪，天至明时，雪霁。此日正是至和三年（1056）正月初一，百官入朝，向皇帝贺正旦，却发现仁宗"暴

---

[1] 李焘：《续资治通鉴长编》卷一百八十一。

感风眩，冠冕欹侧"[1]，晕倒在龙椅上。以现代医学的眼光来看，应该是受了风寒，轻微中风。内侍赶紧掐仁宗人中，仁宗才醒转过来。百官匆匆行礼退出。

正月初五，朝廷宴请契丹贺正旦使于紫宸殿。宰相文彦博奉觞至御榻前，向仁宗敬酒，仁宗没头没脑地问了他一句："不乐邪？"文彦博这才知道仁宗精神失常，"错愕无以对"。不过仁宗还能坚持至宴终。

次日，正月初六，契丹贺正旦使来向仁宗辞行，准备返回辽国。朝廷又置酒紫宸殿，给契丹使者饯行，使者入至庭中，仁宗大声疾呼："趣召使者升殿，朕几不相见。"竟是语无伦次。内侍赶紧将皇上扶入禁中，稍后，文彦博以传达仁宗口谕的名义，跟契丹使者解释说："昨夕宫中饮酒稍多，今不能亲临宴，遣大臣就驿赐宴。"

当天，文彦博与两府大臣候于殿门阁内，不敢走开。良久，他们召来入内副都知史志聪、邓保吉等，问仁宗在禁中的起居情况，史志聪说："禁中事严密，不敢泄。"文彦博大怒，叱责说："主上暴得疾，系宗社安危，惟君辈得出入禁闼，岂可不令宰相知天子起居，欲何为耶？自今疾势小有增损，必一一见白。"

文彦博又命人带着史志聪等人到中书，立下军令状："今后禁中事如不令两府知，甘伏军令。"[2] 史志聪素来诚实，对文彦博的吩咐不敢违抗；诸内侍亦大惧。至夕，皇城诸门守卫来问是否下锁，史志聪说："汝自白两府，我当他剑不得！"由是，

1　李焘：《续资治通鉴长编》卷一百八十二。下同。
2　司马光：《涑水记闻》卷第十。下同。

宋仁宗

禁中事两府无不知者。

正月初七，文彦博又至内东门小殿问仁宗起居，却见仁宗自禁中大呼而出，大叫："皇后与张茂则谋大逆。"[1]又是胡言乱语。从仁宗的异常行为来看，似乎是轻微中风后的神经错乱。宫人追着仁宗出来，见到文彦博，赶紧说："相公且为天子肆赦消灾。"文彦博遂退出，与执政大臣商议大赦天下，蠲免被灾民田的田赋，搁置民户拖欠的租税，为皇帝祈福。

仁宗所说的张茂则，是一名内侍，平日不讨仁宗喜欢。他听了仁宗神志不清之际说的昏话，不知如何是好，情急之下，竟上吊自尽，幸亏被宫人救下。文彦博责备他："天子有疾，谵语尔，汝何遽如是！汝若死，使中宫何所自容耶？"饬令他服侍皇上左右，"无得辄离"。

这个春节，因为仁宗不豫，内宫乱成一团。有一夜，仁宗精神恍惚，称有人要谋害他，手持宝刀自卫，服侍仁宗的御侍宫女董氏怕皇上自己伤了自己，慌忙夺刀，手指差点被刀切断。曹皇后也很害怕，不敢辄至御前。而诸位公主又都年幼，唯福康公主已成年，且孝顺，以前仁宗生病，都是她服侍左右，还"徒跣吁天，乞以身代"[2]。但至和三年春，福康公主的精神状态出了点问题，仁宗的病情都瞒着她。因此，在仁宗病床边陪护的，实际上只有董氏等十阁御侍宫女。

外廷也已流言纷起，全赖文彦博、富弼主持大局，临危不乱，沉着应对。当务之急，是万一仁宗有什么不测，政府必须

1　李焘：《续资治通鉴长编》卷一百八十二。下同。
2　脱脱等：《宋史·公主传》。

有应急的预案，包括遗诏的起草与颁发，嗣皇帝的选定与继位，不容有失，稍有不慎，便极可能引发政局动荡。

为应对可能发生的紧急情况，文彦博提出宰辅"留宿禁中"，史志聪等人说："故事两府无留宿殿中者。"文彦博说："今日何论故事也。"不过，大臣留宿禁中，毕竟要有一个可以摆得上台面的理由，文彦博、富弼想到一个方法："设醮祈福于大庆殿，两府监之，昼夜焚香，设幄宿于殿之西庑。"[1]就这样，两府大臣以替仁宗"设醮祈福"的名义，留宿于禁内；两府参议大事，则临时于大庆殿庭聚议。

京师百姓听闻仁宗不豫，也自发为皇帝祈福，"士庶、妇女、婴孩，昼夜祷祈，填咽道路，发于至诚，不可禁止"[2]。

按宋人笔记的记述，仁宗此时已经昏迷，"昏不知人者三日"[3]。太医用针自仁宗脑后刺入，针方拔出，仁宗睁开眼睛说："好惺惺。"[4]正月初九，仁宗疾稍愈，在崇政殿召见众臣，以安众心。

正月初十，两府大臣提出到寝殿见仁宗，史志聪感到很为难。富弼斥责说："宰相安可一日不见天子。"[5]史志聪等人不敢违。自此，宰辅始入福宁殿仁宗卧室内奏事，两制、近臣亦每日至内东门问候起居，其他官员则五日一入。

正月十九日，因仁宗的病情逐渐好转，两府才停止在内廷

---

1 李焘：《续资治通鉴长编》卷一百八十二。
2 李焘：《续资治通鉴长编》卷一百八十三。
3 邵伯温：《邵氏闻见录》卷第二。
4 张舜民：《画墁录》。
5 李焘：《续资治通鉴长编》卷一百八十二。下同。

"设醮祈福",执政大臣始分番归第,不归者则宿于各府办公室。

此时,仁宗虽然神志已经恢复清醒,但身体还十分虚弱,无法处理政务,辅臣奏事,"大抵首肯而已"。这期间,两府发布的诏敕,虽然都以皇帝的名义下令,实际上都由文彦博等执政大臣决断、定夺:"两府但相与议定,称诏行之"。

二月廿二日,仁宗才大体康复,始御延和殿听政;二月廿四日,宰臣率百官拜表称贺;三月十九日,司天监报告说:"客星没,客去之兆也。"[1]那颗至和元年五月出现的客星终于隐没,这是不是意味着灾咎要结束了?次日,三月廿日,因"圣体康复"[2],仁宗命宰相"谢天地、社稷、宗庙、寺观诸祠"。

但是,所谓的"康复"只是相对而言,实际上,至和三年春大病过后,仁宗的身体状况已大不如前,自景祐五年恢复的"日朝"做法也难以为继。闰三月,仁宗诏"自今前后殿间日视事",即一日坐前殿,一日坐后殿,只听两府执政大臣奏事;五月,台谏官请求上殿奏事,仁宗都无法答应;六月,仁宗又以伏日炎热为由,诏"双日不御殿,伏终如旧";七月,始诏群臣复上殿奏事;即使是坐殿听政,仁宗也是常常"简默不言,虽执政奏事,首肯而已"[3];"百司奏事者,往往仰瞻天颜而退"[4]。

而灾咎也并未结束。仁宗清醒过来后,听到的第一件大事,

---

1 徐松辑:《宋会要辑稿·瑞异一》。
2 李焘:《续资治通鉴长编》卷一百八十二。下同。
3 李焘:《续资治通鉴长编》卷一百九十五。
4 李焘:《续资治通鉴长编》卷一百八十六。

便是一件大祸事——四月初一，黄河又在澶州六塔河段大决堤，洪水滔滔，"溺兵夫、漂刍藁不可胜计"[1]。

第五节　六塔河决口

与庆历八年河决商胡埽、皇祐三年河决郭固口的天灾不同，至和三年的六塔河大决口，完全是出于人祸。

我们以前讲过，景祐元年黄河因决堤而改道，离开行水多年的京东故道，改走横陇河道。横陇河道行水十四年，又因商胡决口再次改道北流。商胡决河后，朝廷考虑到塞住决口的工程浩大，财政与民众均难以承担其成本，决定暂时不塞商胡决口，听任黄河改道。等到条件允许时，再塞商胡决口。

就未来如何塞商胡决口，朝廷讨论了两套方案，一套方案是判大名府贾昌朝提出来的："京东州军兴葺黄河旧堤，引水东流，渐复（京东）故道，然后并塞横垄（陇）、商胡二口，永为大利。"[2]

贾昌朝的理由是：一、京东故道"堤埽具在，宜加完葺"，埋浅之处也可征发近县民夫疏导；二、横陇故道下游的金、赤、游河"皆已埋塞"，出海口亦壅阏，"淖不可浚"；三、自黄河改道横陇，泛滥于河北，诸多民田被淹，"财利耗半"；四、河

1　李焘：《续资治通鉴长编》卷一百八十二。
2　李焘：《续资治通鉴长编》卷一百六十五。下同。

北是朝廷御备契丹的根本之地，黄河改道北流，将导致黄河失去"内固京都，外限敌马"的功能。

前任宰相陈执中支持贾昌朝的治河方案。但这套方案实施起来，工程实在过于浩大，势必劳民伤财，翰林学士欧阳修坚决反对回河于京东故道，认为"修河之役，聚三十万人之众，开一千余里之长河，计其所用物力，数倍往年"[1]，而此际，"京东赤地千里，饥馑之民，正苦天灾。又闻河役将动，往往伐桑毁屋，无复生计。流亡盗贼之患，不可不虞，宜速止罢，用安人心"。况且，自天禧以来，京东故道"河水屡决"[2]，"终以壅淤，故又于横陇大决"，可知"故道有不可复之势"。

这时，勾当河渠司事李仲昌提出了另一套治河方案：塞商胡决口，开六塔河，"约水入六塔河，使归横陇旧河"。六塔河在澶州东北十余里，是商胡东南通横陇河的一条支渠。

与贾昌朝的方案相比，李仲昌的方案似乎更具可行性，并且得到现任宰相文彦博、富弼的支持，不过仁宗还拿不定主意，便决定启动集议程序，议决治河方案。至和二年九月，仁宗下诏："自商胡之决，大河注金堤，浸为河北患。其故道又以河北、京东岁饥，未能兴役。今勾当河渠司事李仲昌欲约水入六塔河，使归横陇旧河，以舒一时之急。其令两制以上、台谏官与河渠司同详定开故道、修六塔利害以闻。"

但两制官、台谏官在集议修河方案时，未能取得共识。翰林学士欧阳修强烈反对开六塔河，更准确地说，欧阳修既反对

---

1 李焘：《续资治通鉴长编》卷一百七十九。下同。
2 李焘：《续资治通鉴长编》卷一百八十一。下同。

回河于京东故道，也反对开六塔河："贾昌朝欲复故道，李仲昌请开六塔，互执一说，莫知孰是。臣愚见皆谓不然。言故道者未详利害之源，述六塔者近乎欺罔之谬。"

欧阳修的理由是：黄河本来就多泥沙，"无不淤之理。淤淀之势，常先下流。下流淤高，水行不快渐壅，乃决上流之低下处，此其势之常也。然避高就下，水之本性，故河流已弃之道，自古难复"。基于这一事实，欧阳修断定："复故道，上流必决；开六塔，上流亦决；今河之下流，若不浚使入海，则上流亦决。"

最后，欧阳修建议："请选知水利之臣，就其下流，求入海之路而浚之。不然，下流梗涩，则终虞上决，为患无涯。"即正视黄河改道的事实，不可强行回河，不管是回于京东故道，还是回于横陇旧河，均不可取，治河的重点，应该放在浚通下游入海的通道。

应该说，欧阳修的治河思路最为合理，但没有引起仁宗皇帝与执政团队的重视。十二月，中书上奏仁宗："自商胡决，为大名、恩冀患。……愿备工费，因六塔水势入横陇。宜令河北、京东预完堤堋，并上河水所占民田。"此奏获仁宗批准。也就是说，朝廷最终采纳了李仲昌的修河方案。

随后，朝廷任命知澶州李璋为修河都部署，河北转运使周沆权同知澶州、都大管勾应付修河公事，河北转运副使燕度为同管勾修河，李仲昌为都大提举河渠司，内殿承制张怀恩为修河都监，内殿押班王从善为修河都钤辖，给事中施昌言为都大修河制置使，提点开封府界诸县镇公事蔡挺为都大提点河渠司勾当公事，共同负责治河。

判大名府的贾昌朝得悉自己的治河方案被否决，很不甘心。他曾认温成养母贾婆婆为姑，与内廷关系密切，便通过内侍武继隆，指使两名司天官在大庆殿庭两府聚处，执状抗言：六塔河引水工程正位于京师皇城正北方，"国家不当穿河于北方，致上体不安"[1]。文彦博虽知其意在否定六塔河引水工程，却无法反驳。

过了数日，这两名司天官又向史志聪投书进言，"请皇后同听政"。史志聪将他们的文状交给文彦博，文彦博立即将两名司天官叫来，叱责他们："天之变异，汝职所当言也，何得辄预国家大事！汝罪当族。"按宋制，司天官为伎术官，不能过问朝政，伎术官提议"请皇后同听政"，是毫无疑问的僭越，所以文彦博抓住这一把柄恫吓他们。两名司天官果然大惧，色变。文彦博又说："观汝，直狂愚尔，未欲治汝罪，自今无得复尔！"两名司天官退下，不敢再过问六塔河工程。

欧阳修见开六塔河已势在必行，深为忧虑，又上一疏，大骂"李仲昌小人，利口伪言，众所共恶"[2]；批评"执政之臣用心太过，不思自古无无患之河，直欲使河不为患"；断言"至如六塔不能容大河，横陇故道，本以高淤难行而商胡决，今复驱而注之，必横流而散溢"；请求仁宗"特谕宰臣，使审其利害，速罢六塔之役，差替李仲昌等不用，命一二精干之臣相度堤防，则河水不至为患，不必求奇策，立难必之功，以为小人侥幸冀恩赏之资也"。

然而，因宰相文彦博、富弼力主李仲昌之议，欧阳修的警告被当成了耳边风。不过，朝廷还算谨慎，在至和三年初春发

---

1 李焘：《续资治通鉴长编》卷一百八十四。下同。
2 李焘：《续资治通鉴长编》卷一百八十一。下同。

出的修河指挥中，要求李仲昌候至秋冬枯水期才动工闭塞商胡北流口。其时，仁宗正处于精神错乱中，修河的决策都由宰相拍板。

但李仲昌急功近利，"妄称水势自然过六塔新河"[1]，在春夏之际（丰水期）便开始塞商胡决口，驱水入六塔河；为尽快完工，又减省合龙的物料。结果，四月初一，黄河水入六塔河，六塔河因"隘不能容，是夕复决"，可怜河堤上数以千计的修河士卒、民夫一下子被洪流卷走，葬身于水底。

此时，仁宗大病初愈。六塔河决堤的消息传来，朝廷震动。四月十一日，殿中侍御史赵抃对负责修河的李仲昌等人提起弹劾："臣伏睹今春朝廷指挥，商胡北流口，候至秋冬闭塞。其修河司李仲昌、张怀恩等全不依禀制旨，妄称水势自然过六塔新河，盛夏之初，遂尔闭合，一日之内，果即冲开，失坏物料一二百万，溺没兵夫性命不少。民力疲敝，道途惊嗟。岂非意在急功，力觊恩赏，失计败事，罪将谁归？伏望陛下特赐宸断，其仲昌、怀恩及应管勾臣僚使臣等，亟加贬黜，以正典刑，谢彼方之生灵，诫后来之妄作。"

六月初八，李璋、燕度、蔡挺、王从善、李仲昌等人被贬谪。跟决河造成的灾难相比，这一处分显然太轻了。六月廿八日，知制诰韩绛被委任为河北体量安抚使，来到河北，看到受灾之地哀鸿遍野，才奏请"置狱劾治"。

此时，贾昌朝又欲借六塔河决一事"动摇宰相"[2]，扳倒文彦

---

1 李焘：《续资治通鉴长编》卷一百八十二。下同。
2 李焘：《续资治通鉴长编》卷一百八十四。下同。

博、富弼，便教唆内侍刘恢密奏仁宗："六塔水死者数千万人"；工程位于皇城正北方，犯禁忌；且河口山冈与国姓御名有嫌，在那里"大兴锸畚"，是何居心？

要知道，仁宗刚刚大病一场，对凶吉禁忌之事十分敏感，听了刘恢的密奏，勃然大怒。恰好出巡河北的韩绛亦奏请"置狱劾治"，仁宗当即下诏，遣中使于河北置诏狱，审讯李仲昌等人。御史吕景初认为，以中使置狱，不妥，因为"事无根原，不出政府，恐阴邪用此中伤善良"。仁宗这才更遣御史吴中复往澶州鞫其事。

吴中复受命后，仁宗一再发内批催促他赶紧出发，"促行甚急，一日内降至七封"。吴中复坚持请对后再启程。入对时，他将所受内批还纳御座，说："恐狱起奸臣，非盛世所宜有。臣不敢奉诏，乞付中书行出。"换言之，吴中复拒绝接受皇帝对诏狱的直接批示，即使君主有敕命，也当由宰相发出。我认为这里体现了宋代君权的有限性，君主绕过政府直接发出来的指令，并不具备法律效力。

经调查，吴中复发现六塔河口并无山冈，只有一个叫赵征村的村庄，"实非御名"；司天官至澶州勘察六塔河工程方位，也回奏"六塔在东北，非正北，无害也"。因此，主持澶州诏狱的吴中复最终只是参劾李璋、施昌言等人"奉诏俟秋冬塞北流，而擅违约，甫塞即决，损国工费"。十一月，李璋等人再受处分，其中李仲昌与张怀恩受到的惩罚最重，均押送边远州编管。平心而论，李仲昌确实是六塔河决口的第一责任人，如果他严格按朝廷指挥，于枯水期塞商胡，六塔河堤未必会决口。

由于御史没有将事态扩大化，贾昌朝欲"动摇宰相"的企图没有得逞，文彦博与富弼保住了执政地位。不过这年下半年，执政团队成员还是发生了变动：

八月，狄青罢枢密使，出判陈州，由韩琦接替狄青，充枢密使。自狄青拜枢密使，京城小民"闻青骤贵，相与推说，诵咏其材武。青每出入，辄聚观之，至壅路不得行"[1]。时隔五代未远，兵骄将傲的教训历历在目，狄青受到如此拥戴，自然让士大夫非常忧虑。知制诰刘敞、殿中侍御史吕景初多次到中书，请罢狄青枢密使，宰相文彦博说："青忠谨有素，外言皆小人为之，不足置意。"但五月都城大水，狄青为避水，"徙家于相国寺，行坐殿上"，仿佛有帝王相，"都下喧然"，执政团队始惧，"以熟状出青判陈州"。这里的熟状，是指由宰相直接签发的命令。次年狄青便病逝于陈州，仁宗很伤心，在宫中为他举行了哀悼仪式。

十一月，另一位枢密使王德用退休，由判大名府的贾昌朝接替。翰林学士欧阳修反对贾昌朝拜枢密使，因为他认为"昌朝阴结宦官，创造事端，谋动大臣，以图进用"[2]。不过仁宗不听。

十二月，平章事刘沆罢相，出知应天府。刘沆罢相是因为受到台谏官弹劾——原来，刘沆因畏惮台谏官言事，便援引御史"满三岁者与知州"的旧例，将"尝攻沆之短"的御史官范师道、赵抃外放，御史中丞张昇立即上章弹劾刘沆："天子耳目之官，进退用舍，必由陛下，奈何以宰相怒斥之！愿明曲直，以正名分。"御史吴中复也上书称刘沆"治温成丧，天下谓之'刘弯'，俗谓鬻棺者为弯，则沆素行可知"。刘沆则抨击御史官逼

---

1 李焘：《续资治通鉴长编》卷一百八十三。下同。
2 李焘：《续资治通鉴长编》卷一百八十四。下同。

狄青罢枢密使，"去陛下将相，削陛下爪牙，殆将有不测之谋"。双方论辩多日，最后刘沆自知不胜，提出辞职。

至和三年可谓是多事之秋：正月，仁宗暴病；四月，六塔河决口；五月，大雨不止，水浸京师，"坏官私庐舍数万区，城中系筏渡人"[1]；六月，"河东、河北、京东西、陕西、湖北、两川州郡俱奏水灾"。大病初愈的仁宗还想起，他的祖父太宗皇帝正好在至道三年升遐，而"至和"与"至道"只有一字之差，这个不良联想让仁宗对"至和"产生了恶感，决定放弃这个年号。九月十二日，仁宗下诏改元，以至和三年为嘉祐元年（1056）。

嘉祐，宋仁宗的最后一个年号，宋人将迎来赵宋王朝最为安定、清明、堪称盛治的一段时期。

---

1 李焘：《续资治通鉴长编》卷一百八十二。下同。

第十三章 嘉祐之治（上）

嘉祐元年至嘉祐六年（1056—1061）

第一节　初议立嗣

至和三年，亦即嘉祐元年，宋仁宗已经四十七岁了。其父宋真宗在四十三岁时有了皇子赵受益（即现在的仁宗皇帝），而仁宗如今年近半百，却未有子嗣，尽管后宫妃嫔曾先后诞育三位皇子，但均不幸夭折。长子赵昉生于景祐四年五月，当日便夭亡，后追封褒王；次子赵昕生于宝元二年，亦早夭，追封豫王；第三子生于庆历元年，三岁时封鄂王、武昌节度使、同平章事，赐名曦，是当然的皇储，可惜封王的制书未及宣布，小赵曦也病夭了。

在君主制时代，皇嗣系国本。储君之位空悬，即意味着国本不稳。

事实上，仁宗朝后期，先后闹出两起假冒皇子案，很难说伪皇子的出现与仁宗缺乏继承人的背景没有关系，至少说明皇帝没有子嗣的事实已经在朝野间引发了某种不安分的骚动。

第一起假冒皇子案发生在皇祐二年春夏之际。一个叫冷青的年轻男子在京城闹市"自称皇子，言其母常得幸掖廷，有娠而出"[1]，继而生下冷青。冷青的自述耸人听闻，自然引得"都市聚观"。时权知开封府的钱明逸立即派人将冷青逮入开封府，冷青一见到端坐在公庭上的钱明逸，厉声叱喝："明逸安得不起！"钱明逸给他这么一喝，真的站起身来。

一番审讯下来，钱明逸审得大体情况：冷青之母王氏昔日为宫女，只因内廷失火，被遣放出来，嫁给医家冷绪，之后便生下冷青。冷青成年后，曾"漂泊庐山"，时常跟人说，他实为皇子。当地一名法号叫全大道的僧人便带着他进京，意欲让他赴阙公开身世。若按宋人笔记的记述，冷青还向钱明逸出示了一件可证明身世的物证：仁宗送给他母亲王氏的"绣抱肚"[2]。审到最后，钱明逸也不确定冷青是不是真为流落民间的皇子，只好作出一个含糊其词的判决：冷青精神失常，胡言乱语，"送汝州编管"[3]。

这不是终审结果，因为这个案子事关重大，已经在开封府和朝堂掀起波澜，开封府推官韩绛不同意钱明逸的判决，认为冷青"留外惑众，非所宜"，朝廷集议后，提议将冷青流放江南。但翰林学士赵槩认为这么处置极为不妥，"青言不妄，不当流；若诈，不当不诛"。

仁宗也不记得当年是否临幸过一名姓王的宫女，便委任赵槩与知谏院包拯"追青穷治"，查个水落石出。案子审到四月，终于查清楚：冷青之母曾为宫女不假，但嫁人后，先诞下一女，之后才生下冷青。显然，冷青不可能是仁宗的骨血。

1　李焘：《续资治通鉴长编》卷一百六十八。下同。
2　王铚：《默记》卷下。
3　李焘：《续资治通鉴长编》卷一百六十八。下同。

最终，冷青与僧人全大道被诛，权知开封府钱明逸被贬知蔡州。

第二起假冒皇子案发生在至和元年（1054）夏天。马军副都指挥使张茂实一日在上朝途中，被一个叫繁用的开封市民拦住。繁用告诉他：太尉您实为真宗皇帝之子，当今圣上之兄。张茂实大吃一惊，将繁用带到开封府讯问。

张茂实的身世确实不寻常，他的母亲朱氏是真宗次子赵祐（九岁时不幸夭亡）的乳母，时朱氏亲生子尚在襁褓中，真宗把他托付给内侍张景宗："此儿貌厚，汝养视之。"[1] 张景宗遂收养了朱氏子，视为己出，取名茂实。张茂实长大后，"累历军职，至马军副都指挥使"[2]。而那个开封市民繁用，因其父曾是张景宗家仆人，幼时常听父亲说起："茂实生于宫中，或言先帝之子，于上属为兄。"繁用希图得到张茂实的恩赏，这才在街衢上"扣茂实马首，言茂实乃真宗子"[3]。

开封府裁定繁用妄言，将他打了一顿板子，然后编管歙州（今安徽歙县）。但这件事已流布京城，"众庶谨然"，言事官奏请朝廷召回繁用，审问清楚。仁宗遂下诏在嘉庆院设立诏狱，审讯此案。经推勘，审案法官认为："用素病心，一时妄言，茂实不上闻，擅流配之，请案其罪。"[4] 最后，繁用被发配窦州（今广东信宜）牢城；张茂实罢兵权，领节度使之衔出知潞州。

两起伪皇子案激起的波澜尽管慢慢平复下来，但仁宗未有

1　李焘：《续资治通鉴长编》卷一百七十六。
2　司马光：《涑水记闻》卷第十。
3　李焘：《续资治通鉴长编》卷一百七十六。
4　司马光：《涑水记闻》卷第十。

宋仁宗

继承人的问题却得不到解决，没有儿子，这是仁宗的心头之痛。

嘉祐年间，仁宗一日跟御史中丞张昇说："卿孤寒，凡言照管。"[1] 孤寒，就是孤独的意思。张昇为御史中丞，不怕得罪人，被同僚认为是没有朋友的人，所以仁宗才说他孤寒。但张昇听了仁宗的话，反驳说："臣非孤寒，陛下乃孤寒。"仁宗问："何也？"张昇说："臣家有妻孥，外有亲戚友，陛下惟中宫（指曹皇后）二人而已，岂非孤寒？"这一句话，正击中仁宗内心的痛处。但仁宗却不能迁怒于张昇，只是回到内廷还闷闷不乐。曹皇后问他为何不快，仁宗将张昇的话告诉了曹皇后，曹皇后挥泪，仁宗亦泪水"随睫"。

这个小故事记录在宋人笔记中。如果它是真实的，那么，我们忍不住想问：为什么张昇要这么不留情面地回敬仁宗？也许他的用意就是故意刺激仁宗，让仁宗下定立嗣的决心。朝中大臣越来越意识到，请皇帝从皇族中遴选一人立为皇嗣，已经是不可拖延的事情了。至和末、嘉祐初，仁宗一病不起，辍朝多日，立嗣的问题更是变得特别迫切。

嘉祐元年五月，知谏院范镇上疏请建皇嗣："今祖宗后裔蕃衍盛大，信厚笃实，伏惟陛下拔其尤贤者，优其礼数，试之以政，与图天下之事，以系天下之心。异时诞育皇嗣，复遣还邸，则真宗皇帝时故事是也。"[2] 范镇所说的"真宗故事"，是指真宗皇帝在皇子赵祐夭折后，选侄儿赵允让入宫抚养，作为皇嗣的候选人，其后赵祯出世，才将赵允让送还藩邸。

---

1 张舜民：《画墁录》。下同。
2 李焘：《续资治通鉴长编》卷一百八十二。下同。

范镇是抱着赴死之心奏请立嗣的。他的奏疏初呈上时，宰相文彦博委托提点开封府界诸县公事蔡挺问他所言何事。范镇如实相告。蔡挺问："言如是事，何不与执政谋？"范镇说："镇自分必死，乃敢言。若谋之执政，或以为不可，亦岂得中辍也。"

御史赵抃与范镇一贯不和，但在立嗣问题上二人却是立场一致。他也上疏，请仁宗"择用宗室贤善子弟，或教育宫闱，或封建任使"，"况陛下春秋富盛，福寿延洪，一旦皇子庆诞，少阳位正，储贰事体，何损权宜"。

这年五月初，天际出现两颗大流星，之后大雨不止，京师发大水，"冲折都门"，导致"社稷坛壝辄坏"；不久，"河东、河北、京东西、陕西、湖北、两川州郡亦俱奏水灾"。在宋人的观念中，这是灾异，"灾变之起，必有所以，消伏灾变，亦宜有术"，因而，范镇请仁宗"问大臣灾变所起之因，及所以消伏之术。仍诏两制、台阁常参官极言得失，陛下躬亲裁择，以塞天变。庶几招徕善祥，以福天下"。仁宗果真于六月下诏求言时政阙失："乃者淫雨降灾，大水为沴，两河之间决溢为患，皆朕不德，天意所谴。其令中外实封，言时政阙失，毋有所讳。"[1]

于是，范镇再次上书：

> 伏见天下以水灾奏者，日有十数，都城大水，天雨不止，此所谓水不润下也。《传》曰："简宗庙，不祷祠，废祭祀，逆天时，则水不润下。"陛下恭事天地神祇，肃祗祖宗，山川之祠，罔不秩举，至于

---

1 王称：《东都事略》卷六。

宋仁宗

号令,必顺天时,非逆天时也,非废祭祀也,非不祷祠也。然而上天出此变者,晓谕陛下以简宗庙也。宗庙以承为重,故古先帝王即位之始,必有副贰,以重宗庙也。陛下即位以来虚副贰之位三十五年矣。臣近奏择宗子贤者优其礼数,试之以政,系天下人心,俟有圣嗣,复遣还邸。及今两月余而不决,政所谓简宗庙也,此天变所以发也。伏惟陛下深念宗庙之重,必有副贰,以臣前一章降付执政大臣速为裁定,以塞天变。[1]

翰林学士欧阳修亦上疏:

臣伏睹近降诏书,以雨水为灾,许中外臣僚上封言事,有以见陛下畏天爱人、恐惧修省之意也。……自古人君必有储副,所以承宗祀之重,而不可阙者也。陛下临御三十余年,而储副未立,此久阙之典也。近闻臣僚多以此事为言,大臣亦尝进议陛下,圣意久而未决,而庸臣愚士,知小忠而不知大体者,因以为异事,遂生嫌疑之论,此不思之甚也。……《五行传》言:"简宗庙则水为灾。"陛下严奉祭祀,可谓至矣,惟未立储贰。《易》曰:"主器莫若长子。"殆此之警戒乎?[2]

---

1 李焘:《续资治通鉴长编》卷一百八十二。
2 李焘:《续资治通鉴长编》卷一百八十三。下同。

知制诰吴奎也进言：

> 王者以社稷为本，宗庙为重。社稷必有奉，宗庙必有主。陛下在位三十五年而嗣续未之立，今之灾沴，乃天地祖宗开发圣意，不然，何以陛下无大过，朝廷无甚失，辄降如此之灾异乎？在礼，大宗无嗣，则择支子之贤者。……若以昭穆言之，则太祖、太宗之曾孙，以近亲言之，则太宗之曾孙，陛下所宜建立，用以系四海之心者也。况陛下春秋犹盛，俟有皇子，则退所为后者，颇优其礼数，使不与他宗室等，亦何为而不可！

七月，一颗"色白，长丈余"的彗星划过夜空。八月初一，出现日食。按古人观念，这些都是上天给人间君主的警告。集贤校理司马光在八月初一当天上疏，强烈要求仁宗"早择宗室之贤，使摄居储副之位，内以辅卫圣躬，外以镇安百姓"。

同日，范镇再上书，言辞更为激切："陛下即位三十五年，以纳谏为德，以畏天为心，至于小小论议，未尝不虚怀开纳。今及宗庙社稷之计，反拒谏而不用，违天而不戒乎？臣职当言，不敢爱死，默默以负陛下。陛下以臣言为然，乞以臣前所上章与大臣速定大议；以臣言为不然，乞加臣万死之罪。何者，陛下素有纳谏之美，因臣奏疏，使陛下有拒谏之名。臣更不敢复奉朝请，谨阖门以待万死之罪。"向皇帝提出辞职。

但是，范镇等人的奏疏入内，都如石沉大海，仁宗未作出反应。八月初五，范镇又致书中书："今彗之变当急，而朝廷尚欲缓之，此镇宁死于朝廷之刑也。伏愿诸公携镇之书言于上前，速定大计，如其不然，即赐镇之死，放镇归田，解镇之职而置之散外，皆诸公之赐也。"但宰执大臣却婉言规劝他少安毋躁。

范镇简直气死了，又于八月初六上书仁宗："臣前六奏宗庙社稷之大计，四奏进入，两奏奉圣旨送中书。陛下不以臣章留中，而令送中书者，是欲使中书大臣奉行也。臣两至中书，而中书递相设辞以拒臣。以此观之，是陛下欲为宗庙社稷计，而大臣不欲为也。为大臣而不欲为宗庙社稷计，非所以为大臣也。"

范镇对执政团队颇有微词。但他其实误解了宰执，早在仁宗不豫之时，因皇帝"不能视朝，中外忧恐"[1]，宰执都谏劝仁宗及时立嗣，仁宗亦点头答应了。首相文彦博与参知政事王尧臣都属意汝南郡王赵允让第十三子赵宗实，并起草好了请立赵宗实的奏稿，只是奏稿尚未进呈，仁宗病情已好转，事才中辍。这一内情，宰相不方便说出来，因而范镇是不知道的。

八月初八，范镇再次上疏："今陛下未有皇嗣，天下人心无有所系，故天初见流星，继以大水，告陛下以简宗庙之罚。陛下君臣不知觉悟，故天又出彗以告陛下，而陛下君臣宴然复如前时，此臣当言之责，所以恐惧而待罪也。"[2] 按范镇的说法，上苍已经一而再，再而三地发出警告，为什么陛下还执迷不悟？既然如此，我唯有辞职。

---

1 李焘：《续资治通鉴长编》卷一百八十二。
2 李焘：《续资治通鉴长编》卷一百八十三。下同。

仁宗见范镇请辞待罪，干脆给他升职，任命他为侍御史知杂事，即御史台的副长官。范镇固辞不受："陛下以臣言为非，即当加臣万死之罪，以臣言为是，岂可不先宗庙社稷计而遽为臣转官迁职也？"

八月十四日，那颗长一丈余的白色彗星消失了，范镇又跟仁宗说："臣近以都城大水及彗星谪见，为变非常，故乞速定大计，以答天谴。阖门待罪，祈以死请。臣人微言轻，固不足以动圣听，然所陈者，乃天之戒。陛下纵不用臣之言，可不畏天之戒乎！彗星尚在，朝廷不知警惧，彗星既灭，则不复有所告戒。后虽欲言，亦无以为辞，此臣所以恐惧而必以死请也。今除臣侍御史知杂事，则臣之言责益重于前，所有告敕，未敢祗受。"坚决不接受侍御史知杂事之任命。

之后，范镇又接连进言，前后"上章凡十九次"[1]，请仁宗立嗣；而仁宗则七降圣旨，中书亦三发札子，催促范镇赴御史台供职，范镇都拒绝了，"待罪几百日，须发为白"。

十一月，范镇入对，泣请仁宗将他的疏章"付中书、枢密大臣同共参详，有异议者，乞令与臣廷辩，谓臣不然，即乞明加臣罪，不加臣罪，即乞解臣言责。臣之至情，尽在于此"。

仁宗看着刚满五十岁的范镇一头白发，也很心酸，亦泣曰："朕知卿忠，卿言是也，当更俟三二年。"承认范镇说的都有道理，但请给他两三年时间。

范镇看着泪流满面的皇帝，突然也理解了仁宗的悲苦，不再决绝地提立嗣之事。但台谏官之职，他是坚决不接受了，仁

---

[1] 李焘：《续资治通鉴长编》卷一百八十四。下同。

宗只好转任他为集贤殿修撰。

进入嘉祐二年（1057）之后，随着仁宗身体逐渐康复，奏请皇帝建储的声音也慢慢平静下来，偶尔方有所闻，如二月，前宰相杜衍去世，临终前留下遗疏说："无以久安而忽边防，无以既富而轻财用，宜早建储副，以安人心。"[1]

六月，仁宗长女福康公主晋封兖国公主。八月，公主出降，嫁国舅李用和之子李玮。这本是一桩大喜事，但翰林学士欧阳修却向仁宗说了一番闹心话："今者伏见兖国公主近已出降，……陛下向虽未有皇嗣，而尚有公主之爱，上慰圣颜。今既出降，渐疏左右，则陛下万几之暇，处深宫之中，谁可与语言，谁可承颜色！臣愚以谓宜因此时，出自圣意，于宗室之中，选材贤可喜者，录以为皇子，使其出入左右，问安侍膳，亦足以慰悦圣情。"[2]

不过，仁宗并没有依言立嗣。显然，仁宗期待在未来的日子里，后宫妃嫔能够诞下他的亲生子嗣。

第二节　嘉祐二年贡举

嘉祐二年正月，万物生发的初春时节，仁宗任命翰林学士欧阳修为权知贡举，翰林学士王珪、龙图阁直学士梅挚、知制

1　李焘:《续资治通鉴长编》卷一百八十五。
2　李焘:《续资治通鉴长编》卷一百八十六。

诰韩绛、集贤殿修撰范镇并权同知贡举，馆阁校勘梅尧臣为点检试卷官，主持当年的科举礼部试（省试）。

这是值得写入中国千年科举历史的一届考试，从这届考试开始，流行于仁宗朝历年科场的"太学体"文风终于被欧阳修淘汰掉。

"太学体"是庆历四年朝廷创建太学之后风行一时的科场词赋、策论文体，其特点宋人多有总结："务为险怪之语"[1]，"求深者或至于迂，务奇者怪僻而不可读"[2]，"以新奇相尚，文体大坏"[3]。一言以蔽之，就是不讲人话，犹如时下某些学者以艰涩、怪谲文风写出来的所谓"学术论文"。

"太学体"的兴起与国子监直讲石介的倡导有密切关系，石介看不惯仁宗朝初期流行的华丽文体，在太学讲课时，便有意识引导太学生写文章时使用冷峻、佶屈的文辞，"因其所好尚，而遂成风"[4]。

欧阳修崇尚平实、说人话的古文，很不喜欢"太学体"，所以，借着担任嘉祐二年贡举主考官的机会，对"太学体"文风"痛加裁抑"[5]，评卷时候，但凡用"太学体"写的词赋、策论，都给予极低的评分，将擅长写"太学体"文章的考生"黜之几尽"[6]。到了放榜时，人们发现"时所推誉，皆不在选"[7]，那些"太学体"

---

1 韩琦：《安阳集》卷五十《故观文殿学士太子少师致仕赠太子太师欧阳公墓志铭》。
2 苏轼：《苏轼文集》卷四十九《谢欧阳内翰书》。
3 欧阳修：《欧阳修全集》附录卷二《神宗实录（欧阳修）本传》。
4 张方平：《乐全集》卷二十《贡院请诫励天下举人文章》。
5 李焘：《续资治通鉴长编》卷一百八十五。
6 欧阳修：《欧阳修全集》附录卷二《神宗实录（欧阳修）本传》。
7 李焘：《续资治通鉴长编》卷一百八十五。下同。

文章写得得心应手、大家都以为必高中无疑的太学生，几乎都落榜。

落榜的太学生非常愤怒，等欧阳修上朝时，将他围堵在路上，"群聚诋斥之"，开道的街司逻吏都无法制止。不知哪一位考生还写了一篇《祭欧阳修文》，投入欧阳修家中，由于是匿名文章，官府也无从追究责任。

在落榜诸生中，有一个叫刘几的太学生，深得石介"太学体"之真传，写文章好为"怪崄之语"[1]，平日测试，都得第一名，众学生"翕然效之，遂成风俗"。欧阳修听说过刘几的名字，对他的文风很不以为然。这次评卷，他看到一名考生的论文写道："天地轧，万物茁，圣人发。"欧阳修说："此必刘几也。"提起朱笔，在卷面上大笔一抹，大批"纰缪"。

我们需要注意的是，宋朝的科举考试已实行"封弥制"与"誊录制"。誊录，指考生交上来的答卷全部由专门的书吏用红笔抄录成副本，然后将副本送考官进行评卷；封弥，指送给考官评分的答卷，卷首上的考生姓名、年甲、乡贯等个人信息都密封，代之以字号。这样，考官在评卷时，并不知道哪一份答卷出自哪一位考生之手，不容易徇私。欧阳修讨厌刘几的文风，但他也不能确定哪一份答卷是刘几的，只能根据文章的风格、水平作出取舍。

那一次欧阳修没有看走眼，拆封放榜时，那篇被他大批"纰缪"的"太学体"论文，果真是刘几的文章，刘几自然名落孙山。

不过，刘几也是一个才子，自嘉祐二年落榜后，更名刘辉，

1　沈括：《梦溪笔谈》卷九。下同。

改攻古文，自是文风大变。嘉祐四年，刘辉再参加贡举礼部试，顺利中榜，进入殿试，殿试考官还是欧阳修。欧阳修阅卷时，看到一位进士的《尧舜性仁赋》，义理、辞章俱佳，忍不住击节叹赏，擢为第一人，及唱名，发现这位进士原来叫刘辉。有认识刘辉的人告诉欧阳修："此刘几也，易名矣。"欧阳修"愕然久之"。

后世一些学者相信，那首给欧阳修惹来官司之祸的艳词《望江南》正是刘辉所作，故意托欧阳修之名，意在败坏欧阳修名声，以报复欧阳修。但也有人提出异议："世传辉既黜于欧阳公，怨愤造谤，为猥亵之词。今观杨杰志辉墓，称其祖母死，虽有诸叔，援古谊以适孙解官承重，又尝买田数百亩，以聚其族而饷给之。盖笃厚之士也。肯以一试之淹，而为此忝薄之事哉？"[1] 刘辉品行很好，曾乞解官为祖母服孝，购良田赡养贫困族人，这么一个厚道的人会诬陷欧阳修吗？

不管刘辉是不是对欧阳修心存芥蒂，也不管嘉祐二年落榜的考生是不是服气，风靡一时的"太学体"经欧阳修力挫，不再独领风骚，诸生文风自此大变。

在嘉祐二年礼部试策论答卷中，有一篇文风与"太学体"大异其趣的论文《刑赏忠厚之至论》，引起了点检试卷官梅尧臣的注意。梅尧臣负责第一轮阅卷，对考生答卷作出初步的筛选，然后将入围的答卷交给其他考官作第二轮阅卷。梅尧臣十分赞赏这篇《刑赏忠厚之至论》，便把文章推荐给主考官欧阳修。

《刑赏忠厚之至论》的论点，如果翻译成现代话语，大约

---

[1] 陈振孙：《直斋书录解题》卷十七。

就是"论疑罪从无"。文中提到一个典故:"《传》曰:'赏疑从与,所以广恩也。罚疑从去,所以慎刑也。'当尧之时,皋陶为士,将杀人,皋陶曰'杀之'三,尧曰'宥之'三。故天下畏皋陶执法之坚,而乐尧用刑之宽。"[1]文章的辞章、立意都让欧阳修拍案叫绝,只是欧阳修对文中"皋陶曰'杀之'三,尧曰'宥之'三"的说法,却不知出自何典,问梅尧臣:"此出何书?"[2]梅尧臣说:"何须出处!"

欧阳修以为自己一时想不起出处而已,有意将这篇文章列为第一等。不过,欧阳修又有点怀疑此文可能出自门人曾巩之手,若将门人文章评为第一,难免有瓜田李下之嫌。欧阳修考虑再三,将那篇论文列为第二名。

乃至拆封放榜,欧阳修才知道《刑赏忠厚之至论》的作者并不是曾巩,而是一位来自四川眉州的年轻举子,叫作苏轼,虚龄二十二岁。欧阳修对梅尧臣说:"此郎必有所据,更恨吾辈不能记耳。"放榜之后,高中的考生照例要入谢主考官。入谢时,欧阳修便问苏轼,"皋陶曰'杀之'三,尧曰'宥之'三","此见何书?"[3]苏轼说:"事在《三国志·孔融传》注。"

欧阳修回去翻阅《三国志·孔融传》,却一无所得。他日,又问苏轼。苏轼说:"曹操灭袁绍,以袁熙妻赐其子丕。孔融曰:'昔武王伐纣,以妲己赐周公。'操惊问何经见,融曰:'以今日之事观之,意其如此。'尧、皋陶之事,某亦意其如此。"对苏轼的杜撰典故及解释,欧阳修叹服:"此人可谓善读书,善

1　苏轼:《苏轼文集》卷二《省试刑赏忠厚之至论》。
2　陆游:《老学庵笔记》卷八。下同。
3　杨万里:《诚斋诗话》。下同。

用书,他日文章,必独步天下。"

苏轼参加的嘉祐二年进士科礼部试,一共考四场:第一场试诗赋,第二场试论,第三场试策,第四场试经义。试诗赋即考生根据给定的题目与韵脚现场创作若干首诗赋;试论类似于命题作文,按题目写一篇短论;试策,即出题者就时务提出若干具体问题,让考生发表见解;试经义则是出题者从儒家经书中截取一句话,请考生阐述其蕴含的义理。

苏轼在第一场考试中,所作诗赋被评为不合格,第二场试论得第二(《刑赏忠厚之至论》即应试的短论),第三场试策成绩未详,第四场试经义得第一。综合四场成绩,顺利登科,获得进入殿试的资格。如果不是那篇《刑赏忠厚之至论》得到欧阳修与梅尧臣的赏识,苏轼很可能会在嘉祐二年落第。如果落第,他的人生命运又将改写。

与苏轼一起出线的进士科考生一共有三百七十三人,他们随后又参加了殿试。嘉祐二年三月初五,仁宗御崇政殿,亲试礼部奏名进士。所谓"天子亲试",其实也是象征性的,因为具体评卷的人还是充任考官的士大夫。

三月十一日,殿试唱名放榜,共有三百八十八名进士及第,比礼部试登科进士多了十五人,这十五人是特奏名进士。特奏名,指屡次参加礼部试不中的考生,另造册上奏,特许附试,属于照顾性质。也是从这一届科举开始,宋朝确立了"殿试不落黜"的原则,即凡获得参加殿试资格的进士,原则上都不予落黜,都赐予出身。殿试仅仅是评定名次而已。

嘉祐二年的进士科状元叫章衡,名气不大,但同榜进士中却诞生了多位未来的政治—文化精英,如:苏轼、苏辙兄弟,与苏家兄弟同列"唐宋八大家"的曾巩,文武双全的王韶,理学家张载、吕大钧,未来熙丰变法的骨干吕惠卿、邓绾、张璪、林希、曾布、蒋之奇,保守派名臣朱光庭、梁焘,等等。熙丰变法的另一员骨干章惇,是状元章衡之叔,也参加了嘉祐二年进士科考试,但因名次在侄儿章衡之下,深以为耻,放弃殿试成绩,"委敕而出"[1],两年后,即嘉祐四年,再参加礼部试,高中甲科。可以说,嘉祐二年贡举,群星闪耀,照亮北宋半个世纪的星空。

中国自隋唐始实行科举取士,至清末废除科举制,历时一千余年,论取士之盛,没有一届科举考试可与嘉祐二年贡举相比拟。

嘉祐二年贡举之所以能遴选出这么多杰出的才俊,除了知贡举欧阳修有伯乐之功,也应归功于范仲淹昔日推行的庆历新政。新政中的一项举措为"精贡举",含教育振兴与改革、科举考试改革两个部分,其中的科举考试改革在庆历五年叫停:"礼部贡院进士所试诗赋,诸科所对经义,并如旧制考校"[2],但教育振兴计划却坚持了下来,朝廷在国子监设太学,又在地方州县遍设官学,史称"庆历兴学"。从庆历兴学至嘉祐二年,已有十余年时间,苏轼、苏辙、曾巩、王韶、张载等嘉祐二年进士,正是在这十余年间接受的教育。

---

1 脱脱等:《宋史·章惇传》。
2 李焘:《续资治通鉴长编》卷一百五十五。

第三节　嘉祐六年制举

在嘉祐二年殿试中,苏轼中第四甲,苏辙中第五甲,排名是比较靠后的。[1]按惯例,第四甲可授予"判司簿尉"范围的官职,第五甲则不能立即授官,须候选。不过苏轼、苏辙兄弟都没有在京城等候流内铨授官,因为嘉祐二年四月,他们的母亲程氏去世了,兄弟俩匆匆赶回老家办母丧,丁忧守制。

嘉祐四年九月,服除,苏轼、苏辙兄弟随父亲苏洵自眉山岷江登舟,沿长江三峡至江陵,转陆路赴东京。次年二月,一家抵达京城;三月,苏轼获授河南府福昌县主簿,苏辙获授河南府渑池县主簿。但兄弟俩都没有赴任,而是寓居京师怀远驿,准备应试次年(嘉祐六年)举行的制科。举荐他们参加制科考试的人,是翰林学士欧阳修,以及天章阁待制杨畋。

宋朝的科举考试分贡举(常科)与制举(制科)两种,贡举为常规考试,嘉祐年间为隔年一试,制举则是科举制的特别考试,非常设,由君主下诏临时安排,以发现和选拔非常之才、特别之士。因此,制科考试要比常科考试更严格,更具难度。

宋仁宗时代的制举考试科目繁多,比较常见的有九科。其中三科向布衣平民开放:高蹈丘园科、沉沦草泽科、茂材异等科。六科向有官之人开放,分别是:贤良方正能直言极谏科、博通典坟明于教化科、才识兼茂明于体用科、详明吏理可使从政科、

---

1 参见曹家齐、陈安迪:《苏轼进士科名次甲第考释——兼说宋朝进士甲乙丙科问题》,《中国史研究》2018年第1期。

识洞韬略运筹帷幄科、军谋宏远材任边寄科。凡没有犯罪记录的民间布衣才俊,以及符合条件的官员(职称为太常博士以下、非现任监司与馆阁官员、不曾犯过贪赃罪等),均可投牒自荐,报名参加制举考试。

但能够参加科举考试的人并不多,因为考试的门槛很高:首先,应试人投牒报考后,"进所业策论五十首,诣阁(阁)门或附递投进,委两制看详。如词理优长,具名闻奏,当降朝旨召赴阙"[1]。这一程序叫作"进卷",即应试人需要先呈交上自己平日的策论作品五十篇,请翰林学士评判、打分,如果策论文辞优美、说理清晰,得到"次优"以上的评分,才可以参加"阁试"。

阁试为初试,因为考试地点在秘阁(中央图书馆),故称"阁试"。试题为试论六篇,目的是为了考查应试人的学识,"盖欲探其博学"[2]。题目通常取自经史,每篇要求五百字以上,一日之内完成六论。宋人认为,制举考试中,以阁试六论难度最大,"制科不过三事,一缴进词业,二试六论,三对制策。而进卷率皆宿著,廷策岂无素备?惟六论一场,谓之过阁,人以为难"[3]。

阁试合格者,方得以进入复试。复试由皇帝亲自主持,因此也叫"御试"。试题通常都是试策问一道,以皇帝的名义出题,要求应试者就皇帝所问,提出对策,当日之内完成一篇三千字以上的策论。策问主要是为了考察应试人对治理国家的见解,"欲观其才用"[4]。

---

1 徐松辑:《宋会要辑稿·选举一〇》。
2 徐松辑:《宋会要辑稿·选举一一》。
3 马端临《文献通考·选举考》。
4 徐松辑:《宋会要辑稿·选举一一》。

苏轼、苏辙兄弟参加的嘉祐六年制举,是"贤良方正能直言极谏科"考试。朝廷设这一科的目的,是希望通过考试发现敢言有识之士。以苏氏兄弟的学识、才情,进卷、阁试自然不在话下,因此,兄弟俩顺利取得御试资格。另外还有两个人进入御试,一位叫王介,另一位姓名已佚失。

嘉祐六年八月廿五日,仁宗御崇政殿,策试四位"贤良方正能直言极谏科"应试人。试题是一道策问:"朕承祖宗之大统,先帝之休烈,深惟寡昧,未烛于理,志勤道远,治不加进。夙兴夜寐,于兹三纪。朕德有所未至,教有所未孚,阙政尚多"[1](后面列举了民生、兵政、教化、法制、财政诸方面存在的问题)。请问,面对目前种种困顿,该怎么办?

苏辙接过试题,挥笔写道:"陛下策臣曰:'朕承祖宗之大统、先帝之休烈,深惟寡昧,未烛于理。'又曰:'志勤道远,治不加进,夙兴夜寐,于兹三纪。'此陛下忧惧之言也。然臣以谓陛下未有忧惧之诚耳。"开篇即指出宋仁宗的忧惧缺乏诚意。然后,苏辙围绕着这一立论,对仁宗皇帝展开了措辞强烈的批评:

> 窃闻之道路,陛下自近岁以来,宫中贵姬至以千数,歌舞饮酒,欢乐失节,坐朝不闻咨谟,便殿无所顾问。夫三代之衰,汉、唐之季,其所以召乱之由,陛下已知之矣。久而不正,百蠹将由之而出。内则将为蛊惑之所污,以伤和伐性;外则将为请谒

---

[1] 苏轼:《苏轼文集》卷九《御试制科策一道(并策问)》。

宋仁宗

之所乱,以败政害事。妇人之情,无有厌足,迭相夸尚,争为侈靡,赐予不足以自给,则不惮于受赂贿。赂贿既至,则不惮于私谒。私谒既行,则内外将乱。陛下无谓好色于内而不害外事也。[1]

苏辙的制策洋洋洒洒写了六千余言,将皇帝、宰执大臣、三司使骂了个遍。此时小苏才二十三岁,血气方刚,正是"初生之犊不怕虎"的年纪。答卷交上去,走出考场,苏辙冷静了下来,心想,自己这么回答皇上的策问,肯定要落榜,"自谓必见黜"[2]。因此也就对考试成绩不抱任何希望。

今天有一些以苏轼为主角的影视作品,将苏辙的这篇《御试制策》改编成苏轼所写,并虚构了策论给苏轼带来的严重后果:宋仁宗读了策论,勃然大怒,怒拍桌子;御史台马上派人将苏轼抓起来,关入大牢;太学生在殿门外高喊"苏轼有罪";欧阳修对苏轼的安危非常担忧,因为他认为苏轼的言论会被人抓住把柄,大做文章,"罪为大逆,杀头亦不为过";百官联名上奏,称"苏轼一再诬贤欺圣,目无君主,罪为大逆,该当处死"……[3]

这样的情节跟元朝以降民间文人编造的"杨家将""包公案"故事一样不靠谱。事实上,苏辙的策论交上去之后,确实引发朝中大臣争执了十几天,但争辩的问题从来不是要不要杀苏辙的头,因为没有一个人提出要拿小苏杀头治罪;仁宗皇帝也并

---

1 苏辙:《苏辙集》之《栾城应诏集》卷十二《御试制策》。
2 脱脱等:《宋史·苏辙传》。
3 详见王文杰执导之电视连续剧《苏东坡》第三集。

没有发火；御史台更没有派人抓捕；苏辙本人也从未担心自己会因为一篇策论而被抓起来砍头，只是觉得自己言辞激烈，很可能会被考官刷下来。

那么当时臣僚争执的焦点是什么呢？是应该给苏辙的御试策论评一个什么等次。宋代制科御试策论的成绩分五等，第一二等从来不给任何人，形同虚设，实际上只有三等，"故事，制科分五等，上二等皆虚，惟以下三等取人。然中选者亦皆第四等"[1]。黜落者不入等，因此入第五等便算登科，入第三等相当于贡举进士第一等。

制科御试的评卷则采取三评制：先由两名初考制策官初评；再交两名覆考制策官复评；初考官与覆考官意见若有不同，则由两名详定编排官详复、定等。嘉祐六年制科御试的初考制策官之一是翰林学士胡宿，覆考制策官是刚刚就任知谏院的司马光、翰林学士范镇。胡宿在评卷时，认为苏辙的策论有两大问题：

其一，"策不对所问"[2]，即答非所问，仁宗的策问明明是请考生试述解决问题的对策，苏辙却全文都在"放口炮"。应该承认，胡宿指出这一点，是有道理的。用现在的话来说，苏辙的作文的确犯了离题的毛病，应该扣分。

其二，策论存在"政治不正确"的问题。对于这一点，几位考官产生了争议。平心而论，苏辙对仁宗的指责确实有失当之处，比如说"近岁以来，宫中贵姬至以千数，歌舞饮酒，欢乐失节"，便有些夸大其词，因为仁宗对自己的私生活还是比

---

1 叶梦得：《石林燕语》卷二。
2 李焘：《续资治通鉴长编》卷一百九十四。

较克制的,曾多次放遣宫女出宫。多年之后,苏辙回忆说,"予幼从事于诗书,凡世人之所能,茫然不知也。年二十有三,朝廷方求直言,有以予应诏者。予采道路之言,论宫掖之秘……"[1] 承认自己当年的言论来自道听途说。

因此,胡宿"力请黜之",坚持判苏辙的策论不入等。但卷子复评时,司马光却说,御试几位考生中,苏辙"独有爱君忧国之心,不可不收",提出将苏辙策论列入第三等,亦即上上等。范镇不同意,"欲降其等",最后二人达成一致意见,将苏辙列为第四等,并得到详定编排官的认可。[2] 然而,初考制策官胡宿坚决不同意录取苏辙。双方于是争执不下。

当然,由于宋代科举考试的答卷是封弥的,苏辙的御试答卷为"毡"字号。所以,评卷的时候,不管是胡宿,还是司马光,都不知道文章是苏辙写的,他们争论时都是说"毡号卷",而不是说苏辙的文章。

这时候,朝中大臣也听说了有这么一份直言皇帝"歌舞饮酒,欢乐失节"的御试文章,亦是议论纷纷。有执政官向仁宗提议,写文章的人究竟是哪路大神,当黜。又有侍从官上奏:"陛下恭俭,未尝若是",苏辙出言狂诞,"恐累盛德,乞行黜落"。[3] 时任三司使的蔡襄是被苏辙的文章骂的政府官员之一,但他说,苏辙对三司使的批评有道理,他感到很惭愧,"吾三司使,司会之名,吾愧之而不敢怨"。[4]

---

1 苏辙:《苏辙集》之《栾城三集》卷十《遗老斋记》。
2 李焘:《续资治通鉴长编》卷一百九十四。
3 高晦叟:《珍席放谈》卷上。
4 李焘:《续资治通鉴长编》卷一百九十四。

鉴于苏辙的文章引发的争议非常大，朝廷打破了三评制的常规，重新安排考官给苏辙的策论评分。经过重新评审，新任考官认为应该采纳胡宿的意见，苏辙的文章不入等，请皇帝定夺。

但司马光也是固执之人，坚持要录取苏辙。他给仁宗写了一道奏章，娓娓道来：臣以为，国家设立制举考试，"本欲取材识高远之士，固不以文辞华靡、记诵杂博为贤"。"毡号卷"文辞如何，臣不敢言，"但见其指陈朝廷得失，无所顾虑，于四人之中，最为切直。今若以此不蒙甄收，则臣恐天下之人皆以为朝廷虚设直言极谏之科"，"从此四方以言为讳。其于圣主宽明之德，亏损不细"。反之，陛下若能收"毡号卷"入等，使天下人皆知陛下容纳直言之德，岂不是美事一桩？[1]

仁宗皇帝到底会听从哪一方的意见呢？仁宗说："设制科本求直言，苏辙小官，敢言，特命收选。夫人主言动，辙虽妄说，果能诳天下之人哉？"[2] 又说，"吾以直言求士，士以直言告我。今而黜之，天下其谓我何？"[3]

仁宗对苏轼、苏辙兄弟其实是非常欣赏的，读了二苏制举策论之后，视他们为未来的宰相之选。许多年后，曹太后告诉孙子宋神宗："吾尝记仁宗皇帝策试制举人罢归，喜而言曰：朕今日得二文士，谓苏轼、苏辙也，然吾老矣，虑不能用，将以遗后人。"[4] 仁宗所说的"二文士"，即苏轼、苏辙兄弟。

闰八月，宋仁宗下诏，公布这年制举考试的录取结果：苏

1　司马光：《司马光集》卷二〇《论制策等第状》。
2　高晦叟：《珍席放谈》卷上。
3　苏辙：《苏辙集》之《栾城三集》卷十《遗老斋记》。
4　方勺：《泊宅编》卷上。

轼御试所对策论入第三等,苏辙为第四等次——这个"第四等次",应该是专门为苏辙的文章设立的评分等级,比第四等略低,但又略高于第五等。录苏轼为大理评事、签书凤翔府判官事;苏辙为商州(今陕西商洛)军事推官。苏辙原以为自己必定会黜落,想不到文章居然获评第四等次,还不是最低的第五等。

不过,在授官的时候,苏辙又遇到了一点小麻烦。按惯例,他的任命状(官告)需要请知制诰起草,但当日接到起草官告任务的知制诰说:苏辙这次"专攻人主",别有用心,目的是为了维护宰相。因此,他打死也不肯给苏辙起草任命状。时任宰相的韩琦苦笑说:你们没看见苏辙在策论中大骂"宰相不足用"吗,这是维护宰相吗?[1]

这名倔强的知制诰,叫作王安石。王安石既然不肯给苏辙的任命状草词,也不好勉强,只能换一个知制诰来起草。最终,总算顺利完成了对苏辙的任命。以仁宗皇帝名义公布的任命书是这么说的:

> 朕奉先圣之绪,以临天下,虽夙寤晨兴,不敢康宁,而常惧躬有所阙,羞于前烈。日御便坐以延二三大夫垂听而问。而辙也,指陈其微,甚直不阿。虽文采未极,条实未究,亦可谓知爱君矣。朕亲览见,独嘉焉。其以辙为州从事,以试厥功,克慎尔术,思永修誉。[2]

---

1 李焘:《续资治通鉴长编》卷一百九十四。
2 苏辙:《苏辙集》附录《苏颍滨年表》。

小苏御试策论风波总算尘埃落定。谏官杨畋提议说，此为美事，可传之后世，当付史馆记录下来："苏辙，臣所荐也。陛下赦其狂直而收之，此盛德事，乞宣付史馆。"仁宗甚悦，"从之"。司马光也趁机上疏进言："道路流言，陛下近日宫中燕饮，微有过差，赏赉之费，动以万计，耗散府库，调敛细民。……伏望陛下当此之际，悉罢燕饮，安神养气……"仁宗也"嘉纳之"。[1]

看得出来，仁宗皇帝对于身后名声还是十分在意的。他的克制与宽容，既是出于天性，许多时候也是出于对历史评价的敬畏。

第四节　众贤在朝

嘉祐年间，不但苏轼、苏辙、王安石、司马光等新秀开始崭露头角，庆历时期被贬谪的一批名臣也先后回到朝廷：庆历新政的主政者之一富弼已于至和二年六月拜相；新政的重要支持者欧阳修外放数年，在至和元年入阙拜见仁宗，仁宗见他一头白发，心中恻然，"问在外几年，今年几何，恩意甚至"[2]，留欧阳修在京，判吏部流内铨，不久后又任翰林学士。

1　李焘：《续资治通鉴长编》卷一百九十四。
2　李焘：《续资治通鉴长编》卷一百七十六。

宋仁宗

至和二年夏，御史官严辞弹劾宰相陈执中之时，欧阳修也上疏请仁宗"以御史前后章疏出付外廷，议正执中之过恶，罢其政事，别用贤才，以康时务，以拯斯民，以全圣德"[1]，不获同意，便自乞补外。仁宗批准了辞呈，不过御史赵抃、知制诰刘敞极力挽留："(欧阳修)议论不阿执政，有益当世者，诚不宜许其外补，使四方有以窥朝廷启奸幸之心。"仁宗纳其言，于至和二年七月初，复拜欧阳修为翰林学士。

同年六月，仁宗又以早年当过御史的张昇接替孙抃，出任御史中丞。张昇也是一位不惧权贵的直臣，在御史中丞任上，"弹劾无所避"[2]。

张昇拜御史中丞、欧阳修复翰林学士、富弼入相，恰好差不多同时，都是在至和二年六七月，时人"咸谓三得人也"[3]。

到了嘉祐元年七月，仁宗召庆历新政的另一位主政者韩琦回朝，充三司使，不久拜枢密使，三司使之职则由张方平接任。

张方平是杰出的经济人才，跟苏轼一样，也是"贤良方正能直言极谏科"出身，庆历年间曾权三司使，让"京师有三年粮，而马粟倍之"，之后张方平离任，"马粟仅足一岁，而粮亦减半"。张方平再度主计国家财政之后，大力发展漕运，慢慢地，京师复有"五年之蓄"。[4]

可惜庆历新政的最重要推手、前参知政事范仲淹已于皇祐四年五月卒于知颍州任上。起初，仁宗听闻范仲淹得病，"遣

---

1 李焘：《续资治通鉴长编》卷一百八十。下同。
2 李焘：《续资治通鉴长编》卷一百八十四。
3 李焘：《续资治通鉴长编》卷一百八十。
4 李焘：《续资治通鉴长编》卷一百八十三。

使赐药存问"[1]。然而，很快就传来了范氏身故的消息，仁宗又悲伤哀悼了很长一段时间，复遣使慰问其家人，赐谥"文正"，为至美之谥也。如果范仲淹健在，相信嘉祐年间也会回朝主政。

还有前宰相杜衍，因为年迈，已经以太子太师的身份致仕，退寓应天府。皇祐二年，仁宗曾召杜衍赴京师陪祀明堂，"令应天府以礼敦遣，仍于都亭驿、锡庆院优备供帐、几杖待其至"[2]，但杜衍上手疏，称疾力辞。仁宗又遣中使赏赐药物。过了几年（嘉祐二年），杜衍便去世了。

嘉祐元年十二月，仁宗还任命天章阁侍讲胡瑗管勾太学。胡瑗，与石介、孙复并称"宋初三先生"[3]，是仁宗朝的大学者，曾为湖州州学教授，深受学生爱戴，"诸生亦信爱如其父兄，从之游者常数百人"。庆历年间朝廷建太学，即命人"下湖州取其法，着为令"，皇祐四年，胡瑗又出任国子监直讲，在太学讲课。礼部试录取的太学毕业生，胡瑗的"弟子十常居四五"。因此，越来越多的太学生都选择听胡瑗的课，"其徒益众，太学至不能容，取旁官舍处之"，宋朝的太学是允许旁听的，胡瑗上课时，又"常有外来请听者，多或至千数人"[4]。于是，胡瑗获擢为天章阁侍讲，任经筵讲官，兼管勾太学。

也是在嘉祐元年十二月，仁宗擢权知开封府曾公亮为参知政事，曾公亮"治郡有能名"，出任地方官时，盗贼不敢在其治下作案，"悉窜他郡"，所以当地社会治安很好，民不闭户，

---

1 脱脱等:《宋史·范仲淹传》。
2 李焘:《续资治通鉴长编》卷一百六十九。
3 李焘:《续资治通鉴长编》卷一百八十四。下同。
4 程颢、程颐:《二程集》之《河南程氏文集》卷七《回礼部取问状》。

地方父老给曾公亮送了一个名号:"曾开门"。[1]

接替曾公亮权知开封府的,是大名鼎鼎的包拯。包拯"立朝刚严,闻者皆惮之,至于闾里童稚妇女亦知其名,贵戚、宦官为之敛手"[2]。他就任开封府首长后做的第一件大快人心之事,就是废除开封府的牌司。牌司是开封府法院接收诉状的机构,按旧制,"凡讼诉,不得径造庭下,府吏坐门,先收状牒,谓之牌司"。这是常见的诉讼受理程序,只是牌司有时候会刁难诉讼人,比如借故不予受理之类。包拯到任后,干脆废弃牌司,打开法院正门,老百姓来告状,"径使至庭自言曲直,吏民不敢欺"。

包拯在知开封府任上的另一个大动作是强力拆除违章建筑。嘉祐元年五月京师之所以发生水灾,原因之一是城中的排泄系统被破坏,"中官、势族筑园榭多跨惠民河,故河塞不通"。包拯命人将这些违章建筑"悉毁去"。

在元明以降民间文人创作的"包公案"故事中,包拯被塑造成一位明察秋毫的神探、执法如山的法官,但"包公案"所有故事都出自文人虚构,包拯知开封府的时间并不长,大约只有一年半,任上也没有处理过什么疑难案件。实际上,包拯作为开封府的行政长官,并不需要亲自审理太多讼案,因为开封府设有专门的法院,负责审理、裁决刑案与民商事诉讼,包括左右厅、使院、府院、左右军巡院、勾当左右厢公事;而且,这些法院都配置有专职、专业的司法官,他们通常需要先通过

---

1 李焘:《续资治通鉴长编》卷一百八十二。
2 李焘:《续资治通鉴长编》卷一百八十四。下同。

司法考试（宋人称为"试法官"），才得以出任司法官。

包拯留在历史上的政声，主要体现在言职方面。皇祐年间，力阻张尧佐拜宣徽南院使的台谏官员就有包拯。之后包拯离开谏院，出任地方，嘉祐初才回朝，及至嘉祐三年，包拯又回归言职，出任御史中丞。

嘉祐三年六月，仁宗对内阁作了改组，起因是首相文彦博被御史弹劾。原来，盐铁副使郭申锡因与河北都转运使李参闹矛盾，举报李参升迁乃是走文彦博后门，御史张伯玉随即对文彦博提起弹劾。事连大臣，不可敷衍。仁宗便任命谏官吴中复调查此事，最后发现郭申锡、张伯玉所指控皆不实。张伯玉是言官，有风闻奏事的特权，可以免予追究责任；郭申锡则不能免责，被降知滁州，并敕榜朝堂，公开斥责。

文彦博是十分珍视声誉的士大夫，尽管所受指控不实，但已自感不安，数次上书求退。仁宗只好同意文彦博罢相，出判河南府；另拜次相富弼为首相，枢密使韩琦为次相。

仁宗朝后期，枢密院常置两位枢密使，嘉祐三年内阁改组前，枢密使分别是韩琦与贾昌朝，因文彦博请辞宰相，台谏官很担心由贾昌朝接任，于是集体弹劾贾昌朝"交通女谒，建大第，别为客位以待宦官"[1]，迫使贾昌朝罢枢密使。

韩琦拜相，贾昌朝罢政，枢密使的位子分别由宋庠与田况接替。宋庠在皇祐元年曾任次相，但因为"在政府无所建明"[2]，被谏官包拯、吴奎、陈旭弹劾，不得不辞职，如今再度进入中

---

1 李焘:《续资治通鉴长编》卷一百八十七。
2 李焘:《续资治通鉴长编》卷一百七十。

枢。田况则是能吏,之前知益州,政声很好,凡有诉讼,田况对懦弱不能自伸者,"必委曲问之",被蜀人称为"照天蜡烛"。[1]至和元年,田况始入中枢任枢密副使。

其他的内阁成员还有:参知政事王尧臣、曾公亮,枢密副使程戡、张昇。张昇是从御史中丞任上擢为枢密副使的,空出来的御史中丞之位即由权知开封府包拯接任,欧阳修则接替包拯,任开封府行政长官,兼领翰林学士之衔。

嘉祐人才之盛,让对富弼、韩琦之施政不甚满意的南宋学者叶适也不能不承认:"仁宗初年,尝有党论。至和、嘉祐之间,昔所废弃,皆复湔洗,不分彼此,不间新旧,人材复合,遂为本朝盛时。"[2]其时,因富弼为宰相,欧阳修为翰林学士,包拯为御史中丞,胡瑗为天章阁侍讲,时人谓之"四真"在朝。四真者,"真宰相""真翰林学士""真中丞""真先生"也。[3]

包拯刚接棒御史中丞,就向仁宗提了一个皇帝很不喜欢听的建议:"东宫虚位日久,天下以为忧,群臣数有言者,卒未闻有所处置。未审圣意持久不决,何也?夫万物皆有根本,而太子者,天下根本也。根本不立,祸孰大焉。"[4]仁宗很不高兴地反问他:"卿欲谁立?"包拯说:"臣非才备位,所以乞豫建太子者,为宗庙万世计尔。陛下问臣欲谁立,是疑臣也。行年七十(是年包拯实六十岁),且无子,非邀后福者,唯陛下裁察。"仁宗这才欣然说:"徐当议之。"

---

1 孔平仲:《谈苑》卷三。
2 叶适:《水心文集》卷一《上宁宗皇帝札子》。
3 洪迈:《容斋随笔》之《容斋五笔》卷三《嘉祐四真》。
4 李焘:《续资治通鉴长编》卷一百八十七。下同。

我们可以发现，从王举正到孙抃，再到张昇、包拯，皇祐—嘉祐期间，连续四任御史中丞都是个性鲜明、直言无畏之人。包拯在御史中丞任上，还干了一件大事——将三司使张方平拉下马。

事情应从嘉祐四年春天的一起民事诉讼案讲起：这一日，一名刘姓老妪到开封府，状告侄子刘保衡"亡赖豪纵，坏刘氏产"[1]。原来，刘保衡向三司承包了东京一家官营酒店，却因经营不善，"负官麹钱百余万"，欠下三司一千多贯钱。三司遣吏索债，刘保衡只得变卖祖业——京城一处宅院来偿还债务。刘老妪所告之事，就是刘保衡未经她同意，便卖掉祖宅。

这原本是一起寻常的民事诉讼案。但开封府法官在调查刘保衡房产交易时，却发现向刘保衡买下宅院的买家，竟然是现任三司使张方平，这就不是简单的民事诉讼了。权御史中丞包拯很快就上书劾奏张方平："方平身主大计，而乘势贱买所监临富民邸舍，无廉耻，不可处大位。"包拯的弹劾是有道理的，因为刘保衡的债权人是三司，而张方平是三司的行政长官，现在刘保衡卖房还债，恰好又是你张方平将房子买下来，那谁知道在交易的过程中有没有不正当的利益输送，或者单方面恃势压价的不公正行为。

随后，"台中僚属相继论列"，御史台的言官都纷纷要求处分张方平。嘉祐四年三月，宋仁宗应御史台的要求，下诏罢免张方平三司使之职，出知陈州，同时任命刚回京述职的知益州宋祁接任三司使。

---

[1] 李焘：《续资治通鉴长编》卷一百八十九。下同。

但这一人事安排又遭包拯强烈反对。包拯的理由是，宋祁在益州时，"多游宴"，贪图享乐，不宜升迁；而且，宋祁的兄长宋庠是执政官，宋祁应该避嫌，"不可任三司"。仁宗不听，包拯就"累论之不已"。宋庠也说，自己"身处机密，弟总大计，权任太重"，确实不合适，"乞除祁外官"，因此，宋祁在三司使的位子上屁股还未坐热，又改知郑州。

那么谁来当三司使呢？宋仁宗大概觉得，以前张尧佐担任三司使时，你包拯认为不合适；张方平任三司使，也被你弹劾下来；现在宋祁又被你赶走了，不如你老包来做这个三司使吧。于是，仁宗下诏："权御史中丞包拯为枢密直学士、权三司使。"

任命状甫一公布，"外议喧然"。翰林学士欧阳修立即上疏反对包拯的任职。因为御史官的天职是监察政府、弹劾官员，你怎么抨击都没有人会觉得过分；但如果"逐其人而代其位"，那即便是自己确无取而代之的野心，外人也不能不有所猜疑。常人皆知"君子防未然，不处嫌疑间，瓜田不纳履，李下不正冠"，何以包拯就不知道回避嫌疑呢？欧阳修希望仁宗"别选材臣为三司使，而处拯他职，置之京师，使拯得避嫌疑之迹，以解天下之惑，而全拯之名节"。

欧阳修的奏疏呈上去，包拯闻知，也提出辞职，居家"避命"，但仁宗皇帝没有批准，过了一段时间，包拯"乃就职"。

这一场人事任命的争议，非常生动地向我们展现了宋朝政治中的"避嫌"伦理：张方平身为三司行政长官，与三司所监临的商人发生私人交易，谁相信里面没有猫腻呢？即使他向刘保衡购买房子时并未使用不正当手段，也难逃瓜田李下之嫌，被御史中丞包拯弹劾，不冤。

包拯反对宋祁接任三司使，理由之一也是"避嫌"——既然你兄长宋庠已经是执政官,弟弟就不应该管执财政大权。

而欧阳修之所以猛烈批评包拯,还是因为包拯不知道避嫌。包拯之前弹劾张方平、宋祁,也许是出于公心,但由于他不知避嫌,自己取而代之当了三司使,这"公心"便免不了要被怀疑。所以,我们认为,欧阳修的批评是有道理的。

不过,包拯就任三司使之后,工作却是做得有声有色。以前,京师官司的公用物资,主要来自"科率":"三司视库务所积丰约下其数诸路,诸路度风土所宜及民产厚薄而率买,谓之科率。诸路用度非素蓄者,亦科率于民。"[1] 科率虽是政府出钱购买,但具强制性,未免扰民。包拯任三司使后,罢科率,改为"置场和市",以自由交易的方式获取政府公用物资,"民得无扰"。[2] 因此,嘉祐六年四月,包拯又得晋升,拜枢密副使。

这一年,执政团队又有所调整:三月,富弼因母丧辞职丁忧。六月,仁宗起复富弼为首相,但富弼固辞不拜,仁宗遂拜韩琦为首相、曾公亮为次相、张昇为枢密使,参知政事则为孙抃、欧阳修,枢密副使为包拯、赵槩、胡宿。

嘉祐年间,富弼、韩琦相继担任首相,与庆历新政期间二人并为枢密副使相比,地位与权力已不可同日而语,但二人都不再如从前那般锋芒毕露、急躁冒进。从庆历到嘉祐,十余年的磨炼,让他们的从政经验更加丰富,处事更加老成持重,为人更加宽厚大度。

富弼为相,"守格法,行故事,而附以公议,无心于其间,

---

1 李焘:《续资治通鉴长编》卷一百六。
2 李焘:《续资治通鉴长编》卷一百九十三。

故百官任职，天下无事"[1]。而日常接待宾客，富弼又极为谦和，"虽微官及布衣谒见，皆与之抗礼，引坐，语从容，送之及门，视其上马，乃还"[2]。在富弼之前，宰相待人接物，高高在上，"礼绝百僚，见者无长幼皆拜，宰相平立，少垂手扶之；送客，未尝下阶；客坐稍久，则吏从傍唱'相公尊重'，客踧踖起退"。自富弼改变宰臣待客礼仪之后，"自是群公稍稍效之"。

韩琦也是"折节下士，无贱贵，礼之如一，尤以奖拔人才为急，傥公论所与，虽意所不悦，亦收用之，故得人为多"[3]，时人称"韩魏公得宰相体，时曾鲁公（曾公亮）为亚相，赵悦道（赵抃）、欧阳永叔（欧阳修）为参政。凡事该政令，则曰：'问集贤（曾公亮）。'该典故，曰：'问东厅（赵抃）。'文学，则问西厅（欧阳修）。至于大事，则自与决之矣"[4]。

我想，倘若范仲淹健在，此时他也应该是一位从容宽厚的长者。

1　苏轼：《苏轼文集》卷十八《富郑公神道碑》。
2　司马光：《涑水记闻》卷第十五。下同。
3　脱脱等：《宋史·韩琦传》。
4　王得臣：《麈史》卷一。引文中所说的"赵悦道、赵抃"，实为"孙抃"，应是王得臣将孙抃误记为赵抃。

第十四章 嘉祐之治（下）

嘉祐元年至嘉祐七年（1056—1062）

第一节　嘉祐嘉政

嘉祐八载（1056—1063），总是让我们联想到庆历三、四年（1043—1044），因为庆历有"庆历新政"，嘉祐有"嘉祐之治"。庆历新政的主政者是范仲淹、富弼、韩琦，嘉祐之治的主政者是文彦博、富弼、韩琦，其中富弼与韩琦都是两度执政，但他们前后的施政风格却存在着巨大反差，这一点多名宋朝人都观察到了，只不过不同的人给出的评价也大不相同：

>前辈谓韩魏公（韩琦）庆历嘉祐施设，如出两手，岂老少之异欤。[1]

>欧阳修言（富）弼明敏而果锐，此初执政时也，作相后则不然矣。弼初执政，更张之意，过于范、韩，

1　吴曾：《能改斋漫录》卷十。

宋仁宗

至作相，乃以一切坚守，无所施为。为是，虽如琦之微有改作，亦不能从也。古之贤相，因忧患而益明，周公是也，弼因忧患益昏，而犹欲自以为贤，非余所知也。[1]

仁宗朝，贾昌朝、陈执中恶杜衍、韩琦、范仲淹、欧阳修等，亦指以为党，而相与为胜负者二十余年。至嘉祐中，韩琦为相，罔念旧怨，凡所进用之人，不分彼此，惟才是用，故朋党之议不治自消。[2]

庆历中，富郑公（富弼）、韩魏公俱少年执政，颇务兴作。章郇公（章得象）位丞相，终日默然如不能言。或问郇公："富、韩勇于事为何如？"曰："得象每见小儿跳踯戏剧，不可诃止，俟其抵触墙壁自退耳。方锐于跳踯时，势难遏也。"后富、韩二公，阅历岁月，经涉忧患，始知天下之事不可妄有纷更。而王荆公（王安石）者，年少气盛，强项莫敌，尽将祖宗典制变乱之。二公不可救止而去，始叹郇公之言为贤也。[3]

嘉祐年间，仁宗的年纪也大了，不复有庆历"兴作"的激情。嘉祐三年十月，王安石献万言书，极陈宋王朝面临之危机："顾

---

1 叶适：《习学记言》卷四十八《吕氏文鉴》。
2 汪藻：《靖康要录笺注》卷九。
3 邵博：《邵氏闻见后录》卷第二十。

内则不能无以社稷为忧,外则不能无惧于夷狄,天下之财力日以困穷,而风俗日以衰坏,四方有志之士,諰諰然常恐天下之久不安。此其故何也?患在不知法度故也。今朝廷法严令具,无所不有,而臣以谓无法度者何哉?方今之法度,多不合乎先王之政故也。"[1]并提出"法先王"的改革思路:"改易更革天下之事,合于先王之意。""法先王"是王安石提出来对抗"祖宗法"的旗号。但仁宗读到这份万言书,已经不像十五年前接到范仲淹《答手诏条陈十事》时那样振奋了,他也不打算贸然变革祖宗法度。

过了几年,嘉祐六年,王安石又上时政疏,批评皇帝"因循苟且":"以臣所见,方今朝廷之位,未可谓能得贤才,政事所施,未可谓能合法度,官乱于上,民贫于下,风俗日以浇薄,才力日以困穷,而陛下高居深拱,未尝有询考讲求之意。此臣所以窃为陛下计,而不能无慨然者也。夫因循苟且,逸豫而无为,可以徼倖一时,而不可以旷日持久。"[2]也许在读到王安石充满焦灼语气的奏疏之时,仁宗的内心是有感触的,但他和执政团队对王安石之议的反应都十分冷淡。

自庆历三年至嘉祐年间,仁宗与宰辅都经历了从理想主义到保守主义的转变。嘉祐六年刚进入执政团队的胡宿更是一名"谨静"的保守派,对"更张庶事以革宿弊"的主张公开表示厌恶:"变法古人所难,不务守祖宗成法而徒纷纷,无益于治也。"[3]

然而,如果我们以为嘉祐年间的执政团队只是一味因循守

---

1 王安石:《临川先生文集》卷第三十九《上仁宗皇帝言事书》。下同。
2 王安石:《临川先生文集》卷第三十九《上时政疏》。
3 李焘:《续资治通鉴长编》卷一百九十五。

旧,全无兴革,则是以片面的史论遮蔽了复杂的史实。事实上,富弼与韩琦主政之时推出的诸多举措,可谓是庆历新政的延续,一部分试点还是熙宁变法的先声。只不过,嘉祐之治的展开,既不同于庆历新政的雷声大雨点小,也有异于熙宁变法的疾风骤雨,而是以局部改良的方式,"杜一隅,补一隙"[1],零零碎碎,不成体系,不立纲领,不发宣言,因而,似乎没有引起史家的关注。

我们且择其主要者,概述于下:

嘉祐元年四月,朝廷"更定选举补荫之法",经两制官集议,中书、枢密院裁定,出台了限制补荫的新办法,"自是每岁减入流者无虑三百员"。[2] 入流,即获得官品。这一做法实际上就是范仲淹"抑侥幸"的制度化。

嘉祐二年十二月,仁宗下诏:"自今间岁贡举,进士、诸科悉解旧额之半。进士增试时务策三条,诸科增试大义十条。"[3] 次年,仁宗又下诏缩减放榜唱名后立刻授官的进士数目:"朕惟国之取士,与士之待举,不可旷而冗也。故立间岁之期,以励其勤,约贡举之数,以精其选,著为定式,申敕有司,而高第之人,日尝不次而用,若循旧例,终至滥官,甚无谓也。"[4] 亦即恢复庆历"精贡举"的科举考试改革。

选举、补荫之法的更革,意在减少冗官;之后,仁宗又命三司详定"省减冗费",设"省减司"于三司,"罢民间科率及

---

[1] 吕中:《宋大事记讲义》卷九。
[2] 佚名:《宋史全文》。
[3] 李焘:《续资治通鉴长编》卷一百八十六。
[4] 李焘:《续资治通鉴长编》卷一百八十八。下同。

营造不急之务","自是多所裁损";又在诸路裁减冗兵,淘汰厢军、禁军中的老弱和病患之兵。这些,都是针对"三冗"问题而出台的举措。

嘉祐二年,朝廷令前任御史中丞孙抃、现任御史中丞张昇磨勘各路转运使、副使及提点刑狱官的课绩,又订立考查转运使、提刑官政绩的考课法。此亦范仲淹"明黜陟"的细则化。

嘉祐三年十一月,仁宗诏诸路转运使及开封府界提点司"体量牙前(衙前)之役,有重为民害者,条奏之,能件析便利,大去劳敝者,议赏"。之后,又令知谏院杨畋"详定宽恤民力事"[1],"自是州县力役多所裁损,凡省二万三千六百二十三人",减轻了民户的差役负担。这不正是庆历新政的"减徭役"吗?而且,效果不是更显著吗?

这期间,一些州郡还出现了以募役代替差役的尝试,比如知明州(今浙江宁波)的钱公辅"取酒场官卖收钱,视牙前役轻重而偿以钱,悉免乡户,人皆便之"[2];越州(今浙江绍兴)亦有"取酒场钱给募牙前,钱不足,赋诸乡户,期七年止"[3]的做法,开熙宁年间"募役法"改革之先河。

嘉祐四年八月,仁宗又从中书门下之奏请,派遣官员分往诸路,"相度均税"[4],为即将进行的均田税改革做好前期调查。次年在三司置局详定均税法,以权三司使包拯总领其事,之后又任命谏官司马光等"并同详定"。

---

1 王应麟:《玉海》卷一百八十六。下同。
2 李焘:《续资治通鉴长编》卷一百九十一。
3 脱脱等:《宋史·曾巩传》。
4 徐松辑:《宋会要辑稿·食货七〇》。下同。

为什么要均税？因为仁宗朝田赋不均的问题已经相当严重："宋克平诸国，每以恤民为先务，累朝相承，凡无名苛细之敛，常加划革，尺缣斗粟，未闻有所增益。一遇水旱徭役，则蠲除倚格，殆无虚岁，倚阁者后或凶歉，亦辄蠲之。而又田制不立，圳亩转易，丁口隐漏，兼并冒伪，未尝考按，故赋入之利视前代为薄。"[1] 赋税不均，不但造成征税的不公平，而且影响了政府的财税收入。

仁宗亲政后，曾于景祐时在洺州肥乡县（今河北邯郸）试点均税，即官方重新丈量土地，根据民户实际所占土地亩数调整税额。庆历三年与皇祐三年，朝廷又分别在蔡州上蔡县与博州（今山东聊城）、沧州（今河北沧州）试点均税。经多次试点，到了嘉祐四年，执政团队决定在更大范围丈量土地，推行均税。不过，这次大范围的均税受到一部分朝臣的反对、一部分民户的抗议，最后只均数郡田赋，"于天下不能尽行"[2]。这也是嘉祐之政的特点：一项举措的推行，并未采取雷厉风行的方式，遇到阻力即停止。熙宁变法之"方田均税法"，实为嘉祐均税的延续与扩展。

嘉祐五年（1060）七月，因为"国马之政因循不举，言者以为当有更革也"，朝廷命翰林学士吴奎、户部副使吴中复、判度支判官王安石、右正言王陶共同"相度牧马利害以闻"，拉开了马政改革之序幕，下启熙宁变法之"保马法"。[3]

嘉祐政府还将很多的精力与物力投入于改善民生。嘉祐

---

1 脱脱等：《宋史·食货志》。
2 李焘：《续资治通鉴长编》卷一百九十。
3 李焘：《续资治通鉴长编》卷一百九十二。

元年夏，因河北等地水浸民田，仁宗诏开封府界、京东路、路西、河北路转运司"选官蠲放税赋"；又从内藏库中拨出"绢二十万匹、银十万两，赈贷河北水灾州军"，借灾民麦种；次年五月，河北路向朝廷报告灾情平复，"蚕、麦丰熟，流民复业"，仁宗赶紧下诏告诫："今岁丰稔，民力稍宽，其所部官吏务加安恤，毋得调率以扰之。"[1]

嘉祐二年八月，仁宗依韩琦之议，岁赐各州郡十万至二十万贯钱，用于"选官合药，以时给散"，发放给各地"贫下之家"；又于各州郡设置广惠仓，以诸路户绝田募人承佃，"以夏秋所输之课，给在城老幼贫乏不能自存者"。[2]

嘉祐四年正月，因"雨雪不止，民饥寒"，朝廷"遣官分行京城，视孤穷老病者，人赐百钱，小儿五十，畿县委令佐，赈以糜粥"，这次"赐孤穷老疾之民，用钱千万"。二月，朝廷出台广惠仓福利制度：以司农寺统管各州郡广惠仓，各州选募职、曹官专监广惠仓，"每岁十月，别差官检视老弱疾病不能自给之人，籍定姓名，自次月一日给米一升，幼者半升，每三日一给，至明年二月止；有余，即量诸县大小而均给之"。[3]

嘉祐五年五月，宋政府又在三司设立"宽恤民力司"[4]，遣使出巡各地，访问民间疾苦。次年正月，任命龙图阁直学士傅永、知制诰祖无择"同详定宽恤民力事"[5]，制订宽恤民力的具体

---

1 李焘：《续资治通鉴长编》卷一百八十二，卷一百八十三，卷一百八十五。
2 李焘：《续资治通鉴长编》卷一百八十六。
3 李焘：《续资治通鉴长编》卷一百八十九。
4 李焘：《续资治通鉴长编》卷一百九十一。
5 李焘：《续资治通鉴长编》卷一百九十三。

方案。

自嘉祐元年（至和三年）四月塞商胡决口失败之后，宋政府不再试图挽河归故道，但小规模的治河工程仍在进行。嘉祐元年，三司开始修建自东京至泗州的汴河木岸；嘉祐三年，开凿京师永济河，历时九月而成，"永济"，含有祈愿河道永久安宁之意；嘉祐五年，黄河在下游冲出一条支流，宋人称之为"二股河"[1]，朝廷吸取塞商胡决口失败的教训，没有再行堵塞"二股河"，而是浚通河道，引支河入海，发役夫三千，"一月而毕"。

嘉祐年间可圈可点的政事，还包括多部法律的修订。嘉祐元年九月，仁宗采纳韩琦之议，于三司置司修订"禄令"，以知制诰吴奎、谏官马遵、御史官吕景初为编定官。次年十月，三司完成新编"禄令"十卷，取名《嘉祐禄令》。禄令，换成现代话语，就是《国家公务员工资待遇法》。

嘉祐二年五月，仁宗又任命枢密副使田况提举修订《殿前马步军司编敕》，即适用于诸军士兵的特别法。同年知制诰刘敞提出，如今军事司法制度太简略，不但要专修编敕，更应该在殿前司等军政单位设立专业的检法官，"如此，狱可使不冤，刑可使不误"[2]。两年后宋廷于军政单位置检法官，当是采纳了刘敞的建议。

嘉祐二年八月，韩琦又提议："天下见行编敕，自庆历四年以后，距今十五年，续降四千三百余件，前后多抵牾，请加删定。"[3] 仁宗于是又任命宰相与参知政事曾公亮同提点详定

---

1 李焘：《续资治通鉴长编》卷一百九十二。下同。
2 李焘：《续资治通鉴长编》卷一百八十五。
3 李焘：《续资治通鉴长编》卷一百八十六。

编敕。

编敕是宋代最重要的立法形式，有一套繁复的立法程序：首先，朝廷成立编敕机构，任命编敕详定官与删定官，对历年敕令进行汇编、删定，形成立法草案；然后，草案送刑部、大理寺、中书、枢密院审核；必要时，还要向"在京刑法司、律学官吏"等法律专业人士征求意见，这些法律专业人士若有意见，则"各具所见，申中书，送提举详定官看详。如当改正，即改正刊印颁行"。[1]

《嘉祐编敕》历时五年方告完成，凡十二卷；另有"元降敕但行约束而不立刑名者"[2]，析为《续附令敕》，凡五卷。也就是说，《嘉祐编敕》为适合于全民的刑事法，《续附令敕》则为包括民商事法在内的非刑事法。

嘉祐三年二月，朝廷又任命太常博士韩缜修编《三班院编敕》。北宋的三班院为主管下层武臣注拟、升迁、酬赏的机构，《三班院编敕》即关于下层武臣之注拟、升迁、酬赏的特别法。

同年三月，礼部修订《科举条制》；三司编修"天下驿券则例"[3]，次年正月，三司使张方平送审三司所编驿券则例，仁宗赐名《嘉祐驿令》。宋时，公务出差，可领驿券，凭券在官方驿站免费住宿，使用驿马。《嘉祐驿令》就是规范驿令使用的立法。

闰十二月，又编订《中书五房总例》，中书五房是中书门下下设的五个办公室，《中书五房总例》即是规范中书五房行

---

1 李焘：《续资治通鉴长编》卷二百四十七。
2 李焘：《续资治通鉴长编》卷一百九十六。
3 李焘：《续资治通鉴长编》卷一百八十七。

政的部门法。

嘉祐年间制订的法律，还有民事立法《遗嘱法》，这部民法确立了遗嘱继承的法律效力："财产无多少之限，皆听其与也；或同宗之戚，或异姓之亲，为其笃情义于孤老，所以财产无多少之限，皆听其受也。"[1]

嘉祐年间立法频繁，是因为宋王朝尚法令，宋人总结说，"汉，任人者也；唐，人法并行者也；本朝，任法者也"[2]；"吾祖宗之治天下也，事无大小，一听于法"[3]。所谓"任法""一听于法"，套用现代术语，就是"以法治国"的意思。

第二节　东南茶通商

嘉祐之政中，尤可称道者，是嘉祐四年实施的茶法新政。

宋王朝沿袭唐人故智，将茶叶列为禁榷品，由政府专卖，禁止私贩。不过，具体的榷茶方式又时有调整。宋初，政府"择要会之地"[4]，在东南地区的江陵府（今湖北荆州）、汉阳军（今湖北武汉）、蕲州（湖北蕲春县）、无为军（今安徽无为县）、真州（今江苏仪征）、海州置六处榷货务；又在淮南设十三个山场，"置吏总之"。六务十三场的主要职能就是储存、批发茶叶。

1　李焘：《续资治通鉴长编》卷三百八十三。
2　陈亮：《陈亮集》卷之十一《人法》。
3　叶适：《叶适集》之《水心别集》卷之三《官法上》。
4　脱脱等：《宋史·食货志》。下同。

京师亦设榷货务，但不积茶货。

采茶之民皆隶属于十三山场，叫作"园户"。园户每年按官方分配的定额生产茶叶，所产之茶小部分作为茶租缴纳给官府，余下的茶叶全部由六务十三场收购。官方收购茶叶，照例要按茶叶生产定额预付茶款，谓之"本钱"。

商人贩卖茶叶，必须先在京师或东南榷货务缴纳现钱或金帛，然后得到"茶引"（类似于茶叶提货单），凭茶引至六务十三场提取茶货。茶商与园户不得直接交易；私自交易者，没收茶货，并"计其直论罪"。

这一由六务十三场垄断茶叶交易的制度，我们不妨称之为"官榷制"，是一种间接的国家专卖制度，一级市场由政府垄断，二级市场允许商人经营。

宋太宗雍熙以来，由于朝廷用兵于河北，边境需要大量物资，宋政府便号召商民在沿边折博务入纳现钱或粮草，这叫作"入中"。为鼓励商人积极"入中"，折博务收到商人入纳的物资后，会支付一张面值远超过其入纳物资价值的"交引"，超出物价的那部分价值，叫作"加饶"，商民可凭交引到京师榷货务兑换现钱，或者在榷货务"翻换"[1]为盐钞、茶引。也就是说，在茶叶的贸易中，官榷制与入中制相结合。

宋政府还曾于淳化三年（992）与天圣元年（1023）局部放开茶禁，在淮南地区实行有限的通商制，官方不再给园户预支"本钱"，而是允许园户与茶商直接交易，但交易必须在官茶场中进行，由官方估价，且交易完成之时，茶商要向官方贴

1　徐松辑：《宋会要辑稿·食货三六》。

宋仁宗

纳茶息钱（专卖税），官方则"给券为验，以防私售"[1]，这叫作"贴射法"。园户未能售出的茶叶，还是由官方收购；但所产茶叶若未达到定额，则按其欠数向官府缴纳茶息钱。

另外，宋政府在四川、广南实行的是通商制，但禁止商人擅自将茶叶贩运出境："听民自买卖，禁其出境"。不过，通商制只限于个别地区；贴射法则推行时间极短，且只在淮南试行。官榷制与入中法结合，才是嘉祐四年之前的主流茶法。站在宋朝政府的立场，官榷制具有莫大的好处：官府控制了茶叶交易的一级市场，掌握着绝对的定价权，占据了大部分的市场利润。

但官榷制也存在着严重的弊病：对园户来说，他们必须按配额产茶，若未能完成配额，则可能要"贴田卖屋，力办课程"[2]；对茶商来说，他们与六务十三场交易时，处于劣势，官方对他们常"多有邀难，抑配陈茶"[3]；对政府来说，虽然垄断了茶叶市场，但也必须为此支付运输、储存茶叶以及打击茶叶走私的成本，而且，茶商的利益一旦被侵蚀得厉害，他们便失去贩茶的兴趣，从而导致官茶场茶叶积压，茶课受损。

因此，从太宗朝至仁宗朝，时有人主张废罢官榷制，放开茶禁。仁宗是一名具有保守主义倾向的君主，认同"官不与民争利"的理念，对茶叶官榷制度并不赞赏，也曾多次想要放弃茶权。

天圣七年三月，有人投书朝廷："天下茶盐课亏，请更议

---

1 脱脱等：《宋史·食货志》。下同。
2 张洎：《上太宗乞罢榷山行放法》，收于赵汝愚编《宋朝诸臣奏议》卷一百八。
3 徐松辑：《宋会要辑稿·食货三六》。

其法。"[1]这名进言之人倒不是要废除茶榷,而是建议朝廷设法课到更多茶利。仁宗问三司使寇瑊有何意见,寇瑊说:"议者未知其要尔。河北入中兵食,皆仰给于商旅,若官尽其利,则商旅不行,而边民困于馈运矣。法岂可数更?"仁宗很同意寇瑊的看法,对辅臣说:"茶盐民所食,而强设法以禁之,致犯法者众。但缘经费尚广,未能弛之,又安可数更其法也。"可知在仁宗心目中,茶榷只是迫不得已的权宜之策,并非长久之计。

景祐三年三月,权判户部勾院叶清臣上疏"请弛茶禁"[2],改行通商制,因为官榷制度下,"度支费用甚大,榷易所收甚薄,刲剥园户,资奉商人,使朝廷有聚敛之名,官曹滋滥虐之罚,虚张名数,刻蠹黎元"。

叶清臣给仁宗算了一笔账:"臣窃尝校计茶利岁入,以景祐元年为率,除本钱外,实收息钱五十九万余缗。又天下所售食茶,并本息岁课,亦只及三十四万缗,而茶商见通行六十五州军,所收税钱已及五十七万缗。若令天下通商,只收税钱,自及数倍,即榷务、山场及食茶之利,尽可笼取。又况不费度支之本,不置榷易之官,不兴辇运之劳,不滥徒黥之辟。"通商制的收益远大于官榷制。

仁宗下诏,令三司与详定茶法所相度茶法利害以闻,但三司、详定茶法所都认为叶清臣之议"不可行"。

庆历三年夏,范仲淹、韩琦已回朝执政,朝中又开议"弛茶盐之禁及减商税"[3],但范仲淹说:"茶盐、商税之入,但分减

---

1 李焘:《续资治通鉴长编》卷一百七。下同。
2 李焘:《续资治通鉴长编》卷一百一十八。下同。
3 李焘:《续资治通鉴长编》卷一百四十一。下同。

商贾之利尔,于商贾未甚有害也。今国用未省,岁入不可阙,既不取之于山泽及商贾,必取之于农。与其害农,孰若取之商贾。今为计莫若先省国用,国用有余,当先宽赋役,然后及商贾,弛禁非所当先也。"范仲淹其实是赞成放开茶禁的,只是他认为,现在还不是开禁的时候。

由于执政团队无意于放开茶禁,"其议遂寝"。六月,仁宗下诏:"议者多言天下茶、盐、矾、铁、铜、银坑冶之有遗利,朕惧开掊刻之政,常抑而不宣。然尚虑有过取而伤民者,转运司其谕所部官吏条上利害以闻。"虽让官员报告茶法利害,却无所更张。

九月,仁宗又下诏,批准一项准许触犯茶禁之商民适用赎刑的议案:"先王用法简约,使人知禁而易从。后代设茶盐酒税之禁,夺民厚利,刑用滋章。……有非著于律者,或细民难知,或人情不免,或冒利犯禁,或奢侈违令,或过误可悯之类,别为赎法,乡民以谷麦,市人以钱帛。"[1]

但谏官余靖等人强烈反对这一诏命:"臣不知谁为陛下画此谋者,徒知高谈而不知适时之变也。今三边有百万待哺之卒,计天下二税上供之外,能足其食乎?故茶盐酒税、山泽杂产之利,尽归于官,尚犹日算岁计,恐其不足。民贪其利而犯禁者,虽死不避也。今乃一为赎刑,以宽其禁,三军之食,于何取之?……伏乞追改前诏,特令寝罢。"迫使仁宗不得不追回诏书。

次年,即庆历四年七月,范仲淹上疏奏请茶盐通商:"天下茶盐出于山海,是天地之利以养万民也。近古以来,官禁其源,

---

[1] 李焘:《续资治通鉴长编》卷一百四十三。下同。

人多犯法。今又绝商旅之路，官自行贩，困于运置。……是有司与民争利，作为此制，皆非先王之法也。……臣请诏天下茶盐之法，尽使行商……"[1]但此时范仲淹已离朝巡边，人不在中书，"茶盐通商，讫未施行"。

很快到了嘉祐三年，又有一批下层官员纷纷上书朝廷，"陈通商之利"[2]。他们建议，"罢给茶本钱，纵园户贸易，而官收税租钱与所在征算归榷货务，以偿边籴之费，可以疏利源而宽民力"。宰执富弼、韩琦、曾公亮等都赞同废除茶禁，所以将下层官员的通商之议力陈于仁宗之前。

九月初五，仁宗下诏，命翰林学士韩绛、知谏院陈旭、侍御史知杂事吕景初在三司置局，议弛茶禁。

十月，三司使张方平向仁宗报告了三司议弛茶禁所达成的意见："茶课缗钱岁当二百四十四万八千，嘉祐二年才及一百二十八万，又募人入钱，皆有虚数（指入中制下给予商人的"加饶"），实为八十六万，而三十九万有奇是为本钱，才得子钱四十六万九千而已，其辇运靡费丧失与官吏、兵夫廪给杂费又不与焉。至于园户输纳，侵扰日甚，小民趋利犯法，刑辟益蕃，获利至小，为弊甚大。宜约至和之后一岁之数，以所得息钱均赋茶民，恣其买卖，所在收算。请遣官询察利害以闻。"[3]

跟之前叶清臣一样，张方平也给仁宗算了一笔账：按计划，榷货务出售茶引所得茶利，应当有二百四十四万八千贯，但嘉祐二年的茶课实际上才有一百二十八万贯，这其中，有

---

1 李焘：《续资治通鉴长编》卷一百五十一。下同。
2 李焘：《续资治通鉴长编》卷一百八十八。下同。
3 李焘：《续资治通鉴长编》卷一百八十九。

四十二万贯是入中的"加饶",官府实收只有八十六万贯。这八十六万贯中,又有三十九万余贯是政府拨给园户的本钱,毛利只有四十六万九千贯而已,运茶过程中的损耗与人力成本尚未扣除。所以,张方平用"获利至小,为弊甚大"来形容茶叶的官榷制,认为应该废除官榷制,实行通商制。不过,出于谨慎起见,张方平又建议朝廷"遣官询察利害以闻"。

仁宗依其议,诏遣特使分赴六路,调查更张茶法的可行性。这些特使回朝后,都报告说,如三司所议,更革茶法是可行的。于是,嘉祐四年二月,仁宗颁下《通商茶法诏》:

> 敕:古者山泽之利与民共之,故民足于下而君裕于上,国家无事,刑罚以清。自唐末流,始有茶禁,上下规利,垂二百年。迩闻比来,为患益甚。民被诛求之困,日惟咨嗟;官受滥恶之入,岁以陈积。私藏盗贩,犯者实繁。严刑重诛,情所不忍。使田间不安其业,商贾不通于行。呜呼!若兹,是于江湖之间幅员数千里,为陷阱以害吾民也。朕心恻然,念此久矣,间遣使者,往就问之。而皆欢然,愿弛榷法,岁入之课,以时上官。一二近臣,件析其状,朕嘉览于再,犹若慊然。又于岁输,裁减其数,使得饶阜,以相为生,划去禁条,俾通商贾。历世之弊,一旦以除,著为经常,弗复更制,损上益下,以休吾民。尚虑喜于立异之人,缘而为奸之党,妄陈奏议,以惑官司,必置明刑,用戒狂谬。布告遐迩,体朕意焉。[1]

---

[1] 欧阳修:《欧阳修全集》卷八十六《通商茶法诏》。

这份《通商茶法诏》出自翰林学士欧阳修之手笔。

实行了近一百年的茶叶官榷制终于被宣告结束,改行通商法。其法"园户之种茶者,官收租钱,商贾之贩茶者,官收征算,而尽罢禁榷"[1]。官府废罢六榷货务、十三山场,不再参加茶叶交易,只向园户征收茶租、向茶商征收茶税,茶商与园户自由交易。不过,茶叶仍然被当成一种特殊的商品,茶商需要先向官府申领贩茶引凭(类似茶叶经营特许状),才可以从事茶叶运贩,贩茶引凭规定了茶叶的经销区域与完税期限,目的是确保政府征收到茶税。

在分配茶租时,三司提议将禁榷之时榷货务出售茶引所得之岁课(取历年茶课中位数)分摊给各园户,合计"缗钱六十八万有奇,使岁输县官(朝廷)"[2]。不过仁宗认为,每年六十八万贯的茶租太高了,只怕园户负担不起,将园户茶租裁去一半,只让园户"岁输缗钱三十三万八千有奇"。

嘉祐通商茶法施行之后,园户与茶商取得了自由交易的权利,官府的茶课收入也略有增长。据北宋沈括计算,茶叶官榷之时,政府一年所得茶利主要来自两块:官卖茶叶之净利、向茶商征收之茶税,其中官卖茶叶净利约六十四万九千贯(取一年最中数,下同),茶税约四十四万五千贯,合计约一百零九万四千贯。通商后,政府一年所收茶课,主要是向园户征收的茶租、向茶商征收的茶税,其中茶租约三十六万九千贯,茶税约八十万六千贯,合计约一百一十七万五千贯,增加了八万

---

1 马端临:《文献通考·征榷考》。
2 李焘:《续资治通鉴长编》卷一百八十九。下同。

贯。[1]如果考虑到通商后还节省了一大笔管理六务十三场与缉拿茶叶走私的人力开支，茶叶通商带给宋政府的收益其实远大于账面可见的区区八万贯钱。

显然，嘉祐四年的茶法改革，是一项三方（政府、园户、茶商）共赢的举措。不过，还是有个别士大夫反对茶法更革，比如知制诰刘敞，他于嘉祐五年上书，质疑茶法通商的效果："古人有言：'利不百，不变法。'盖言立事之难也。朝廷变更茶法，诚欲便百姓、阜国用而已。自变法以来，由东南来者，更言不便。"[2] "不便"的体现之一：茶叶官榷之时，园户可先从官方那里领得本钱，如今茶叶通商，却必须向官府缴纳茶租，"受纳之间，利害百倍"。只能说，刘敞这类文人完全缺乏最基本的经济学与数学训练。

替仁宗起草《通商茶法诏》的欧阳修，其实对茶叶通商法也是有异议的，嘉祐五年他亦上疏："朝廷近改茶法，欲救其弊失，而为国误计者，不能深思远虑，究见本末，惟知图利而不图其害。"欧阳修认为茶之新法有"五害"，其中之一"害"就是："往时官茶，容民入杂，故茶多而贱，今民自买卖，须要真茶，真茶不多，其价遂贵……"官茶不讲究质量，价钱低廉，居然成了官榷制的优点；而商茶讲求质量，价贵，却被欧阳修目为通商制的害处。简直莫名其妙。

我们读宋人的政论，看到诸如欧阳修、苏轼之类的文学之士以及诸如司马光、刘敞之类的正统士大夫论经济，常常会有类似的莫名其妙之感。

1　参见沈括：《梦溪笔谈》卷十二。
2　李焘：《续资治通鉴长编》卷一百九十一。下同。

面对欧阳修、刘敞的质疑，宰相富弼说："近罢榷茶，改二百余年之弊法，不能无些小未适便处，须略齐整可矣。譬犹人大病方愈，须用粥食、汤药补理，即便平复矣。"[1]仁宗点头同意富弼的看法。茶法通商遂成定局。除福建部分地区仍实行官榷制之外，通商法"肆行天下矣"[2]。

直到四十余年后，宋徽宗崇宁元年（1102），蔡京当国，才废除了东南茶叶通商制，恢复官榷制。

第三节　解盐通商

嘉祐三年秋七月，朝廷议论更革东南茶法之时，仁宗又应三司使张方平及御史中丞包拯的推荐，起复度支员外郎范祥制置解盐，让范祥继续主持解盐的通商改革。

食盐是特殊的商品，自汉唐以来，就被列为禁榷品，由国家专卖，不允许私贩。宋朝也一样："宋自削平诸国，天下盐利皆归县官。官鬻、通商，随州郡所宜，然亦变革不常，而尤重私贩之禁"[3]。

宋朝食盐可分三大类：东南海盐、四川井盐、陕西池盐。大体而言，北宋对海盐实行有限的通商，"听人贸易，官收其算"；对四川地区的井盐则分大井、小井，大井设盐监，官掌官鬻，

1　龚鼎臣：《东原录》。
2　李焘：《续资治通鉴长编》卷一百八十九。
3　脱脱等：《宋史·食货志》。下同。

小井则任土民自卖,完税后"听往旁境贩卖,唯不得出川峡"。

陕西解州(今山西运城)出产的池盐,宋人称为"解盐",主要实行"官鬻制",即直接专卖制。官府征用当地民夫在解池"种盐","户岁出夫二人,人给米日二升,岁给户钱四万",这些被征用来"种盐"的民夫,叫作"畦夫",服役时间为五年,每年必须完成官方分配的产盐定额;畦夫生产出来的解盐,官府又征用民夫搬运,然后在各州县"置务拘卖"[1]。

在解盐的个别销售区,则实行间接专卖制——宋人称之为"通商"——盐商于京师榷货务入纳现钱、金帛,获得"盐钞"(类似于食盐提货单),凭盐钞至解池运盐,然后在官府指定的区域销售。说到这里,我们需要注意,解盐的所谓"通商",只是相对"官鬻"而言,是一种有限通商,或者说,是一种间接专卖,跟我们前面讲述的茶叶通商制是有区别的。

雍熙用兵之后,朝廷为吸引商人往缘边州贩运军需物资,推行入中制,用解盐兑付商人入中的交引,于是,解盐通商的区域又有所扩大。几经周折,最后在真宗朝形成"商销"(间接专卖)与"官鬻"(直接专卖)两大解盐销售区,"各有经界,以防侵越"[2]。官鬻区宋人概括为"三京、二十八州军",三京二十八州军之外的解盐销售区则允许商销。

与"商销"(间接专卖)相比,食盐的"官鬻"(直接专卖)有着显而易见的弊病:官府征用兵卒或民夫搬运食盐,"兵民不胜疲劳";官盐往往"杂以泥沙硝石,其味苦恶",质劣价高;

---

1 沈括:《梦溪笔谈》卷十一。
2 脱脱等:《宋史·食货志》。下同。

食盐官搬官卖，官府需支付"盐官、兵卒、畦夫佣作之给"的成本。因此，有识之士都希望解除盐禁，改行通商制。

天圣八年，有上书者提议："县官禁盐，得利微而为害博，两池积盐为阜……宜听通商，平估以售，可以宽民力。"仁宗诏翰林学士盛度、御史中丞王随与三司同议更革盐法之利弊。盛度、王随与三司合议后，向仁宗报告说，通商有利，可一革官鬻之积弊。于是，仁宗于十月下诏："池盐之利，民食所资，申命近臣，详立宽制，特弛烦禁，以惠黎元。其罢三京、二十八州军榷法，听商贾入钱若金银京师榷货务，受盐两池。"[1]

其时还是刘太后垂帘听政，刘太后力主解盐全面通商，执政大臣都认为通商会影响盐课收入："如是则县官必多所耗。"刘太后说："虽弃数千万亦可，耗之何害！"辅臣不敢复言。

那么这次盐法改革的效果如何呢？从民间的反应来看，解州之民"皆作感圣恩斋"，感激朝廷解除盐役之苦；从国家的盐课收入来看，通商法"行之一年，岁入视天圣七年增缗钱十五万"[2]，但第二年又减少了九万贯，"其后岁益耗"。宝元—康定年间，宋王朝因与西夏交兵，"急于兵食，且军兴用度调发不足，因听入中刍粟，予券，趋京师榷货务，受钱若金银；入中他货，予券，偿以池盐"[3]，且官府给予的"加饶"非常丰厚，以致"虚费池盐，不可胜计"。

迫于盐课大亏的压力，朝廷只好在庆历二年依制置解盐使范宗杰之议，恢复了大部分地区的盐禁。但是，解盐官鬻

---

1 李焘：《续资治通鉴长编》卷一百九。下同。
2 李焘：《续资治通鉴长编》卷一百十一。下同。
3 李焘：《续资治通鉴长编》卷一百三十五。下同。

之后，禁榷制度固有的弊病又爆发出来，"盐法自庆历二年范宗杰建请禁榷之后，差役兵士、车牛及衙前等，搬运往诸州，官自置场出卖，以致兵士逃亡死损，公人破荡家业，比比皆是。嗟怨之声，盈于道路"[1]。另一方面，官盐"车运抵河而舟，寒暑往来，未尝暂息，关内骚然。所得盐利，不足以佐县官之急"[2]。

庆历四年二月，范仲淹等人主张的新政正在推行之时，太常博士范祥适时进言献策："（解州）两池之利甚博，而不能少助边者，公私侵渔之害也；傥一变法，可岁省度支缗钱数百万。"枢密副使韩琦请仁宗采纳范祥之策，出于谨慎的考虑，仁宗让范祥前往陕西，与陕西都转运使程戡同议盐法利弊以闻。但这次议盐法，范祥与程戡意见不合，未能取得共识。次年，范祥因父丧解职丁忧，更革盐法之议遂不了了之。

转眼到了庆历八年十月，范祥回朝，复申前议。于是，仁宗任命他提点陕西路刑狱，兼制置解盐，赴陕西主持盐法改革。这也是解盐的第二次全面通商。

范祥主持的解盐通商举措是："令商人就边郡入钱，四贯八百售一钞，至解池请盐二百斤，任其私卖，得钱以实塞下，省数十郡般（搬）运之劳。"[3]实际上就是以"盐钞制"取代"官鬻制"，以"间接专卖"取代"直接专卖"。

范祥本人对解盐通商的效果是很自信的，拍着胸脯说，变

---

1 李焘：《续资治通鉴长编》卷一百六十七。
2 李焘：《续资治通鉴长编》卷一百四十六。下同。
3 沈括：《梦溪笔谈》卷十一。

法后，"岁入缗钱可得二百三十万"[1]。然而，由于范祥"恐失州县征算"，要求盐商以钞请盐之时，预先将所有的盐税摊入盐价中，导致解盐的批发价很高，新法实施之初（庆历八年至皇祐元年），"商旅为官盐长价，获利既薄，少有算请，陕西一路即已亏损课利百余万贯，其余诸路比旧来亦皆顿减卖盐见钱，甚妨支用"[2]。

因此，朝中出现了质疑范祥盐法的声音。侍御史知杂事何郯说："缘事有百利，始可议变，变不如前，即宜仍旧。况陕西调用，多仰两池岁课，今如此亏损，向去必甚匮乏，未免干朝廷乞支金帛。今改更日月未久，为害犹浅，速宜讲求，以救其弊。欲望朝廷指挥，选择明干臣僚一员往陕西，令与本路转运使并范祥面议利害，如新法必不可行，即乞一切俱令复旧，免致匮乏调用，浸久为害。"

何郯是一个一味反对通商的顽固分子吗？并不是。因为庆历六年，有上封者建议朝廷禁榷河北盐，以收遗利，何郯即上书反对："臣伏见河北诸州所产盐货，自太祖开宝年降诏罢禁通商，止令收税，于今多年，民享其利。昨闻臣僚擘画，欲榷买沧、滨盐入官，召商旅入中边上粮草算请。……臣窃谓此举于河北事体利害最大，其臣僚所请榷盐，且乞停罢。"[3]应该说，何郯只是希望解盐的变法更谨慎一些，"事有百利，始可议变"。

由于论者争言范祥盐法不便，皇祐元年十月，仁宗遣户部副使包拯赴陕西，与转运司共同调查解盐通商利害。

---

[1] 脱脱等：《宋史·食货志》。下同。
[2] 李焘：《续资治通鉴长编》卷一百六十七。下同。
[3] 李焘：《续资治通鉴长编》卷一百五十九。

包拯看过范祥关于盐法改革的规划，十分赞同通商法："法有先利而后害者，有先害而后利者，旧日禁榷之法，虽暴得数万缗，而民力日困矣，久而不胜其弊，不免随而更张，是先有小利而终为大害也。若计其通商，虽一二年间课利少亏，渐而行之，必复其旧，又免民力日困，则久而不胜其利，是有小害而终成大利也。且国家富有天下，当以恤民为本，今虽财用微窘，亦当持经久之计，岂忍争岁入数十万缗，不能更延一二年，以责成效？"[1]

　　及至从陕西调查回来，包拯更是坚定地支持范祥之议。往日解盐官鬻，官方强征民夫运盐，"辇车牛驴以盐役死者，岁以万计，冒禁抵罪者，不可胜数"[2]；通商后，这些严重的问题迎刃而解。至于盐课亏损的问题，是可以通过调整盐价来解决的。包拯还提议，由范祥担任陕西转运副使，因为转运司统辖一路经济，以转运副使的身份"擘画盐法利害，计置沿边斛斗，事归一局，易为办集"[3]。

　　仁宗没有马上任命范祥为陕西转运副使，不过降下敕命支持范祥盐法。但范祥盐法才施行两三年，皇祐三年，判磨勘司李徽之又称新法不便，仁宗只好让三司召回范祥，令他与李徽之、两制官集议盐法究竟便或不便。

　　参加集议的官员多支持范祥，仁宗便诏："解盐听通商，候二年较其增损以闻。"这时，包拯再次建议让范祥担任陕西转运副使，时任三司使的田况亦奏请久任范祥，"使专其事"，

1　李焘：《续资治通鉴长编》卷一百六十七。
2　沈括：《梦溪笔谈》卷十一。
3　李焘：《续资治通鉴长编》卷一百七十一。下同。

仁宗遂于皇祐三年十二月任命范祥为陕西转运副使，兼制置解盐使，不久又升陕西转运使。

应该说，度过最初的停滞期之后，范祥盐法的经济效益开始逐渐显露出来，按包拯的计算，"勘会祥新法，自皇祐元年正月至二年十二月终，（解池盐课）共收现钱二百八十九万一千贯有零，比较旧法，二年计增钱五十一万六千贯有零。"这也是三司积极支持范祥的原因。皇祐三年解池盐课收入为"缗钱二百二十一万"[1]，皇祐四年为"二百十五万"，达到"岁入缗钱可得二百三十万"的预期目标。

但是，范祥本人却迎来了一宗祸事，这祸事还是范祥咎由自取的。皇祐五年春，范祥在陕西转运使任上，擅自修筑古渭城，导致"蕃部惊扰"[2]，围攻宋朝堡寨，"杀官军千余人"。骚乱平定后，范祥被罢陕西转运使之职，由李参接替。

范祥盐法还在推行，不过李参进行了一点调整：准许商人算请解盐时，入纳粮草，换取盐钞。范祥主政陕西盐务时，只接收现钱，不接收粮草等物资，因为商人入纳粮草时，常常虚报物价，导致朝廷吃了大亏。李参既听商人入纳刍粟，果然又出现"虚估之弊滋长"[3]的问题，"岁损官课无虑百万"；另一方面，解池之盐也不足以及时兑付商人手中的盐钞，又致使商人低价转让盐钞，"券直亦从而贱"。

正是在这一背景下，嘉祐三年，三司使张方平与御史中丞包拯共同举荐起用范祥制置解盐，收拾残局。

---

1 李焘：《续资治通鉴长编》卷一百八十七。下同。
2 李焘：《续资治通鉴长编》卷一百七十四。下同。
3 李焘：《续资治通鉴长编》卷一百八十七。下同。

宋仁宗

范祥重新主政解盐后，立即叫停商人入纳粮草，商人想要解盐的盐钞，必须入纳现钱。然后，范祥将已经发行出去的盐钞作了分类：嘉祐元年之后发行的盐钞，可直接兑付；嘉祐之前发行的盐钞，"每券别使输钱一千，然后予盐"。

宋朝的茶引与盐钞是允许换手交易的，许多商人获得茶引、盐钞之后，往往并不提取茶盐货物，而是转手卖出，因而宋朝出现了一个交易钞引的证券市场，"盐价时有低昂"[1]，盐钞的市场价格也随之起伏。如果我们将茶引、盐钞理解成提货单，那么钞引的交易实际上就是期货交易。

一些盐商因急需用钱，往往低价抛售盐钞（毕竟通过领盐—售盐的途径，回笼资金需要一个较长的周期），"皆亏失本钱"[2]，如此一来，势必影响商人算请盐钞的积极性，进而又会影响朝廷的盐课收入。为解决这一问题，范祥奏请朝廷，在京师设置都盐院，"畜钱二十万缗，以待商人至者"。都盐院类似今日证券市场中的平准基金，当食盐、盐钞价格低贱时，都盐院以高于市场价的价钱收购盐钞；当食盐、盐钞价格高昂时，都盐院又以低于市场价的价钱出售盐钞，"以平其市估"。自是，解池盐课收入"稍复祥旧"。

可惜的是，范祥重掌盐政两年后，亦即嘉祐五年七月，他就去世了。朝廷复任命度支判官薛向为权陕西转运副使，兼制置解盐使，接替范祥的工作。薛向在制置解盐使任上，做了几件改善民生的好事，包括调低解盐的批发价格，将畦户的服役

---

1 沈括：《梦溪笔谈》卷十一。
2 李焘：《续资治通鉴长编》卷一百八十七。下同。

年限从五年调整为"三岁一代"[1]，又裁减一半畦户，"以佣夫代之"。

此时，东南茶的通商制改革亦已经完成。解盐通商与东南茶通商，是仁宗朝盐茶通商变法的两大举措，宋人对范祥盐法与嘉祐茶法均称"通商"，但两者的内涵并不一致，严格地说，范祥盐法是有限通商，嘉祐茶法是完全通商。通商盐法实行于庆历，而完善于嘉祐；通商茶法则倡议于庆历，而推行于嘉祐。

第四节　垂拱而治

纵览嘉祐之施政，可以概括为"没有新政之名的新政"，里面也包含了若干"没有变法之名的变法"。而"新政"与"变法"的主政者，就是文彦博、富弼、韩琦率领的执政团队。

嘉祐年间，仁宗不再频繁地更换宰相。我们不妨与庆历年间相比，庆历共有八年，执政官的更替如同走马灯，"你方唱罢我登场"。嘉祐亦有八年，政府只更迭三届，依次是：文彦博、富弼；富弼、韩琦；韩琦、曾公亮。其中文彦博罢相是主动请辞，富弼则是丁母忧，均非仁宗主动更换宰相。

我们应该记得，至和二年文彦博与富弼同时拜相，前宰相庞籍曾经提醒仁宗："陛下既知二臣之贤而用之，用之则当信之坚，任之久，然后可以责成功。若以一人言进之，未几又以

---

[1] 脱脱等：《宋史·食货志》。下同。

宋仁宗

一人言疑之，臣恐太平之功，未易猝致也。"仁宗记住了这番忠告，给予宰执完全的信任。在嘉祐四年的一道诏书中，仁宗强调说："君臣同德，以成天下之务，而过设禁防，疑以私愿，非朕意也。"[1]

但执政权必须受制衡，仁宗又先后任命毫不忌惮权贵的张昪、包拯为御史中丞，范镇、司马光等直臣为谏官，监察、审查政府之施政。不过，仁宗并不希望再看到庆历之时臣僚相为攻讦的情况，嘉祐五年，他下诏："朕闻前代之称治者，君臣同心，上下辑睦，人知礼义之节，俗无激讦之风，何其德之盛也！朕虽弗敏，窃尝慕焉。……言事之臣虽许风闻，宜务大体，如事关朝政，无惮极论，自余小过细故，勿须察举。"[2]

在传统君主制下，君主当然拥有合法的最高权威与权力，赵宋立国初期，君权更是积极地介入决策前端，但随着真宗、仁宗两朝君主的庸常化，作为君主决策前端的御殿视事通常只具象征意义，实际决策者为宰相领导的政府。嘉祐之时，仁宗对君权的运用，更是采用了消极的、被动的介入形式：一般不参与决策的具体过程，只对宰相之决策方案作出批准或否决，对台谏之弹劾政府作出裁决。比如嘉祐茶法的推行，即是宰执富弼、韩琦、曾公亮作出的决策，仁宗只是批准这一决策而已。又如孙抃出任参知政事后，"颓惰无所可否"[3]，与他早年担任御史中丞时判若两人，御史韩缜、傅尧俞都极言孙抃"不才，虽无显过，保身持禄，实怀奸之大者"，"宜赐罢免，少抑贪幸"。

---

1 李焘：《续资治通鉴长编》卷一百八十九。
2 王称：《东都事略》卷六。
3 李焘：《续资治通鉴长编》卷一百九十六。下同。

仁宗即罢其参政之职，改任闲职。

儒家推崇的"垂拱而治"，也许就是仁宗这个样子吧。

嘉祐朝仁宗垂拱无为，显然与身体因素有关。自嘉祐元年（即至和三年）大病之后，仁宗一直未能完全康复，没有足够的精力处理政务，"日朝"也时常中断，即便是坐殿听政，往往也是沉默不语，宋人描述说："仁宗皇帝至和间不豫，昏不知人者三日。既愈，……帝自此御朝，即拱嘿不言。大臣奏事，可即肯首，不即摇首……"[1]

仁宗垂拱无为的做法也与他的性格有关。应该承认，仁宗是一名庸常之君，性情温和，缺乏杀伐决断的魄力，他本人也不喜欢生杀予夺的行事风格。韩绛担任谏官时，曾向仁宗提意见："天子之柄不下移，事当简出睿断。"[2] 意思是说，陛下您应当乾纲独断。仁宗却说："朕固不惮自有处分，所虑未中于礼，而有司奉行，则其害已加乎人，故每欲先尽大臣之虑，而后行之。"

仁宗之垂拱无为，还有一个不可忽略的因素：宋朝君权其实是受到制度性限制的。劝仁宗"简出睿断"的人不止韩绛一人，有时仁宗是这么回答的："屡有人言朕少断。非不欲处分，盖缘国家动有祖宗故事，苟或出令，未合宪度，便成过失。以此须经大臣论议而行。台谏官见有未便，但言来，不惮追改也。"[3] "祖宗故事"是既定之制度，制度摆在那里，君主亦不能不遵守，若不遵成法，便是过失，而且执政大臣与台谏官也会

1　邵伯温：《邵氏闻见录》卷第二。
2　李焘：《续资治通鉴长编》卷一百七十三。下同。
3　朱熹：《三朝名臣言行录》卷十之一。

宋仁宗

逼着君权在合乎法度与惯例的轨道上运行，不可越雷池一步。由此看来，仁宗即使有专断之心，恐怕也不能如愿。

对于仁宗的垂拱无为，一部分臣僚是忧心忡忡的，他们主要是一帮热血的年轻官员。嘉祐五年，新任谏官王陶看到仁宗"自服药以来，寡于语言，群臣奏事，颔之而已"[1]，上疏说：

> 王者之言，群臣所禀受以施于天下者也。今政事无大小，皆决于中书、枢密，陛下一无所可否，岂为人主之道哉！

嘉祐六年，一位名为张述的职方员外郎也向仁宗进言，表达了同样的忧虑：

> 今陛下在位岁久，万几之政，稔闻熟见，但欲凝神渊默，垂拱仰成。威福赏罚，虽曰出自朝廷，即陛下不专矣。赏罚不专于己，而威福渐移于下，臣愚实忧之。[2]

同年，王安石就任知制诰，一上任即向仁宗提了一个尖锐的问题：

> 臣等窃观陛下自近岁以来，举天下之事属之

---

1 李焘：《续资治通鉴长编》卷一百九十一。下同。
2 李焘：《续资治通鉴长编》卷一百九十三。下同。

七八大臣，天下初以翕然幸其有为，能救一切之弊。然而方今大臣之弱者，则不敢为陛下守法以忤谏官、御史，而专为持禄保位之谋；大臣之强者，则挟圣旨造法令，恣行所欲，不择义之是非，而谏官、御史亦无敢忤其意者。陛下方且深拱渊默，两听其所为而无所问。安有朝廷如此而能旷日持久而无乱者乎？

还是嘉祐六年，知谏院兼修起居注的司马光也上了三道札子，其中一道"论君德"的札子说：

> 臣闻《春秋传》曰："赏庆刑威曰君。"臣幸得以修起居注，日侍黼扆之侧，伏见陛下推心御物，端拱渊默，群臣各以其意有所敷奏，陛下不复询访利害，考察得失，一皆可之。诚使陛下左右前后股肱耳目之臣，皆忠实正人，则如此至善矣，或出于不意，有一奸邪在焉，则岂可不为之寒心哉！[1]

次年，即嘉祐七年，司马光又上疏：

> 臣窃见陛下有中宗之严恭，文王之小心，而小大之政多谦让不决，委之臣下。诚所委之人常得忠贤则可矣，万一有奸邪在焉，岂不危甚矣哉！古人

1　李焘：《续资治通鉴长编》卷一百九十四。

所谓委任而责成功者,择人而授之职业,丛脞之务,不身亲之也。至于爵禄废置,杀生予夺,不由己出不可也。《洪范》曰:"惟辟作威,惟辟作福。臣之有作威作福,害于而家,凶于而国。"威福之柄失于人,而习以为常,则不可复收矣。此明主之所谨也。[1]

司马光与王安石后来在熙宁变法时期成了政敌,但在嘉祐年间,他们的立场与政见却表现出惊人的一致性,比如嘉祐三年王安石上万言书,极言国家理财的重要性:"因天下之力以生天下之财,取天下之财以供天下之费。自古治世未尝以不足为天下之公患也,患在治财无其道尔。"[2] 司马光亦在嘉祐七年上五千余字的长疏,也是极言理财的重要性:"议者必以为宰相论道经邦,燮理阴阳,不当领钱谷之职,是皆愚人不知治体者之言。"[3]

再比如,他们都不愿意看到仁宗"端拱渊默"、将政务委之宰相,希望仁宗收回"威福之柄"。如此说来,至少有一部分宋朝臣僚是支持君主"简出睿断"的。但有意思的是,当臣僚看到仁宗"简出睿断"时,又纷纷提出抗议。

最能体现"简出睿断"的方式,莫过于君主绕过宰相,直接发出"内降",让有司执行。仁宗时常会发"内降",一般都是给予请托者"恩赏"或"恩恕",这是因为仁宗性慈,亲近之人一求情,他便不好意思拒绝。但是,对于这类"简出睿断"

---

[1] 李焘:《续资治通鉴长编》卷一百九十六。
[2] 李焘:《续资治通鉴长编》卷一百八十八。
[3] 李焘:《续资治通鉴长编》卷一百九十六。

的"内降"，宋政府往往是不予执行的，因为按宋制，君主绕过宰相直接发出的"内降"不是正式政令，不具法律效力，政府有权力、也有责任封还，这叫作"执奏"。

宋人笔记记录了一件轶事：嘉祐年间，嫔御久未升迁，屡有干请，仁宗说，"无典故，朝廷不肯行"。嫔御说："圣人出口为敕，批出谁敢违？"仁宗笑道："汝不信，试为汝降旨。"他发出的"内降"，果然被政府退还，诸嫔群诉于仁宗跟前，且将"内降"撕掉，说："元来使不得。"[1]

当然，并不是所有的"内降"都会被有司拒绝，毕竟，不是所有的官员都敢不给皇帝面子。但是，按宋朝惯例，相关部门和官员接到"内降"若不敢执奏，则会受台谏官弹劾，甚至会被追责。

另一份宋人笔记也记录了一件轶事：嘉祐年间，仁宗发出诏敕，"今后应内降批出事，主司未得擅行，次日执奏定可否"。[2]过了几日，一名老兵被发现挟带内廷财物出皇城左承天门，被扭送开封府治罪。正审讯时，一内侍"驰骑急传旨"，命令权知开封府魏瓘将那老兵放了，大概那老兵是宫中某位嫔妃的亲属，求仁宗法外开恩。仁宗同意了。

谏官唐介闻知，立即上疏抗议："陛下临御以来，所降敕旨，未有若执奏内批之敕为今治世之大公也。臣风闻禁门近有搜拦之狱，传旨令放，主司殊不顾执奏之法，乞再收犯者劾之，使正其典。"仁宗没有回应。

1　周辉：《清波别志》卷三。
2　文莹：《续湘山野录》。下同。

唐介再上疏："臣闻王者一语朝出，四海夕闻。今执奏之敕既为无用，乞下诏收之，免惑天下。"仁宗还是没有回应。

唐介不依不饶，干脆对魏瓘提起弹劾："臣闻开封乃天下百执事之首司也。魏某为尹臣，君父语旨辄不遵守，望端门无咫尺之地，尚敢辄尔，况九州之远乎？欲重贬魏某，以咎不遵君命之恶。臣以言职，不能早瘥清衷，亦乞罢黜。"仁宗被唐介逼得毫无法子，只好将魏瓘贬到越州[1]。

魏瓘被贬，等于是向有司和臣僚发出一个明确的信号：接到皇帝的"内降"，执奏，是职责所在；不敢执奏，才是失职。

嘉祐朝士大夫对君主的要求是自相矛盾的：当仁宗"端拱渊默"时，他们批评皇帝不作为，希望"简出睿断"；而当仁宗"简出睿断"，以"内降"行事时，他们又批评皇帝不尊重宪度，侵犯有司职权。如果你是仁宗皇帝，会不会觉得无所适从呢？

不管怎么说，嘉祐元年之后，在富弼、韩琦主政下，尽管有些年份发生了局部性的水灾、雪灾，但总体而言，算"时和岁丰，百姓安乐，四夷宾服，天下无事"[2]，仁宗也就乐得当一个"甩手掌柜"。如果不是没有子嗣，仁宗在最后的岁月里应该是过得比较舒心的。

嘉祐六年三月，仁宗邀请两府、两制、三馆群臣于后苑赏花、钓鱼。这是宋朝的一项传统，只是景祐之后，因西陲用兵，国

---

[1] 按李焘《续资治通鉴长编》卷一百七十，魏瓘被贬越州一事发生在皇祐三年，而非嘉祐年间，弹劾魏瓘的谏官亦不是唐介，而是吴奎。
[2] 邵伯温：《邵氏闻见录》卷第二。

家进入多事之秋，才停辍多年，如今四海升平，仁宗又复修故事，君臣同于后苑赏春游乐。仁宗兴致勃勃，出御制诗一首："晴旭晖晖苑籞开，氤氲花气好风来。游丝罥树紫行仗，堕蕊飘香入酒杯。鱼跃文波时拨刺，莺留深树久徘徊。青春朝野方无事，故许观游近侍陪。"[1] 让群臣和诗唱酬，并赐宴于太清楼。

因御诗韵押"徘徊"，众臣和诗也多押"徘徊"韵，给人一种无病呻吟之造作感，被教坊伶人拿来取笑。宋朝内宴、国宴，席间通常会安排教坊伶人表演节目，以助酒兴。太清楼宴会上，伶人献演滑稽戏（类似今天的小品节目），几名伶人饰演房客，正在寻觅可租赁的房屋，他们来到一处宅第，在前堂观玩不去，口中喃喃自语："徘徊也。"这里的"徘徊"，意为回环，指前堂的建筑布局过于回环曲折。然后，这群"房客"又走至后堂，复环顾而不去。另一伶人扮演庄宅牙人（房屋租赁中介），问他们意下如何，众"房客"答道："徘徊也。"意思是说，后堂的建筑布局也是过于回环曲折。其中一名"房客"笑道："可则可矣，但未免徘徊太多。"看表演的君臣大笑，这才明白伶人原来是在嘲讽众臣的和诗。

宰相韩琦也有和诗，诗云："轻云阁雨迎天仗，寒色留春入寿杯。二十年前曾侍宴，台司今日喜重陪。"二十年前即庆历年间，韩琦初为执政官，曾与仁宗在后苑钓鱼，一转眼二十年过去了，让韩琦生出一些感慨。内侍任守忠读了韩琦和诗，故作严肃地说："韩琦诗讥陛下。"仁宗愕然，问其故。任守忠说：

1　蔡正孙：《诗林广记》后集卷二。

宋仁宗

"讥陛下游宴太频。"¹ 原来任守忠这人有些"冷幽默",在模仿伶人演滑稽戏呢,故意将韩琦诗"二十年前曾侍宴,台司今日喜重陪"理解成"二十年前侍宴,一直陪到今天",这不是讽刺陛下宴游太频繁吗?仁宗给逗得会心一笑。

王安石时任知制诰,属于两制官,也参加了嘉祐六年的后苑钓鱼,亦有和诗。不过,在钓鱼时,王安石给仁宗留下了一个糟糕的印象,因为他误将钓鱼的鱼饵当成点心,吃了个精光。次日,仁宗对宰辅说:"王安石诈人也。使误食钓饵,一粒则止矣;食之尽,不情也。"² 这也显示了仁宗是一名常人,不能理解非常之人不拘小节、生活习惯稀里糊涂的怪癖。

嘉祐七年正月十四日夜晚,仁宗御宣德门观元宵花灯,以示与民同乐。这也是宋朝的一项传统:元宵节放灯之夜,皇帝通常会"乘小辇,幸宣德门"³,观赏花灯;随后,"驾登宣德楼"⁴,观看宣德门广场上的相扑、蹴鞠、百戏表演,"宫嫔嬉笑之声,下闻于外";宣德门广场亦"纵万姓游赏","先到门下者,犹得瞻见天表"。不过,由于去年秋夏发生水灾,谏官杨畋、司马光都劝仁宗"罢上元观灯"⁵,但仁宗说:"此因岁时与万姓同乐尔,非朕独肆游观也。"

这个元宵节还出现了一个小插曲:正月十八日,仁宗又御

1　司马光:《司马光集》补遗卷一二《温公续诗话》。
2　邵伯温:《邵氏闻见录》卷第二。
3　周密:《武林旧事》卷第三。
4　孟元老:《东京梦华录》卷之六。下同。
5　李焘:《续资治通鉴长编》卷一百九十六。下同。

宣德门，"召诸色艺人，各进技艺，赐与银绢。内有妇人相扑者，亦被赏赉"[1]。此举让司马光很不满，他上书批评仁宗："臣愚窃以宣德门者，国家之象魏，所以垂宪度、布号令也。今上有天子之尊，下有万民之众，后妃侍旁，命妇纵观，而使妇人裸戏于前，殆非所以隆礼法、示四方也。"又要求皇帝"仍诏有司严加禁约，今后妇人不得于街市以此聚众为戏"。不过，北宋后期至南宋，女子相扑一直都是市井间常见的娱乐节目，瓦舍勾栏里还活跃着一批知名的女相扑手，[2] 宋朝政府显然并没有禁止街市的女相扑，这也是宋朝社会治理比较宽松的表现。

到了嘉祐七年十二月，仁宗再开天章阁，"召辅臣、近侍、三司副使、台谏官、皇子、宗室、驸马都尉、主兵官观祖宗御书"[3]，又设宴于群玉楼，请群臣饮酒。席间，仁宗显得很高兴，说："天下久无事，今日之乐，与卿等共之，宜尽醉勿辞。"是日，"从臣沾醉，至暮而罢"。

不知道那一天仁宗有没有喝醉。如果他醉了，也许内心会感受到一丝苦楚，因为他始终还是未能拥有一名亲生的子嗣。相传仁宗晚年时，每遇宋真宗忌日，"群臣拜慰，必闻上恸哭，其声甚哀"[4]，原因就是他没有子嗣继承父亲传给他的皇位，觉得很对不起父皇在天之灵。

---

1 司马光：《司马光集》卷二一《论上元令妇人相扑状》。下同。
2 参见吴自牧：《梦粱录》。
3 李焘：《续资治通鉴长编》卷一百九十七。下同。
4 丁传靖辑：《宋人轶事汇编》卷一。

第十五章　最后的岁月

嘉祐三年至嘉祐八年（1058—1063）

第一节　伤心的父亲

嘉祐三年，仁宗虚龄四十九岁，快近"知天命"之年了。

这一年六月，仁宗贬黜了监御厨内臣窦昭齐等人，原因是他们在准备皇家宴席时，"擅杀羊羔"，之前仁宗已下令勿宰羊羔，因为"羊羔乃物之未成者，而枉其生理"，十分残忍。如今御厨"复杀之，不可不惩也"。[1]

这自然是仁宗宅心仁厚的体现。不仅一则宋人笔记提及一事：仁宗一日早朝，面有不豫之色，大臣问他："今日天颜若有不豫然，何也？"仁宗说："偶不快。""大臣疑之，乃进言宫掖事"，请"陛下保养圣躬"云云。仁宗笑了："宁有此？夜来偶失饥耳。"大臣惊讶地问："何谓也？"仁宗说："夜来微馁，偶思食烧羊，既无之，乃不食复，由此失饥。"大臣说："何不令供之？"仁宗说："朕思之，于祖宗法中无夜供烧羊例，朕

---

[1] 李焘:《续资治通鉴长编》卷一百八十七。

宋仁宗

一起其端，后世子孙或踵之为故事，不知夜当杀几羊矣！故不欲也。"记录这则轶事的宋人感叹说："呜呼，仁矣哉！思一烧羊，上念祖宗之法度，下虑子孙之多杀，故宁废食。呜呼，仁矣哉！"[1]

不过仁宗处分擅杀羊羔的监御厨内臣，可能还因为他内心隐约觉得：御厨宰杀羊羔是不吉的行为，会给皇室带来子嗣不兴的报应。

自嘉祐元年大病之后，仁宗比之前任何时候都要迫切地盼望诞育一位皇子。我们应该还记得，嘉祐元年十一月，仁宗以近乎哀求的语气跟一再逼他建嗣的谏官范镇说："朕知卿忠，卿言是也，当更俟三二年。"仁宗希望在两三年内，能够生育一位皇子，如果还是未有亲生皇嗣，就只能依范镇之议，选旁支立继。

所以，嘉祐元年之后，仁宗花在嫔御身上的时间相当多，这也是为什么大臣看见仁宗一脸倦容时要"言宫掖事"的原因。当时后宫得幸者，是周氏、董氏、刘氏、黄氏等十名年轻的御侍，温成之妹亦在内，称"十阁"。

一晃，两三年就过去了，范镇一直记着皇帝的承诺呢，所以在嘉祐三年春又提醒仁宗："陛下许臣复三年矣，愿早定大计。"[2] 宰相韩琦在奏对时，也委婉请仁宗"早立嗣"[3]。仁宗兴奋地告诉他："后宫一二将就馆，卿且待之。"原来，嘉祐三年秋，十阁中的董氏、周氏都有了身孕。仁宗多么希望她们诞下的是健康的皇子。

---

1 施德操：《北窗炙輠录》。
2 李焘：《续资治通鉴长编》卷一百八十七。
3 李焘：《续资治通鉴长编》卷一百九十五。下同。

为得到皇天庇祐，赐予皇嗣，嘉祐三年初，仁宗重申了宋初的一道诏书："内侍年三十无养父者，听养一子为嗣。"[1] 因为议者认为，内侍无后，"天绝人理，阴累圣嗣"。嘉祐三年底，又有臣下提议推行"胎养令"[2]，即民间家庭有怀孕者，"赐胎养谷，人三斛"。不知仁宗有没有依言实行胎养令，不过我们知道，嘉祐四年初，仁宗采纳了臣僚提出的建议，访后周皇室柴氏苗裔，封为崇义公，"给公田十顷，以奉周祀"[3]。宋人相信，存亡继绝，善莫大焉，必定会给赵宋皇室带来福报。

禁廷内外、朝野上下，都期待董氏、周氏生皇子。内侍省准备了非常多的金帛、器皿、杂物，"以备赐予，所费不可胜纪"[4]。仁宗又让人修建潜邸，以真宗皇帝继位前担任开封府尹时的廨舍为潜龙宫，等候皇子的降生。

嘉祐四年四月廿五和五月廿五，后宫董氏、周氏先后临盆，不过产下的都是女儿，她们是仁宗的第九女、第十女。仁宗尽管有些失望——毕竟古代中国没有女儿继承皇位的制度，如果仁宗没有儿子，皇储便是悬而未决的大问题——但新生命的降临还是给他带来了喜悦，第九女出生的三朝内，仁宗给群臣赏赐了以金银、犀象、玉石、琥珀、玳瑁、檀香制成的钱币，以及用金银做成的花果，"自宰相、台谏皆受此赐"；又以皇女出生大施庆泽，宣布大赦天下，"杂犯死罪以下递降一等，徒以下释之"。但此举引来知制诰刘敞的批评，认为这是"行姑息

1　李焘：《续资治通鉴长编》卷一百八十七。下同。
2　李焘：《续资治通鉴长编》卷一百八十八。下同。
3　王称：《东都事略》卷六。
4　李焘：《续资治通鉴长编》卷一百八十九。下同。

之恩，以损政体，出浮冗之费，以堕俭德"。

第十女出生三朝，仁宗又给群臣赏赐金银、玳瑁、犀角、檀香、象牙钱。赐予之数，比仁宗长女福康公主出嫁时还要多。

因诞育皇女，董氏晋封贵人，周氏晋封美人，进入妃嫔序列。十阁其他御侍宫女看在眼里，亦求升迁。仁宗招架不住，诏中书出敕诰，但中书缴奏，称不合制度，御侍宫女不能升迁。而内廷中求者不已，仁宗只好自己写了一份手诏，将十阁御侍都封为才人。

消息传到谏官范师道的耳朵里，他立即上书抗议："窃闻诸阁女御以周、董育公主，御宝白制，并为才人，不自中书出诰，而掖庭觊觎迁拜者甚多。周、董之迁可矣，女御何名而迁乎？……况诰命之出，不自有司，岂盛时之事也耶！恐斜封墨敕复见于今日矣。"也就是说，仁宗给枕边人私封的嫔妃，朝廷是不予承认的。

恰好六月十六日京师观测到一次月全食，"月食几尽"。大臣趁机进言，请仁宗"修阴教以应天变也"。出于对天变的敬畏，仁宗"放宫人二百一十四人"。七月，又将十阁中的刘氏及黄氏遣出宫，时刘氏、黄氏在宫中"尤骄恣"[1]，刘氏还与外人"通请谒为奸"。接替包拯任御史中丞的韩绛将这一情况密奏了仁宗，仁宗说："非卿言，朕不知此，当审验之。"过了数日，便把刘氏、黄氏遣送走。

嘉祐五年五月，贵人董氏又诞生皇女，这是仁宗第十一女。七月，美人周氏生仁宗第十二女。次年七月董氏还给仁宗生下第十三女。仁宗一心想要一个儿子，但嘉祐年间嫔御所生，全

---

1 李焘：《续资治通鉴长编》卷一百九十。下同。

都是女儿。新生命的降生,让仁宗既感到喜悦,又难免有些伤心。此时仁宗已过"知天命"之年,也许他的"天命"就是没有亲生儿子。

已出嫁的长女兖国公主(福康公主)也让晚年的仁宗操心。她与驸马李玮的婚姻并不幸福,李玮是宋朝著名的画家之一,很有艺术才情,但为人老实,缺乏情趣,且相貌丑陋,公主瞧不起他,待之如佣奴。对李玮母亲杨氏,公主也极不尊重,而公主的乳母韩氏又从中挑拨是非,所以公主与杨氏关系非常糟糕。公主常与服侍她的公主宅内侍梁怀吉饮酒,嘉祐五年九月某日,二人饮酒时被杨氏偷窥,公主大怒,出手打了杨氏,并夜扣禁门,回内廷向父亲仁宗哭诉。

仁宗疼女儿,因此迁怒于李玮,欲将李玮贬到外地。不过,次日仁宗就冷静下来,只对驸马罚铜三十斤,许留京师,又送福康公主回公主宅。这时候,朝中已议论纷纷,"言者皆咎公主"[1],又称公主宅内臣太多,"且有不自谨者",公主与驸马不和,此辈有不可推卸的责任。不过仁宗"不欲深究其罪",只将公主宅原来的内侍斥逐到外地,梁怀吉亦发配西京洛阳洒扫离宫,另选内臣勾当公主宅。

对梁怀吉之坐责,公主反应非常强烈,数次"欲自尽,或纵火欲焚第",要挟父亲将梁怀吉召回。仁宗不得已,又把梁怀吉召还公主宅。谏官杨畋、司马光等极力反对,但仁宗不听。

公主也死活不肯与李玮复合,"状若狂易,欲自尽者数矣"。公主母亲苗贤妃派内臣王务滋管勾驸马宅,让他伺机抓住李玮

---

[1] 杨仲良:《皇宋通鉴长编纪事本末》卷第五十二。下同。

的把柄，想借故治李玮之罪。但李玮为人谨慎，王务滋一直抓不到把柄，便给苗贤妃出了一个歹毒的主意："以鸩酒了之"。意思是，给李玮一壶毒酒，一了百了。苗贤妃不敢拿主意，问仁宗。仁宗坚决不同意。

嘉祐七年二月，仁宗下诏：福康公主入内廷居住，公主乳母韩氏出居宫外，公主宅勾当内臣梁怀吉勒归入内内侍省，驸马都尉李玮出知卫州（今河南新乡），其母杨氏送李玮兄长李璋赡养。

但外廷台谏官对仁宗的这个处理结果很不满，他们认为，公主与李家不睦，咎在公主，最后却是李玮受到处分，不公平。御史傅尧俞上疏说："主恃爱薄其夫，陛下为逐玮而还隶臣（指召回梁怀吉），甚悖礼，为四方笑，后何以诲诸女乎？"[1] 谏官司马光亦上书："玮既蒙斥，公主亦不得无罪。"[2]

仁宗也觉得挺对不起李玮的，"数使人慰劳李氏，赐玮金二百两"[3]，并让人告诉李玮："凡人富贵，亦不必为主婿也。"暗示可与公主离婚。于是，李璋代表弟弟李玮向仁宗提出："家门祚薄，弟玮愚骏，不足以承天姻，乞赐指挥。"仁宗遂于三月份再下诏：李玮落驸马都尉。批准他与公主离婚。

同时，仁宗又诏将福康公主从兖国公主降为沂国公主："兖国公主生而甚慧，朕所钟怜，故于外家之近亲，以求副车之善配。而保傅无状，闺门失欢，历年于兹，生事弗顺，达于听闻，深所骇惊。虽然恩义之常，人所难断；至于赏罚之际，朕安敢私？

---

1 脱脱等：《宋史·傅尧俞传》。
2 杨仲良：《皇宋通鉴长编纪事本末》卷第五十二。
3 司马光：《涑水记闻》卷第八。下同。

宜告大庭,降徙下国。於戏！惟肃雍以成美德,惟柔顺以辑令名,乃其恪恭,庶几永福。可降封沂国公主。"表示"不睦之咎皆由公主"。

十一月,仁宗已近风烛残年,他最放心不下的就是长女福康公主的下半辈子,所以又下诏：复李玮为驸马都尉,让他与公主复婚。但从福康公主一直未有生育来看,这段修补的婚姻可能是名存实亡的。仁宗去世后数年,福康公主便郁而终了,年方三十三岁。

第二节　再议立嗣

由于嘉祐四年至六年后宫先后诞下的五名婴儿都是皇女,外朝又起立嗣的议论。

嘉祐六年五月,那位曾被包拯弹劾过的前三司使宋祁去世,留下遗奏："陛下享国四十年,东宫虚位,天下系望,人心炱橐。为社稷深计,莫若择宗室贤材,进爵亲王,为七鬯之主。若六宫有就馆之庆,圣嗣蕃衍,则宗子降封郡王,以避正嫡。此定人心、防祸患之大计也。"[1]

六月,职方员外郎张述激切上疏,请仁宗认命,尽早立嗣："陛下昔诞育豫王（指仁宗次子）,若天意与陛下,则今已成立矣。近闻一年中诞四公主（其时仁宗第十三女尚未出生）,若天意

---

[1] 李焘：《续资治通鉴长编》卷一百九十三。下同。

与陛下，则其中有皇子也。上天之意如是矣，陛下合当悟之。陛下在位四十年，当其安宁万岁时，宜审择艺祖、太宗贤皇子孙，且立为皇子，但且异其爵位，职之官政，系天下之望，陛下详察有贤德可传付，则立之，所以谨重大事，俾宗庙社稷得其主矣。"

张述的直言无忌，让正在丁母忧的前宰相富弼很不满："张述累有封章，乞立储贰，其词太过，颇涉匪彝。事合婉微，述乃伤于逼迫；语当秘密，述乃极于张皇，传闻四方，无不惊骇。"但立嗣之议既起，已不可抑制。

闰八月，谏官司马光也具札子，请仁宗"早定继嗣"[1]，极言"国家至大至急之务，莫先于此"。札子送入，司马光又在入对时面请之。仁宗沉默良久，然后说："得非欲选宗室为继嗣者乎？"司马光说："臣言此自谓必死，不意陛下开纳。"仁宗说："此何害！古今皆有之。"又表示会将司马光的札子批付中书审议。但司马光说："不可，愿陛下自以意谕宰相。"

当日，司马光赴中书议事，宰相韩琦问他："今日复何所言？"司马光说："所言宗庙社稷大计也。"韩琦明白他的意思，心照不宣。

过了一个月，司马光还未听到仁宗宣布立嗣的消息，再次上疏："臣意陛下朝夕发德音，宣告大臣施行其事。今甫一月，未有所闻，岂陛下以兹事体大，精选宗室，未得其人；将左右之人，有所间沮，荧惑圣听？臣皆不得而知也。"还面奏仁宗："臣向者进说，陛下欣然无难意，谓即行矣。今寂无所闻，此必有

---

1 李焘：《续资治通鉴长编》卷一百九十五。下同。

小人言陛下春秋鼎盛，子孙当千亿，何遽为此不祥之事。小人无远虑，特欲仓卒之际，援立所厚善者尔。"

随后，司马光又至中书，跟韩琦等宰执说："诸公不及今议，异日夜半禁中出寸纸以某人为嗣，则天下莫敢违。"韩琦等"皆唯唯"，说："敢不尽力！"

其实，早在闰八月司马光进言之前，韩琦给仁宗讲解汉代故事时，曾借历史典故劝说仁宗立嗣："汉成帝即位二十五年无嗣，立弟之子定陶王为太子。成帝中才之主，犹能之，以陛下之圣，何难哉！太祖为天下长虑，福流至今，况宗子入继，则陛下真有子矣，盛德大庆，传之万古，孰有逾陛下者！愿陛下以太祖之心为心，则无不可者。"

韩琦还悄悄跟殿中侍御史里行陈洙说："闻君与司马君实（司马光）善，君实近建言立嗣事，恨不以所言送中书。（中书）欲发此议，无自发之。"立嗣之事，执政官不方便公开首倡此议，所以请陈洙助司马光一把，以御史的身份上书。陈洙一口答应下来，寻即具奏，"乞择宗室之贤者，立以为后"。奏状呈上去之后，陈洙对家人说："我今日入一文字，言社稷大计。若得罪，大者死，小者贬窜，汝辈当为之备。"数日后，九月十五日，陈洙竟"得疾暴卒"。也有人称他实是仰药自杀。

如果陈洙确系自杀，那就死得太冤了，因为仁宗不可能因为御史官劝谏立嗣而动怒杀人。事实上，听了司马光之言，仁宗已意识到立嗣之事再不能敷衍、拖延了。十月，韩琦等执政官在垂拱殿奏事，仁宗让他们看司马光的奏章，韩琦读毕，尚未启问，仁宗突然先说："朕有此意多时矣，但未得其人。"又问："宗室中谁可者？"韩琦说："此事非臣下敢议，当出自圣择。"仁宗说："宫中尝养子二人，小者甚纯，然不慧；大者可也。"

韩琦请皇帝说出他的名字，仁宗说："宗实者，今三十许岁矣。"

议定将退，韩琦为人谨慎，复奏："此事至大，臣等未敢施行。陛下今夕更思之，来日取旨。"次日，大臣奏事于垂拱殿，又奏问嗣子人选。仁宗说："决无疑也。"韩琦说："事当有渐，容臣等商量所除官。"

仁宗指定的嗣子人选——岳州团练使赵宗实，是他堂兄赵允让之子，因嘉祐四年赵允让去世，赵宗实还在丁忧服孝中。宰执商议后，建议先起复赵宗实为泰州防御使、知宗正寺。宗正寺是掌皇室谱牒的机构，让赵宗实知宗正寺，亦即向世人暗示宗实将是皇嗣之选。

仁宗听了韩琦之议，说道："如此甚好。"韩琦又说："此事若行，不可中止。陛下断以不疑，乞从内批出。"仁宗说："此岂可使妇人知之，只中书行可也。"嘉祐六年十月十三日，中书发布告敕：起复岳州团练使赵宗实为泰州防御使、知宗正寺。

知宗正寺是一般的人事任免，告敕宣读后付阁门，由受命人至阁门领告敕。但赵宗实一再辞让知宗正寺的任命，接连上表请求中书收回告敕。仁宗对韩琦说："彼既如此，盍姑已乎？"[1]韩琦说："此事安可中辍！愿陛下赐以手札，使知出自圣意，必不敢辞。"仁宗复遣中使召见，但赵宗实又"称疾不入"。

尽管赵宗实不敢受命，但自朝廷宣布由他知宗正寺之后，朝堂上议立嗣的骚动还是平息了下来。只是仁宗一直没有明言赵宗实就是皇嗣，慢慢地，朝臣私下里又有了一些猜测与议论。

到了嘉祐七年七月，谏官王陶忍不住上疏："自古天下祸

---

[1] 李焘：《续资治通鉴长编》卷一百九十七。下同。

乱之始，未有不由继嗣不立，付属之心不豫定，而遂至后世争夺危亡，使天下赤子糜烂涂地而受敝者也。……前日未命宗实，人人上言早建储嗣。今日乃无一人敢言者，非今日之人不忠也。盖前日未有主名，泛为公言，而陛下不疑也。今日补一宗正官，虽非继嗣，似有主名，又陛下犹豫迟疑，自冬徂秋十月矣，中外之人，无贵贱贤愚，人人自顾私计，惧陛下见疑获罪，不敢出一言，但日听朝廷所为，以卜治乱而已。臣职为谏官，傥又不言，则谁为陛下言者？"

王陶又请对，称宫嫔、宦官中有人蛊惑圣聪，"使宗实畏避不敢前"。仁宗问他："欲别与一名目，如何？"王陶说："此止是一差遣名目，乞与执政大臣议之。"仁宗说："当别与一名目。"

这个时候，因赵宗实一直表示不敢接受知宗正寺的告敕，宰相韩琦便与参知政事欧阳修商议："宗正之命既出，外人皆知必为皇子矣，不若遂正其名。"欧阳修说："知宗正事告敕付阁门，得以不受。今立为皇子，止用一诏书，事定矣。"

于是在八月初二中书入对时，韩琦建议仁宗批准赵宗实请辞知宗正寺，授予其他名目。仁宗说："勿更为他名，便可立为皇子，明堂（大飨）前速与了当。"时至嘉祐七年，仁宗已经认命，接受命中注定没有亲生子嗣，只希望外廷关于立嗣的吵吵嚷嚷能够尽早结束。

韩琦请仁宗宣谕枢密院长官，因为立皇嗣是大事，枢密院必须与闻。枢密使张昇马上进殿，仁宗又面谕之。尽管大臣都期待皇帝立嗣，但毕竟事关重大，所以张昇又请仁宗再确认一遍："陛下不疑否？"仁宗说："朕欲民心先有所系属，但姓赵者斯可矣。"张昇即再拜称贺。韩琦即请仁宗亲书手札，付中

宋仁宗

书施行。

退朝后，韩琦刚回中书，便看到中使传仁宗手札至。次日，韩琦召翰林学士王珪起草立皇子的制书。王珪有些疑惑，不敢马上草制，而是立即请对，当面问仁宗："今宫中有将临月者，姑俟之可乎？"[1]仁宗怆然说："天使朕有子，则豫王不夭矣。"王珪又说："此大事也，后不可悔。外议皆云执政大臣强陛下为此，若不出自陛下，则祸乱之萌未可知。"[2]仁宗指着自己的心脏，说："此决自朕怀，非由大臣之言也。不如此，众心不安。卿何疑焉？"王珪再拜："陛下能独断为宗庙社稷计，此天下之福也。"退而草诏以进。

八月初五，仁宗下诏立赵宗实为皇子：

> 人道亲亲，王者之所先务也。盖二帝之隆，治繇兹出，朕甚慕之。右卫大将军岳州团练使宗实，濮安懿王（赵允让去世后追封为濮安懿王）之子，犹朕之子也，少鞠于宫中，而聪智仁贤，见于夙成。日者选于宗子近籍，命以治宗正之事，使者数至其第，乃崇执谦退，久不受命，朕默然有嘉焉。朕蒙先帝遗德，奉承圣业，罔敢失坠。夫立爱之道，自亲者始，固可以厚天下之风，而上以严夫宗庙也。其以某为皇子。故兹诏示。想宜知悉。[3]

1　王巩：《闻见近录》。下同。
2　李焘：《续资治通鉴长编》卷一百九十七。下同。
3　《宋大诏令集》卷第二十六。

第十五章 最后的岁月

八月初七,仁宗悉召宗室入宫,"谕以立皇子之意"[1];初八,又召见入内内侍省、皇城司,交代他们营建"皇子位",即皇子府邸;初九,仁宗为皇子赵宗实赐名"赵曙";十八日,因皇子位尚未建成,仁宗诏权以皇城司廨宇为皇子位。赵曙既过继为皇子,依礼应当迁入内廷皇子位生活,但赵曙还是"累奏辞所除恩命",又"坚卧称疾不入"。

谏官司马光、王陶等人说:"凡人于丝毫之利,至相争夺,今皇子辞不赀之富,已三百余日不受命,其贤于人远矣。有识闻之,足以知陛下之圣,能为天下得人。然臣闻父召无诺,君命召不俟驾而行,使者受命不受辞,皇子不当辞逊,使者不当徒反。凡诏皇子内臣,皆乞责降,且以臣子大义责皇子,宜必入。"

仁宗问辅臣怎么办。韩琦说:"今既为陛下子,何所间哉!愿令本宫族属敦劝,及选亲信内人就谕旨,彼必不敢违。"八月廿三,仁宗诏宗室官属劝皇子入内,"皇子若称疾,即乘肩舆",但赵曙"犹固称疾",不肯入内。直到八月廿七,皇子才乘肩舆搬入皇子位,一家人连同婢女仆人"不满三十口,行李萧然,无异寒士,有书数厨而已。中外闻之相贺"。八月三十日,赵曙在清居殿拜见仁宗,这对名义上的父子终于见了面。

自此,皇子赵曙每日或至内东门问候仁宗起居,或入侍禁中。

说起来,这是赵曙第二次入内廷生活。二十余年前的景祐二年,因仁宗无子,四岁的赵宗实(赵曙)以及另一名宗室子赵宗保曾被抱养于宫中,几年后仁宗亲生子豫王赵昕出生,宗

---

[1] 李焘:《续资治通鉴长编》卷一百九十七。下同。

实、宗保又被送回王府；而在更早之前，仁宗尚未出世时，赵宗实之父赵允让也曾被宋真宗抱养，后因赵受益（仁宗）诞生，赵允让才被送归藩邸。也就是说，赵允让父子二人都曾经离皇嗣那么近，却又失之交臂。命运真会捉弄人。

而命运的不可捉摸，还体现为赵允让虽与皇嗣失之交臂，但他子嗣繁多，共生育了二十八个儿子，其中第十三子赵宗实最终还是被选为皇嗣，回到了皇城内。

相传赵曙入内居住后，仁宗与曹皇后一日游后苑，见苑中有一亭子，名"迎曙亭"，仁宗对曹皇后说："岂偶然哉！"[1] 多名宋人都在笔记中提到"迎曙亭"，他们认为，赵曙成为皇嗣，仿佛冥冥中有定数。

第三节 仁宗上仙

嘉祐七年，九月初五至初七，仁宗先后祭拜景灵宫、太庙，并于明堂举行大飨礼。但在这一系列礼仪进行之时，给仁宗生育了三名皇女的充媛（嫔）董氏得了大病，弥留之际，她让人对曹皇后说："妾不幸即死，愿勿亟闻以恩上精意。"[2] 请皇后不要将她病危的消息告诉皇上，以免干扰了祭祀大事。

曹皇后含泪答应了。因此，仁宗到九月初八才得知董氏的死讯，他非常伤心，"临奠凄恻，追赠婉仪"，随后又"加赠淑

---

1 邵伯温：《邵氏闻见录》卷第三。
2 李焘：《续资治通鉴长编》卷一百九十七。下同。

妃","亲为之辍朝挂服,……又命有司为之定谥及行策礼,于葬日仍给卤簿",总之要求以非常高的规格为董氏治丧。

但谏官司马光反对这么做,他的理由有二:一、"董氏名秩本微,病亟之日方拜充媛,今送终之礼太为崇重",不合礼法;二、"况礼既崇,则凡事所须用度益广。今明堂大礼新毕,帑藏空虚,赋敛日滋,元元愁困,诚不宜更崇大后宫之丧,以横增烦费"。

晚年的仁宗已经没有气力像皇祐六年治温成丧礼时那样跟谏官对着干了,谏官既然反对,他只能"嘉纳之",同意董氏"丧事所须,悉从减损,不必尽一品之礼"。

仁宗自己的身体也越来越虚弱了。嘉祐八年正月元宵节,"京师张灯如常岁"[1],按往年惯例,仁宗应该在正月十四日"晨出,游幸诸宫寺,赐从臣饮酒,留连至暮而归。遂御宣德门,与从臣看灯,酒五行而罢",但这年自正月起,仁宗已觉"体中不佳",所以取消了正月十四"晨出"的活动,到黄昏时才略游慈孝、相国两寺,然后在宣德门赐从臣御酒,酒过三巡而止。自此之后,仁宗虽然还能坐殿听政,但精神状态一日不如一日。

正月廿七,春寒微雨,仁宗没有御前殿听政,只在后殿见群臣奏事,"而殿中炽炉火,云圣体畏风寒"。仁宗历来不怕寒冷,小时常赤足,临御四十年,"盛暑未尝挥扇,极寒未尝御火",嘉祐八年春寒,"始见御前设炉火"。

二月十一日,五十四岁的仁宗病倒了,卧床不起。

二月十四日,中书、枢密院入寝殿福宁殿西阁奏事,看到

---

[1] 欧阳修:《欧阳修全集》卷一百一十九《奏事录》。下同。

仁宗卧室所用幄帟、裀褥"皆质素暗敝，久而不易"[1]。仁宗看着韩琦等人，说道："朕居宫中，自奉止如此尔。此亦生民之膏血也，可轻费之哉！"

三月初二，因御医进药久不奏效，朝廷诏前郓州观察推官孙兆、邠州司户参军单骧诊御脉，孙兆、单骧"皆以医术知名"，故特召之。

三月十五，仁宗下诏给三名道教的神仙加封号，并给他们营建殿宇，因为仁宗昏昏沉沉之时，做了一个梦，梦见"三神人自言其姓号，若在左右翊卫之"，醒来后，感觉"疾稍平"。

三月廿二，仁宗的身体状况似乎有好转，可以坐延和殿，主持进士科殿试唱名。次日，宰臣以仁宗"圣体康复"，拜表称贺。

三月廿九，仁宗日间饮食起居没什么异常，但当晚初更时分，躺在病床上的仁宗突然起身，"索药甚急，且召皇后"。等曹皇后赶到福宁殿，仁宗已口不能言，只用手指着自己胸口，非常难受的样子。皇后急召医官诊视，投药、灼艾，但不起什么作用，大约二更时分，仁宗便与世长辞了，享年五十四岁。

宫人乱成一团，欲开宫门召辅臣入内。曹皇后很快镇静下来，阻止左右开宫门："此际宫门岂可夜开！且密谕辅臣黎明入禁中。"又命人"取粥于御厨"，有意让宫中之人以为是仁宗夜间起床索食。医官也被扣留在内廷，不放出去。

四月初一清晨，辅臣至寝殿，韩琦正欲扣帘而入，内侍说："皇后在此。"[2] 韩琦站住，只听得帘内曹皇后发哭："天下不幸，

---

[1] 李焘：《续资治通鉴长编》卷一百九十八。下同。
[2] 蔡氏：《直笔》，转引自李焘《续资治通鉴长编》卷一百九十八。下同。

夜来官家忽然上仙。"辅臣发哭。又听得皇后说:"怎奈何,相公?官家无子。"韩琦马上说:"皇后不可出此言,皇子在东宫,何不便宣入?"曹皇后说:"只是宗室,立了他,后莫有人争?"韩琦说:"更何可拟议!"曹皇后乃曰:"皇子已在此。"原来曹皇后已密召皇子赵曙入禁中,才降内批宣辅臣入内。

当下,辅臣退出,召翰林学士王珪起草仁宗遗制。王珪"惶惧不知所为"[1],一时间竟不知从何写起。韩琦对他说:"大行在位凡几年?"王珪这才醒悟过来,乃下笔。至日头偏西,百官皆集,自垂拱殿门外大哭而入,按班位排队行至福宁殿前,哭止,首相韩琦代表朝廷宣读仁宗遗制:

> 朕荷国大统四十有二年,尝惧菲凉,不足以承祖宗之鸿烈。然兵休民靖,底于丕平,顾朕何德以堪之。乃自春已来,积勤爽豫,今至大渐,恐不得负扆以见群臣。皇子某,以天性之爱,朝夕寝门,未始少懈,况聪知明睿,朕素有承嗣之托矣。夫岂不顺天人之望哉?可柩前即皇帝位。皇后以坤仪之尊,左右朕躬,慈仁端顺,闻于天下,宜尊皇后为皇太后。应诸军赏给,并取嗣君处分。丧服以日易月,山陵制度,务从俭约。在外群臣止于本处举哀,不得擅离治所,成服三日而除。应沿边州镇皆以金革从事,不用举哀。於戏!死生之际,惟圣为能达其归;矧天之宝,命不坠于我有邦。更赖文武列辟,辅其

1　李焘:《续资治通鉴长编》卷一百九十八。下同。

不逮。朕何慊焉，咨尔中外，体予至怀。主者施行。[1]

皇子赵曙遵遗制即皇帝位，见百官于福宁殿东楹，是为宋英宗。辅臣初请赵曙继位之时，赵曙拼命推辞："某不敢为！某不敢为！"[2]转身就要逃走，众辅臣赶紧将他抓住，强行给他戴上皇冠，穿上御服。

按照惯例，四月初二，朝廷以新皇帝即位，大赦天下；百官进官一等；优赏诸军；又命使者至契丹、西夏告哀。

四月初四，英宗任命首相韩琦为山陵使，主持建造仁宗陵墓。

四月初五，尊曹皇后为皇太后。

四月十二日，曹太后出仁宗遗留物赏赐两府、宗室、近臣、主兵官。知谏院司马光进言："蒙恩赐以遗留物，如臣所得已千缗，况名位渐高，必沾赍愈厚，举朝之内，所费何啻巨万！窃以国家用度素窘，复遭大丧，累世所藏，几乎扫地。……今天崩地坼，率土哀摧，群臣各迁一官，不隔磨勘，恩泽已厚，诚不忍更受赐物，因公家之祸，为私室之利。伏望圣慈许令侍从之臣，各随其意进奉金帛钱物，以助山陵之费。"不过，英宗以未有先例为由，没有接受群臣的捐献。

四月廿二日，权三司使蔡襄奏请仁宗山陵规模延用宋真宗永定陵制度，但谏官王陶、郑獬均反对："民力方困，山陵不当以永定为准"；"先帝节俭爱民，出于天性，……今山陵制度

---

1 《宋大诏令集》卷第七。
2 李焘：《续资治通鉴长编》卷一百九十八。下同。

乃取乾兴最盛之时为准，独不伤先帝节俭之德乎！"最终，仁宗山陵的建造比乾兴年间建造永定陵"省费十余万缗"[1]。

七月十七日，西夏使者祭拜仁宗于皇仪殿门外；十八日，辽国使者祭拜仁宗于皇仪殿，并于东厢拜见英宗，英宗"恸哭久之"，辽使每言及仁宗皇帝，亦"辄出涕"。[2]

八月十一日，翰林学士王珪议定大行皇帝庙号，曰"仁宗"。"仁"是对君主的最高褒奖，纵观宋仁宗赵祯一生，无愧于这一庙号。《宋史·仁宗本纪》赞曰：

> 仁宗恭俭仁恕，出于天性，一遇水旱，或密祷禁庭，或跣立殿下。有司请以玉清旧地为御苑，帝曰："吾奉先帝苑囿，犹以为广，何以是为？"燕私常服浣濯，帷帟衾裯，多用缯绨。宫中夜饥，思膳烧羊，戒勿宣索，恐膳夫自此戕贼物命，以备不时之须。大辟疑者，皆令上谳，岁常活千余。吏部选人，一坐失入死罪，皆终身不迁。每谕辅臣曰："朕未尝罝人以死，况敢滥用辟乎！"至于夏人犯边，御之出境；契丹渝盟，增以岁币。在位四十二年之间，吏治若偷惰，而任事蔑残刻之人；刑法似纵弛，而决狱多平允之士。国未尝无弊幸，而不足以累治世之体；朝未尝无小人，而不足以胜善类之气。君臣上下恻怛之心，忠厚之政，有以培壅宋三百余年之基。子

---

[1]《卢士宗传》，转引自李焘《续资治通鉴长编》卷一百九十八。
[2] 李焘：《续资治通鉴长编》卷一百九十九。下同。

孙一矫其所为，驯致于乱。《传》曰："为人君，止于仁。"帝诚无愧焉。

十月廿七日，葬仁宗皇帝于巩县永昭陵。

十一月初九，时令大雪，袝仁宗神主于太庙。一年前的九月，仁宗最后一次入太庙祭祀先帝，如今，他自己也成了太庙里的一面神主牌，成了后人祭奠的先帝。

第四节　英宗继位之初

继承仁宗皇位的宋英宗赵曙是谨小慎微之人，这一点从他一再称病坚辞皇嗣之选就可以看出来，并不是他故作姿态，而是真的不敢蹚这浑水。

其时，多名宗室子弟都对仁宗继承人的位子虎视眈眈，仁宗堂兄弟辈的赵允弼、赵允良，侄子辈的赵宗谔、赵宗旦，都是赵曙的竞争者。在赵曙一再请辞知宗正寺之后，又有近臣向仁宗推荐赵元俨之子赵允初。仁宗召允初入宫，命坐，赐茶。赵允初却全不知礼节，顾左右说："不用茶，得熟水可也。"[1] 左右皆失笑。等他告辞后，仁宗说："允初痴骏，岂足任大事乎？"嘉祐末，诸宗室子弟及背后势力对皇嗣之位的觊觎，虽然没有表现出看得见的刀光剑影，但潜在的风险已足以让赵曙感受到

1　司马光：《涑水记闻》卷第八。下同。

莫大的压力。

赵曙的亲信幕僚周孟阳曾问他:"主上察知太尉(指赵曙)之贤,参以天人之助,乃发德音。太尉独称疾坚卧,其义安在?"[1]赵曙回答说:"非敢邀福,以避祸也。"周孟阳对他晓以利害:"太尉事两宫以父母,中外所闻,主上为万世计而立为子矣。今固辞不拜,假如得请归藩,遂得燕安无患乎?"赵曙醒悟过来,抚榻而起:"吾虑不及此。"这才携家带口搬入宫中。

但赵曙以皇子身份继承皇位,宗室中人未必都服气,据宋人笔记,诸亲王中,身份最尊的赵允弼便"心颇不平"[2]。按国朝制度,"嗣天子即位,先亲王贺",但赵允弼上殿入贺时,却故意问:"皇子谓谁?"韩琦说,正是赵曙。赵允弼说:"岂有团练使为天子者,何不立尊行?"韩琦说:"先帝有诏。"赵允弼曰:"乌用宰相。"转身就走,韩琦叱责说:"大王,人臣也,不得无礼。"左右甲士立马围过来,赵允弼这才不得不向英宗拜贺。

历代因皇位继承所引发的血腥争斗史不绝书。远的不说,就在宋英宗继位之时,邻居辽国便发生了叔侄争夺皇位的内乱。我们以前讲过,辽国皇太后萧耨斤痛爱小儿子耶律重元,曾密谋废黜辽兴宗,立耶律重元为帝,因辽兴宗先下手为强,派亲兵抓了萧耨斤,废立之谋才未得逞。之后,辽兴宗去世,辽道宗继位,封耶律重元为皇太叔。耶律重元"怙宠,益骄恣"[3],"谋

---

[1] 李焘:《续资治通鉴长编》卷一百九十七。下同。
[2] 强至:《韩忠献公遗事》,收于朱易安、傅璇琮等主编《全宋笔记》第一编第八册。下同。
[3] 李焘:《续资治通鉴长编》卷一百九十九。下同。

作乱"。辽清宁九年（宋嘉祐八年，1063）七月，耶律重元趁辽道宗出猎之时，发兵刺杀辽帝，结果兵败，后自杀。消息传到宋朝，未必不会给宋英宗带来心理震撼。

英宗并不是笨蛋，即位之初，"辅臣奏事，帝必详问本末，然后裁决，莫不当理，中外翕然，皆称明主"[1]。但嘉祐八年四月初四入夜，英宗"忽得疾，不知人，语言失序"，时距他即皇帝位才四天。这很可能是因为承受不了巨大的心理压力而突然精神崩溃。

嘉祐八年四月初八，大行皇帝仁宗"大敛"的日子，英宗突然又精神失常，"号呼狂走，不能成礼"。首相韩琦赶紧将他抱住，令内侍将皇帝挟扶着，匆匆完成"大敛"的丧礼。

因皇帝发了狂疾，韩琦便与同僚"入白"曹太后，请太后垂帘听政："候听政日，请太后权同处分"。好在之前已有刘太后垂帘的先例，韩琦的提议不算突兀，礼院也很快就拟好了曹太后听政的礼仪："其日皇帝同太后御内东门小殿，垂帘，中书、枢密院合班起居，以次奏事；或非时召学士，亦许至小殿；皇太后处分称'吾'"，群臣向太后奏事称"殿下"。

之后英宗的精神才慢慢复原，但身体却经常性不豫，连仁宗的丧礼都缺席，"丧皆礼官执事"。更让人意想不到的是，在五六月，英宗与曹太后闹僵了。四月廿七，司马光还上疏称赞"陛下思念先朝，欲报之德，奉事皇太后孝谨，抚诸公主慈爱，此诚仁孝之至，过人远甚"。仅仅过了两个月，六月廿三日，司马光却上书劝太后谅解皇上："皇帝圣体平宁之时，奉事皇太后，

---

[1] 李焘：《续资治通鉴长编》卷一百九十八。下同。

承顺颜色，宜无不如礼。若药石未效，而定省温清，有不能周备者，亦皇太后所宜容也。"显然，在六月廿三日之前，太后与英宗的关系出现了恶化。

若论起亲戚来，英宗实是曹太后的甥婿。英宗幼时被仁宗抱养于宫中，时曹皇后亦抱养了姐姐的女儿高滔滔。英宗与高滔滔年龄相仿，常在一起玩耍，可谓青梅竹马，两小无猜。宫人戏称英宗为"官家儿"[1]，高滔滔为"皇后女"，仁宗也常对英宗开玩笑："皇后女可以为妇乎？"庆历七年，仁宗、曹皇后果然为英宗、高滔滔主婚，使相娶嫁，宫中人谓"天子取妇，皇后嫁女"[2]。英宗继位后，即立高滔滔为皇后。

所以，司马光跟曹太后说，陛下既是仁宗之亲侄，又是殿下之甥婿，且"自童幼之岁，殿下鞠育于宫中，天下至亲，何以过此"[3]？可是，这对亲人为什么会突然失和呢？李焘《续资治通鉴长编》的解释是：英宗"疾甚时，云为多乖错，往往触忤太后，太后不能堪"；且英宗初来乍到，在宫中缺乏根基，对待"宦官尤少恩，左右多不悦者，乃共为谗间，两宫遂成隙"[4]。

曹太后对宋英宗的行为是非常不满的。十一月，韩琦从巩县永昭陵回京，太后派中使给他送来一封文书。韩琦拆封一看，文书记录了英宗撰写的一些歌词，以及"宫中过失事"[5]，韩琦当着中使的面，将文书烧掉，并让他复奏太后："太后每说官家

1　王巩：《闻见近录》。下同。
2　邵伯温：《邵氏闻见录》卷第三。
3　李焘：《续资治通鉴长编》卷一百九十九。下同。
4　李焘：《续资治通鉴长编》卷一百九十八。
5　李焘：《续资治通鉴长编》卷一百九十九。下同。

心神未宁,则语言举动不中节,何足怪也!"

等到韩琦入对时,曹太后"呜咽流涕",哭诉英宗的种种不孝之举,且说:"老身殆无所容,须相公作主!"韩琦劝她:"此病故耳,病已,必不然。子病,母可不容之乎?"

而英宗对曹太后也是充满怨气,他见到从巩县回朝的韩琦时,当着韩琦的面埋怨太后:"太后待我无恩。"为什么英宗会认为曹太后对他"无恩"?另外,李焘《续资治通鉴长编》说英宗"初以忧疑得疾"[1],也让人忍不住猜测:英宗到底在"忧疑"什么?

可能跟宫婢韩虫儿有关。前一年,即嘉祐七年,大约腊月时节,仁宗在内廷散步,正好看到一名宫婢在汲井取水,一条"小龙"(水蛇)顺着井绳游上来——很可能是仁宗的幻觉。仁宗问左右,有没有看见一条"小龙"。左右都称没有看见。仁宗感觉很奇异,叫来宫婢,一问,原来是宫中女官柳夫人的婢女,名唤韩虫儿。

那条井绳上的"小龙",让求子心切的仁宗相信韩虫儿就是给他送"小龙"(皇子)的人。恰好第二日,柳夫人派韩虫儿到仁宗阁中取坐墩,仁宗"独处阁中,命召而幸之"[2],又取走了韩虫儿臂上一只金镯子,说:"尔当为我生子,以此为验。"

过了三四个月,韩虫儿自称"上幸我,有娠"。只是此时仁宗已大渐,曹太后便将韩虫儿养在自己阁中,"遣宫人善护之,日给缗钱二千"。嘉祐八年四月初一,英宗"即位于(仁宗)柩前,

---

1 李焘:《续资治通鉴长编》卷一百九十八。
2 欧阳修:《欧阳修全集》卷一百一十九《奏事录》。下同。

中外帖然，无一言之异"，唯朝野暗暗传言韩虫儿事，"籍籍不已，云大行尝有遗腹子，诞弥当在八、九月也"。英宗当然也听到了传言，他在四月初四突发性精神失常，很可能就是受韩虫儿事件诱发。

韩虫儿的肚皮一天天大起来，如果她产下的是仁宗的遗腹子，那么英宗的皇位将岌岌可危，命运之神将再一次捉弄赵宗实。曹太后把韩虫儿养在自己阁中，既是为了好好照管先帝留下的血脉，也未必不是出于将韩虫儿当成王牌控制在自己手里的考虑，以宋英宗继位后表现出来的糟糕状态，很难说曹太后没有起废立之心，实际上，此时宫中已经"阴有废立之议"[1]，而如果太后欲废立皇帝，最具说服力的理由当然就是先帝留有遗腹子。

说到这里，我们可以体会到英宗面临的心理压力有多大。他身体不豫，精神失常，内心"忧疑"，责怪太后待他"无恩"，也许原因就是宫中住着一个怀了先帝血脉的韩虫儿。

九月十七日，是韩虫儿临盆的日子，禁中"召医官产科十余人、坐婆三人"[2]入内，谁知韩虫儿却迟迟没有生产。曹太后遣宫人查问，才发现韩虫儿居然是假娠，挺着的肚子是假装出来的。太后问韩虫儿"何为作此伪事"，答称"庶日得好食耳"，是为了贪图每日有好饮食。仁宗皇帝的所谓"遗腹子"，原来是一桩"乌龙"。

真相大白之后，欧阳修等执政官说："虫儿事，外已暴闻，

---

1 李焘：《续资治通鉴长编》卷一百九十九。
2 欧阳修：《欧阳修全集》卷一百一十九《奏事录》。下同。

第十五章 最后的岁月

今其伪迹尽露，可以释中外之疑。然虫儿当勿留，庶外人必信也。"若按司马光记述，辅臣的意见是诛杀韩虫儿，以正其罪，但曹太后说："置虫儿于尼寺，所以释中外之疑也。若诛虫儿，则不知者必谓虫儿实生子矣。"[1]最后，韩虫儿被决臀杖二十，送承天寺出家。

英宗的危机化解了。不过，他与曹太后的关系还未修复。英宗对曹太后始终心存芥蒂，太后对英宗也时有怨言。执政团队中，韩琦比较维护英宗，当他听到太后泣诉英宗不孝时，只是劝说曹太后顾全大局："臣等只在外见得官家，内中保护，全在太后。若官家失照管，太后亦未安稳。"[2]

此时，前宰相富弼已服完母丧之孝，起复，拜枢密使。他更同情曹太后，反问韩琦："适闻帝下语否？弼不忍闻。"[3]又给英宗上书："千官百辟在廷，岂能事不孝之主，伊尹之事，臣能为之。"[4]警告英宗要尽孝道，否则，辅臣做得出"伊尹放太甲"之事。

幸亏宋朝政制有着"文质彬彬"的文明底色，因而，尽管太后与皇帝不睦，但始终没有像隔壁的辽国那样发生母子反目、兵戎相见的恶性政争。

英宗的身体也在逐渐康复中，七月开始御殿听政，见文武百官；十一月，终于以孝子身份在集英殿亲祭仁宗神主，只是祭拜时英宗一滴眼泪都没有流；十二月，又御延英阁，开经筵，

---

1 司马光：《涑水记闻》附录二《温公日记》。
2 李焘：《续资治通鉴长编》卷一百九十八。
3 丁传靖辑：《宋人轶事汇编》卷八。
4 朱弁：《曲洧旧闻》卷八。

召经筵官讲《论语》，读《史记》。

侍读刘敞给英宗讲读《史记》，讲至"尧授舜以天下"，借题发挥说："舜至侧微也，尧越四岳禅之以位，天地享之，百姓戴之，非有他道，惟其孝友之德，光于上下。何谓孝友？善事父母为孝，善事兄弟为友。"[1]说得英宗"竦然改容，知其以讽谏也"。曹太后闻知，"亦大喜"。母子关系有了和解的迹象。

次年正月初一，英宗下诏改元，停止使用"嘉祐"旧年号，启用"治平"新年号：

> 朕以鲜躬，获承鸿绪。涉道犹浅，烛理弗明。大惧菲冲，罔克负荷。深惟抑畏，曷敢荒宁。然而仰凭社稷之灵，俯赖股肱之助。先帝至德遗惠，结于人心；列圣重光流泽，长于世祚。所以自亲庶政，甫涉逾年，中外乂宁，风雨时若。惟春秋之正始，盖历代之通规，献岁发春，方临于吉旦；开元易纪，祗率于旧章。宜改嘉祐九年为治平元年。[2]

宋仁宗时代至此落幕。但仁宗皇帝留下来的政治遗产，还将深刻地影响宋朝士大夫对制度与人心的塑造。

1　李焘：《续资治通鉴长编》卷一百九十九。下同。
2　《宋大诏令集》卷第二。

尾 声

一

宋仁宗赵祯逝世后十余年,即熙宁九年(1076),十八岁的仁宗第十女庆寿公主出降,下嫁英国公钱惟演之孙钱景臻,出嫁当天,"京师父老知其为仁宗女也,随其车咨嗟泣涕"[1]。

庆寿公主是高寿之人,南宋绍兴年间才去世,享年八十六岁,这一长寿的基因应该来自她的母亲周氏,周氏九十三岁高寿方薨。在漫长的岁月里,庆寿公主历经仁宗、英宗、神宗、哲宗、徽宗、钦宗、高宗七朝,阅尽人间沧桑。

如果她的眼睛是历史的录像仪,她的耳朵是时代的录音机,也许她记录下来的将是北宋后期至南宋前期最真切的历

---

[1] 邵伯温:《邵氏闻见录》卷第二。

史风云——

她亲历了宋英宗治平年间的平淡如水,看到母后曹太后垂帘听政,然后又在宰相韩琦的压力下撤帘,还政于英宗,而英宗在位仅四年便撒手而去,神宗即位。

她亲历了神宗熙宁—元丰变法的波澜壮阔,以及熙丰变法激起的新党与旧党之争,也许她还会亲耳听说司马光与王安石在朝堂上争执不休,富弼、韩琦等老臣都对变法深感忧虑。而新法事业未竟,神宗亦英年早逝,年幼的哲宗继位。

她也亲历了哲宗朝保守派的全面复辟(元祐更化)与变法派的卷土重来(绍圣绍述),看到她的嫂子高滔滔以太皇太后的身份在元祐年间垂帘听政,召还之前被放逐的保守派,而哲宗成年后亲政,又起用父亲神宗器重的变法派。之后,党争恶化。

她也亲历了徽宗朝的如梦繁华以及繁华背后的沉重危机,钦宗朝"靖康之变"的晴天霹雳、天崩地裂之时,大量赵宋皇室的成员被金人俘虏北上,而她幸运地逃过一劫,因为金人怎么也想不到仁宗还有一个女儿在世。

她又亲历了高宗朝建炎年间宋室的仓皇南迁,而她在南下途中,亦遭受不测之祸——次子被盗贼杀害。兵荒马乱的岁月,她一名弱女子,只能避祸于福建,待局势安定下来才迁居于临安杭州。

她辈分太高,比宋高宗整整高出三辈,高宗对她"甚敬之,每入内,见必先揖";去世之时,皇帝"辍朝五日,幸其第临奠"。[1]

在世之日,公主还亲身感受到士大夫历经"熙宁变法"的

---

1 脱脱等:《宋史·公主传》。

宋仁宗

纷争与"靖康之变"的祸乱之后对她父亲仁宗皇帝的深切怀念，她应该读到哪一位宋人留在父亲皇陵的题诗："农桑不扰岁常登，边将无功吏不能。四十二年如梦觉，东风吹泪过昭陵。"当她读到这首缅怀仁宗的题诗时，她一定感同身受。虽然父亲驾崩时她年纪尚幼，还未来得及记住仁宗的模样，但从历朝君主对她的敬重中，她一定能体会到父亲留给她的福泽。

二

宋朝的公主是不过问朝政的，但假如庆寿公主关心时政，她应该会注意到，宋哲宗"元祐更化"期间，她的父亲仁宗皇帝开始被士大夫塑造成垂范天下的仁圣之君，成为后世赵氏君主最应当效仿的典范。

宋朝最重"祖宗之法"，每有新君登基，几乎都要强调一遍对"祖宗成规"的忠诚。祖宗法并不是哪一个宋朝皇帝所制定，而是由一系列先帝故事、习惯法、惯例、故典所组成，这些故典与惯例的整理，通常都是由士大夫群体来完成，士大夫在筛选、阐释祖宗法的过程中，毫无疑问融入了儒家的治理理想。因而，宋朝的祖宗法甚至不能说是哪一位赵宋皇帝本人的意思，而是士大夫集体塑造出来、经过漫长时间形成的非成文宪度。

自赵宋开国，传至哲宗皇帝，已历经"一祖五宗"六任君主（太祖、太宗、真宗、仁宗、英宗、神宗），六位先帝的故事均可成为祖宗法。给事中范祖禹于元祐七年（1092）率先提出"专法仁宗"的主张：

尾声

> 修德之实，唯法祖宗。恭惟一祖五宗，畏天爱民，后嗣子孙，皆当取法。惟仁宗在位最久，德泽深厚，结于天下，是以百姓思慕，终古不忘。陛下诚能上顺天意，下顺民心，专法仁宗，则垂拱无为，海内晏安，成康之隆，不难致也。[1]

为此，范祖禹辑录了仁宗"圣政"三百二十七事，编录成《仁皇训典》，呈给宋哲宗。需要提醒诸位的是，宋朝士大夫将一位已经去世的君主树立为圣君，当然不是为了歌颂先帝，而是想给在位的君主立一个标准，以此来规范皇帝的行为，这与清代理学家将在位之君吹捧为圣君完全是两码事。

仁宗在位四十二年，共使用九个年号：天圣、明道、景祐、宝元、康定、庆历、皇祐、至和、嘉祐，其中，天圣、景祐、庆历、嘉祐的施政，均被后世士大夫誉为治世之楷模："宋兴七十余年，民不知兵，富而教之，至天圣、景祐极矣"；"庆历、嘉祐之治为本朝甚盛之时，远过汉、唐，几有三代之风"；"庆历、嘉祐之治，上参唐虞，下轶商周，何其盛哉！"[2]

而元祐以降士大夫最心仪者，当属仁宗嘉祐朝的施政。宋徽宗时，御史官陈师锡率先提出"嘉祐之治"的概念[3]：

> 宋兴一百五十余载矣，号称太平，飨国长久，遗民至今思之者，莫如仁宗皇帝。臣窃尝考致治之本，

---

1 李焘：《续资治通鉴长编》卷四百七十九。
2 佚名：《宋史全文》卷二十六上。
3 参见曹家齐：《"嘉祐之治"问题探论》，《学术月刊》2004年第9期。

宋仁宗

亦不过于开纳直言，善御群臣，贤必进，邪必退……庆历、嘉祐之治为本朝甚盛之时，远过汉、唐，几有三代之风。……臣愿陛下远思尧、舜、禹、稷任贤去邪之道，中采齐桓、管仲善善恶恶之戒，近法仁祖纳谏御臣之意，则太平之盛指日可见。[1]

通过宋朝士大夫的塑造，"嘉祐之治"代表了一种近乎完美的施政状态，后世君臣需要做的就是忠实效法仁祖，恢复"嘉祐之治"。南宋士大夫这么告诫皇帝："本朝之治惟仁宗为最盛，愿陛下治心修身之道专以仁宗为法，而立政任人之际，必稽成宪而行，则庆历、嘉祐之治不难致也"[2]；"嘉祐之治，振古无及，社稷长远，终必赖之由此道也"。连权臣秦桧都宣称："数十年来，止是臣下互争胜负，致治道纷纷。今当平其胜负之端，以复庆历、嘉祐之治，乃国家福也。"[3]

三

在宋朝士大夫合力塑造"嘉祐之治"时，庆寿公主尚健在，不过，作为一位没有兴趣过问政治的公主，她应该不会注意到父亲之政受到推崇的复杂原因，只有在给自己的亲生儿子钱忱争取封爵时，她才会给当朝君主上书。她的孙儿、钱忱之子钱端礼曾任临安府知府，创设了南宋纸币东南会子制度。

---

1 陈师锡：《上徽宗论任贤去邪在于果断》，收于赵汝愚编《宋朝诸臣奏议》。
2 朱熹：《晦庵集》卷九十六。
3 李心传：《建炎以来系年要录》卷一百五十二。

尾声

　　仁宗"嘉祐之治"之受尊崇,与"熙丰变法"激起的士大夫的派系分化有关,保守派以"嘉祐"为圭臬,变法派则以"熙丰"为盛治的标志。当御史官陈师锡在进呈宋徽宗的奏疏上高度评价"嘉祐之治"时,福建路提举常平官钟世美也曾上书徽宗,"乞复熙宁、绍圣故事",称宋哲宗亲政后,"振起斯文,六七年间,天下大治,复见熙丰之盛"。[1]

　　可以说,"嘉祐"与"熙丰"分别代表了两种相悖反的施政路线。嘉祐年间王安石的变法主张未获支持,到宋神宗熙宁年间他才得以一展抱负,吕祖谦评论说:"安石变法之蕴,亦略见于此书(指上仁宗皇帝万言书)。特其学不用于嘉祐,而尽用于熙宁,世道升降之机,盖有在也。"[2]

　　宋室南迁之后,蔡京、王安石等变法派被认为应对"靖康之耻"负责,于是"熙丰变法"被士大夫妖魔化,"嘉祐之治"则随之获得极高的宪制地位。不过,随着时间的推移,当"熙丰变法"激起的路线纷争烟消云散时,南宋士大夫对"嘉祐之治"的追述未必带有多少派系色彩,他们更在意的其实是向当朝君主阐释什么才是优良的政体。

　　仁宗在位期间,显然有嘉政,亦有弊政,即便是嘉政,也是表现在多个方面,后仁宗时代的士大夫重点阐述了仁宗的"垂拱而治"。如果说,宋朝"祖宗之法"的精粹是"仁祖之法",那么,"仁祖之法"的精粹,若以时段论,便是"嘉祐之治",若以政体论,则是"垂拱而治"。

1　陈均:《九朝编年备要》卷二十五。
2　陈邦瞻:《宋史纪事本末》卷三十七。

宋仁宗

北宋末,理学家杨时批评宋徽宗好"御笔行遣",特别论及"仁祖之法":

> 仁宗时,或劝云:"陛下当收揽权柄,勿令人臣弄威福。"仁宗曰:"如何收揽权柄?"或曰:"凡事须当自中出,则福威归陛下矣。"仁宗曰:"此固是,然措置天下事,正不欲自朕出,若自朕出,皆是则可,如有不是,难于更改。不如付之公议,令宰相行之,行之而天下以为不便,则台谏得言其失,于是改之为易矣。"据仁宗识虑如此,天下安得不治?人君无心如天,仁宗是也。[1]

与杨时同时代的另一位士大夫张纲,在给皇帝"进故事"时,也提到"仁宗君臣政要",并加以评说:

> 上尝问都知王守忠曰:"卿出入中外,闻有甚议论?"守忠曰:"皆言陛下仁慈圣德……"又曰:"天下事皆由宰相,陛下不得自专。"上默然良久,曰:"任人者,兴王之本;自任者,失道之君。故君知其道,臣知其事,朕若一一自任,非无为责成之理。"守忠愧拜而退。
> 臣尝观苏轼颂仁宗皇帝之德,曰:"未尝行也,而万事莫不毕举。未尝视也,而万物莫不毕见。非

---

[1] 杨时:《龟山集》卷十二。

有他术也,善于用人而已。惟其善于用人,是以穆然无为,坐视其成功。呜呼,仁宗皇帝可谓得君人之道矣。[1]

南宋吕中著《宋大事记讲义》,亦论述说:

祖宗纪纲之所寄,大略有四:大臣总之,给舍正之,台谏察内,监司察外。自崇(宁)、(大)观奸臣创为御笔之令,凡私意所欲为者,皆为御笔行之,而奸臣之所自为者,又明告天下,违者以违御笔论。于是违纪纲为无罪,违御笔为有刑。台谏不得言,给舍不得缴,监司不得问而纪纲坏矣。昔有劝仁宗揽权者,上曰:"措置天下事,正不欲从中出。"此言真为万世法。[2]

乾道年间,南宋事功学派代表人物陈亮向宋孝宗上《中兴五论》,其中《论执要之道》篇说道:

臣闻之故老言,仁宗朝,有劝仁宗以收揽权柄,凡事皆从中出,勿令人臣弄威福。仁宗曰:"卿言固善。然措置天下事,正不欲专从朕出。若自朕出,皆是则可,有一不然,难以遽改。不若付之公议,令宰

尾声

---

1 张纲:《华阳集》卷二十二。
2 吕中:《宋大事记讲义》。

宋仁宗

相行之。行之而天下不以为便，则台谏公言其失，改之为易。"大哉王言！此百世人主之所当法，而况于圣子神孙乎！[1]

另一位宋朝学者邵伯温甚至将至和、嘉祐年间仁宗大病初愈后无力理政的非正常表现也解释成"垂拱而治"的典范：

> 仁宗皇帝至和间不豫，昏不知人者三日。既愈，……自此御朝，即拱嘿不言。大臣奏事，可即肯首，不即摇首，而时和岁丰，百姓安乐，四夷宾服，天下无事。盖帝知为治之要：任宰辅，用台谏，畏天爱民，守祖宗法度。时宰辅曰富弼、韩琦、文彦博，台谏曰唐介、包拯、司马光、范镇、吕诲云。呜呼，视周之成、康，汉之文、景，无所不及，有过之者，此所以为有宋之盛欤？[2]

只能说，这是宋朝士大夫对祖宗法的"创造性解释"。

四

我们需要注意的是，宋朝士大夫推崇的"垂拱而治"，绝不是指政府庸碌无为，而是强调君主当以无比尊贵的身份高拱

---

1 陈亮：《陈亮集》卷之二《论执要之道》。
2 邵伯温：《邵氏闻见录》卷第二。

在上，不亲细故，以宰相领导的政府具体执政，以独立于宰相的台谏监察政府，从而形成良性的权力制衡，达成优良的治理。

宋人为什么以高度赞赏的态度评价"仁宗皇帝百事不会，只会做官家"[1]？也应该从这个意义上理解。"百事不会"不是无能，而是说，君主应该谦抑，不逞强，不与臣下争胜；"会做官家"是指深谙为政之要，这个"为政之要"邵伯温概括为"任宰辅，用台谏，守法度"。其他宋朝士大夫还有更深入的阐发——

元祐元年（1086），右司谏苏辙在向哲宗皇帝进言时说：

> 臣窃见仁宗皇帝在位四十余年，海内乂安，近世少比。当时所用宰相二三十人，其所进退，皆取天下公议，未尝辄出私意。公议所发，常自台谏，凡台谏所言，即时行下。其言是，则黜宰相；其言妄，则黜台谏。忘己而用人，故赏罚之行，如春生秋杀，人不以为怨。终仁宗之世，台谏不敢矫诬，而宰相不敢恣横，由此术也。[2]

同一年，同知枢密院范纯仁也告诉宋哲宗：

> 臣昔见仁宗皇帝推委执政，一无所疑，凡所差除，多便从允，而使台谏察其不当，随事论奏，小则放行改正，大则罢免随之，使君臣之恩意常存，朝廷

---

1 施德操：《北窗炙輠录》卷上。
2 苏辙：《苏辙集》之《栾城集》卷三十七《乞责降韩缜第八状》。

宋仁宗

之纪纲自正，是以四十余年，不劳而治。况陛下方稽仁皇之治，……若便垂拱责成，逸于委任，台谏纠其误谬，侍从罄其论思，群臣一德一心，陛下无事，自然不须防虑，百职具修，坐致太平，垂休万世……[1]

这么阐释"仁祖之法"的元祐士大夫还有苏轼的门人秦观：

臣闻仁祖时，天下之事，一切委之执政，群臣无预者。……一旦谏官列其罪，御史数其失，虽元老名儒上所眷礼者，亦称病而赐罢。政事之臣得以举其职，议论之臣得以行其言，两者之势适平。是以治功之隆，过越汉唐，与成康相先后，盖繇此也。

……愿（陛下）鉴汉唐之弊，专取法于仁祖，常使两者（政府与台谏）之势适平，足以相制，而不足以相胜，则陛下可以弁冕端委而无事矣。[2]

南宋淳祐四年（1244），杜范拜相，向理宗上奏札说：

或有劝仁祖："以凡事从中书出，则威福有归。"仁祖曰："事正不欲从中出，不如付之公议，使宰相行之，有过失则台谏得以言之，改之易耳。"大哉王言！真圣子神孙世守之家法也。今陛下新揽权纲，

---

1 李焘：《续资治通鉴长编》卷三百九十。
2 秦观：《淮海集笺注》卷第十二《主术》。

惟恪循仁祖家法，凡废置予夺，一切与宰相熟议其可否，而后见之施行；如有未当，给舍得以缴驳，台谏得以论奏。是以天下为天下，不以一己为天下，虽万世不易可也。[1]

这些后仁宗时代的宋朝士大夫通过对"仁祖之法"的追述，构建了一种理想化的政体：君主掌握着最高的权威与最终的仲裁权，但地位超然，端拱无为，把执政权委托给遴选出来的、可问责可更替的政府，把监察、审查权委托给平行于政府的台谏，让两权相制相维，如此，君主便可以做到垂拱而治。

有意思的是，苏辙、范纯仁和杜范等人上疏的时间，分别是北宋元祐、南宋淳祐年间，"元祐""淳祐"的年号，亦含有向仁宗"嘉祐之治"致敬之意。

五

经由宋朝士大夫的创造性阐释，仁宗皇帝被塑造成为一位垂范后世的仁圣之君，"仁祖之法"被解释成一项非常接近于"君主立宪"的宪制。

宋人塑造"仁祖之法"的心智，总是让我想到英伦的"辉格史观"。

西方史学中有一个概念：historiography（历史编纂），十分注重对历史的理解与编订，强调在历史阐述中注入人们追

---

[1] 杜范：《杜清献公集》卷十三《相位五事奏札》。

求的价值观。以实证主义或者考据学的目光来看,这样的史学观无疑是不够严谨的,但从"历史学"对"历史"的塑造的角度来看,那种机械的考据与实证才是毫无意义的。

西方史学最成功的 historiography,可能要算英国的"辉格史观"。17 世纪出现的辉格党提倡君主立宪,致力于将英国的历史描述成朝着君主立宪目标演进的进步史,自由与宪制就在英国的传统中。这同样是经不起严格的考据的,"翻阅英国的历史,似乎并不总是阳光灿烂的日子,直到 19 世纪,还有无数进步的思想家在攻击英国的普通法制度"[1]。英国历史上王权专断的事儿少不到哪里去。然而,正是辉格党人讲述的英国历史,为盎格鲁—撒克逊民族整理、积累了非常丰富的宪制传统资源,推动着英国的历史往"君主立宪"的方向演进。

宋人对仁宗皇帝的再塑造,对"仁祖之法"的再构建,相当于西方的 historiography,里面贯穿着宋朝士大夫式的"辉格史观"。

宋朝士大夫塑造了"仁祖之法","仁祖之法"又在一定程度上塑造了后仁宗时代的政治形态。我们纵观两宋三百余年,仁宗之前的太祖、太宗、真宗三朝且不论,仁宗朝以降,从未出过一个强势、独断的君主,恐怕跟"仁祖之法"被一遍遍申明、强调不无关系。神宗习惯以内批处理政务,徽宗热衷于以"御笔指挥"行事,但这些行为是受朝臣抗议和抵制的,在宋人的历史叙事中也作为负面教训出现。另一方面,宋代又权相迭出,从王安石、蔡京到秦桧、史弥远、韩侂胄、贾似道,这似乎说明,

---

[1] 姚中秋:《传统、自由与启蒙的陷阱》。(本文为未刊文)

宋朝政制虽然有效解决了皇权专制的问题,却不能很好地解决宰相专权的问题。

宋朝之后,由于改朝换代,"仁祖之法"失去了政治效力,意味着宋朝式的"辉格史观"出现中断。晚清的立宪派士绅一直想说服清廷实行"君主立宪",但终究失败。我有时候忍不住会想:如果将清朝换成宋朝,"君主立宪"的转型也许就是水到渠成的事情了。

附　录　主要参考文献

史料、专著

［周］左丘明传，［晋］杜预注，［唐］孔颖达正义，十三经注疏整理委员会整理，《春秋左传正义》，北京大学出版社，2000年。

［汉］班固撰，［唐］颜师古注：《汉书》，中华书局，1962年。

［汉］蔡邕：《独断》，《景印文渊阁四库全书》第八五〇册，台湾商务印书馆，1986年。

［汉］司马迁撰，［南朝宋］裴骃集解，［唐］司马贞索隐，［唐］张守节正义：《史记》，中华书局，1959年。

［汉］郑玄注，［唐］孔颖达正义，吕友仁整理，《礼记正义》，上海古籍出版社，2008年。

［唐］长孙无忌等撰，刘俊文点校：《唐律疏议》，中华书局，1983年。

［后晋］刘昫等：《旧唐书》，中华书局，1975年。

[宋]蔡戡:《定斋集》,《景印文渊阁四库全书》第一一五七册,台湾商务印书馆,1986年。

[宋]蔡正孙:《诗林广记》,《景印文渊阁四库全书》第一四八二册,台湾商务印书馆,1986年。

[宋]陈傅良:《八面锋》,《景印文渊阁四库全书》第九二三册,台湾商务印书馆,1986年。

[宋]陈均:《九朝编年备要》,《景印文渊阁四库全书》第三二八册,台湾商务印书馆,1986年。

[宋]陈亮撰,邓广铭点校:《陈亮集》(增订本),中华书局,1987年。

[宋]陈振孙撰,徐小蛮、顾美华点校:《直斋书录解题》,上海古籍出版社,1987年。

[宋]程颢、程颐撰,王孝鱼点校:《二程集》,中华书局,1981年。

[宋]邓椿撰,刘世军校注:《画继校注》,广西师范大学出版社,2015年。

[宋]窦仪等:《宋刑统》,中华书局,1984年。

[宋]杜大珪编:《名臣碑传琬琰之集》,《景印文渊阁四库全书》第四五○册,台湾商务印书馆,1986年。

[宋]杜范:《杜清献公集》,《宋集珍本丛刊》本,线装书局,2004年。

[宋]范仲淹:《范文正公文集》,《古逸丛书三编》本,中华书局,1984年。

[宋]范仲淹:《范文正奏议》,《景印文渊阁四库全书》第四二七册,台湾商务印书馆,1986年。

[宋]方勺:《泊宅编》,《景印文渊阁四库全书》第一○三七册,

台湾商务印书馆，1986年。

［宋］费衮撰，金圆校点：《梁溪漫志》，上海古籍出版社，1985年。

［宋］高晦叟：《珍席放谈》，《景印文渊阁四库全书》第一〇三七册，台湾商务印书馆，1986年。

［宋］龚鼎臣：《东原录》，《景印文渊阁四库全书》第八六二册，台湾商务印书馆，1986年。

［宋］龚明之：《中吴纪闻》，上海古籍出版社，1986年。

［宋］韩淲、陈鹄撰，孙菊园、郑世刚点校：《涧泉日记 西塘耆旧续闻》，上海古籍出版社，1993年。

［宋］韩琦：《安阳集》，《景印文渊阁四库全书》第一〇八九册，台湾商务印书馆，1986年。

［宋］洪迈撰，孔凡礼点校：《容斋随笔》，中华书局，2005年。

［宋］胡仔纂集，廖德明校点：《苕溪渔隐丛话》（后集），人民文学出版社，1962年。

［宋］黄裳撰，［宋］黄玠编：《演山集》，《景印文渊阁四库全书》第一一二〇册，台湾商务印书馆，1986年。

［宋］孔平仲：《谈苑》，《景印文渊阁四库全书》第一〇三七册，台湾商务印书馆，1986年。

［宋］黎靖德编，王星贤点校：《朱子语类》，中华书局，1986年。

［宋］李焘：《续资治通鉴长编》，中华书局，1995年。

［宋］李心传：《建炎以来系年要录》，中华书局，1956年。

［宋］李攸：《宋朝事实》，《景印文渊阁四库全书》第六〇八册，台湾商务印书馆，1986年。

［宋］李幼武纂集：《宋名臣言行录外集》，《景印文渊阁四库全书》第四四九册，台湾商务印书馆，1986年。

[宋]李廌、[宋]朱弁、[宋]陈鹄:《师友谈记 曲洧旧闻 西塘集耆旧续闻》,中华书局,2002年。

[宋]柳永撰,薛瑞生校注:《乐章集校注》,中华书局,1994年。

[宋]楼钥:《攻愧集》,《景印文渊阁四库全书》第一一五二册,台湾商务印书馆,1986年。

[宋]陆游撰,李剑雄、刘德权点校:《老学庵笔记》,中华书局,1979年。

[宋]罗大经撰,王瑞来点校:《鹤林玉露》,中华书局,1983年。

[宋]吕中:《宋大事记讲义》,《景印文渊阁四库全书》第六八六册,台湾商务印书馆,1986年。

旧题[宋]梅尧臣:《碧云騢》,上海师范大学古籍整理研究所编《全宋笔记》第一编(五),大象出版社,2003年。

[宋]欧阳修:《六一词》,《景印文渊阁四库全书》第一四八七册,台湾商务印书馆,1986年。

[宋]欧阳修,李逸安点校:《欧阳修全集》,中华书局,2001年。

[宋]欧阳修、[宋]宋祁:《新唐书》,中华书局,1975年。

[宋]孟元老撰,伊永文笺注:《东京梦华录笺注》,中华书局,2006年。

[宋]孟元老等:《东京梦华录(外四种)》,古典文学出版社,1957年。

[宋]邵伯温撰,李剑雄、刘德权点校:《邵氏闻见录》,中华书局,1997年。

[宋]邵博撰,刘德权、李剑雄点校:《邵氏闻见后录》,中华书局,1983年。

[宋]沈括《长兴集》,《景印文渊阁四库全书》第一一一七册,

宋仁宗

台湾商务印书馆，1986年。

［宋］沈括：《梦溪笔谈》，《景印文渊阁四库全书》第八六二册，台湾商务印书馆，1986年。

［宋］沈括撰，胡道静校证：《梦溪笔谈校证》，上海古籍出版社，1987年。

［宋］沈作喆：《寓简》，上海师范大学古籍整理研究所编《全宋笔记》第四编（五），大象出版社，2008年。

［宋］施德操：《北窗炙輠录》，《景印文渊阁四库全书》第一〇三九册，台湾商务印书馆，1986年。

［宋］司马光撰，邓广铭、张希清点校：《涑水记闻》，中华书局，1989年。

［宋］司马光撰，李文泽、霞绍辉点校：《司马光集》，四川大学出版社，2010年。

［宋］苏轼撰，孔凡礼点校：《苏轼文集》，中华书局，1986年。

［宋］苏舜钦撰，沈文倬点校：《苏舜钦集》，上海古籍出版社，1981年。

［宋］苏辙撰，陈宏天、高秀芳校点：《苏辙集》，中华书局，1990年。

［宋］苏辙：《龙川略志 龙川别志》，中华书局，1982年。

［宋］滕甫：《征南录》，《景印文渊阁四库全书》第四六〇册，台湾商务印书馆，1986年。

［宋］田况：《儒林公议》，《景印文渊阁四库全书》第一〇三六册，台湾商务印书馆，1986年。

［宋］王安石：《临川先生文集》，中华书局，1959年。

［宋］王辟之、［宋］欧阳修撰，吕友仁、李伟国点校：《渑水

燕谈录 归田录》，中华书局，1981年。

［宋］王称撰，孙言诚、崔国光点校：《东都事略》，《二十五史别史》第14册，齐鲁书社，2000年。

［宋］王得臣：《麈史》，《景印文渊阁四库全书》第八六二册，台湾商务印书馆，1986年。

［宋］王巩：《甲申杂记》，《景印文渊阁四库全书》第一〇三七册，台湾商务印书馆，1986年。

［宋］王巩：《闻见近录》，《景印文渊阁四库全书》第一〇三七册，台湾商务印书馆，1986年。

［宋］王珪：《华阳集》，《景印文渊阁四库全书》第一〇九三册，台湾商务印书馆，1986年。

［宋］王应麟：《玉海》(五)，《景印文渊阁四库全书》第九四七册，台湾商务印书馆，1986年。

［宋］王禹偁：《小畜集》，《景印文渊阁四库全书》第一〇八六册，台湾商务印书馆，1986年。

［宋］王铚〔宋］王栐：《默记 燕翼诒谋录》，中华书局，1981年。

［宋］卫泾：《后乐集》，《景印文渊阁四库全书》第一一六九册，台湾商务印书馆，1986年。

［宋］魏泰撰，李裕民点校：《东轩笔录》，中华书局，1983年。

［宋］文莹撰，郑世刚、杨立扬点校：《湘山野录 续录 玉壶清话》，中华书局，1984年。

［宋］吴曾：《能改斋漫录》，上海古籍出版社，1979年。

［宋］吴处厚撰，李裕民点校：《青箱杂记》，中华书局，1985年。

［宋］谢采伯：《密斋笔记》，《景印文渊阁四库全书》第八六四册，台湾商务印书馆，1986年。

［宋］谢枋得编:《文章轨范》,《景印文渊阁四库全书》第一三五九册,台湾商务印书馆,1986年。

［宋］徐梦莘:《三朝北盟会编》,上海古籍出版社,1987年。

［宋］徐自明:《宋宰辅编年录》,《景印文渊阁四库全书》第五九六册,台湾商务印书馆,1986年。

［宋］徐自明撰,王瑞来校补:《宋宰辅编年录校补》,中华书局,1986年。

［宋］杨时:《龟山集》,《景印文渊阁四库全书》第一一二五册,台湾商务印书馆,1986年。

［宋］杨万里:《诚斋诗话》,《景印文渊阁四库全书》第一四八〇册,台湾商务印书馆,1986年。

［宋］杨仲良:《皇宋通鉴长编纪事本末》,《宛委别藏》本,江苏古籍出版社,1988年。

［宋］姚宽、陆游撰,孔凡礼点校:《西溪丛语 家世旧闻》,中华书局,1993年。

［宋］叶梦得:《避暑录话》,《丛书集成初编》本,商务印书馆,1939年。

［宋］叶梦得撰,［宋］宇文绍奕考异,侯忠义点校:《石林燕语》,中华书局,1984年。

［宋］叶适撰,刘公纯、王孝鱼、李哲夫点校:《叶适集》,中华书局,1961年。

［宋］叶适:《习学记言》,上海古籍出版社,1992年。

［宋］俞文豹撰,张宗祥校订:《吹剑录全编》,古典文学出版社,1958年。

［宋］袁褧:《枫窗小牍》,上海师范大学古籍整理研究所编《全

宋笔记》第四编（五），大象出版社，2008年。

［宋］曾公亮、丁度等：《武经总要后集》，《景印文渊阁四库全书》第七二六册，台湾商务印书馆，1986年。

［宋］张方平：《乐全集》，《景印文渊阁四库全书》第一一○四册，台湾商务印书馆，1986年。

［宋］张纲：《华阳集》，《景印文渊阁四库全书》第一一三一册，台湾商务印书馆，1986年。

［宋］张舜民：《画墁录》，《景印文渊阁四库全书》第一○三七册，台湾商务印书馆，1986年。

［宋］赵汝愚编，北京大学中国中古史研究中心校点整理：《宋朝诸臣奏议》，上海古籍出版社，1999年。

［宋］周辉：《清波杂志 别志》，《景印文渊阁四库全书》第一○三九册，台湾商务印书馆，1986年。

［宋］周密撰，吴企明点校：《癸辛杂识》，中华书局，1988年。

［宋］朱熹：《晦庵集》，《景印文渊阁四库全书》第一一四六册，台湾商务印书馆，1986年。

［宋］朱熹、李幼武纂集：《宋名臣言行录》，《景印文渊阁四库全书》第四四九册，台湾商务印书馆，1986年。

［宋］佚名：《大宋宣和遗事》，商务印书馆，1934年。

［元］马端临：《文献通考》，中华书局，1986年。

［元］脱脱等：《宋史》，中华书局，1977年。

［元］佚名撰，李之亮校点：《宋史全文》，黑龙江人民出版社，2005年。

［明］陈邦瞻：《宋史纪事本末》，中华书局，1977年。

［明］陈子龙等辑：《明经世文编》，中华书局，1962年。

［明］冯梦龙：《喻世明言》，天津古籍出版社，2004年。

［明］胡粹中：《元史续编》，《景印文渊阁四库全书》第三三四册，台湾商务印书馆，1986年。

［明］黄仲昭修纂，福建省地方志编纂委员会旧志整理组、福建省图书馆特藏部整理：《八闽通志》（修订本），福建人民出版社，2006年。

［明］蒋一葵：《尧山堂外纪》，《续修四库全书》编纂委员会编《续修四库全书》，上海古籍出版社，1995年。

［明］李东阳、瞿佑：《麓堂诗话 归田诗话》，《丛书集成初编》本，商务印书馆，1936年。

［明］李乐：《见闻杂记》，上海古籍出版社，1986年。

［明］谈迁撰，张宗祥校点：《国榷》，中华书局，1958年。

［明］陶宗仪：《书史会要》，上海书店出版社，1984年。

［明］田汝成：《西湖游览志余》，《景印文渊阁四库全书》第五八五册，台湾商务印书馆，1986年。

［明］王夫之：《宋论》，《船山全书》第十一册，岳麓书社，2011年。

［明］臧晋叔编：《元曲选》，中华书局，1958年。

［明］张居正等编：《帝鉴图说》，明万历元年纯忠堂刊本，1573年。

［清］毕沅编著，"标点续资治通鉴小组"校点：《续资治通鉴》，中华书局，1957年。

［清］董浩等编：《全唐文》，中华书局，1983年。

［清］顾祖禹：《读史方舆纪要》，中华书局，2005年。

［清］何文焕辑：《历代诗话》，中华书局，1981年。

［清］金圣叹撰，曹方人、周锡山标点：《金圣叹全集》，江苏

古籍出版社，1985年。

［清］吕安世原辑、蔡东藩增订：《中华全史演义》，浙江人民出版社，1981年。

［清］彭定求等编：《全唐诗》，中华书局，1980年。

［清］屈大均：《广东新语》，中华书局，1985年。

［清］石玉昆编，钧林、文岭、萧先、永瑜校点：《三侠五义》，齐鲁书社，1993年。

［清］石玉昆述，俞樾重编：《七侠五义》，宝文堂书店，1980年。

［清］王士禛撰，湛之点校：《香祖笔记》，上海古籍出版社，1982年。

［清］吴广成：《西夏书事》，清道光五年小岘山房刻本，1825年。

［清］吴广成，龚世俊等校证：《西夏书事校证》，甘肃文化出版社，1995年。

［清］徐松辑，刘琳等校点：《宋会要辑稿》，上海古籍出版社，2014年。

［清］朱长文：《墨池编》，《景印文渊阁四库全书》第八一二册，台湾商务印书馆，1986年。

［清］朱逢甲编著，黄肃秋今译，黄岳校注：《间书》，群众出版社，1979年。

［清］朱轼：《史传三编》，《景印文渊阁四库全书》第四五九册，台湾商务印书馆，1986年。

《巴蜀丛书》第一辑，巴蜀书社，1988年。

《清实录》，中华书局，1986年。

《中国地方志集成山西府县志辑》，凤凰出版社、上海书店、巴蜀书社，2005年。

北京大学古文献研究所编:《全宋诗》,北京大学出版社,1991年。

丁传靖辑:《宋人轶事汇编》,中华书局,1981年。

董康编著:《曲海总目提要》,人民文学出版社,1959年。

郭绍虞辑:《宋诗话辑佚》,中华书局,1980年。

刘琳、刁忠民、舒大刚、尹波等校点:《宋会要辑稿》,上海古籍出版社,2014年。

唐圭璋编纂,王仲闻参订,孔凡礼补辑:《全宋词》,中华书局,1999年。

司义祖整理:《宋大诏令集》,中华书局,1962年。

杨伯峻译注:《孟子译注》,中华书局,1960年。

虞云国:《细说宋朝》,上海人民出版社,2002年。

中国第一历史档案馆编:《雍正朝起居注册》,中华书局,1993年。

中国戏曲研究所编:《中国古典戏曲论著集成》,中国戏剧出版社,1959年。

周佳:《北宋中央日常政务运行研究》,中华书局,2015年。

朱易安、傅璇琮等主编:《全宋笔记》,大象出版社,2003年。

黄燕生:《宋仁宗 宋英宗》,吉林文史出版社,1997年。

黄怀信、张懋镕、田旭东撰,李学勤审定:《逸周书汇校集注》,上海古籍出版社,1995年。

邓小南:《祖宗之法:北宋前期政治述略》,生活·读书·新知三联书店,2006年。

王瑞来:《宰相故事:士大夫政治下的权力场》,中华书局,2010年。

[日]宫崎市定著,[日]砺波护编,张学峰、陆帅、张紫毫译:《东洋的近世》,中信出版集团,2018年。

论文

曹家齐、陈安迪：《苏轼进士科名次甲第考释——兼说宋朝进士甲乙丙科问题》，《中国史研究》2018年第1期。

陈鹏程：《旧题〈大驾卤簿图书·中道〉研究》，《故宫博物院院刊》1996年第2期。

戴建国：《"主仆名分"与宋代奴婢的法律地位》，《历史研究》2004年第4期。

胡劲茵：《北宋"李照乐"之论争与仁宗景祐的政治文化》，《汉学研究》2015年第33卷第4期。

林天蔚：《公使库、公使钱与公用钱有别乎？》，见《宋代史事质疑》，台湾商务印书馆，1987年。

参见刘天文：《柳永年谱稿》（上），《成都大学学报（社会科学版）》1992年第1期。

王林飞：《狸猫换太子故事的演变及文化意蕴》，《天中学刊》2015年第1期。

王瑞来：《"狸猫换太子"传说的虚与实——后真宗时代：宋代士大夫政治下的权力博弈》，《文史哲》2016年第2期。

薛瑞生：《柳永三考》，《中国韵文学刊》2014年第1期。

杨倩描：《唐宋时期的"公使钱"与"公用钱"》，载孙继民、朱文通主编《传统文化与河北地方史研究》，花山文艺出版社，2008年。

姚中秋：《传统、自由与启蒙的陷阱》。（本文为未刊文）

赵云耕：《王延龄人物原型考》，河北大学硕士学位论文，2013年。

朱瑞熙：《范仲淹"庆历新政"行废考实》，《学术月刊》1990年第2期。